Dieter Hildebrandt

Die Kunst,
Küsse zu schreiben

Eine Geschichte des Liebesbriefs

Carl Hanser Verlag

1 2 3 4 5   18 17 16 15 14

ISBN 978-3-446-24496-2
Alle Rechte vorbehalten
© Carl Hanser Verlag München 2014
Satz: Greiner & Reichel, Köln
Druck und Bindung: CPI – Ebner & Spiegel, Ulm
Printed in Germany

Inhalt

In weiter Ferne, so nah!   9

I. *Vorzeichen, vorzeiten*
    1. Sündenfall Liebe
       Im Anfang war nicht das Wort   23
    2. Feuer und Flamme
       Die Lichtzeichen der Liebe   30

II. *Von den Burgen zu den Bürgern*
    3. Minnesang – das Hohelied der Entbehrung
       Die Burg als Festung der Tugend?   41
    4. »Krach Herz, brich nicht!«
       Liebeszettel in den Stadtmauern   56

III. *Strenge Reime, freie Liebe*
    5. Eros im Bann des Sonetts
       Petrarca, Platon und Shakespeare   77
    6. Women's Lib in Wittenberg
       Martin Luther übt sich in Ehebriefen   96

IV. *Liebesbriefe im Labor*
    7. Als der »Posttag« dämmerte
       Die Erfindung der Eile   111
    8. »Wie unser Herz schlägt …«
       Gellert sprengt das Briefkorsett   121
    9. Die Liebe – ein europäischer Roman
       Briefe ertasten die Intimität   135

V. *Klassiker, unklassisch*
    10. Lessings Passion
        Ein siebenjähriger Krieg um das Glück   153
    11. »Liebe, Liebe, laß mich los!«
        Der junge Goethe und die Kunst
        des Verschwindens   166
    12. Spiel mit zwei Herzen
        Schillers Schwesternkurs:
        Caroline und Charlotte   187

VI. *Lebensgier und Todessehnsucht*
    13. Proteus Caroline
        Viele Namen – ein Schicksal   201
    14. Auf Lieben und Tod
        Die Günderrode fasst sich ein Herz   212
    15. Zwischen Ehrgeiz und Eros
        Kleists Preußische Strandung   225

VII. *»Wenn die Musik der Liebe Nahrung ist …«*
    16. Ein Liebesbrief als Welträtsel
        Wer war Beethovens
        »Unsterbliche Geliebte«?   243
    17. Liebestraum als Lebenstrauma
        Robert Schumann kämpft
        um Clara Wieck   258

VIII. *Zwischen Barrikade und Biarritz*
    18. Liebesbriefe voller Hass
        Die Geburt der Gefährtin aus der Gefahr   275
    19. Von Brieftauben und tauben Briefen
        Satirisches von Carl Gutzkow
        und Gottfried Keller   290
    20. Des Meeres und der Liebe Wellen
        Bismarck auf der Klippe   303

IX. *Im Schatten der Katastrophe*
    21. Eifersucht in Zeiten des Klassenkampfes
        Rosa Luxemburgs verzweifelte Liebe   319
    22. Unantastbar mit der Schreibmaschine
        Franz Kafkas Liebesbriefe
        als Entzugserscheinungen   336
    23. Minnesänger vor einem alten Schloss
        Karl Kraus und seine »Liebestodesangst«   348

Coda mit Kultbrief. Die Liebe höret nimmer auf   361

Anhang
Nachweise   371
Bildnachweis   400
Namenregister   401

In weiter Ferne, so nah!

> Darf ich Sie also küssen? Aber auf
> Diesem kläglichen Papier? Ebenso gut
> Könnte ich das Fenster aufreißen und
> Die Nachtluft küssen.
>
> Franz Kafka an Felice,
> 21.11.1912

»Küsse lassen sich nicht schreiben«, heißt es in einem der Briefe, die in diesem Buch zu lesen sind und damit, *ex negativo*, das Wunder und das Wunderliche, die Macht und die Magie des Liebesbriefes beschwören: die Kunst, Küsse zu schreiben. Nichts anderes ist der tiefe Zauber solcher Korrespondenz als der Versuch, den Kuss heil durch die Post zu bringen. Gemeint sind damit nicht die »tausend Küsse«, die »vielen lieben Küsse«, das »Ich küsse Dich viele Male« ausgeleierter Schlussformeln, die im »Gruß und Kuss Dein Julius« sich selbst ironisieren. Gemeint ist auch nicht der lippenstift-imprägnierte Abdruck des Mundes auf dem Papier, dem sich Empfängerin oder Empfänger zärtlich entgegenbeugen können.

Gemeint ist dies: Der Liebesbrief will nicht nur in den berühmten Gedanken beim andern sein, nicht nur in Gefühlen, Ängsten, Entbehrungsschmerz. Er will nicht so sehr zu Herzen gehen als unter die Haut. Er will Verlangen in Anlangen umwandeln, Rührung zur Berührung steigern, Trennung in die spürbare Gewissheit verwandeln: Ich bin bei dir. Mein Brief umarmt dich. Meine Zeilen sind warme, wahre Lippen, die dich liebkosen. Die Hand, die da schreibt, will zur Hand werden, die am fernen Ort streichelt, das Wort will Fleisch werden im Jenseits der Distanz, die Herzensergießung träumt sich fort zum Erguss: Siehe, das ist mein Leib.

Der Liebesbrief: Dokument einer Liebe, die sich just nicht

erfüllen kann, Zeugnis der Trennung von Menschen, die ohneeinander nicht leben zu können glauben. Diese »Herzpost« (Botho Strauss) versucht sich daher ständig an der Bannkraft von Teleportation. Sie war damit schon immer den Erfahrungen unserer Zeit voraus, die die Entfernungen geschrumpft und das »Tele« zur Intimität verengt hat. Wie viel Körperliches da im Spiel ist, hat auch die Wissenschaft bemerkt. Marshall McLuhan hat schon vor 50 Jahren, als es nur ums Telefonieren ging, von »Ausweitungen unseres Körpers, in den Raum hinaus« gesprochen, Vilém Flusser von der »Telepräsenz« unserer »telematischen Gesellschaften«. Aber schon Ludwig Tieck lässt seinen Briefromanhelden William Lovell schwärmen: »O wie dank' ich dir, glücklicher Genius, der du zuerst das Mittel erfandest, Gedanken und Gefühle einer toten Masse mitzuteilen und so bis in ferne Länder zu sprechen.« Soll heißen: Küsse lassen sich schreiben.

Da schreibt einer nicht nur Küsse, sondern einen ganzen Orgasmus:

> Gute Nacht! Du lieber Engel! Ach, bist du es, bist du es nicht, so öffne alle Adern Deines weißen Leibes, daß das heiße, schäumende Blut aus tausend wonnigen Springbrunnen spritze, so will ich Dich sehen und trinken, aus den tausend Quellen trinken, bis ich berauscht bin und Deinen Tod mit jauchzender Raserei beweinen kann, weinen wieder in Dich all Dein Blut und das meine in Tränen, bis sich Dein Herz wieder hebt und Du mir vertraust, weil das meinige in Deinem Puls lebt. … Drum beiße ich mir die Adern auf und will Dir es geben, aber Du hättest es tun sollen und saugen müssen. Öffne Deine Adern nicht, Günderödchen, ich will Dir sie aufbeißen. … Lebe wohl, und habe den Mut, nur darum zu weinen, daß Du nicht bei mir bist im Fleische, sondern nur in Gedanken, denn beide sind eins und nur im Abendmahl genießen wir den Gott, denn alles Wort muß Fleisch werden, auch dies Wort der Liebe.

Der Erzromantiker Clemens Brentano schreibt diesen Brief vor gut 200 Jahren an eine junge Frau, die er nur begehrt, nicht liebt, deren frühen Tod er aber bald darauf in der Tat beweinen muss; in der lasziven Intensität seiner Worte setzt er ein Muster des ekstatischen Liebesbriefs, ein wildes Ideal, das den Schreiber zum Leibhaftigen werden lässt.

Von solcher Sinnlichkeit zeugt auch der Tagebucheintrag der Ottilie aus Goethes »Wahlverwandtschaften«: »Briefe hebt man auf, um sie nie wieder zu lesen; man zerstört sie zuletzt einmal aus Diskretion, und so verschwindet der schönste, unmittelbarste Lebenshauch unwiederbringlich für uns und andre.« Dass er da vor allem von Liebesbriefen spricht, ist deutlich genug: »der schönste, unmittelbarste Lebenshauch« ist das, was in der Oper »der Odem der Liebe« heißen darf, und er weht uns aus Tausenden von Zeugnissen an, die der Zerstörung und dem Zorn entronnen sind, aus den vielfältigen Überbleibseln alter Leidenschaften, die bewahrt werden konnten oder durch Zufall entdeckt wurden, durch Forscherfleiß eruiert oder durch Nachruhm konserviert werden (und Goethe war ja durchaus ein Muster an Überlieferungssorgfalt). Da liegen sie denn heute vor uns, diese Strandgüter der Liebe, ob als preziöser Bogen oder einfaches Blatt, als winziges Billet oder gefaltetes Zettelchen, als rasch abgerissener Fetzen oder Buchwidmung, als Telegramm oder missbrauchte Speisekarte, als Notizheft oder Albumblatt, als Post-it oder SMS oder berühmt gewordener Facebook-Eintrag. Und dieser Lebenshauch strömt uns aus mehr als 1000 Jahren zu, verstärkt sich zu einem gewaltigen Gefühlswirbel, zu einem Sturm des Begehrens, zu el Niño der Seufzer, zum Verlangen nach Nähe.

Und doch ist auch Nähe selbst ein dialektischer Begriff, nein: eine Aura voller Widersprüchlichkeit. Selbst Berührung kann Übergriff sein, Zusammensein erschreckende Distanz. »Du bist so nahe, als weiltest du nicht hier«, heißt eine Gedichtzeile Paul Celans, und der Philosoph Byung-Chul Han gibt die prosaische Deutung: »Der Nähe ist immer eine Ferne eingeschrieben, und wenn man der Nähe die Ferne nimmt, verflacht sie zur Abstandslosigkeit.« Und deshalb bleibt dem Liebesbrief auch noch etwas anderes übrig als die Übermittlung von Sinnlichkeit, Hautnähe und Herzklopfen; er dient auch dem Brückenschlag zwischen den Situationen, der sachten oder solidarischen Rezeption von Ferne, dem Ausgleich oder der Angleichung von Schicksalen.

Der Liebesbrief aber ist auch das Medium, an dem wir alle mitschreiben. Diese »Textsorte«, wie die Literaturwissenschaftler sagen, gehört zu unserer *éducation sentimentale*, zur Erziehung des Herzens, zur Tiefenschärfung unseres Gefühlslebens. Es ist Verliebtheit, wenn nicht die Liebe selbst, die uns beredt macht, die uns Worte eingibt, welche wir uns eigentlich nicht zutrauen; die uns reimen, vielleicht sogar dichten lässt. Wess' das Herz voll ist, dess' fließt die Tinte über. Und auch für den, der heute mit dem *hdl* oder *hdgdl* seine frühen Fingerübungen in Sachen Zuneigung absolviert, der seine Küsse als *xx* und seine Umarmungen als *xoxo* zu chiffrieren weiß, kommt irgendwann der Augenblick, da nichts anderes hilft als ein Stück Papier und der Wunsch, sich über die eigenen Gefühle klar zu werden, sie sich selbst Wort für Wort vor Augen zu führen und dann einem andern, einer andern zu bekennen. Von diesem Moment ekstatischen Schreibzwangs ist niemand verschont, niemand ausgeschlossen.

Die Liebe macht uns alle zwar nicht zu Literaten, aber literat, schreibselig. Welch eine geradezu schockierende Erfahrung, wenn wir die Liebesformel aller Zeiten und Sprachen zum ersten Mal unverkürzt, zum ersten Mal in unserer eigenen Handschrift und mit vollem Recht (»in our own write«, wie das Bonmot Woody Allens lautet) vor uns entstehen sehen: »Ich liebe dich!« Und wenn wir es nicht mehr als abgedroschene Floskel ansehen, sondern als Versprechen erkennen, als realen Zugriff auf ein anderes Leben, als Warnung, dass wir uns selbst nicht mehr gehören. Nichts natürlicher als das Erschrecken oder die Scham, die Verwirrtheit über diesen Satz, verzeihlicher nichts als das Zerknüllen des Papiers. Aber die seelische Energie, der enthusiastische Drive eines solchen Schreib-Akts ist meist zu groß, als dass Kleinmut noch eine Chance hätte: Einen Umschlag her, und ab die Post. Und der Umschlag unserer Existenz hat begonnen.

Die Wissenschaft freilich, die sich in jüngster Zeit dem Liebesbrief mit besonderem Interesse widmet, dämpft unser enthusiastisches Vokabular. »Liebesbriefe strotzen von … phraseologischem Material, sogar die Formel der Formeln ›Ich liebe Dich‹ ist nichts als eine Floskel … Dieses Gefängnis der Sprache der Liebe macht sich nicht nur in Wendungen und Wortschatz bemerkbar, sondern es erstreckt sich in weitere sprachliche Kategorien und Dimensionen.« Die hier zitierte Schweizer Sprachwissenschaftlerin Eva Lia Wyss weiß, wovon sie redet, denn sie sammelt seit einigen Jahren schweizerische Liebesbriefe des 20. Jahrhunderts und hat sie in einer faszinierenden Auswahl unter dem Titel »Leidenschaftlich eingeschrieben« ediert (aus der in einem späteren Kapitel Proben folgen). Durch sie bekommt man allerdings auch eine erste Ahnung davon, dass sprachwissenschaftliche und medientheoretische Befassung mit Liebesbriefen deren oft naiven Zauber als faulen entlarvt und die diversesten Fundstücke mit Eifer wieder in begriffliche Schubladen entsorgt.

So beschreibt uns Wyss den Liebesbrief »als kulturanthropologisches Zeugnis und als besondere ästhetische Kommunikationsform zugleich« und lässt uns wissen, dass »die neuen Medien der Liebesschriftlichkeit (!) eine Mediatisierung auch im Bereich des Liebesdiskurses« zeigen und »immer schon selbstreflexiv als Metakommunikatoren der Modernität« fungieren. Auch sie sieht dem einzelnen beim Schreibakt über die Schulter: »Die Spezifik des Zeitpunkts, des Schreibmoments, der Beziehungsphase macht den Akt des Schreibens zu einem identitätsstiftenden Akt, zu einer schriftlichen Selbst-Performance – wenn auch die Selbstwahrnehmung und die geäußerten Gefühlskonstellationen ambivalent erscheinen mögen.«

Solcher Ambivalenz sind auch drei Literaturwissenschaftler

der Universität Braunschweig auf der Spur, die eine Anthologie von Korrespondenzen aus dem 19. Jahrhundert mit diesen Grundsätzen eröffnen: »Der Liebesbrief gibt Auskunft über die Verfasstheit des Individuums, das Verhältnis der Geschlechter, den Ort von Intimität, die Mitspracherechte von Familie und Gesellschaft, das Zusammenspiel von Affekten und Regeln … Damit ergibt sich zumindest in den Fällen, in denen aus einem Werbungsschreiben (!) eine Korrespondenz hervorgeht, sehr schnell ein komplexes System der Beziehung. Dies hat zur Folge, dass die Auskünfte, die sich aus einer systematischen Analyse von Liebesbriefen ergeben, mehrdeutig erscheinen.« (Stauf, Simonis, Paulus)

Die Braunschweiger Forscher visieren eine »Kulturgeschichte des Liebesbriefes« an, »in der Liebeskorrespondenz zum ersten Mal als Phänomen *sui generis* betrachtet wird«, und geben als Aufgabe vor: »Dabei wäre stets danach zu fragen, welche Bedeutung die Menschen, von denen in diesen Korrespondenzen die Rede ist, dem Liebesbrief und ihrer Liebessprache zugewiesen haben und zuweisen.« Und sie merken kritisch an, dass bisher immer nur einzelne Epochen behandelt worden seien.

Damit benennen sie den heiklen Punkt aller wissenschaftlichen Publikationen: den Epochenfetischismus. Gemeint ist damit ein Exklusivitätsgebaren, das ganze Jahrhunderte außer Acht lässt und der Vergessenheit anheimgibt, weil es da zwar schon Briefschreiber gab, aber diese Menschen noch nicht »bei sich« gewesen seien und folglich gar nicht wissen (oder zumindest ausdrücken) konnten, was Liebe sei. Selbst ein so offener Geist wie Gert Mattenklott weist mit kategorischer Gebärde Äonen in die Schranke: »Bis in die Mitte des 18. Jahrhunderts gibt es nahezu keine Liebesbriefe, bis ins 19. Jahrhundert sind sie immer noch eine Seltenheit.« Zwar erkennt er (an): »Kein anderes Thema beherrscht die europäische Neuzeit so ausdrücklich wie die Liebe.« Doch es hilft der Neuzeit nichts: »Aber dieses Thema muß dem Wunsch, nicht der Erfahrung entsprungen sein, denn die wirklichen Menschen hatten kaum Gelegenheit zu lieben ... Liebe mochte eine hübsche poetische Idee sein, aber sie wurde zum gesellschaftlichen Skandal, sofern sie nicht schleunigst zum Brautstand als Vorstufe des Ehestands führte ... Verwunderlich ist also nicht, daß es so lange keine Liebesbriefe gegeben hat.« Ähnlich rückt sich Hans Magnus Enzensberger den Rahmen für sein (aus Briefen dokumentiertes) »Porträt einer romantischen Frau«, der Auguste Bußmann-Brentano, zurecht, wenn er schreibt: »Ich übertreibe kaum, wenn ich behaupte, Sie (eine Handvoll Menschen zwischen dem 18. und dem 19. Jahrhundert) hätten ›die Liebe‹ erfunden – oder sagen wir lieber das, was man in Europa bis auf den heutigen Tag darunter versteht ... Das Ich in seiner vollen Größe, und das Du. Die Seele und der Leib, daraus sollte eine kleine Unendlichkeit werden ...«

Und der Soziologe Ulrich Beck reklamiert die Liebe vollends für unsere Gegenwart. In dem zusammen mit seiner Frau Elisabeth Beck-Gernsheim geschriebenen Buch mit dem Titel »Das ganz normale Chaos der Liebe« lesen wir im Abschnitt »Liebe als Nachreligion« den kategorischen Satz: »Die Sucht nach Liebe ist *der* Fundamentalismus der Moderne.« Die Soziologen leihen sich für einen rhapsodischen Moment den Gestus von Propheten, wenn sie schreiben:

> Gefragt wird also in diesem Schlußkapitel, unbescheiden und provisorisch, nach einem *post*christlichen, *inner*modernen Sinn, und unsere Antwort lautet schlicht und unsoziologisch: Liebe. In der Leichtsinnigkeit eines Ausblicks sei das Abenteuer der Vermutung gewagt, daß Liebe mit ihrem ganzen Kosmos, ihren höchsten und hinteren Werken, ihren höllischen Himmeln und himmlischen Höllen, mit ihrer wirklichen *ganzen* tierischen Menschlichkeit entschlüsselt werden kann als eine solche Form des nachtraditionalen, innermodernen Sinns. Vermutung und Frage lauten: Beginnt sich vielleicht nach der Erfahrung der Klassengesellschaft im Gegeneinander von Frauen und Männern ein neuer Hori-

zont von Sehnsüchten, Maßstäben und Hoffnungen zu öffnen und selbstverständlich zu werden?

Die Diagnose ist verführerisch. Denn kaum hat man sich in die Bannmeile dieses Themas begeben, gerät man in einen Wirbel von Zuwendungen und Zusendungen, da löst, wie ein Zauberwort, der »Liebesbrief« einen Ansturm von Anregungen, Ratschlägen, Warnungen und Hilfsangeboten aus, da kommen Fundstücke von alten Freunden und entrückten Geliebten wie gerufen, und im Regal wachsen sich Buchtitel wie »Liebesbriefe aus neun Jahrhunderten« oder »Aus drei Jahrhunderten«, »Liebesbriefe der Romantik«, »Romantische Liebesbriefe«, »Frauenbriefe der Romantik«, »Liebesbriefe großer Musiker«, »Hessische Liebesbriefe«, »Bayrische Liebesbriefe«, aber auch »Liebesbriefe des Mittelalters« zu laufenden Metern aus.

Aber keiner dieser vielen Zu-Fälle hat einen tieferen Eindruck gemacht als eine Zeitungsmeldung, die fast synchron mit den ersten Zeilen dieses Buches erschien und als deutlichste Warnung vor Idyllik zu beherzigen war. Als Hinweis darauf, dass Liebesbriefe nicht nur aus Streicheleinheiten geformt sind, sondern auch Sprengsätze werden können, die, spät entdeckt, noch als Blindgänger verheerende Wirkung tun. Und so ist die folgende Geschichte kein vereinzeltes Kuriosum, sondern das Kainszeichen aller Liebespost, die versteckt in Kommoden oder Küchenregalen, in Nähkörben oder Buchattrappen, den Treueschwüren Hohn spricht und ein kurzes Abenteuer verewigt bis zum Tag des längsten Gesichts.

Den erlebte (stellvertretend für alle Düpierten der Literatur) mitten in unserer toleranten Gegenwart, aber auch mitten auf der wilden Insel Sardinien der Carabiniere Antonio kurz vor Weihnachten 2011, als er beim Stöbern nach frischer Wäsche auf ein Bündel Briefe stieß, das da nichts zu suchen hatte, auf Briefe, wie sich zu seinem Schock herausstellte, die seine Frau Rosa sechs Jahre nach der Hochzeit von einem andern Mann empfangen hatte, Zeugnisse einer Leidenschaft. Was die Allerwelts- und Allerorts-Misere des braven Mannes aber so lehrreich machte, war das Alter des betroffenen Paares: Antonio stand kurz vor seinem 100. Geburtstag, seine Frau war 96. Und die Briefe waren vergilbt, denn die Affäre lag mehr als 60 Jahre zurück. Die Zeit, zwar, heilt alles, aber ein Liebesbrief reißt alles auf, sprengt noch nach einem halben Jahrhundert eine Ehe mit fünf Kindern, und ist in seiner verheerenden Wucht stärker als der Zusammenhalt gemeinsamer Arbeit, vertrauter Häuslichkeit, überwundener Sorgen. Was ist alles gelebte Leben gegen die Explosivität eines fremden *Cara mia* oder *Carissima Rosa*, gegen die Höllenkraft eines sündigen *ti amo* oder *mia bellezza*?

Wir haben es da nicht nur mit einer kuriosen Geschichte zu tun, einer Greisen-Tragikomödie; wir geraten ins Allerunheiligste des Liebesbriefs, in sein diabolisches Zentrum, wo das Wort nicht nur Wirkung hat, sondern Katastrophe wird. Die abendländische Literatur spricht Bände davon. Alte Liebe rostet nicht, sie wird zur blanken Waffe. Die Untreue, der man durchs Aufbewahren die Treue hielt, rächt sich durch Zufall, und eine Liebe, die längst erloschen, ja vergessen sein kann, wird im Bewusstsein des Hintergangenen zum Inflagranti, zur frischen Tat, auf der man den anderen, die andere ertappt. Und der Mensch, mit dem man ganze Ewigkeiten am Tisch saß oder im Bett lag, ist in eine Ferne gerückt, in die kein Verzeihen hineinreicht. Keine Wirkung eines Liebesbriefes ist furchtbarer als die eines aus der Zeit und in die falschen Hände geratenen.

Eine Kulturgeschichte des Liebesbriefs? Was nicht so sehr als Aufgabe für ein Forschungsteam denn für einen verzweifelten Sisyphus erscheint, wäre ja wohl kaum etwas anderes als ein Projekt der Paradoxie. Schon der Begriff der Geschichte wird zum Wagnis vor dem Phänomen der »Ungeschichtlichkeit der Liebe«. Gibt es nicht zum Paulus-Trost, dass die Liebe nimmer aufhöre, auch die Erkenntnis, dass die Liebe immer schon da war, von Anfang an, allen Mythen und Märchen, den Steinplatten und den frühesten Texten, den Gräbern und den Monumen-

»Abgefasst« – der Liebesbote wird vom Ehemann abgefangen,
um 1870, nach einem Gemälde von Jakob Emanuel Gaisser

ten eingeschrieben wie ein Lebenselixier? Sollten wir uns nicht dazu bekennen, dass sie der Urknall des Menschenkosmos gewesen ist und dass die Liebesbriefe aller Epochen nichts sind als das Echo solcher Singularität?

Unsere Geschichte des Liebesbriefs ist also eher als eine Odyssee zu lesen, als eine mut(will)ige Passage durch ein Meer von Tränen (auch der Freude), durch eine Flut von Papier und anderen Botenstoffen, vorbei an den Wirbeln alter und neuer Leidenschaften und immer wieder abgelenkt vom Anbranden unserer Gegenwart. Aber nicht so sehr das Umherirren des sagenhaften Abenteuers spiegelt sich in den folgenden Seiten als die Fesseln im Rencontre mit den verführerischen Sirenen: Da lässt sich der Held von seinen Mannen, denen er Wachs in die Ohren getan hat, an den Mast binden, um dem Gesang der zwei unwiderstehlichen Lockfeen nicht zu erliegen und sich zu verlieren. Überall auf dem Weg *unserer* Zeitreise gab es solchen Sirenengesang als Versuchung abzuirren, weiterzuschweifen, schöneren Stimmen nachzugehen, romantischeren Liebestönen zu folgen, von berühmteren Duetten sich verlocken zu lassen. Der Mast, an den sich der Autor hielt, um der Uferlosigkeit zu entgehen, war der Kompass persönlicher Faszination.

Noch einmal zum Urverlangen des Liebesbriefs: Küsse sollten sich nicht schreiben lassen? Sollten nicht transportabel sein, nicht über weite Entfernungen gegeben werden können? Aber Küsse waren doch immer schon durch alle Sphären und Ären unterwegs, selbst die Götter bedienten sich ihrer, und im Christentum gilt der Heilige Geist als der Kuss zwischen Gottvater und Christus. Die Priesterschaften fast aller Religionen bedienen sich heute noch seiner transzendentalen Macht. Dem Kuss wohnte also, von Anfang an, magische Bedeutung inne, er war das telepathischste Liebeszeichen der Welt und auf jegliche Weise und über alle Entfernungen hinweg kommunizierbar. In einer antiken, neuplatonisch wiederbelebten Hierarchie der menschlichen Sinne wurden das Sehen und Hören als edel, dagegen Fühlen, Riechen und Schmecken als animalisch eingestuft. Eine geradezu sophistische Auslegung bewahrte das Küssen vor der Erniedrigung; es verfiel nicht der Ächtung, »weil der Mund die Seelenpforte ist, das Organ der Sprache und des Geistes«.

Und der Liebesbrief ist das Medium, in dem sich Küsse schreiben lassen.

I
Vorzeichen, vorzeiten

I
Sündenfall Liebe
Im Anfang war nicht das Wort

> Ich glaube, dass die Liebe auf der Nachtseite der Welt ist, verderblicher als jedes Verbrechen, als alle Ketzereien. Ich glaube, dass, wo sie aufkommt, ein Wirbel entsteht, wie vor dem ersten Schöpfungstag.
>
> Ingeborg Bachmann,
> »Der gute Gott von Manhattan«

Der erste Liebesbrief hatte keinen weiten Weg. Er brauchte keinen Boten, und geschrieben war er auch nicht. Er ging von einer Frau an einen Mann; beide hatten nichts an. Sie lebten erst wenige Tage am selben Ort. Die Frau war dazugekommen, als der Mann das Alleinsein entdeckte und zu fürchten begann. Doch als sie dann zu zweien waren, waren sie immer noch nicht zu zweit; sie benahmen sich: daneben. Dann tat die Frau die entscheidende Gebärde: sie überreichte dem Mann ihre Liebesbotschaft, und er griff nach kurzem Befremden zu. Er biss an. Darauf erblickten sich beide wie die ersten Menschen, die sie in der Tat waren: Adam und Eva. Und es ereignete sich der Sündenfall Liebe.

Die Bibel hält diesen Vorgang getreulich fest:

Da sprach das Weib zu der Schlange: Wir essen von den Früchten der Bäume im Garten,
Aber von den Früchten des Baumes mitten im Garten hat Gott gesagt: Esset nicht davon, rühret's auch nicht an, dass ihr nicht sterbet.

Da sprach die Schlange zum Weib: Ihr werdet mitnichten des Todes sterben. Sondern Gott weiß, dass, welches Tages ihr davon esset, so werden eure Augen aufgetan, und werdet sein wie Gott und wissen, was gut und böse ist.

Und das Weib schaute an, dass von dem Baum gut zu essen wäre, und dass er lieblich anzusehen und ein lustiger Baum wäre, weil er klug machte; und sie nahm von der Frucht und aß und gab ihrem Mann auch davon, und er aß.

Der verbotene Apfel im Paradies ist mehr als nur der erste Liebesbrief. Ihm verdanken wir das viel größere Ereignis: die Geburt der Liebe aus dem Geist der Übertretung; die Erbsünde als jauchzende Ekstase. Die verbotene Frucht ist der Liebesapfel, mit dem die Geschichte der Menschheit erst beginnen kann. Denn Adam und Eva erkannten keineswegs, was gut oder böse sei (Kategorien, die ihnen überhaupt nichts sagten), sondern sie entdeckten ihre Körper. Die Lockung der Nacktheit. Die Unwiderstehlichkeit der Blöße, die sie sich gaben.

»Da wurden ihrer beider Augen aufgetan, und sie wurden gewahr, dass sie nackt waren, und flochten Feigenblätter zusammen und machten sich Schurze.« Die Wonne des ersten Augenblicks, die Wucht des instantanen Verlangens weicht also der Scham, die Menschheitsgeschichte hebt mit einem Schauder an. Das Erschrecken über ein Aphrodisiakum, das Gott lieber nicht verabreicht hätte, ist Alarmzeichen einer härteren Zukunft: Idyllisch soll die Liebe nicht sein, mit dem Eros ist nicht zu spaßen. Gott ist tief verstimmt und droht Strafen an: Arbeit und Tod, Disteln und Dornen, ein Ende des Freizeitparadieses.

Dem Adam verkündet er: »Im Schweiße deines Angesichtes sollst du dein Brot essen, bis dass du wieder zu Erde werdest, davon du genommen bist. Denn du bist Erde und sollst zu Erde werden.« Und Eva droht er an: »Ich will dir viel Schmerzen schaffen, wenn du schwanger wirst; du sollst mit Schmerzen Kinder gebären; und dein Verlangen soll nach deinem Mann sein, und er soll dein Herr sein.«

Aber zuvor hat er schon das Dilemma des Verlangens, das

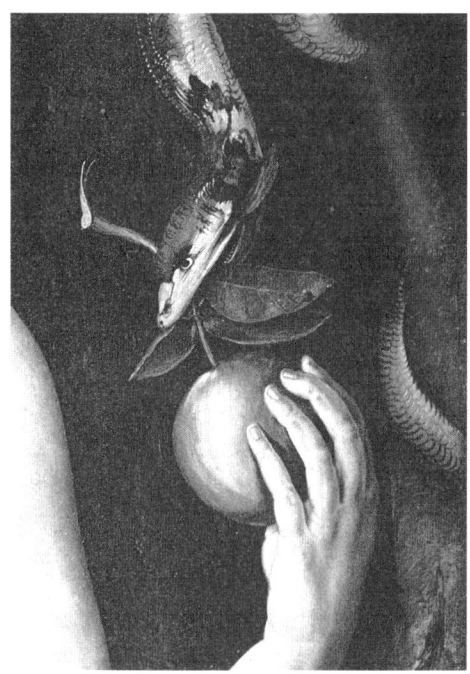

Der Apfel. Ausschnitt aus Albrecht Dürers »Eva«,
1507, Museo del Prado, Madrid

Zerstörerische der Leidenschaft, den Katastrophenkern der Liebe benannt, nein: verfügt: »Und ich will Feindschaft setzen zwischen dir und dem Weibe und zwischen deinem Samen und ihrem Samen …« Die Menschen haben Gott das Privileg der Liebe, also der Schöpfung selbst, geraubt, und der stiftet, wie nur je ein Eifersüchtiger, Unfrieden: in alle Ewigkeit bleibt das Verlangen kontaminiert. Der Apfel, der erste Liebesbrief, war vergiftet – mit Köstlichkeit. Er war Ur-Kunde des zutiefst peinigenden Verlangens, der unwiderstehlichsten Begier. Er schrieb schon alles das fest, was dem widerfährt, der, wie die Engländer sagen, *is falling in love*. Luther hat das geradezu lustvoll gedeutet: »Adam hatte eine neue Braut und einig Fleisch und Blut, dem wollt er hoffiren und gefallen, da regt sich das Blut also daher, ei es wird nicht so große Not haben, Gott kan ich imerdar dienen, itzt mus ich meiner lieben Heva zu gefallen sein.«

Sündenfall Liebe? Fast könnte man zur Ansicht bekehrt werden, Gott sei auf der Höhe unserer skeptischen Zeit, habe zur Kenntnis genommen, was heutige Künstler und Gelehrte zum Ewigkeitsthema sagen. So etwa der Dramatiker René Pollesch: »Ich glaube aber nicht, dass Liebe das geeignete Instrument ist, um Menschen miteinander zu verbinden. Ich glaube, dass die Liebe uns eher trennt. Sie hat keinen Gebrauchswert. Wir schaffen es nicht, durch die Liebe zu einer Gemeinschaft zu kommen, die mehr ist als bloße Geselligkeit. Der Liebende aber will kein langes Leben, er will das große Gefühl.« Und der Systemphilosoph Niklas Luhmann hat uns darüber belehrt, »dass Liebe nicht nur eine Anomalie ist, sondern eine ganz normale Unwahrscheinlichkeit«. Er ersetzt den »Sündenfall«, den Sturz in dieses Unwahrscheinliche, durch den schillernden Begriff der »Passion«: »... und Passion drückt aus, daß man etwas erleidet, woran man nichts ändern kann und wofür man keine Rechenschaft geben kann. Andere Bilder mit zum Teil sehr alter Tradition haben den gleichen Symbolwert – so wenn man sagt, Liebe sei eine Art Krankheit; Liebe sei Wahnsinn, folie a deux; Liebe lege in Ketten. In weiteren Wendungen kann es heißen: Liebe sei ein Mysterium; sei ein Wunder, lasse sich nicht erklären und nicht begründen usw. All dies verweist auf ein Ausscheren aus der normalen sozialen Kontrolle, das aber von der Gesellschaft nach Art einer Krankheit toleriert und mit der Zuweisung einer Sonderrolle honoriert werden muss.«

Die Bibel hat ja recht: Mit der Liebe kommt der Schmerz in die Welt, und eines der schönsten Echos der alttestamentarischen Damnatio danken wir dem Spätromantiker August von Platen:

> Wer die Schönheit angeschaut mit Augen,
> Ist dem Tode schon anheim gegeben,
> Wird für keinen Dienst auf Erden taugen,
> Und doch wird er vor dem Tode beben,
> Wer die Schönheit angeschaut mit Augen.
>
> Ewig währt für ihn der Schmerz der Liebe,
> Denn ein Thor nur kann auf Erden hoffen,
> Zu genügen einem solchen Triebe.
> Wen der Pfeil des Schönen je getroffen,
> Ewig währt für ihn der Schmerz der Liebe.

Der Schmerz der Liebe: das Verlangen nach einem, einer anderen, nach einem Menschen, durch den wir nicht mehr uns selbst der Nächste, ja nicht einmal wir selbst sind. Aushöhlung des Ichs, die Verrückung des Kopfes und die Labilität unseres inneren Gleichgewichts. Selbst die Erde, die wir im Schweiß unseres Angesichts zu beackern haben, ist der Bodenlosigkeit ausgeliefert. Aber die Äpfel gedeihen. An Boten fehlt es nicht.

Gibt es etwas Natürlicheres, als dass die verbotene Frucht des Paradieses ihren Siegeszug durch die Antike antritt? Dass das Medium Apfel nun erst recht Genuss verheißt, zum Inbegriff der Süße, der Wollust wird? Nur wenige Jahrhunderte sind vergangen, und es sind neue paradiesische Gärten entstanden, und mit ihnen gedeihen neue zärtliche Metaphern im Hohelied Salomos:

> Wie ein Apfelbaum unter den wilden Bäumen, so ist mein Freund unter den Söhnen. Ich sitze unter dem Schatten, des ich begehre, und seine Frucht ist meiner Kehle süß … Er erquickt mich mit Blumen und labt mich mit Äpfeln; denn ich bin krank vor Liebe.

Sosehr sich seit zwei Jahrtausenden die Ausleger um mythologische, christologische, mariologische und kirchengeschichtliche Deutungen bemüht haben, damit der skandalöse Text dem Kanon erhalten bleiben könne – so springt er uns doch ins Auge als Feier der Erotik, als hohes Lied der körperlichen Liebe:

> Stehe auf, meine Freundin, und komm, meine Schöne, komm her! Siehe, meine Freundin, du bist schön! siehe, schön bist du! Deine Augen sind wie Taubenaugen zwischen deinen Zöpfen … Deine Lippen sind wie eine scharlachfarbene Schnur und deine Rede lieblich. Deine Wangen sind wie der Ritz am Granatapfel zwischen deinen Zöpfen … Wie schön ist dein Gang in den Schuhen, du Fürstentochter! Deine Lenden stehen gleich aneinander wie zwei Spangen, die des Meisters Hand gemacht hat. Dein Schoß ist wie ein runder Becher, dem nimmer Getränk mangelt. Dein Leib ist wie ein Weizenhaufen, umsteckt mit Rosen … Wie schön und wie lieblich bist du, du Liebe voller Wonne. Dein Wuchs ist hoch wie ein Palmbaum, und deine Brüste gleich den Weintrauben. Ich sprach: Ich muss auf den Palmbaum steigen und seine Zweige ergreifen. Lass deine Brüste sein wie Trauben am Weinstock, und deiner Nase Duft wie Äpfel. Und deinen Gaumen wie guter Wein.

Und mehrfach ihr Lustseufzer:

> Seine Linke liegt unter meinem Haupt, und seine Rechte herzt mich.

Dieser leidenschaftliche, ja laszive Text wird dem weisen und friedfertigen König Salomon (um 1000 v. Chr.) zugeschrieben, ist aber in Wahrheit aus mehreren Liebesliedern verschiedener Stämme und Zeiten collagiert. Und zugleich steht er Modell für einen kritischen Befund, den heutige Liebesbriefforschung fixiert hat: »Während der Körper der Frau immer bloß zerstückelt und fragmentiert, nämlich in Form einzelner erotisierender Körperteile – wie Mund, Lippen, Haar, Hände – in Liebesbriefen von Männern und Frauen auftritt, ist der Körper des

Mannes der große Abwesende im Liebesbrief: der Körper des Mannes ist tabu.« (Wyss)

500 Jahre nach Salomon kommt der Apfel noch einmal im Antiken Hellas zu großen Ehren. Da trifft ein anderer Weiser, der Gesetzgeber Solon, eine Verfügung, die das Skandalon von einst in den Rang eines Staatsaktes erhebt und dem Apfel die Bedeutung einer Zustellungsurkunde verleiht: Bräute in Athen mussten vor dem Betreten des Brautgemachs in einen »kydonischen Apfel« beißen, den man in Gärtnerkreisen heute als Quitte kennt, der aber von Kulturwissenschaftlern als eine damals wachsende weiche und saftige Apfelsorte erkundet worden ist. Immerhin wusste ein barocker Prediger, Landwirt und Vielschreiber, Johannes Colerus, aus der härteren Version die Pointe zu gewinnen, die Frau lerne daraus, dass sie in der Ehe in manchen sauren Apfel werde beißen müssen.

Der Apfel als archaische Liebesbotschaft: fleischig, prall, verlockend rund, greifbar, körpersatt. Aber der Biss erst, die Verletzung der Frucht, macht ihn zum Ereignis der Neu-Gier, des Begehrens, der Fruchtbarkeit. Küsse, Bisse, das reimt sich, wird sehr viel später Heinrich von Kleist sagen. Und so springt die Liebeskommunikation im Paradies hinüber in die Allgegenwart einer paradiesischen Kommunikation, die den Sündenfall von einst zur Berauschung des Jetzt macht und vom Garten Eden ins Silicon Valley führt, zum *Apple* mit seiner Bisswunde.

2

Feuer und Flamme
Die Lichtzeichen der Liebe

> Kein Feuer, keine Kohle, kann brennen
> so heiß, als wie heimliche Liebe, von der
> niemand nichts weiß.
>
> Volkslied

Ist der Apfel der verführerische, leibhaftige Liebesbote der Nähe, so gibt es seit mythischen Zeiten die virtuelle Lockung aus der Ferne, die flammende Herzensbrücke über weite Räume hinweg: die Fackel der Antike. Noch mit ihrem alten Namen nimmt sie heutige Kommunikationsmöglichkeiten vorweg: Fax hieß sie bei den Römern und teilte den Tag nach ihrem Gebrauch ein, etwa in *ante primam facem*, dem dann die *prima fax* folgte und andere, bis in die Nacht. Fackeln, über Jahrtausende in Gebrauch, gab es in vielen Formen und Materialien, von der einfachen Stabfackel aus harzhaltigem oder mit Pech bestrichenem Holz bis zur Kreuzfackel mit Querstreben und mehreren brennenden Spitzen, von der Bündelfackel aus Reisigzweigen bis zu einer Art Rohrfackel, die mit Wachs oder Talg gefüllt werden konnte.

Die legendärste Fackel des Altertums erhellt eine ebenso dramatische wie schaurige Liebesgeschichte. Aber sie steht auch Modell für die Unsicherheit und Verletzlichkeit des Mediums Liebesbotschaft und nicht zuletzt als Kronzeugin für die zweite elementare Metapher: In Liebe entbrennen. Sie diente als Komplizin zweier Liebenden, deren Trennung sich in die Weltgeschichte eingeschrieben und die der elisabethanische Dramatiker Christopher Marlowe so besungen hat:

> Ihr Liebestod war bald von Ruhm verklärt:
> Es war das erste Paar, das Dichtung je geehrt.

Die Rede ist von Hero und Leander, deren Geschick sich in unzähligen Liedern und Gedichten forterzählte, noch in der schlichten Weise von den zwei Königskindern, denen das Wasser viel zu tief war.

Die erste »moderne« Fassung des Stoffes liefert, um die Zeitenwende, Ovid in seinen »Liebesbriefen«, den sogenannten »Heroïdes« oder »Epistulae«, einer Sammlung von fiktionalen Korrespondenzen, einfühlsamen Phantasien über mythische Liebesdramen und die Tragödien unglücklicher Paare. Publius Ovidius Naso, ein Jahr nach der Ermordung Caesars (43 v. Chr.) geboren und vier Jahre nach dem Tod des Augustus in der Verbannung gestorben (18 n. Chr.), war ein einflussreicher Publizist, gefeierter Poet und, neben Horaz, der Spezialist für erotische Stoffe. Er pries sein in Etappen entstandenes Werk so an und spielte dabei mit dem Reiz der Authentizität: »Ich verkünde, das darf ich, die Künste des zarten Amor … Ich schreibe, was in den Worten Penelopes dem Ulixes (Odysseus) berichtet wird, und von deinen Tränen, verlassene Phyllis … und was die arme Dido, das gezückte Schwert in der Hand, sagen soll und die Lesbierin

Ovid, Heroïdes – fiktive Briefe mythischer Heldinnen
an ihre Ehemänner oder Geliebten

(Sappho), Freundin der aonischen Lyra. Wie rasch kam mein Sabinus aus der ganzen Welt zurück und brachte die Schreiben aus den verschiedenen Orten zurück.« Darunter eben auch einen langen Brief des Leander und den letzten der bangenden Hero.

Wenn Ovid dem kühnen Schwimmer Leander seine Stimme leiht, so schwelgt er geradezu in Lichtmetaphorik, lässt immer wieder Feuer und Flamme durch seine Verse blitzen:

> Weder Helice folg ich, noch Arctos, dem Leitstern
> von Tyros …
> Meine Liebe benützt keinen gewöhnlichen Stern.
> Ich habe ein anderes Licht, viel sicherer als
> die genannten
> führt mich dies, irrt mein Gefühl auch
> in der Dunkelheit nicht …
> So blick ich auf dich, meine Liebste,
> von der ich entbrannt bin;
> Mädchen, ich folge nur dir, die du den Himmel
> verdienst.

Und selbst die Meerenge des Hellespont schürt noch das Feuer:

> Doch was hab ich davon, dass das Meer,
> das uns trennt, nicht so breit ist
> Steht denn der schmale Streif weniger etwa im Weg?
> Besser wär ich wohl durch den ganzen Erdkreis
> geschieden
> und mit der Liebsten mein Traum weit in die Ferne
> gerückt.
> Nun, je näher du bist, erglüh ich im näheren Feuer,
> ist auch die Sache nicht nah, so ist doch
> mein Traumbild stets nah.

Wenn Leander dann in die Fluten steigt, schlägt Ovid eine Lichtbrücke vom Mondglanz der Geliebten zum Leitstern der Fackel:

So wie du, wenn silbern mit deinen Strahlen du
>   schimmerst,
mit deinem Flammenkranz jedes Gestirn überstrahlst,
so viel schöner ist sie als alle Mädchen,
>   die schön sind …
Zweifelst du Cynthia, dann wäre dein Augenlicht
>   blind.
Solches sprach ich zu ihr oder sicher ähnliche Worte,
Während ich nachts die Flut, die sich mir auftat,
>   durchschwamm …
Schon erlahmten in den Schultergelenken die Arme,
hoch auf den Wellenkamm schwang ich mich
>   kraftvoll hinauf.
Wie ich von fern das Licht erblickte, sprach ich:
>   »Da drüben
ist meine Flamme, mein Licht hält sich am Strande
>   hier auf.«

Mag alles an der Geschichte Mythos sein – das Schwimmen ist es nicht. Das Mittelmeer lehrte die Menschen, die an seinen Ufern wohnten, früh den Umgang mit dem Wasser, ob beim Fischfang oder beim Tauchen nach Schwämmen, bei der Reparatur von Schiffen oder sogar zu medizinischen Zwecken. Man kannte Brust- und Seitenschwimmen, sogar eine Art Kraulen ist belegt. Schwimmen war in der Antike so gewöhnlich, dass es von Leuten, die das nicht beherrschten, hieß: »Er kann weder lesen noch schwimmen.«

Doch welche Anfechtungen der kühne Schwimmer Leander schon hinter sich hat, als er zur ersten Liebesnacht ans Ufer kommt, erfahren wir aus der geradezu lasziven Schilderung, die anderthalb Jahrtausende später der schon zitierte Marlowe, Zeitgenosse Shakespeares, von dieser sportlichen Heldentat gibt. Der Kampf mit dem Element ist bei ihm mit allen Wassern elisabethanischer Sinnlichkeit gewaschen und läuft auf ein rabiates Verführungsspiel Neptuns hinaus, der den Schwimmer mit sanften

Wellen streichelt, leisen Wirbeln kitzelt, warmen Strömungen betört, um ihn von der fernen Liebe abzubringen und in den Strudel einer Umarmung von Mann zu Mann zu ziehen. Mit knapper Not entkommt Leander der Versuchung und der Autor einer falschen Deutung: Neptun muss die Gestalt in den Wogen verwechselt haben, denn Leander kann sich mit dem Ausruf freischwimmen: »You are deceiv'd. I am no woman, I.«

Aber als dann die Landung geglückt ist, geht Leander seinem Rausch entgegen und legt, noch einmal mit Ovid, einen Schleier über die Ereignisse:

> Was in der Nacht noch geschah, das wissen
>   der Turm und wir beide,
> und auch das Licht, das den Weg über die Wogen
>   mir weist.

Aber die Fackel ist nicht nur Beispiel für Kommunikation, Leuchtband zwischen Liebenden: sie ist auch drastisches, plastisches Sinnbild für den innersten Impuls des wahren Liebesbriefes: das Brennen unerlöster Leidenschaft, das Züngeln der Begierden. Und nicht zuletzt: für die Paradoxie des Sichverzehrens. Die Fackel weist den Liebenden nicht nur den Weg, sie deutet ihnen auch das Ende an: sie brennt ja nicht ewig. Es ist nicht mehr Marlowe, sondern George Chapman, der um 1600 dessen Version des Stoffes fortführt und der eben angedeuteten Dialektik mit bewegten Worten und klugem Räsonnement nachgeht:

> Als dann, nach Heros Wunsch, die andern ruhig sind,
> Legt sie sofort ein Feuer an geschwind
> aus sämigem Mastix und angenehmem Holz,
> entflammt die Fackel, hebt sie auf mit Stolz,
> damit, was dem Leander leuchten soll,
> das Licht empfange, von Aromen voll.
> O brenne nicht zu schnell, du allzu rasche,

sonst wirst du allzubald ein Häuflein Asche.
Doch ohne Flamme wärst du ja nichts wert:
Was dich so kostbar macht, ist, was dich auch verzehrt.

Und dann gibt es noch einmal eine hermeneutische Wendung, von der Physik zur Moral, von der Natur zur Gesellschaft:

> O teure Fackel, Spiegel unsrer Sitten:
> Dahin ist schnell, was wir uns schwer erstritten.
> Beim Blick auf ihre Fackel dachte sie:
> Die Biene, wenn sie Wachs macht, will doch nie,
> dass eine Fackel daraus wird. Es ist der Geist,
> der uns den Nutzen daraus ziehen heißt.
> Gemacht und angezündet: So wie die Natur
> den Mädchen nicht ein wächsern Leben nur
> anheimgibt für Erotik roh und kalt,
> nein: für ein Schicksal eigener Gestalt.
> Die Liebe braucht ein Feuer, sanft und schlicht,
> Sonst sind die Mädchen Fackeln, ohne Licht.

Es ist eine stürmische Nacht, in der sich Leander wiederum in die Wellen stürzt, und es ist dieser Sturm, der auch ins Fenster des Turms dringt, wo Hero ihre Fackel zu hüten sucht, jedoch vergeblich. So sendet die Liebesfackel der Hero nicht nur antiken Glanz, sondern auch Alarmzeichen in die ersten Seiten unseres Buches. Die Verzweiflung der schönen Priesterin nimmt alle späteren Tragödien vorweg:

> Ganz außer sich vor Angst und Graus
> beugt sie sich weit zum Turm hinaus
> und sucht, wie wenn sie nach ihm riefe,
> die Wellen ab in düstrer Tiefe.
> Sie hängt dabei, mit schneckenhafter Klebe,
> fast schon kopfüber in der Schwebe,
> als wäre sie vor wildem Herzeleid

zum Todessprung hinab, zum Grund, bereit
in lauter Finsternis hinein,
zu ihm, Leander, ihrem Edelstein.
Leander, ruft sie, du mein Schmuck der Welt!
Leander, du, vor dem nichts andres zählt,
Leander, du, des Namen ich gestammelt
und der nun alles Elend mir versammelt.
Welch schlimme Wende!
Eine Welt zu Ende!

Der österreichische Dramatiker Franz Grillparzer hat 250 Jahre später der Fackelmetaphorik noch einen weiteren Dreh verliehen. Im Biedermeier war es dann allerdings schon eine Lampe, und in dem Intrigenstadel, zu dem er den alten Stoff umrüstet, wird das Licht nicht vom Sturm gelöscht oder aus Versagen der Flamme, sondern vom götterstrengen und argwöhnischen Priester, der der Liebe Heros im Wege steht. Er hat ihre heimlichen Lichtspiele durchschaut und warnt sie doppeldeutig:

Auch riet ich dir, den Schein zu meiden,
Den Schein; viel mehr noch wahren Anlass.

Der Schein! Der Anschein! Das Scheinbare! Auch das gehört ja zum Umfeld der Liebeslichtaureole: der Schein mit seinem untilgbaren Hintersinn: mit dem Glanz der Echtheit wie mit der Tücke des Hinters-Licht-Führens; mit dem Zauber der Helligkeit und der Dämonie der Blendung; mit der Klarheit der Sonne und der Unheimlichkeit eines nächtlichen Spuks.

Aber das Kapitel Feuer und Flamme wäre unvollständig, wenn es nicht auch ein Satyrspiel als Nachtrag hätte; wenn es nicht eine Brücke schlüge in die Epoche des Papiers, zum Schreibzeug, und in eine Situation, in der nicht mehr lange gefackelt wird. Denn: Ist die Flamme einer Liebe erloschen oder, schlimmer noch, zum Funken des Zorns geworden, dann hilft nur eins: ins Feuer mit falschen Briefen! Dergleichen Vernichtungsritual wird immer ein probates Mittel der Therapie bleiben, aber kaum jemals ist es so heiter verzweifelt überliefert worden wie in der Szene »Als Luise die Briefe ihres ungetreuen Liebhabers verbrannte«, die eine Gabriele von Baumberg gedichtet und Mozart in Musik gesetzt hat:

> Erzeugt von heißer Phantasie,
> in einer schwärmerischen Stunde
> Zur Welt gebrachte, geht zugrunde,
> Ihr Kinder der Melancholie!
>
> Ihr danket Flammen euer Sein,
> Ich geb euch nun den Flammen wieder,
> Und all die schwärmerischen Lieder,
> Denn ach! er sang nicht mir allein!
>
> Ihr brennet nun, und bald, ihr Lieben,
> Ist keine Spur von euch mehr hier.
> Doch ach! der Mann, der euch geschrieben,
> Brennt lange noch vielleicht in mir.

II
Von den Burgen zu den Bürgern

3
Minnesang – das Hohelied der Entbehrung
Die Burg als Festung der Tugend?

> Kann mir jemand sagen, was Minne ist?
> Weiß ich davon auch schon einiges,
> so wüsst ich doch gern mehr von ihr.
> Wer mehr davon versteht als ich,
> der belehre mich, weshalb sie so weh tut.
> Denn Minne ist doch Minne,
> sofern sie wohltut!
> Tut sie weh, so heißt sie nicht rechtens
> Minne.
> Und ich weiß nicht, wie man sie dann
> nennen soll.
> Ach, wolltest du mir helfen, meine Herrin!
>
> Walther von der Vogelweide

Nie zuvor ist die Frau im sich herausbildenden christlichen Europa so angebetet, angehimmelt, leidenschaftlich besungen worden wie in den Jahren zwischen 1000 und 1250. Zum ersten Mal konnte eine historische Epoche nach der Liebesdichtung benannt werden, trugen die gut zwei Jahrhunderte der Burgen und der Ritterlichkeit und des Kults der *hohen frouwe* einen poetischen Namen: »Minnesang«. Und das Wunder ist: aus dieser eigentlich illiteraten Epoche, in der es fast nur fahrende Sänger gab, die nicht schreiben konnten, haben sich Hunderte, ja Tausende von Gedichten erhalten, die sich zu einem grandiosen Liebeshymnus, zu einem Liebesbrief in allen Spielarten der Leidenschaft vereinen. Wie lässt sich das erklären? Wagen wir gleich zu Beginn eine epigrammatische Antwort: Ursache war die Burg als Lebensform einer immer exklusiveren Elite, einer im genauen Wortsinn abgehobenen Gesellschaftsschicht, die etwa ein Prozent der Gesamtbevölkerung ausmachte. Die Burg trieb die

Unerreichbarkeit des Weibes auf die Spitze, die Sehnsucht in die Verzweiflung, die Begierde in den Expressionismus. »Wahnweisen« gehörten zu den negativen Ekstasen der Epoche. Die Burg war nicht nur Festung gegen Feinde, Schutz gegen marodierende Banden oder Raubritter-Nachbarn, sie war auch ein weithin sichtbarer und kaum angreifbarer Keuschheitsgürtel.

Bauen wir diese Behauptung erst einmal aus, und machen wir eine Anleihe bei der Wissenschaft: »Die Burg, als Gebäude, war ursprünglich nur eine befestigte Anlage mit Wehrfunktion. Der frühmittelalterliche Burgenbau im 9./10. Jahrhundert diente der Landesverteidigung gegen die Normannen, Ungarn und Slawen in Grenzgebieten. Erst allmählich wurde Burgenpolitik Grundlage der Herrschaftsbildung, übernahmen die Ministerialen, vor allem in Frankreich, auf Kosten von König und Grafen die Hoheitsrechte. Der Burg kamen im hohen Mittelalter neben wirtschaftlichen Funktionen vor allem Verwaltungsaufgaben zu, sie war politischer Mittelpunkt zur Sicherung der weltlichen Herrschaft. Und dabei erhielt sie ihre soziale Funktion: sie wurde zum Symbol für die gehobene Stellung des Adels in der Gesellschaft.« (Faulstich)

Dem idealen Bild der Frau, wie es die reiche Literatur des Minnesangs zeigt, entsprach die reale, krude Wirklichkeit auf den Burgen aber keineswegs. »Das höfische Frauenbild war eine Erfindung der Dichter«, schreibt einer der besten Kenner der mittelalterlichen Kultur, Joachim Bumke. Es fällt nicht schwer, sich die Atmosphäre, den Alltag, das Klaustrophobische einer Burggesellschaft vorzustellen. Es war eine Männergesellschaft aus Rittern und Ministerialen, Knappen und Handwerkern, denen nur wenige Frauen gegenüberstanden in einer Art ritualisierter Unnahbarkeit. Werner Faulstich schreibt: »Es war demnach insbesondere die gespannte erotische Atmosphäre auf einem begrenzten Raum, welche Selbstbeherrschung, Zucht und Verhaltensrituale notwendig machte. Das Minnespiel war insofern ein legalisierter Abwehrmechanismus, um die allgegenwärtige sexuelle Frustration der Männer zu kompensieren.«

Joachim Bumke hat die Wirklichkeit des Frauenlebens auf den Burgen in wenigen Strichen gekennzeichnet: »Bei den festlichen Versammlungen fielen den höfischen Damen in erster Linie repräsentative Aufgaben zu. Sie schauten von den Zinnen herab oder aus den Fenstern und Laube zu, wenn die Herren sich in ritterlichen Spielen maßen; sie ließen den Rittern bei solchen Gelegenheiten wohl auch aufmunternde Geschenke zukommen; sie beteiligten sich an höfischen Tänzen und Spielen; sie führten höfische Gespräche, und sie ließen sich von den Herren in festlichem Aufzug zu Tisch führen. Manchmal übernahmen sie auch die Begrüßung und Betreuung der Gäste. ... Bei besonderen Anlässen trugen die Damen zur Unterhaltung der Hofgesellschaft durch künstlerische Darbietungen bei. ... Durch ihre Schönheit, ihr feines Benehmen und ihre Fertigkeiten sollten die Damen den Männern das Hochgefühl höfischer Freude vermitteln oder sie zum Minnedienst animieren.«

Der Minnesang liefert zu solcher fast gespenstischen Wirklichkeit auf engstem Raum, zur Spannung zwischen Treue und Trieb, einen poetischen Überbau. Indem er von Trennung und Verzicht, von Werbung und Sehnsucht spricht, wird er zum Hohelied des Eros, einer Fanfare der Lust, zum wildesten Liebesbrief aller Zeiten. Von der »umstürzenden Macht« der Minne spricht selbst die Wissenschaft und sieht im Minnesang ein Medium, das das Rittertum zugleich besingt und überhaupt erst formt. »Die auf das Rittertum bezogene Dichtkunst wird daher ein hervorragendes Mittel, dem ritterlichen Lebensstil die Ausdrucksgebärden zu schaffen.« Dabei gehören zum Rittertum neben den sogenannten »adelfreien« Fürsten, Grafen und Freiherren zunehmend auch die im »Ritterberuf« tätigen Dienstmannen, die dann im Laufe des 13. Jahrhunderts den niederen Adel stellen. Der Minnesang legt nahe und sorgt zugleich dafür, dass sich Ritterlichkeit nicht zuallererst durch Kampf und Turnier definiert, sondern durch das Verhältnis von Mann und Frau. Durch ein Frauenbild, das der höchsten Fürstenschicht entnommen ist, durch ein dem Marienkult sich näherndes Verehrungs-

Johannes Hadlaub fällt in Ohnmacht und nähert sich seiner Dame
als Pilger verkleidet, Codex Manesse, um 1310–1340

ritual, das der *frouwe*, der Domina, gilt. So wäre denn auch die *frouwe* nicht mit Frau, sondern mit Dame, Herrin zu übersetzen, und das *wîb* nicht mit Weib, sondern mit Frau.

Was aber heißt »Minne« genau? Peter Wapnewski sieht zwar den ethischen Konflikt jener Jahrhunderte im »Ringen um die Güter der minne und der êre«. Aber er beugt allzu raschem Begreifen mit dem Einspruch vor: »Wobei *minne* nicht gleich ›Minne‹ ist und *êre* nicht gleich ›Ehre‹. Vielmehr handelt es sich bei der *minne* um eine Macht, die kraft erotischer Energie den Mann stimuliert, über sich hinauszuwachsen, und im Dienst des Schönsten und Edelsten, das Gott geschaffen, den Minnenden befähigt, sich zu veredeln und zu erhöhen. Die *êre* aber meint im Tugendsystem dieser Zeit und Gesellschaft nicht

Leuthold von Seven zu Pferde stellt seiner Dame
einen Brief zu, Codex Manesse

jenen privatmoralischen *point d'honneur*, den jeder mit seinem eigenen Gewissen zu arrangieren hat, sondern die *ére* meint die Reputation, meint das Ansehen vor der Welt durch die Welt ...«

Aber diese *ére* gewann man sich ja nicht durch Sesshaftigkeit auf den Burgen, sondern durch *aventiuren*, durch großangelegte Kampagnen, durch eine Lebensform des Unterwegsseins. In einer Zeit und einer Welt, in denen Herrschaft erst durch Heerzüge begründet werden konnte, in denen ein Königtum einem riesigen Reisetross mit einer Vielzahl von Feld- und Zeltlagern (die dann zu Pfalzen wurden) glich –: in einer solchen Epoche waren die Frauen der Mächtigen oft über Monate allein. Und nicht nur sie, sondern auch die hohen Herren litten unter solcher Trennung, diesem verzweifelten *amour lointain*. Ein Zeugnis solchen Trennungsschmerzes, ein wirklich bewegender Liebesbrief, wird Heinrich VI. zugeschrieben, der von 1165 bis 1197 gelebt hat; der 1191 in Rom zum Kaiser gekrönt worden ist und in Palermo seine letzte Ruhe gefunden hat. Der Brief geht an seine Frau Konstanze, die ihm das sizilische Normannenreich mit in die Ehe gebracht hat.

In der Prosaübersetzung lautet seine Botschaft so:

> Mit meinem Lied grüße ich die Süße,
> von der ich weder lassen will noch kann.
> Dass ich sie, wie es recht ist, selbst begrüßen konnte,
> ach, das ist leider viele Tage her.
> Wer nun, Frau oder Mann, dieses Lied vor ihr,
> die ich so schmerzlich vermisse,
> singt, der soll sie von mir gegrüßt haben.

> Mir sind die Reiche und die Länder untertan,
> wenn ich bei der Geliebten bin;
> und wenn ich mich von ihr trenne,
> ist all meine Macht und mein Reichtum dahin,
> nur Sehnsuchtsschmerz gilt mir dann als Besitz.
> So trägt mich das Glück in Höhen und Tiefen,
> und dieses Auf und Ab wird mich aus Liebe zu ihr
>   bis zum Grab begleiten.

> Da ich sie nun so von Herzen liebe
> und sie unbeirrt zu allen Zeiten
> in meinem Herzen und Gedanken trage:
>   (und das oft mit großen Klagen)
> Was gibt die Geliebte mir dafür zum Lohn?
> Da bereitet sie mir so wundervolle Stunden;
> ehe ich auf sie verzichte, verzichte ich auf die Krone.

Dieser Kaiser, ein Sohn Friedrich Barbarossas, will das Heilige Römische Reich im Sinne seines Vaters festigen; er vereinigt Deutschland und Italien und schmiedet Pläne zur Eingliederung des oströmischen Reiches und des europäischen Westens in das staufische Herrschaftssystem. Doch scheitert er mit seinem Vorhaben, Deutschland und Sizilien zu Grundpfeilern eines erblichen Kaiserreiches zu machen. Seine kurze Herrschaft von nur sieben Jahren zeugt also von einem beträchtlichen Machtstreben und dynastischer Energie, so dass Zweifel an seiner Autorschaft nur zu verständlich sind: Klingt ein solcher Brief, der durch viele Hände gegangen sein muss, ehe er die Adressatin erreicht und ehe er ihr, wohl im Beisein ihres Hofstaates, laut verlesen oder vorgesungen wird, nicht eher nach Resignation und Verzicht als dem Verlangen nach einem idyllischen Glück? Ein Kaiser, der nur noch Liebhaber sein will: Gibt der nicht sogar Anlass zu seinem Sturz? Aber andererseits: In der Unbedingtheit, mit der da ein Großer von seiner Liebe zu seiner Geliebten (die seine Frau ist) spricht, hätte dieser Gruß eine die Zeiten überbrückende Modernität.

Dagegen verrät diese Klage einer über lange Zeit allein gelassenen Dame eher die gelehrte Feder eines Briefstellers:

> Denn von dem Tage, wo ich dich zuerst sah, fing ich an, dich zu lieben. Du bist kühn in die Tiefen meines Herzens eingedrungen, dort hast du dir, wunderbar zu sagen, durch den Reiz deines lieblichen Gespräches einen Sitz bereitet, und dass er nicht bei einem Anstoß umgeworfen werde, hast du durch die Rede deiner Briefe dir einen Schemel, ja einen Thron fest gegründet. So ist es gekommen, dass dich aus meinem Gedächtnis kein Vergessen tilgen kann, keine Dämmerung verhüllen und kein starkes Stürmen von Wind und Wetter aufstören. Doch wie kann man von Beständigkeit reden, wo immer neue Dinge aufeinander folgen? Ich würde es wohl für ein wahres Sein halten, wenn ich immer in deiner Nähe sein könnte; aber da mir solches Sein versagt ist, wird

alles Sein, das mich umgiebt, von mir für unwahr erachtet. Mache du also, dass ich mein Sein für wahr zu halten vermag, und das ist nicht anders möglich, als wenn etwas von dir mit mir ist.

Es waren vor allem die sechs großen Kreuzzüge zwischen den Jahren 1096 und 1248, ebenso riesige wie riskante Unternehmungen zur Eroberung Jerusalems und des Heiligen Landes, kriegerische Frömmigkeitswallfahrten, die oft drei Jahre lang dauerten, welche die Minne auf eine harte Probe stellten. Trennung, Entbehrung, Gefühlsnöte, Sehnsucht und Argwohn sprechen sich aber nicht nur in den Gedichten und Liedern aus, sie haben ihren literarpsychologischen Überbau vor allem in den großen Ritterepen der Epoche. Der *quest*, die Suche nach dem Gral oder einem anderen Bewährungsziel, ist das Grundmotiv all der Heldensagen und Ritterromane, die, abgeleitet von einem christlichen Lebensideal, eine adlige Gesellschaft nicht etwa nur unterhält, sondern auch anleitet und formt. Peter Wapnewski schreibt:

> Diese Geschichten folgen, so bunt gemischt ihre Abenteuer und Figuren auch sein mögen, doch allesamt einem Schema. Nach ihm erleidet der von allem Anfang an berufene Held einen tiefen Sturz, weil er seinen Platz im Ordo seiner Welt noch nicht errungen, den Prozeß der Ich-Findung und Selbstverwirklichung, wie wir heute sagen würden, noch nicht bewältigt hat. So muß er denn, heiße er nun Parzival oder Erec oder Iwein, den langen einsamen Weg der Bewährung gehen und sich auszeichnen durch Taten des Heldentums und der Güte, die allesamt darauf abzielen, ihn sich selbst zuzuführen. Daß er aber endlich bei sich angekommen ist, signalisiert die Situation des Endes: Inmitten der Ritterherrlichkeit des Königs Artus findet der Held auch seine Frau wieder, zu seiner Frau zurück. Der Artusroman ist kein Liebesroman, aber er ist ein Eheroman, insofern als

er die Unversehrtheit des sozialen Instituts Ehe als Symptom begreift für den intakten Zustand des sozial übergreifenden Komplexes der adligen Gesellschaft.

Die Idealvorstellung der ritterlichen Epoche wird nicht erst von der Forschung, sie wird vom Minnesang selbst widerrufen. Dem hehren Grundsatz der *triuwe* (Treue) antwortet die große Zahl der »Morgenlieder« als eine erstaunlich freimütige Gegenstimme: Es sind nicht Hymnen auf die Sonne, den leuchtenden Tag, es sind erschreckte Weckrufe nach einer verbotenen Nacht, jähe Abschiede vom Rausch dunkler Stunden, Ängste vor dem Ertapptwerden. In diesen Texten begegnen uns nicht nur die unverhüllte Leidenschaft, die Körpergier und die Besinnungslosigkeit der Ekstase, sondern das Bild der Burg als eines insgeheimen Stundenhotels. »Manchmal gehörte es auch zu den höfischen Pflichten der Mädchen, den Ritter zu baden und ins Bett zu geleiten«, schreibt Werner Faulstich. Doch die höfischen Pflichten betrafen wohl auch höhergestellte Damen.

Und so findet sich in dieser erotischen Lyrik immer wieder eine merkwürdige, unheimliche und doch wohl fest zur Burg gehörige Gestalt: der Wächter, der Aufpasser, der Spion – meist der *merkaer* genannt. In den Burgen war man offenbar immer auf Eindringlinge gefasst: nicht in Gestalt bewaffneter Feinde, sondern schöner Jünglinge, verliebter Knappen, unerschrockener Nachbarn und draufgängerischer Minnesänger, die wie auch immer den Weg ins falsche Bett fanden und denen der Merker auf die Schliche zu kommen hatte. So weiß noch, Jahrhunderte später, Friedrich von Logau zu reimen:

> Bei Hof ist kein Volk stärker
> als schlaue, schlimme Merker.

Aber offenbar gehörten sie nicht nur zur Mannschaft einer Burg, sondern auch zur Eskorte der Besucher:

> Vor jedem bösen Gast
> sind mir die Merker all verhasst.

Denn oft war der Merker, als Wächter und Wecker, geradezu Komplize wie in dem folgenden Abenteuer, das Wolfram von Eschenbach überliefert hat:

> Wächter, du singst, was mir alle Freude nimmt
> und meine Klagen vermehrt.
> Immer gibst du mir unwillkommene Nachricht
> am Morgen vom kommenden Tag.
> Die sollst du mir gänzlich verschweigen.
> Das verlange ich von deiner Ergebenheit,
> für die ich dich gerne belohnen will:
> dann bleibt mein Liebster bei mir.

> »Er muss aber fort – und ohne Verzug.
> Nun lass ihn gehn, schönste Frau!
> Ein andermal lass ihn dich wieder lieben,
> heimlich, ohne Gefahr für Ehre und Leben.
> Er hat sich auf mich verlassen,
> dass ich ihn wieder fortbrächte.
> Es ist nun Tag. Nacht war es, als
> ich ihn eurem Kuss und Leib überließ.«

> Sing, was du willst, Wächter, doch lass ihn hier,
> der Liebe schenkte und Liebe erhielt.
> Immer hat uns dein Lärm aufgeschreckt.
> Wenn der Morgenstern noch gar nicht schien
> über ihm, der noch Liebe genießen wollte,
> und noch lange vor Tagesanbruch hast du
> ihn mir aus meinen nackten Armen gerissen
> – doch aus meinem Herzen nicht.

Der Übergang von der hohen Minne zur niederen, von der platonischen Verehrung zum leibhaftigen Sinnesvergnügen lässt sich vielen Liedern ablesen; geradezu programmatisch erklärt sich Hartmann von Aue in einem Gedicht, das ebenfalls kurz vor 1200 entstanden ist:

> Mancher grüßt mich also
> (der Gruß lässt mich kalt)
> »Hartman, gehn wir schauen
> ritterliche Frauen!«
> Soll er mich in Ruhe lassen,
> zu den Damen eilen.
> Bei den Damen fühle ich mich fremd,
> wenn ich da nur rumstehe.
>
> Bei den Damen halte ich es so,
> ich bin zu ihnen, wie sie zu mir;
> denn ich kann meine Zeit vertreiben,
> besser mit armen Weibern (einfachen Frauen).
> Wo ich bin, find ich deren viele.
> Da find ich auch die, die mich will,
> und die mir das Herz erfreut.
> Was taugt mir ein zu hohes Ziel?
>
> In meiner Torheit passierte es mir,
> dass ich zu einer Dame sprach:
> Gnädigste, ich habe meine Sinne
> gerichtet auf eure Minne.
> Da wurde ich schief angesehen.
> Daher will ich, und sag es euch,
> mir solche Frauen aussuchen,
> bei denen das mir nicht passiert.

Abseits der Burgen waren die Ritter nicht zimperlich im Umgang mit der ländlichen Bevölkerung, und der hohen Verskunst folgte bei den Ausritten brüske Umarmung oder Vergewaltigung. Da schreibt eine Frau aus dem Volk (wer auch immer es für sie zu Pergament gebracht hat) an ihren Geliebten: »Ferner, wenn du mir räthst, ich soll mich vor den Rittern wie vor gewissen Ungethümen hüten, so hast du recht. Auch ich weiß, wie ich mich wahre, damit ich nicht sinke auf die Bahre. Aber ohne die Treue gegen dich zu verletzen, verschmähe ich sie nicht ganz, wenn ich nur nicht dem Fehler unterliege, den du ihnen Schuld gibst. Denn sie sind es doch, durch welche die Vorschriften höfischer Sitte geübt werden, sie sind Quelle und Ursprung aller Ehre. Soviel über die Herrn, bleiben sie nur unserer Minne fern.«

Aber alle diese Liebes- und Lippenbekenntnisse, diese kleinen erotischen Abenteuer und poetischen Abschiede, diese pikanten »Gesänge der Frühe« sind nur Beiwerk des ungeheuren Tabubruchs, der mit dem »Tristan«-Roman des Gottfried von Straßburg geschieht. Während die berühmten Epen der Zeit, der »Erec«, der »Iwein« und der »Parzifal« zu einem glücklichen Ende, zu einer neuen Ordnung, zum gefestigten, vertieften Ehebund führen, bricht mit dem »Tristan« der Aufruhr der Liebe in die von der epischen Literatur gepredigte und geprägte Gesittung ein: Der Ritter Tristan, Gefolgsmann des Königs Marke und von ihm ausgesandt, ihm die ferne schöne Braut Isolde heimzuführen, wird von deren Schönheit und Anmut ebenso überwältigt, wie auch sie in Liebe zu ihm entbrennt. Der Schritt vom Wege ist mehr als Untreue und der Treuebruch eines Vasallen, er erscheint als ein Zeitsprung in die Moderne, in die Unbedingtheit des Gefühls.

Noch einmal Peter Wapnewski:

> Hier bekennen sich zwei Menschen – und mit ihnen womöglich auch ihr Dichter – zu der ganz und gar mittelalterwidrigen Autonomie ihrer Individualität …, bekennen sich um ihrer Liebe willen zu deren gesellschaftsfeindlicher, ja ge-

sellschaftsgefährdender Substanz. Sie wagen es …, sich und ihr Lustglück zu verabsolutieren. Und auch das Leid, auch den Schmerz, den sie um ihrer Lust und ihrer nur heimlich zu verwirklichenden Leidenschaft willen erleiden, nehmen sie in sich auf. Liebe meint Tod, Tod meint Rettung dieser Liebe in den Raum seiner/ihrer Unendlichkeit.

Man könnte nun aber mit dem kundigen Mediävisten darüber rechten, ob wir Heutigen nicht oft mit der »Autonomie der Individualität« zu rasch bei der Schreibhand sind, wenn es sich just um die Überwältigung des Individuums durch den Eros, um die Auslöschung des Ichs durch den Taumel, die Abdankung des Sinns vor der Sinnlichkeit geht. Zwei Menschen, die so offenbar nicht »bei Sinnen« sind, können doch gerade nicht als Musterexemplare von Autonomie geltend gemacht werden, und ein Paar, das sich selbst, um der Lust willen, zum Tode verurteilt, beweist eigentlich nicht Modernität, sondern den ewigen Zerstörungszauber der Liebe. Wir pochen, auch bei dieser Gelegenheit, nicht so sehr auf die »Ungeschichtlichkeit der Liebe« als auf die Einsicht, dass die ganz großen Gefühle eine anthropologische Konstante sind und wir uns auch im Zustand äußerster Berauschtheit immer nur in alten, den ältesten Szenarien wiederfinden.

Und so liegen zwar 600 Jahre, aber ein Nichts an Leidenschaftsdifferenz zwischen dem alten Text und den folgenden Versen, mit denen Richard Wagner seine Arbeit an »Tristan und Isolde« bejubelt und seiner leidenschaftlich geliebten Mathilde Wesendonk offenbart:

> Hochbeglückt,
> schmerzentrückt,
> frei und rein
> ewig Dein –
> was sie sich klagten
> und versagten,

Tristan und Isolde
in keuscher Töne Golde,
ihr Weinen und ihr Küssen
leg' ich zu Deinen Füßen,
daß sie den Engel loben,
der mich so hoch erhoben!

Während er an seiner Leidenschaftsoper schreibt, Text und Musik zugleich, durchlebt er, halb hingerissen, halb durchtrieben, den alten Konflikt, missbraucht die Gastfreundschaft des Hausherrn Wesendonk, stürzt seine eigene Frau Minna in Verzweiflung und steigert sich und Mathilde in einen Rausch, dem die Musik orgiastischen Ausdruck gibt und den eine Fülle von Briefen lüstern umspielt. Nach fünf Jahren des quälenden Miteinanders, Gegeneinanders und Ineinanders schreibt Richard Wagner, tief in die Rolle des alten Ritters versunken und dennoch ihrer schon deutlich überdrüssig, einen emphatischen Entsagungsbrief, der hier in Auszügen zitiert sei:

Die ungeheuren Kämpfe, die wir bestanden, wie könnten sie enden, als mit dem Siege über jedes Wünschen und Begehren?
Gewiß! Nur weil es so unerhört und schwierig, war es eben nur nach den härtesten Kämpfen zu erreichen. Haben wir nun aber nicht alle Kämpfe ausgekämpft? Oder welche könnten uns noch bevorstehen? – Wahrlich, ich fühle es tief: sie sind zu Ende! – Als ich vor einem Monate Deinem Manne meinen Entschluß kundgab, den persönlichen Umgang mit Euch abzubrechen, hatte ich Dir – entsagt. Doch war ich hierin noch nicht ganz rein. Ich fühlte eben nur, daß nur eine vollständige Trennung oder – eine vollständige Vereinigung unsre Liebe vor den schrecklichen Berührungen sichern konnte, denen wir sie in den letzten Zeiten ausgesetzt hatten.
Mein Kind, ich kann mir nur noch ein Heil denken, und dies kann nur aus der innersten Tiefe des Herzens, nicht aber

aus irgendeiner äußeren Veranstaltung kommen. Es heißt: Ruhe! Ruhe der Sehnsucht! Stille jedem Begehren! Edle, würdige Überwindung! Leben für andre, für andre – zum Trost für uns selbst. …

Lass mich nur noch auf den Trümmern dieser Welt des Sehnens – Dich beglücken! –

… es ist eine Stimme in mir, die mit Sehnsucht nach Ruhe ruft – nach der Ruhe, die ich vor langen Jahren schon meinen fliegenden Holländer sich ersehnen ließ. Es war die Sehnsucht nach – »der Heimat« –, nicht nach üppigem Liebesgenuß! Ein treues, herrliches Weib nur konnte ihm diese Heimat erringen. Laß uns diesem schönen Tode weihen, der all unser Sehnen und Begehren birgt und stillt! Laß uns selig dahinsterben, mit ruhig verklärtem Blick und dem heiligen Lächeln schöner Überwindung! Und – keiner soll dann *verlieren*, wenn wir -- siegen!

Leb wohl, mein lieber heiliger Engel!

Tatkräftiger, zukunftswütiger, ideenvoller und befreiter als Richard Wagner in diesem Sommer 1858 ist noch niemand »dahingestorben«.

4
»Krach Herz, brich nicht!«
Liebeszettel in den Stadtmauern

> Das kann niemand je lesen
> und niemand beschreiben:
> Dieser Liebesglut Treiben.
> Und wenn aus Tinte all das Meer,
> ein Pergament der Himmel wär,
> wenn Sonn' und Mond und alle Stern',
> wenn diese alle Schreiber wärn,
> dazu der feine Sonnenstaub
> und auf der Erde Gras und Laub:
> Sie könnten schreiben nicht noch lesen
> wie sanft die Liebe mir gewesen.
>
> Johannes von Freiberg

Welch eine Szene vor der Kirche der großen Stadt, wahrscheinlich ist es Zürich: Die Frühmesse ist gerade zu Ende, es herrscht immer noch das trübe Licht des Morgengrauens, man erkennt die Gestalten der Kirchgänger nur schemenhaft. Die hochgestellte fromme Dame will rasch nach Haus, da nähert sich ihr ein in Schwarz gekleideter Pilger mit seltsamen Gebärden, versucht, sie zu berühren, ihren Umhang zu fassen, daran zu zerren. Die erschreckte Frau flieht vor der düsteren Erscheinung. Ein Epileptiker? Ein Bettler? Ein Verrückter?

Es ist nur ein Liebhaber. Ein verzweifelt Liebender. Ein vor Leidenschaft zu allem entschlossener Mann, der eine Sehnsuchtsbotschaft an die Frau bringen will, die ihm die Sinne verwirrt hat. So dass er nun zum Mittel der Verstellung gegriffen hat, um ihr nahezukommen, zur Verkleidung als Pilger. Später wird er sich zu dem Trick bekennen, den er da in aller Herrgottsfrühe angewandt hat:

dô hât ich von sender klage
einn brief, dar an ein angel was,
den hieng ich an sî – daz was vor tage,
daz sî nicht wisse daz.

(Ich schrieb ihr meine Sehnsuchtsklage
und fügt' dem Brief ein Häkchen an
und hängt ihn an sie – noch vor Tage –
damit sie's nicht bemerken kann.)

Es ist, in der Literatur des späten Mittelalters, der detaillierteste und abenteuerlichste Bericht, den wir von der »Zustellung« eines Liebesbriefes haben. Ob diese aggressive Tuchfühlung, die der Befestigung des Zettels am Umhang der Dame diente, ein verwegener Einzelfall war oder gängige Praxis (oder einfach Fiktion) – wir haben nur diesen einen Beleg. Erlebt oder ersonnen oder zumindest überliefert hat ihn Johannes Hadlaub, der um 1300 in Zürich gelebt hat.

Der Bericht hat auch seine psychologische Richtigkeit; denn der Liebestrunkene ist sich durchaus bewusst, dass sein Verfahren erst einmal Befremden, ja Angst auslösen und die Dame denken könnte:

Mich dûcht sî dæchte
»ist daz ein tobic man?
waz wolde er in die næchte
daz er mich grîfet an?«

(Da dachte wohl die Dam':
»Was will der wilde Mann,
der mir so nahe kam,
dass er mich fasste an?«)

Nun erzählt er der Reihe nach: »Sie fürchtete sich sehr, meine schöne Dame, aber sie schwieg aus Anstand; sie entfernte sich sehr schnell. Ich gebärdete mich deshalb so stürmisch gegen

Burkart von Hohenfels überreicht seiner Dame
einen Brief, Codex Manesse

sie, damit sie sich bald ins Haus begäbe und niemand den Brief an ihr sähe. Sie brachte ihn unentdeckt fort.« Aber unentdeckt bleibt dem Liebenden selbst das weitere Schicksal: »Was sie mit ihm gemacht hat, ob sie ihn weggeworfen oder behalten hat, hat mir niemand gesagt. Hat sie ihn mit Verstand gelesen, dann fand sie darin das höchste Glück, tiefe Worte über die Liebe, welche Not mein Herz erdulde. Sie hat sich bisher aber nicht so verhalten, als ob sie meinen Kummer richtig verstanden hätte. O weh, du schöne Liebenswerte, du verletzt mich wirklich tief.«

Und wie um den nunmehr »aufgegebenen« Brief zu retten, ihn vor dem Verschwinden zu bewahren, zumindest dem Leser zu offenbaren, was darin gestanden haben könnte, mündet die Moritat in eine neue Liebesklage:

> Ich habe es nie gewagt, ihr einen Boten zu senden, denn sie hat sich nie dazu entschlossen, mir zu zeigen, dass sie mich trösten könnte; (einen Boten), der ihr hätte sagen sollen, dass ich ohne sie nicht leben kann … Mein Herz hat sie gänzlich zerbrochen, weil sie, die Edle, so ganz nach ihrem Beliebet (darin) aus- und eingeht, wenn es sie auch gern empfängt. Sie lässt sich auch mit all den Wonnen, die sie zu geben hat, darin nieder … Ich glaube, wenn man mir die Brust aufbräche, sähe man meine schöne Dame so lieblich zart in ihrer holden Weiblichkeit in meinem Herzen stehn. Ich schätze es wahrlich nicht gering, dass ich sie auf diese Weise besitze … Doch das wahre Glück gönnt sie mir nicht …

Liebesbriefe suchen oft ein Versteck. Und so wie die Zeit über alle Liebe hinweggeht, so gehen meist Staub und Vergessen über die Verstecke hinweg. Tieferes Briefgeheimnis als die Versunkenheit von Jahrhunderten gibt es nicht. Bis dann die Archäologie einer späteren Gegenwart – die Szene ist wiederum Zürich – einen Zufallsfund macht. Um die Mitte des 19. Jahrhunderts soll im Altstadtviertel, am Rennweg, ein Fachwerkhaus aus der Zeit um 1400 umgebaut und entkernt werden. Zwischen zwei Balken, ob im Wandgefüge oder im Dachgerüst, findet sich dabei ein winziges Büchlein, 6,9 mal 4,8 Zentimeter, nahezu Streichholzschachtelformat, schmutzig, ein wenig eklig anzufassen, aber im Innern doch noch so weit ansehnlich, dass man den Text entziffern kann: Es sind sechs Liebesbriefe in Reimpaaren und ein größeres, kunstvolleres Liebesgedicht, ein sogenanntes Leich. Schon ein Jahr später gibt es eine erste Publikation, aber erst gegen Ende des 20. Jahrhunderts wird der Fund in einer großen wissenschaftlichen Edition (Max Schiendorfer) erschlossen und übersetzt und »zu den ersten selbständig überlieferten mittelhochdeutschen Liebesbriefen« gerechnet und erhoben.

Fragen schließen sich an und bleiben bis heute offen: Hat sich da eine junge Frau aus dem 14. Jahrhundert die an sie gerichteten Liebesbriefe binden lassen, oder hat sie das Büchlein insgesamt geschenkt bekommen? Ist das Format der Blätter so klein, so unscheinbar, damit man sie desto leichter hatte verbergen können, noch vor dem Balkenversteck, vielleicht in einer Schürzentasche, in einem Nähkorb, in der Falte einer Haube? So jedenfalls deutete es der erste Interpret dieses Fundes, der Schweizer Professor Ludwig Ettmüller um die Mitte des 19. Jahrhunderts: »Dass diejenigen Sammlungen von Liedern, Briefen und Leichen, welche den Herrinnen heimlich zugestellt wurden, meist ein sehr kleines Format hatten, begreift sich, da sie die Möglichkeit, unbefugten Augen leicht verborgen werden zu können, darbieten mussten.«

Hat sie überhaupt lesen können, was wir, nach nunmehr 600, wenn nicht 700 Jahren nun noch so gerade eben verstehen?

> Ich bin ein brief unde ein bode
> in mins juncherren gebode …

und die geradezu religiösen Beschwörungen:

> Gnade minneclicher lip
> gnade seldenrichez wip …
> Gnade frowe uffe gnade lone
> du bist mines hercen crone …
> herce lieb gedenke min
> wan ich vergizze nimmer din

Und immer wieder die Anrufung der Gnade:

> Gnaden ger ich rainez wip
> uf gnade dinet mir min lip …

Wenn sie aber weiß, was sie da liest, weiß sie auch, wer ihr da schreibt?

> du waist auch vil wol wer daz ich bin
> din aigin diner. N.

Ist es immer noch derselbe Schreiber, der in den letzten beiden Briefen eher barmt denn schwärmt, der einen wiederkehrenden Klageton anstimmt, weil er wohl ohne Antwort bleibt oder Gegenliebe oder Erlösung:

> Ich clage unde mag wol clagen …
> Vil herce liebe frowe min
> min not la dir geclaget sin …
> en hilfes du mir nit uzer not
> so bin ich sicherlichen dot

Das Zürcher Mini-Buch ist aber auch ein deutlicher Beleg für eine neue Entwicklung: Die »Minne« war von den Burgen herab ins Volk gestiegen. Der Abschied von der Burg begann im 12. Jahrhundert. Die *stat*, also eigentlich die »Stätte«, entwickelte sich aus größeren Siedlungen, die von einer Mauer umgeben und meist um einen Bischofssitz oder ein Kloster herum gelegen waren; mitunter war das ursprüngliche Zentrum auch ein Gutshof mit eigener Jurisdiktion. In seiner Studie »Glanz und Elend des Mittelalters« nennt Ferdinand Seibt folgende Zahlen: »Um die Jahrtausendwende gab es in Deutschland schätzungsweise hundertfünfzig städtische oder noch stadtähnliche Siedlungen; zweihundert Jahre später etwa eintausend. Und um die Mitte des 14. Jahrhunderts, zu Ende des Wirtschaftswachstums und des Landesausbaus« – denn es sollte das Jahrhundert der Pestepidemien kommen – »gab es zwar nur wenige große, aber Hunderte mittlerer und, kleinste Siedlungen mit nur ein paar hundert Einwohnern mitgezählt, insgesamt dreitausend Städte. Nur eine Stadt im nördlichen Europa, nämlich Paris, erreichte damals wahrscheinlich einhunderttausend Einwohner. ... Acht Städte umschlossen dreißig- bis vierzigtausend Einwohner. ... Allein in Oberitalien gab es beinah so viele Städte mit mehr als zehntausend Einwohnern wie im ganzen übrigen Europa zusammen.«

Diese Städte aber waren nicht nur Marktplätze und Handelszentren, sondern auch »Menschenparks« (Sloterdijk). Sie bildeten eine neue, lebhafte Öffentlichkeit, die zwar in Schichten getrennt war, aber auf engem Raum miteinander kommunizieren konnte. Es gab auf einmal Nachbarschaften, wie sie weder auf den Burgen noch auf dem Lande (wo immer noch 90 Prozent der Bevölkerung mehr vegetierten als lebten) denkbar und praktizierbar waren. In diesen Städten gediehen nicht nur Handel und Wandel, Handwerk und Markt, Gastwirtschaft und Badebetrieb, Krämerladen und die Medizin der Barbiere, sondern es entwickelte sich auch ein Jahrmarkt der Gefühle, der Gelüste und der Leidenschaften. Die Stadt »produzierte« eine neue Form der Liebe, eine quickere Form der Liebeserklärung, geradezu einen Rausch der Liebesbriefschreiberei.

Und auch dieser Rausch wurde zum städtischen Geschäft, zu einem regelrechten Handelsbetrieb. Indem die hohe Minne zur »bürgerlichen« Liebe sich herabließ (die gleichwohl gerne noch sich Minne nannte), wurde der klassische Minnesänger zum Briefsteller. Der Liebesbriefschreiber, der *schribaere* (von dem auch das Motto dieses Kapitels gekündet hat), wird zu einem wichtigen und angesehenen Berufsstand inmitten des urbanen Lebens. Das Weh und Ach, die Seligkeiten und die Dringlichkeiten der Leidenschaften wären stumm geblieben, hätte es nicht Schrift- und Schreibkundige gegeben, Skribenten und Gelegenheitspoeten, geldbedürftige Studenten, geschäftstüchtige Mönche, die solche Herzenssachen zu Papier zu bringen, ja ihnen überhaupt erst eine Sprache zu geben wussten. Es war da eine standardisierte Poetik am Werke, die nicht einheitlicher hätte sein können, würde sie heute als offizielle Sprachregelung übers Internet verbreitet. »Spätmittelalterliche Liebesbriefgedichte sind ein literarisches Massenprodukt«, schreibt Jürgen Schulz-Grobert und attestiert ihnen für das 15. Jahrhundert »eine fast flächenbrandartige Verbreitung im gesamten deutschen Sprachraum«.

So ist das Zürcher Bändchen nur eine Miniatur unter den vielen Funden aus jener Zeit. Da gibt es einen »Berliner Liebesbrief«, die »Dresdner Liebesbriefe« (eine ganze Sammlung), den Liebesbriefsteller aus Schwaben und in Augsburg das »Liederbuch der Klara Hätzlerin« sowie ein »Augsburger Liederbuch«. Neben Augsburg ist es vor allem Konstanz, das die Wissenschaft als ein Zentrum der Liebesbriefdichtung ausgemacht, ja für einige Jahrzehnte zum »Mittelpunkt der abendländischen Welt« erklärt hat. Die Bedeutung erklärt sich aus der engen klösterlichen Verbindung zum italienischen Bologna, das früh durch seine Universität zu einer kulturellen Metropole geworden war.

Und so ist es dann kein Wunder, dass der Bodensee als Metapher auch des öfteren in die damalige Liebeslyrik einfließt:

> vnd sag ir vz getruwem mut
> fruntschaft lieb vnd alles gut
> von wunsch ir dar zu liebes me
> dan trophen hab der bodem se.

> (Und sag ihr aus getreuem Mute
> Freundschaft, Lieb und alles Gute;
> dass größer noch mein Liebesweh
> als Tropfen hat der Bodensee.)

So heißt es in einem der »Konstanzer Liebesbriefe«, und der Verfasser des »Liebesbriefstellers aus Schwaben« schöpft aus der gleichen Quelle:

> wz sol ich da von sagen me
> wer der witte boden see
> vol tinten wissend daz

vnd wer alles lob vnd graß
bappier vnd fader fur war
vnd lebt ich hundert tusend iar
So möcht ich nit volle schriben
noch vol sagen die liebin
die ich zů vch trage

(Recht sprachlos ich hier vor euch steh:
Und wär der ganze Bodensee
ein einzig großes Tintenfass,
und wäre alles Laub und Gras
Papier- und Federware,
und lebt ich 100 000 Jahre,
so könnt' ich schreiben nicht noch sagen,
wie groß die Liebe ist
die ich zu euch getragen.)

Die Vielfalt des in Augsburg versammelten Brief- und Liedmaterials (»Augsburger Liederbuch«) beschreibt Friedrich Ranke so:

> Sehnsuchtsklage, Versicherung der Treue, Bitte um Gunstgewährung, Klage über die Hartherzigkeit der Geliebten, Warnung vor den Klaffern, Spott auf die Eifersüchtigen, Abschiedsschmerz, Neujahrsglückwunsch, Hoffnung auf ein Wiedersehen; daneben auch einmal spöttische Absage, dazu ein paar Tagelieder: die bekannten Themen und bekannte Motive: Farbensymbolik, z.B. Preis der schwarzen Farbe der Verschwiegenheit; allerlei Liebesallegorie: der Liebende als Jäger, die Geliebte als Arzt, die Treulose als entflogener Falke; einmal erscheint der Liebende als ein getreuer Amtmann, der der Geliebten die Rechnung vorlegen möchte, »das sy dar auf quitieret mich«; ein andermal als Kläger gegen die Herzensdiebin …

Zum Repertoire des Liebesbriefschreibers oder -stellers gehört eine ehrerbietige Grußformel, die *salutatio*, gleichsam eine Verbeugung vor der Dame des Herzens:

> Dich grüsset, lieb, das hertze mein
> mit gantzen trwen vnd lieber begir,
> das ich nicht kan vergessen dein,
> vor aller der welt so liebst tu mir.

Oft verbindet sich die Grußformel mit dem Morgenstern, der zugleich ein Sinnbild der Reinheit als auch Anspielung auf die verflossene Nacht sein kann, wie sich aus der folgenden Sequenz verschiedener Texte ablesen lässt:

> Got grüß dich, du liechter morgensteren!
> haimlich wer ich bey dir alßo geren.

und:

> du lichte morgen sterne,
> herze lip, bi di wer ich so gerne.

Was dann bei Heinrich Wittenwiler in seiner satirischen »Ring«-Dichtung den Ritter Bertschi Triefnas an seine Geliebte Mätzli Ruerenzumpf schreiben lässt:

> Got grüess dich, lindentolde!
> Lieb, ich pin dir holde.
> Du bist mein morgensterne;
> Pei dir so schlieff ich gerne.

Dieser Satiriker war gegen Ende des 14. Jahrhunderts immerhin Advokat am bischöflichen Hof in Konstanz. Frömmigkeit und Drastik schlossen sich keineswegs aus; schon die Klöster waren nicht nur für ihre Schreibkunst, sondern auch für Saufgelage bekannt, und wie schon im früheren Minnesang war der Schritt von der Anbetung zur Anzüglichkeit, vom Liebesschwur zur Zote minimal. Bei aller Metaphorik mit Bodensee und Morgenstern und aller Vorprägung des Vokabulars lässt sich nicht verkennen, dass es in diesen Botschaften oft um draufgängerische Werbung, um ziemlich dreiste Anmache ging.

Besonders auffällig ist da ein (zweiter) Schreiber der »Berliner Liebesbriefe« geworden, dessen Stücke »auf einen Bereich abzielen, der unterhalb der Gürtellinie liegt« (Schulz-Grobert). Dass der Phallus bei diesem Autor gewissermaßen mitschrieb, ließ er zum Beispiel schon durch eine Unterschrift wie »Jorg Recken Zerß« erkennen, die auf den erigierten Penis anspielte. Wie eindeutig das Wort »Recken« damals definiert war, weist auch das »Grimmsche Wörterbuch« nach, wo ein älterer Beleg zitiert wird: »Recken … von den Gliedern des Körpers, die sonst eingezog(en) oder schlaff sind … reckung des zersz … quia est erectio membri virilis.«

Diesem Priapismus entspricht dann auch die Direktheit von Versen wie:

> ich hab mir eine auserkorn,
> die ist mir hinten lieber dann dw forn.

oder:

> Gesell, die lieb sol mann alzo erwerbenn:
> Man sol sy hindenn ansehenn,
> wie sy hab ein kerben.

Und was eigentlich züchtiger Abschiedsgruß war:

> Senen vnd verlangen,
> Die hand mein hertz gefangen.

wird nun obszönisiert:

> Senenn vnnd … groß verlangenn
> hatt myr ewr fudt mein Zerß vmbfangen.

Wie aber hat man sich die »flächenbrandartige Ausbreitung« dieser Reimereien, dieser »Kleinpaargedichte« vorzustellen? Denn all diese Kommunikation spielte sich ja vor jeglichem geordneten Postverkehr, vor irgendeinem übergreifenden und durchorganisierten Kurierdienst ab. Man sieht unwillkürlich eine ganze Heerschar von Boten ausschwärmen, von Kindern, die in den Städten nur ein paar Gassen weit rennen, von Halbwüchsigen, die als eine Art früher Eckensteher auf Aufträge warten, von Hausdienern, die sich auf diskrete Erledigungen verstehen, von geschulten Läufern, die sich größere Strecken über schlammzerfurchte Landstraßen oder dunkle Waldwege zutrauen, von Reitern, die die galanten Erledigungen reicher Auftraggeber übernehmen – man sieht ein Gewimmel geschäftiger Zuträger, ein halb heimliches, halb abenteuerliches Hin und Her von *postillons d'amour*, eine Hermeslogistik im Dienst der Leidenschaften. Man ahnt aber auch, wie lebendig die Kommunikation schon in den Jahrhunderten vor der Etablierung der regulären Kurierdienste, vor der Einrichtung der »Posten«, gar vor der Monopolisierung des Briefverkehrs gewesen sein muss und dass man auch im analogen Leben schon frühzeitig auf dem laufenden sein konnte. Und alle diese improvisierten Wege wurden durch Sprüche wie diesen beschleunigt:

> lieber bote, nu var
> snellè und kum schiere wider
> und lege dich under wegen niht nider
> durch deheinen dinen must …

und durch den damals üblichen Botenlohn von drei Scheiben Brot belohnt.

Aber so vielfältig die Gestalten und die Namen der Boten damals waren (Brautbote, Briefbote, Dienstbote, Frohbote,

Landbote, Schuldbote, Sendbote, Vorbote, Windelbote, Wunnebote): als eigentlicher Bote galt den Schreibern, den Absendern, ihr Brief selbst mit seinen Liebesgrüßen. Aus den Anfangszeilen solcher Schreiben lässt sich ein ganzer Chor von Begleitwünschen und Zuverlässigkeitsbeschwörungen instrumentieren, der zugleich Zeugnis ablegt für den dialektalen Nuancenreichtum einer deutschen Sprache, die sich von »Rechtschreibung« noch nichts hat träumen lassen.

> far hin brieff vnd bis min bot …
> Ach brieff nun far hin …
> Ach liber briff nü far hin …
> Liber brieff nun var hin …
> Nu ffor hin du cleines brifelein …
> vil lieber prief nu var mit hail …
> var hin klaines brieffelin …
> Sigt min bode brifkijn …

Ja, der Brief spricht selbst von seiner Funktion:

> Ich bin ein brief vnd auch ain bott …
> Ich bin ein brief unde ein bot …
> Ich bin ein brieff und pin sin pott …
> Ich bin ein brieflein her kommen …

Aber so variantenreich die Schreibung, so regional verschieden der Wortlaut sich zeigen, so lässt sich doch nicht verkennen, dass wir es mit Standardformulierungen zu tun haben, mit gestanzten Floskeln; dass also alle diese Briefschreiber und Briefsteller miteinander zu tun hatten, voneinander abschrieben und dass die Art, wie Liebesschwüre im 14. und 15. Jahrhundert abgefasst wurden, einem sehr traditionellen Comment gehorchte. Doch mitunter gibt es Überraschungen: da wird die Konventionspoesie von einem drastischen Seufzer abgelöst, der realen Schmerz offenbart. So in dieser »Liebesbrief-Adresse«:

> Der tugentsamen Jungfrauen,
> Welche ich Lieb in allen trauen,
> Der Schönsten vnd vngenanten,
> Mit ihren schneeweisen Händen
> Der Allerliebsten auf Erden,
> Soll dieser Brief zu eigen werden …

der dann die ekstatische Nachschrift folgt:

> Krach hertz brich nicht, Hab lieb meld nit.

Doch das ist eine Ausnahme. Charakteristisch ist, zumal in Brüsseler Handschriften, die alle mit der Grußformel »Got groet dich lieff« beginnen, die parabelhafte Übertreibung, um die Stärke der Liebe auszumalen:

> Got groet dich lieff frisch ende stolt
> dat alle dye bergen weeren go(l)t
> ende dat alle wateren werren wyn
> dat ic des moechte eyn here syn
> da wolde ick leuer (lieber) verliesen
> dan eyn ander vor dich verkiesen.

Werbung und Begehren sind allen diesen Briefen eingeschrieben, und natürlich sind die angeredeten Frauen alle von größter Schönheit. »Rosenrot und lilienweiß« gehören zu den Farben, mit denen das Porträt der Angebeteten gemalt wird. Dass da allemal die Schönste besungen wird, versteht sich von selbst:

> Mein feines lieb mich allzeit erfrewen thuet
> Dein augelein braun dein mundtlein roet
> Dein hoefflich wesen dein schoenes gelaedt (Kleid)
> Das mir mein junges herz vmbfangn hatt
> Reich Gott mochtes du mir zu theil werden
> Nicht liebers wer mir vf dieser erden.

Oder:

> Der Schönen und Guten
> und schmucken und wohlgemuten,
> der allerhübschesten auf Erden
> soll der Brief in ihre schneeweißen
> > Hände (gegeben) werden.

Die »schneeweißen Hände« mögen Floskel sein; aber sie wären blanker Hohn, wenn der Brief von einer Frau in Empfang genommen worden wäre, deren Finger vom letzten Waschtag noch rotgeschwollen, vom Herdfeuer geschwärzt, vom Holzhacken verschwielt, von der Arbeit auf dem Feld rissig und rauh gewesen wären, gichtig gekrümmt, mit abgebrochenen Nägeln und wunden Nietrissen. Evoziert wird das Bild einer Städterin mit entsprechender Dienerschaft. Es ist aber auch nicht mehr an eine Ritterdame oder ein Burgfräulein zu denken, an die *hohe frouwe* des Minnesangs, sondern an eine Bürgersfrau, die es wagt, sich anhimmeln zu lassen, oder eben an ein junges Mädchen von Stand, das Lesen und Nähen und Lautenspiel gelernt hat, aber sich sonst die Hände nicht schmutzig zu machen braucht. Die schneeweißen Hände beschwören nicht nur Gepflegtheit, sondern auch Sinnlichkeit, verlockende Berührung. Schreiber und Adressatin imaginieren diese Hände im Liebesspiel.

Von der Anbetung zur Angst, von der Hoffnung zur Klage ist aber nur ein winziger Schritt, der knappe Abstand von einem Vers zum nächsten, der noch raschere von einer Gemütsbewegung zur andern. Da grüßt einer in einem langen Brief gerade noch den süßen Balsamhauch seiner Geliebten »zur Nacht wie auch am Tag«, da verdirbt ihm ein bitterer Geschmack (oder böse Vorahnung?) die Laune:

> Ein Kräutlein bringt mir große Pein,
> Sein Name muss das Meiden sein.
> Liebhaben und Meiden
> ist ein bitteres Leiden.
> Wo Lieb zu Lieb nicht kommen kann,
> ists um die Freude bald getan …
> Es gibt keine größere Klage,
> als euch zu meiden alle Tage.
> Und wenn's auch nicht zu ändern wär,
> so würde mir das Herz so schwer:
> Nach eurer Lieb und Güte
> sehnt sich all mein Gemüte.
> Von Sehnsucht bin ich wie besessen:
> ich kann euch nimmermehr vergessen.

Und auch die Bitterkeit des Abgewiesenen, die Trauer des Verschmähten sind vielfaches Thema:

> Kein lieber auf erden dan dich
> Das weis Gott und ich.
> Es ist kein kreuz auf erden
> Dan Liebhaber und nicht werden.
> Denn es ist ein scharfes Schwert,
> Dass man nicht kriegt, was man begehrt.

Aber alle diese zeitenfernen Texte sind uns nicht fremd, sie haben ein Echo in gegenwärtigen Seufzern und Herzensnöten, in Hoffnungen und Resignation, in Überschwang und Bitterkeit. Wir kehren noch einmal nach Zürich zurück, nicht in das Zürich von Hadlaub (dem noch Gottfried Keller eine Novelle gewidmet hat), nicht ins Zürich des kleinen Herzensbuches, sondern in die Stadt, in der Max Frisch seine epischen Prosastudien der Eifersucht und Untreue, seine Rollenspiele und Identitätsmaskeraden ausspann und ansiedelte, in der Adolf Muschg seine spröden »Liebesgeschichten« spielen ließ und wo auch im Zeitalter von Telefon und Internet, von SMS und E-Mail und Facebook und Twitter noch immer Liebesbriefe geschrieben worden sind und weiter geschrieben werden.

Da schreibt in den 1920er Jahren eine Edith an ihren Albert:

Mein heissgeliebter Albert!
In erster Linie, wie geht es Dir! Es lässt mir gar keine Ruhe, weisst Du ich möchte am liebsten zu Dir eilen.

Dich an mein Herz drücken, Dich trösten.

Armer Schatz, ich weiss wie furchtbar es ist, Heimweh das nicht gestillt werden kann. Ach auch mir ist es so schwer.

Nein nicht, ich will nicht klagen wir müssen stark sein. Gell Schatz Du traust auf Gott, verliere den Mut nicht, ich werde Dich ganz sicher nicht verlassen, ich schreibe dies aus dem innersten meines Herzens, Du darfst es mir glauben. Oh könntest Du mich sehen, Du müsstest es mir glauben. ...

Könnte ich in Deinen Armen sein. Weisst Du ein heisses Verlangen regt sich in mir. Wie heiss würden Deine Lippen auf den meinen brennen. Mir ist als spüre ich es. ...

Wir finden uns im Jahr 1999 in einer hochmodernen Metropole, in der Fragen gestellt werden wie vor 1000 Jahren, aber per Computer; wie von Angel an Romeo:

habe was vergessen ... an was sind die philosophen gescheitert?? an der liebe etwa??? oder sind sie ganz allgemein übergeschnappt, weil es nie zur »erfüllung« schlechthin gekommen ist?? kläre mich doch bitte auf ...

und wo alte poetische Versatzstücke nun anstandslos durch die Virtualität rauschen:

habe das Gedicht noch nicht gelöscht … ich muss sagen, es berührt mich doch … …
aber lieber würde ich in einem boot dahergleiten, bei mondschein und sternenhimmel, in die Unendlichkeit … … oder, in einem meer aus rosen mich niederlegen und mich vom blütenduft berauschen lassen … und den himmlischen stimmen folgen, die mich in die ewigkeit verlocken!

und wo selbst eine SMS-Nachricht in zeitlosen Jubel ausbrechen kann:

Du bist: meine zuflucht, mein zu hause, mein tor zur welt, mein rhythmus, meine tränen, mein lachen, mein ein und alles.

Selbst die Szene vom Anfang dieses Kapitels, das Hadlaub-Abenteuer vor der Kirche, kehrt in der aktuellen Sammlung der »Schweizer Liebesbriefe« wieder und hebt die Idee einer »Geschichte des Liebesbriefes« abermals auf zugunsten einer Feier der Ewigen Wiederkehr.

Gleich bei unserer ersten Begegnung in der Kirche von Miécourt fühlte ich etwas in mir, was man landläufig Liebe auf den ersten Blick nennt. … Das war am Freitag. Die folgende Nacht schlief ich schlecht, von Träumen und Bildern gequält. Samstag abends fiel die Entscheidung. Ich kam *von der* Kommunionsbank zurück und empfing von Ihnen einen Blick, ich weiß nicht, er war so tief und doch so geheimnisvoll, so herrlich und doch irgendwie fragend. Meine Andacht war vorher schon gestört gewesen, nun war sie dahin. Ich war verwirrt, unschlüssig, unsicher am Ende des Gottesdienstes trafen wir an beiden Türen zusammen. An der ersten waren sie hinter mir. Und dann eilten Sie an mir vorbei, und nun warfen Sie mit einer nachlässigen und doch so selbstbewussten Bewegung Ihres kleinen kecken Köpfchens eine scheinbar störende Locke zurück aus der flachen Stirn in die Fülle Ihrer goldenen Haare. ... Von dem sonntäglichen Amt stiessen wir vor der Tür der Kirche, unter dem sogenannten Vorzeichen, erneut zusammen. Sie waren sonntäglich gekleidet, ich bloss sonntäglich gestimmt und gewaltig beglückt über diesen unerwarteten Auftakt. ... Ich schildere Ihnen, Christine, in aller Offenheit meine Gedanken und Empfindungen. Antworten Sie mir bitte in der gleichen Offenheit, ... (Fassen Sie das ganze eben als lächerlich auf ..., dann bitte ich Sie zweifach um Entschuldigung, für jene Störung in Miécourt und für dies hier. Den Brief aber werfen Sie bitte ins Feuer, ...)

Wie ähnlich klingt da die Stimme von heute jener 800 Jahre alten, die uns der ferne Sänger überliefert hat; wie nahe rücken auf einmal Mittelalter und Moderne kraft der Liebe zusammen!

III
Strenge Reime, freie Liebe

5
Eros im Bann des Sonetts
Petrarca, Platon und Shakespeare

> Sonette find ich sowas von beschissen,
> so eng, rigide, irgendwie nicht gut;
> es macht mich ehrlich richtig krank zu
>   wissen,
> daß wer Sonette schreibt. Daß wer den Mut
>
> hat, heute noch so'n dumpfen Scheiß zu bauen;
> allein der Fakt, daß so ein Typ das tut,
> kann mir in echt den ganzen Tag versauen.
> Ich hab da eine Sperre. Und die Wut
>
> darüber, daß so'n abgefuckter Kacker
> mich mittels seiner Wichserein blockiert,
> schafft in mir Aggressionen auf den Macker.
>
> Ich tick nicht, was das Arschloch motiviert.
> Ich tick es echt nicht. Und will's echt nicht
>   wissen:
> Ich find Sonette unheimlich beschissen.
>
> Robert Gernhardt

Und noch eine Begegnung in einer Kirche. Wir sind noch im Mittelalter, aber an der Schwelle einer neuen Zeit. Von nun an bekommt die Liebe eine neue Sprache, eine geradezu virtuose Intensität und einen europäischen Klang. Das Begehren eines einzelnen erfasst ganze Generationen wie in einem Taumel. An einem Ostermontag hat ein 23-jähriger Italiener eine unvergessliche Begegnung: »Laura erschien meinen Augen zum ersten Mal in meiner ersten Jünglingszeit, im Jahre des Herrn 1327, am sechsten Tag des Monats April, in der Kirche der heiligen *Klara* zu Avignon … Und in derselben Stadt, im gleichen Monat

April, auch am sechsten Tage, zur gleichen Stunde, jedoch im Jahr 1348 ist dem Licht der Welt jenes Licht entzogen worden.«

Das schreibt Francesco Petrarca, Poet, Geistlicher und leidenschaftlicher Wanderer, der dieser Laura mehrere Jahrzehnte lang eine Fülle kunstvoll gereimter Gedichte, vor allem Sonette, gewidmet hat, die den Namen »Laura« zu einer Ikone höchsten Liebesverlangens, schlimmster Entbehrung und zur folternden Feier ihrer Unvergesslichkeit gemacht haben. In vielen der 317 Gedichte seines »Canzoniere« besingt er die *madonna angelicata*, einen Engel der Sehnsucht, deren Biographie so rätselhaft geblieben ist wie ihr poetisches und musikalisches Nachleben unsterblich.

Man hat in der Angebeteten eine Adlige aus Avignon, Laura de Sade, zu erkennen geglaubt. Aber andererseits hat Petrarca die Gestalt der Unerreichbaren immer wieder in einen Nebel, ja in Gold- und Sonnenglanz aufzulösen versucht, wenn er in den Anfangszeilen einiger Sonette mit ihrem Namen spielte und *L'aura celeste* oder *L'aura gentil, L'aura soave* wie *L'oro et le perle* besang. Die Daten des obigen Berichts haben auch Auslegung im Sinne biblischer Zahlenmystik erfahren: »Diese Worte, die eher verbergen als offenbaren, enthüllen die Stellung des Dichters zwischen Mittelalter und Renaissance. Die Zahlen, von denen er spricht, haben besonders seit den Kirchenvätern einen christlichen Symbolwert. Am 6. April ist Adam erschaffen, und am 6. April ist Christus gestorben. Zwischen dem Beginn der Liebe zu Laura 1327 und ihrem Tod 1348 liegen einundzwanzig, also drei mal sieben Jahre, auch dies christlich vielfach ausgedeutete Zahlen. Darüber hinaus besteht der ›Canzoniere‹ mit seinem scheinbar reumütigen Einleitungssonett aus 366 Gedichten. Zieht man dieses Sonett ab, könnte sich die Zahl symbolisch auf die Tage eines Jahres beziehen. Vielleicht aber verweist die Zahl 366 unmittelbar auf Lauras Todesjahr, denn 1348 war ein Schaltjahr.« (Gabor/Dreyer)

Liebes*brief*e sind diese Dichtungen im strengen Sinne nicht, aber sie prägen in ihrem Vokabular, in ihrer Expressivität und in ihrer Kunstfertigkeit den Liebesdiskurs zweier Jahrhunderte, bis hin zu Shakespeare. Was der Minnesang 200 Jahre früher war, wird zwischen 1400 und 1600 der Petrarkismus: die Sprache der Liebe.

Sonett 61

Gesegnet sind mir Jahr und Tag seit langem,
Monat und Jahreszeit, Minut' und Stunden,
Das schöne Land, der Ort, wo mich gefunden
Die schönen Augen, welche mich gefangen!

Gesegnet sei das erste süße Bangen,
Mit dem ich einst an Amor mich verbunden,
Selbst Pfeil und Bogen, die mir schlugen Wunden,
Und Wunden, die mir bis zum Herzen drangen!

Gesegnet seien auch die Verse mir, mit denen
Ich meiner Herrin Namen rings geehret!
Und alle Seufzer, Wünsche und die Tränen!

Gesegnet alle Blätter, die gemehret
Der Teuren Ruhm! Gesegnet all mein Sehnen,
Das Ihr nur, keiner Andern angehöret!

Durch alles Liebesweh hindurch scheint immer auch Dichterstolz; der Anbeter macht sich durchaus selbstbewusst als Künstler geltend:

Sonett 74

So müd bin ich zu denken, wie ich's leide,
Dass, Euer zu gedenken niemals will ermüden,
Und wie ich, noch vom Leben nicht geschieden,
der Seufzer schwere Plage endlich meide;

dass Eure Schönheit, meine Augenweide
mit Haar und Wang mich niemals lässt in Frieden,
eh mit dem Wort, das meiner Kunst beschieden,
ich Euren Ruhm bei Tag und Nacht bekleide;

und dass im Fuß noch Kraft und Lust sich rege
für alle Schritte, wie im Layrinthe,
auf Eurer Spur durchs Leidenschaftsgehege;

dass niemals mir versagt Papier und Tinte
zu Eurem Lob. War ich auf falschem Wege –:
Nicht meine Schuld war's, sondern Amors Finte.

Zum artistischen Geltungsdrang kommt auch so etwas wie Weltbewusstsein, »globale« Versiertheit; gelegentlich gibt sich Petrarca den Anschein eines weitgereisten Mannes, zumindest eines Gelehrten, der die Landkarten seiner Zeit studiert hat und damit zu neuen Hyperbeln greifen kann:

Sonett 115

Nicht Etsch, Tessin, Po, Arno, Var und Tiber,
Nil, Tigris, Hermus, Indus, Phlat und Ganges,
Alpheus, Ister, Don, noch kräft'gen Ganges
Rhon, Elbe, Seine, Rhein, Eur', Hebrus, Iber,

Nicht Epheu, Tann und Pinie kühlt mein Fieber,
Wachholder nicht mein Herz, mein glühend
                              banges;
dem Bächlein nur, das mit mir weint, gelang es
wie auch dem Bäumchen, das sich neigt darüber.

Die eine Zuflucht sucht ich, seit begonnen
der Kampf mit Amor, dem mein Leben
geweiht ist, bis es schnellen Laufs zerronnen.

> Drum, schöner Lorbeer, diene meinem Streben,
> und was dein Pflanzer Freudiges ersonnen
> lass überm Bach und meinen Versen schweben.

Nie war die Sprache der Liebe so europäisch, aber nie war sie auch so streng geformt wie im Sonett. Es bildete höfische Formvollendung nicht nur ab, sondern geradezu vor. Das Sonett war ein zwischen Artistik und Ekstase, zwischen Eleganz und Leidenschaft, zwischen Sprachtüftelei und tiefer Empfindung gespanntes, oft sogar zerrissenes Verskunstwerk. Keine andere Form der Lyrik ist so rigide in ein Schema gepresst, und keine steht so sehr unter Explosionsdruck. Das Ringen mit Gefühlen wird zum Kampf um die Sprache selbst; nicht nur der Verlockung durch die Geliebte kann der Dichter erliegen, sondern auch der Verführung zum Wortspiel.

Aber nicht das strenge Reimregelwerk verrät das Entscheidende über das *Sonetto* oder *Sonnet* oder unser Sonett. Es ist der Name selbst, der im Italienischen ein »Tönchen«, auch einen kleinen Tonsatz bezeichnet. Das Sonett ist also auf den Hörer bezogen, die wiederkehrenden Reime sind verblüffende musikalische Echos, Wiederholungsklänge, poetische Ohrwürmer; sie summieren sich zu einem Tanzreigen aus Worten. Nichts lässt das besser erkennen als die deutschen Übersetzungen des Begriffs, die im Barock gebräuchlich waren: Klinggedicht, Klinglied, Klinggesang oder Klingsatz.

Als den »ersten modernen Menschen« hat man Petrarca bezeichnet, weil er außer seiner »Laura« auch noch eine weitere, bis heute wirksame Legende geschaffen hat. Mit der Besteigung des Mont Ventoux in der Provence im April 1336 hat er sich nicht nur zum Schutzheiligen der Bergsteiger emporgehoben, sondern auch zur Leitfigur der Naturbewunderer, dem Propheten der Landschaft. Einem Freund schreibt er nach dieser strapaziösen, aber überwältigenden Wanderung: »Und es gehen die Menschen hin zu bestaunen die Höhen der Berge, die ungeheuren Fluten des Meeres, die breit dahin fließenden Ströme, die Weite des Ozeans und die Bahnen der Gestirne und vergessen darüber sich selbst.« Der aber, dem er es nachspricht, Augustinus, ist seit 1000 Jahren tot; und was der alte Heilige als Klage gemeint hat, nimmt nun der neue Dichter, nimmt auch eine bewundernde Nachwelt als Jubel. Als programmatische Eröffnung nicht nur der Welt, sondern ihres Abklatsches: der Umwelt.

Die Neuzeit, wenn wir sie denn mit Petrarca datieren, beginnt als Wirbel der Paradoxien. Die wahre Paradoxie dieser später »Renaissance« genannten Bewegung vollzieht sich durch die Doppelrichtung des Zeitpfeils. Es gibt, zwischen 1350 und 1600, eine Gegenwart, die sich durch die geradezu halluzinatorische Vertiefung in die Vergangenheit mit explosiver Zukunft auflädt. Uralte Ideen und Beobachtungen erhalten eine Sprengkraft, die zu den »Revolutionen« des Kopernikus führt. Die Entdeckung neuer Küsten (und die allmähliche Orientierung, dass man nicht in Indien, sondern an einem neuen Kontinent gelandet ist) machen aus dem sich im Aufbruch wähnenden Europa »die alte Welt«. Und was Francesco Petrarca so modern erscheinen lässt, ist nicht so sehr seine Himmelsstürmerei, sondern das Begreifen, das Erleben, das Durchbeben solcher Paradoxien, Widersprüche, Ungleichzeitigkeiten. Die Zerrissenheit eines Herzens nimmt das Chaos eines der Unsicherheit preisgegebenen neuen Lebensgefühls voraus. Von lauter Antithesen bebt sein »Sonett 134«:

> Nicht Frieden findend, doch nicht kampfbereit,
> Fürcht ich und hoff ich; friere auch im Warmen.
> Kaure am Boden und fliege himmelweit,
> Umfasse nichts, und will die Welt umarmen.
>
> Will hin, will her in raschem Widerstreit,
> besänftigt erst, verstört dann von Alarmen,
> gemartert und entzückt von stetem Liebesleid:
> Sie kennt mein Elend wohl, doch kein Erbarmen.

Ich sehe blindlings; zungenlos ich flehe.
Muss Untergang und Rettung gleich ersehnen.
Ich hasse mich, will andern Liebe geben.

Ich freue mich am Schmerz und lache unter Tränen.
Der Tod ist mir ein Greuel wie das Leben.
Um Euch, o Herrin, trag ich solches Wehe.

Es ist die Wissenschaft, die dem Menschen der Renaissance ein neues Selbstbewusstsein einflößt, den Stolz über seine kühne Erkenntnisfähigkeit, die Lust, die Natur zu durchschauen und zu beherrschen. Aber es ist auch die Wissenschaft, die dem Erdenbürger den Boden unter den Füßen wegzuziehen beginnt, ihm eine Art kosmischen Taumel zumutet, mit Zahlen und Berechnungen die tagtäglichen Gewissheiten erschüttert, die Kugelgestalt der Erde festschreibt, ihre Spielballhaftigkeit erkennt und kartiert. Antike Naturphilosophen werden zu Ratgebern für Astronomen und Werkzeugmacher, und alte Experimente eröffnen Einsichten auf dem Gebiet von Bewegung und Magnetismus. John Donne, der große englische Poet, hat das Chaos des aus dem tiefsten Brunnen der Vergangenheit hervorgeholten Lebensgefühls eindrucksvoll beschrieben:

> Ein neues Denken zweifelt alles an,
> Das Element des Feuers ist nun abgetan;
> Die Sonn ist fort, die Erde fort, und niemand ist,
> Der heut sie noch zu finden wüßt.
> Die Welt, erklärt der Mensch, ist nun am Ende',
> Da auf Planeten er und auch am Firmament
> So vieles Neues sucht, doch dabei nichts gewinnt,
> weil zu Atomen alles ihm zerrinnt.
> In Stücken alles, jeder Halt verloren.

In dieser epochalen Neuorientierung, in diesem existentiellen Schwindel des Menschen auf einer Erde, auf der er sich eher ausgesetzt als heimisch fühlte, in dieser historischen Stunde da nichts an seinem Ort zu bleiben schien, kam Europa der Genius eines neuen Mediums zu Hilfe, das Geschenk einer leichteren, erweiterten, beschleunigten Kommunikation. Schon seit mehr als 100 Jahren hatten kluge Handwerker und Alchimisten an einer aus China bekannten, für Europa neuen Imaginationslandschaft experimentiert, an einer Projektionsfläche für Gedanken, Gefühle, Befehle, Streitfragen und Herzensdinge: dem Papier. Noch um 1400 hatte ja Johannes von Freiberg den Himmel mit einem riesigen ausgespannten Pergament verglichen. Im folgenden Jahrhundert aber war Europa zunehmend von dem neuen Trägermedium erfasst, umschlossen und aufgerüttelt worden. Und nicht das Gold aus Übersee formte eigentlich die Kultur, sondern das weiße, immer glatter werdende Blatt; auf ihm erst entwarf sich das Bewusstsein einer neuen Zeit.

Fast ein Jahrtausend lang hatte Europa auf Pergament geschrieben, auf Tierhäuten, die es in der agrarischen Gesellschaft genug gab; ein Material, das also zur Hand war, aber den Nachteil hatte, dass es nicht zu falten war und deshalb gerollt werden musste. Nahezu alle Schriftstücke, von denen in diesem Buch bislang die Rede war, waren auf solchen Rollen überliefert. Mit der Gründung einer Papiermanufaktur um 1250 im italienischen Fabriano hatte man eine alte chinesische Technik aufgegriffen und neu erprobt. Es dauerte aber in Deutschland noch länger als ein Jahrhundert, ehe um 1390 Ulman Stromeier (Stromer) in Nürnberg sich der seltsamen Kunst widmete, aus allen möglichen Abfällen ein bequemes Schreibmaterial zu gewinnen. Er versetzte Fasern von Lumpen, Holz und Stroh mit Kalksoda oder Pottasche-Lauge und reinigte so das alte Material in einem Kugelkocher. Dann füllte er die flockige Masse in längliche Tröge, in denen dann ein Misch- und Veredelungsprozess stattfand: die Masse löste sich mittels rotierender Messer in Fasern (Halbzeug) auf und wurde schließlich zu dünnem Brei (Ganzzeug) verrührt. Eine Chlorkaltlösung als Bleiche näherte die grau-braune Suppe immer mehr dem gewünschten Weiß an,

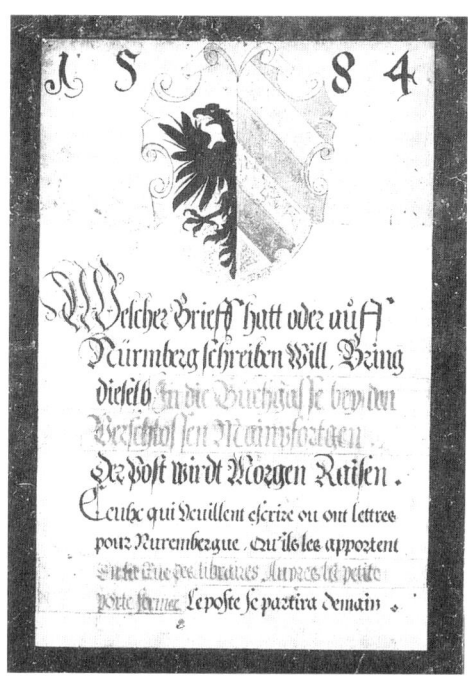

Briefabgang von Frankfurt nach Nürnberg.
Handschrift auf Pergament mit zeitgenössischen
Überklebungen, 1584

und zuletzt sorgte ein Leim aus Harz und Alaun für die nötige Festigkeit. Mit einem rechteckigen Sieb wurde dann Blatt für Blatt abgeschöpft.

Und noch eine mediale Revolution folgte der rasch sich verbessernden Produktion von Papier: Die Erfindung des Buchdrucks durch Johannes Gutenberg um die Mitte des 15. Jahrhunderts. Das feste, feine und glatte Papier hielt der Robustheit des neuen Verfahrens stand, das in der Verwendung einzelner beweglicher Lettern bestand, die mittels eines Handgießprozesses modelliert wurden. Plastisch gesagt: Das dünne Papier hielt von nun an dem gewaltigen Druck eines halben Jahrtausends stand.

Eine der größten Bizarrerien des Zeitalters aber war der Beginn eines europäischen Liebesgesprächs unter Anleitung eines fast 2000 Jahre alten attischen Philosophen, Platons. Kaum waren die Minnesänger verstummt, die Burgen geschleift, kaum war mit der Erfindung des Papiers der Liebesbrief zu einer allgemeinen Zettelwirtschaft geworden, da setzte der alte Grieche einen Diskurs in Gang, der die Eliten, vor allem in Italien und England, fast zwei Jahrhunderte lang in Bann schlagen sollte. Denn anders als die Werke des Aristoteles waren die Schriften Platons erst im 15. Jahrhundert (vor allem von Konstantinopel aus) nach Italien gelangt und dort von einer in Florenz gegründeten »Platonischen Akademie« mit christlichen Glaubensvorstellungen amalgamiert worden. Von der Wucht dieses »Neuplatonismus« gibt die moderne Theorie einen Eindruck, die Platon sogar als den eigentlichen Stichwortgeber für Kopernikus ansieht. Denn dieser Philosoph, der in Fragen der Astronomie eine eher reaktionäre Rolle gespielt und die Sterne als beseelte Wesen angesehen hatte, habe mit seinen zwei großen Sonnenparabeln den Menschen um 1500 erst wirklich ein Licht aufgesteckt. Die quasi gottähnliche Stellung, die er der Sonne zugewiesen habe, sei eins der überzeugendsten Motive gewesen, die Sonne aus der Riege der Planeten zu befreien und zu ihrem Zentrum zu machen.

Platon aber entflammte nicht nur die Kosmologie, er wurde eben auch der Gesellschaftspädagoge der Renaissance, der Liebeslehrer einer sich neu formierenden italienischen Adelsgesellschaft, der Stadtstaaten und der großen fürstlichen Familien. Die ruinierte Burg erstand im Süden Europas als elegantes *Palazzo* wieder, die festungshafte Enge von einst erweiterte sich zu einem Spielraum für die *nobili*, für eine elegante, wortgewandte Oberschicht, die auch die Künstler anzog und sich neue Regeln anhand alter Texte gab. Diese hochkultivierten und luxuriösen Gesprächskreise diskutierten nicht nur den griechischen Denker, sie spielten gewissermaßen seine Dialoge nach und begriffen sein »Symposion« nicht nur als »Gastmahl« (wie es Schleiermachers Übersetzung ins Deutsche nahelegt), sondern als »Trinkgelage«, zu dem man sich bei Platon die Regieanweisungen holen konnte: »Höre denn« – so wird im alten Text der neu eingetroffene Alkibiades begrüßt – »bevor du hereinkamst, hatten wir ausgemacht, rechts herum der Reihe nach müsse jeder eine Rede an Eros halten, so schön er könne, und ihn preisen. Wir alle haben nun schon gesprochen. Du hast noch nicht geredet, hast aber ausgetrunken: da bist du an der Reihe zu sprechen, und bist du fertig, magst du dem Sokrates irgendetwas aufgeben, und dieser seinem rechten Nachbarn und so fort.«

Und da kommen dann so apodiktische Sätze zur Sprache wie: »Eros ist an Jahren und Ehren der reichste Gott, er, der die Menschen edel und selig macht, im Leben und im Tode«, aber auch: »Nicht jeder Eros ist schön und wert, gepriesen zu werden, sondern nur der, der zum schönen Leben führt.« Aber dieser schöne Eros wird alsbald unmissverständlich definiert: »Darum wendet sich, wer von diesem Eros beseelt ist, dem Männlichen zu; das von Natur Stärkere und mit Vernunft begabte hat er gern. ... Er verliebt sich nicht in Knaben, die noch Kinder sind, sondern in bereits Verständige, wie sie werden, wenn der erste Bart keimt. Wer so zu lieben beginnt, der ist, glaube ich, bereit, allzeit mit dem Geliebten treu verbunden zu bleiben und mit ihm gemeinsam zu leben; er wird nicht einen, dessen kindlichen Unverstand er gewann, betrügen und hohnlachend zu einem anderen entlaufen.« Nicht minder deutlich in einem anderen platonischen Dialog, im »Lysis«, wo es heißt: »Auf ein urverwandtes also zielen Liebe, Begierde und Leidenschaft ... Und wenn ihr einer des andern Freund seid, so seid auch ihr von Grund aus verwandt, ja gleichen Leibes. Und wenn wer sonst nach einem sonst begehrt – er könnte nie begehren, nie lieben, wie er tut, ohne dem Geliebtesten verwandt zu sein, in einer Gesinnung oder Haltung, einem Ton, einer Gebärde der Seele!?«

Aber neben dem, was heutige Wissenschaft als »Queering the Renaissance« bezeichnet, der Homoerotisierung einer ganzen Epoche, liefert Platon auch einen strengen Kodex, denn Liebe solle sich nicht korrumpieren lassen: »Nur einen Weg lässt unsere Sitte offen, wenn der Geliebte sich dem Liebenden auf schöne Weise hingeben will: wenn es nämlich für die Verliebten nicht als Kriecherei oder Schande gilt, wenn sie gern ihren Geliebten jeden Knechtsdienst leisten, so bleibt nach unserem Brauch nur noch ein einziger anderer freiwilliger Knechtsdienst ohne Schande: der Dienst um die Tugend.«

Die Tugend wird denn auch für das Italien des 15. und 16. Jahrhunderts zum eigentlichen, zum *alibidinösen* Stichwort der Platon-Rezeption. Wortführer dieser moralpolitischen Deutung ist Marsilio Ficino, Präsident der von Cosimo Medici gegründeten »Platonischen Akademie«. In seinem Buch »Platon über die Liebe« glättet er das Symposion, gibt der »platonischen Liebe« eine christliche Deutung und macht die Lesart geltend, »man mache keinen würdigen Gebrauch von der Liebe, wenn man die körperliche der geistigen Schönheit vorziehe«. Diese Schrift macht Schule, wird bald schon von Girolamo Benvieni als »Canzone de amore« in Verse gebracht und erfährt in dieser Fassung wiederum einen Kommentar des Grafen Giovanni Pico della Mirandola, dessen Buch 1519 gedruckt wird.

Wie es um die Realität des Liebeslebens, die erotische Praxis im Italien der Renaissance bestellt war, davon zeugt ein anderes *Amore*-Werk derselben Zeit, »Die Gespräche des göttlichen Aretino« (so der heutige Titel auf Deutsch). Dieser Pietro Aretino setzt der platonischen Missionierung seiner schreibenden Zeitgenossen ein satirisches Sittengemälde entgegen, das der schöngeistigen Verherrlichung des Eros Hohn spricht. Wie die anderen Autoren entfaltet er seine Geschichte in Dialogen; aber er versammelt nicht Kavaliere und Hofdamen, nicht Philosophen und Geistliche zum Gespräch, sondern lässt vor allem eine Kurtisane erzählen, eine alternde, reich gewordene Edelhure, die mit allen Schichten der Gesellschaft in »Berührung« gekommen ist und (im zweiten Teil des Buches) ihrer Tochter Pippa Unterricht gibt im Umgang mit den verschiedenen Typen des Männergeschlechts, die sie als Novizin im Geschäft der Mutter zu bedienen haben wird.

In einer ersten Lebensbeichte lässt Aretino die alternde Nanna von ihrer Zeit als Nonne berichten und führt damit drastisch seinen im Vorwort bekannten Wunsch aus, »mit der Flamme meiner feurigen Feder die Schandmale aus(zu)brennen ..., mit denen ihre« – der Nonnen – »zuchtlose Brunft ihr Leben besudelt hat. Während sie in ihren Klöstern leben sollten, wie die Lilien im Garten wachsen, haben sie sich dermaßen mit dem Unflat der Welt beschmutzt, dass sogar die Hölle sich vor ihnen verschließt, geschweige denn der Himmel.« Fast spricht so etwas wie Konkurrenzneid aus der Hure, wenn sie von den Nonnen sagt, sie seien »schlimmer als die gemeinsten Dirnen. Schon haben sie die ganze Welt vollgemacht von Kindern des Antichrist, und mit dem Gestank ihrer Sittenverderbnis nehmen sie den reinen Blüten der Jungfräulichkeit die Lebensluft.«

Natürlich fehlt auch nicht der Spott auf den Ruhm und das epidemische Nachwirken Petrarcas, der für Aretino das Muster poetischer Scheinheiligkeit und gebrauchsfertiger Verse war, und so inszeniert er die folgende Verführungsszene, die von einer ebenso lüsternen wie bildungsbeflissenen Dame handelt: »Damit alle ihre Bekannten davon sprächen, dass sie lesen könne, stand sie jeden freien Augenblick, den sie sich abknapsen konnte, am Fenster mit einem Buch in der Hand. Da sah sie so ein Reimschmied, und es fiel ihm ein, es könnte leicht möglich sein, dass er sie durch irgendein Geschreibsel, wenn's mit Gold geschrieben wäre, auf den Leim lockte. Er färbte ein Blatt Papier mit dem Saft von Gelbveigelein – von der scharlachroten Sorte –, tunkte seine Feder in Feigensaft und schrieb ihr, ihre Schönheit brächten die Engelein zur Verzweiflung, das Gold erhielte seinen Glanz von ihren Haaren, der Frühling entliehe seine Blumen ihren Wangen, und er brachte sie sogar so weit, dass sie steif und fest glaubte, die Milch würde weißer durch das Weiß ihres Busens und ihrer Hände.«

Doch als der Poet dann ihr Jawort zum Rendezvous hat, verhöhnt er sie mit einem bitterbösen Ständchen, das mit den Versen endet:

> Doch sag ich gern: Du bist ein süßer Fratz;
> Ich wünsche mir auch keinen andern Schatz.
> Um dir's zu machen, schlüpfte hurtig wohl
> Ein Eremit aus seinem Klausnerkamisol.
> Doch eine Göttin? Dazu langt es nicht –
> Von solchem Unsinn schweige mein Gedicht!
> Auch strömet ja aus deinem Risse
> Nicht Rosenwasser, sondern Pisse.

Wegen der Drastik und gesellschaftskritischen Schärfe wurde die mehr als 600 Seiten starke Satire alsbald verboten und blieb aber durch die Jahrhunderte begehrte Lektüre. Schon Ariost, Aretinos Zeitgenosse und der berühmte Verfasser des klassischen »Orlando furioso«, eines Rolands-Epos, lobte den Verfasser als »Geißel der Fürsten«; von ihm stammt auch das Wort vom »göttlichen Aretino«.

Während also Aretinos Werk in den Untergrund literarischen Ruhms absank, machte ein fast gleichzeitig erschienenes Buch Epoche im ganzen 16. Jahrhundert. Baldassare Castigliones »Il Libro del Cortegiano«, 1528 gedruckt, ist gleichsam die Summe all der ernsthaften Dialoge über den »amore« und entwirft für die Elite der Renaissance-Gesellschaft ein großangelegtes Verhaltensmodell, einen ebenso unterhaltsamen wie faszinierenden Kodex höfischen Lebensstils und ist damit ein wichtiges Quellenwerk aus dieser Zeit. Zugleich ist es eins der ersten Bücher von europäischem Rang, in England als »The Courtyer«, in Frankreich als »Le Courtier« und in Deutschland (1565) als »Der Höfling« (später auch als »Der Hofmann«) erschienen.

Castiglione hatte in seiner Jugend selbst eine Erziehung der Art genossen, wie er sie nun neuen Generationen weiterzugeben versuchte: Als Höfling der Herzogin Elisabetta Gonzaga am Hof von Urbino (einem der Zentren italienischer Bildung) hatte er Einblick in Sitten und Unsitten adligen Alltags und zugleich Umgang mit einigen der Autoren, von denen schon die Rede war. Den berühmten Bembo zitierte er nicht nur, er ließ ihn auch gegen Ende seines vierteiligen Werkes auftreten und noch einmal verkünden, dass die himmlische Liebe zwar durch die leibliche Schönheit der Geliebten ausgelöst werden könne, doch sich letztlich auf die Schönheit ihrer Seele richte.

Aber Castiglione hatte einen Vorrang vor den früheren platonisch argumentierenden Autoren: Er wusste, wovon er sprach, wenn er von Liebe sprach. Er selbst war ein leidenschaftlich Liebender. 1516 hatte er Hippolyta Taurella, eine 15-jährige Schönheit, geheiratet, die ihm zwei Kinder schenkte, aber schon nach vier Jahren starb. Aus dieser ekstatischen Verbindung gewann Castiglione ein neues Frauenbild, das sich nicht mehr auf den Lobpreis der Seele beschränkte, sondern behauptete, »daß alles, was die Männer begreifen können, auch von den Frauen begriffen werden kann und daß, wohin der Verstand des einen dringt, der der anderen auch dringen kann«. Schließlich hätten sie auch »herrliche Siege« errungen und »Staaten mit großer Klugheit und Gerechtigkeit« regiert.

Castiglione will mehr als Platon assimilieren – er will bilden, gesellschaftliche Sicherheit trainieren. »Seine Schrift wurde fast so etwas wie ein Erziehungsbuch für spätere Aufsteiger-Generationen«, schreibt der Anglist Horst Breuer in einer Studie. Und er führt aus: »Nur mit kultivierten und geselligen Fertigkeiten dieser Art konnte ein junger Adliger darauf zählen, eine geschätzte Stellung an einem Fürstenhof zu erlangen und diese dauerhaft zu bewahren. Wichtige Qualitäten des Hofmannes sind nach Castiglione ein anmutiges, elegantes Auftreten (*grazia*) und Nonchalance (*sprezzatura*), eine unangestrengte Lockerheit und Selbstzurücknahme.« Solche *sprezzatura* – nennen wir sie selbstsichere, nicht überhebliche Lässigkeit – wird aber nicht nur gepredigt, sondern in Frage- und Antwortspielen regelrecht eingeübt.

Einer der gelehrigsten Schüler solcher *sprezzatura* wird weltberühmt. Er wird bezeichnet als »des Hofmanns Auge, des Gelehrten Zunge, des Kriegers Arm, des Staates Blum und Hoffnung, der Sitte Spiegel und der Bildung Muster« und hat seinen ersten großen Auftritt um 1600. Uns dient er hier als Cicerone auf dem Weg von Italien nach England, von den Stadtpalazzi an den Hof Elisabeths I., von den Laura-Gedichten Petrarcas zu einer neuen, freien, »modernen« Kunstform des Sonetts. Die Rede ist von Hamlet, der uns zu Shakespeare und dessen großem Zyklus von »Sonnets« am Ende des 16. Jahrhunderts führt.

Diese 154 Gedichte, ein Frühwerk, bescheren der strengen Form neuen Spielraum, reichern sie dank der Fülle neuer einsilbiger Wörter (nach der Emanzipation von lateinischer Rhetorik) mit Schmiegsamkeit an. Sie bringen der Virtuosität, die Shakespeares Vorläufer Thomas Watson, Sir Philip Sidney und Edmund Spencer auf die Spitze getrieben hatten, eine neue Natürlichkeit bei und jonglieren unangestrengt (aber für jeden Übersetzer zum Verzweifeln) mit Sinn, Doppelsinn und Hintersinnigkeit.

Zugleich aber nehmen sie den platonischen Eros ungeniert in den Blick und geben den Blick frei auf eine Gesellschaft, die die Geschlechterrollen so leicht zu tauschen vermochte wie die Schauspieler auf den elisabethanischen Bühnen, wenn sie Frauen spielten, die sich wiederum als Männer verkleiden mussten. Wo die italienischen Eliten den doch ziemlich eindeutigen Text des griechischen Philosophen noch schöngeredet oder wegdiskutiert hatten, ist Shakespeare von einer souveränen Offenheit. Mehr als 100 seiner »Sonnets« sind an einen schönen jungen Freund gerichtet, einem hochgestellten Adligen und mädchenhaften Jüngling, den die Natur gewissermaßen als Doppelwesen entworfen hat. Und der nun vom Verfasser so angehimmelt wird:

Sonnet No. 20

Ein Frauenantlitz, von Natur gezeichnet,
Hast du, Herr-Herrin meiner Liebe;
Ein sanftes Frauenherz, doch nicht geeignet
Für Wankelmut und leichter Weiber Triebe.

Ein Auge: klarer, treuer aufgeschlagen,
Veredelnd alles, was es nur erblickt.
Ein Mann von Schliff, nie schleifend im Betragen,
der Männeraugen anzieht, Frauenherz entzückt.

Als eine Frau warst du zuerst ersonnen,
Bis die Natur, dich modellierend, stutzte,
durch einen Nachtrag dich mir weggenommen,
Ein Anhängsel, das dir, nicht mir mehr nutzte.

Doch da sie dich zur Frauenlust macht groß,
Gibt deine Liebe mir, die Wollust ihrem Schoß.

Wenn Lord Alfred Douglas, der Geliebte Oscar Wildes, in den »Sonnets« »a love that dare not speak its name« erkannte, bedient sich heutige Wissenschaft subtilerer Begrifflichkeit. In ihrer Studie »Queering the Renaissance« vertritt Manuela Rossini die Ansicht, dass es in der frühen Neuzeit »keinen homogenen Sodomiediskurs« gegeben habe, dass aber »Homoerotik und Freundschaft zwischen Männern um 1600 noch eng zusammen« gehörten. Sie spricht von den Gedichten als »aesthetischer Maskerade verbotener, ›wahrer‹ Sexualität«, nennt Shakespeares Homosexualität zwar beim Namen, läutert sie aber zum »aesthetic sublimate of sodomy«. Für den unbefangenen Leser offenbart sie mit solchem Vokabular damit eher das, was sie Shakespeare attestiert, nämlich »den Wunsch, Bestimmtheiten zu verwischen« (*desire to blur definitions*). Es scheint, dass auch heute noch niemand den Mut hat auszusprechen, dass wir in den »Sonnets« die immer noch größte Sammlung homoerotischer Liebesbriefe vor uns haben. Sie sprechen uns an mit wechselnden Anlässen und Stimmungen, mit Eifersucht und Übermut, mit Klagen über Untreue oder längere Abwesenheit. So wie schon Petrarca sich immer wieder auf die Fortdauer seiner Verse berufen hatte, so macht auch Shakespeare oft seinen Rang als Poet und den Nachruhm geltend, der die Liebe vor der Vergänglichkeit bewahrt.

Sonnet No. 18

Vergleich ich dich mit einem Sommertag?
Du bist doch hübscher, ohne Hitzigkeit
und auch nicht rau wie Maiwind, dem das Blühn erlag.
Des Sommers Fülle währt ja doch nur kurze Zeit.

Mal blickt das Himmelsauge uns zu stechend an,
Oft ist sein goldner Schimmer trüb gedimmt,
Was eben Dauer noch verhieß, ist untertan
den Launen, wie sie die Natur bestimmt.

Dein Sommer soll dir ewig bleiben
und nie verwelken lassen deine Zier,
Der Tod dich nie in seinen Schatten treiben.
Die Zeilen zeit'gen Ewigkeiten dir.

Solange Menschen atmen, Augen sehn,
Solange lebt auch dies, solang wirst du bestehn.

Nimmt man die »Sonnets« nicht nur als Dichtung, sondern in ihrer Intensität und Intimität als Beleg für eine Lebens-, Liebes- und vielleicht sogar Leibesfreundschaft, so wird man von der Forschung vor allem auf einen Namen als den wahrscheinlichsten Adressaten hingewiesen: Auf den 1573 geborenen Henry Wriothesley, Earl of Southampton, dem Shakespeare schon sein Versdrama »Venus und Adonis« gewidmet hatte. Dieser Henry, der zur Zeit der »Sonnets« Anfang 20 war, galt als extrem schöner Jüngling und sträubte sich lange gegen eine Heirat, verliebte sich dann aber skandalöserweise in eine Hofdame der Königin Elisabeth (die ihre eigene Ehelosigkeit der Entourage zum Vorbild machte), heiratete diese Elizabeth Vernon heimlich im Jahr 1598 und fiel, wie auch andere am Hofe, in Ungnade. Allzu große *sprezzatura* konnte auch gefährlich sein.

Noch einmal kommen wir mit diesem Stichwort auf Hamlet zurück, der ja mit seinem rhetorischen Raffinement, seiner tiefsinnigen Durchtriebenheit und seiner verzweifelten Melancholie all diesen elisabethanischen Edelleuten eng verwandt war. Wo aber hatte der Dänenprinz seine Lebenskunst und Gewandtheit gelernt, wo hatte er sich zum Zeitgenossen der Renaissance ausbilden lassen? In Florenz, Venedig, Ferrara, in Asolo oder in Urbino, in Neapel oder gar in Rom? Nein, er sehnte sich zurück an eine Universität, die 1502 von Friedrich dem Weisen gegründet worden war, an einen Ort, wo sich im Laufe des 16. Jahrhunderts eine Reihe der glänzendsten Gelehrten versammelt hatte, wo die Zahl der Studenten fast an die 3500 der Einwohner heranreichte und 15 Prozent von ihnen, wie Hamlet selbst, aus dem Ausland kamen, wo man 1526 die erste Sektion eines menschlichen Schädels vorgenommen hatte (dem die Totengräberszene gewissermaßen nachsinnt) und wo Hamlet nie mehr Zuflucht finden sollte:

> Was eure Rückkehr
> Zu hohen Schul' in Wittenberg betrifft,
> So widerspricht sie höchlich unserm Wunsch …

sagt der König; und die Königin:

> Laß deine Mutter fehl nicht bitten, Hamlet:
> Ich bitte, bleib bei uns, geh nicht nach Wittenberg.

Wittenberg! Was Hamlet verwehrt wurde, gelingt hier: Wir sind in Wittenberg. Aus dem Bann des Sonetts befreien wir uns zur Prosa der Reformation. Aus dem Klangteppich der Liebeslyrik fallen wir in die Drastik lutherischer Fleischeslust.

6
Women's Lib in Wittenberg
Martin Luther übt sich in Ehebriefen

> Das ist wunderlicher, daß ich, der ich soviel von der Ehe schreibe und mich so unter die Frauen mische, nicht schon längst eine Frau geworden bin, geschweige denn, daß ich noch keine geheiratet habe.
>
> Martin Luther,
> kurz vor seiner Hochzeit

Da schreibt ein besorgter Ehemann, der gerade erst wieder Vater geworden und in Sorge um sein Töchterchen Lene ist, von Coburg aus an seine Frau:

> Gnad und Friede in Christo! Liebe Käthe! Ich hab, acht ich, Deine Briefe alle empfangen, so ist dies der vierte Brief, den ich Dir schreibe, sind daß Herr Johann von hinnen zu Dir gegangen ist. Lenchen konterfeit (Porträt) hab ich mit der Schachtel auch. Ich kannte das Hürlin (hier als Kosewort) zuerst nicht, so schwarz deuchte mich's sein. Ich halte, wo Du es willst absetzen von Wehnen, daß gut sei, meilinger Weise (= allmählich), also daß Du ihr zuerst eines Tages einmal abbrechest, darnach des Tages zweimal, bis also säuberlich abläßt. Also hat mir Georgen von Grumbachs Mutter, Frau Argula geraten, die ist hier bei uns gewest und hat mit mir gessen … Eilend, der Bote wollt nicht harren, Grüße, Küsse, Herze und sei freundlich allen und jeder nach seinem Stande! Am Pfingsttag früh, 1530.

Nach einem Liebesbrief klingt das zwar nicht; aber über anderthalb Jahrzehnte hinweg kondensieren sich Zärtlichkeit, Humor und Fürsorge, die Martin Luther seiner Frau zuwendet, in den 21 Briefen (von weitaus mehr), die sich erhalten haben. Allein schon die Anreden der Briefe aus 15 Jahren erzählen eine Art Ehegeschichte, lassen aber auch erkennen, dass sich der Reformator nicht nur eine Frau ins Bett, sondern auch eine Führungsperson ins Haus geholt hat. Wendungen wie »Mein Herr Käthe«, »Meinem lieben Herrn« oder »Meinem freundlichen lieben Herrn« sprechen eine keineswegs nur ironische Sprache, charakterisieren eine Ehefrau, die in allen Belangen des täglichen Lebens und der Wirtschaft das Sagen hatte und zu bestimmen wusste. Aber die Einbettung des »Herrn« in sachtere Wendungen und der Gebrauch auch in späteren Jahren deuten an, dass sich Luther mit solcher Ressortverteilung nicht nur abgefunden hatte, sondern geradezu behaglich fühlte. Dafür spricht auch die immer wiederkehrende und immer mehr ornamentierte Bezeichnung der »Hausfrau«. Da sind die Adressseiten des Briefe geradezu geschmückt mit Anreden wie: »Meiner herzlieben Hausfrauen Katherin Lutherin zu Wittenberg«, »Meiner

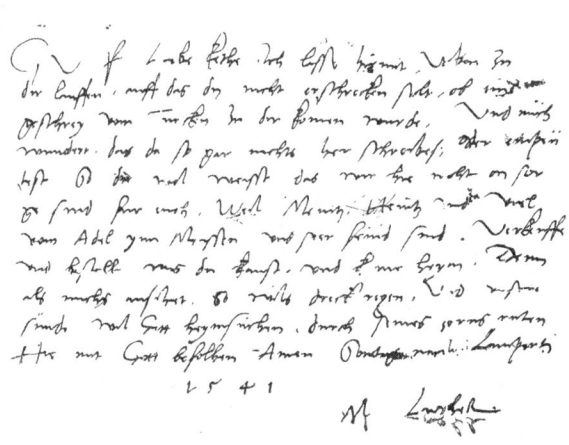

Brief Luthers an seine Frau Katharina vom 18. September 1541

freundlichen, lieben Hausfrau Katharina Luthers von Bora, Predigerin, Brauerin, Gärtnerin und was sie mehr sein kann«, oder »Meiner lieben Hausfrauen Katherin Lutherin, Saumärkterin zu Wittenberg«, dies in seinem letzten Jahr, 1546, ergänzt durch den Zusatz: »meiner gnädigen Frauen zu Handen und Fußen«. Und geradezu feierlich wendet sich einer seiner letzten Briefe, vom 10. Februar 1546, an seine Käthe: »Der heiligen, sorgfältigen Frauen, Frauen Katherin Lutherin, Doktorin, Zülsdorferin zu Wittenberg, meiner gnädigen lieben Hausfrauen«. Setzt man diese Anschriften aneinander, so hat man eine *Stretta* nicht der Leidenschaft, aber einer intensiver werdenden Verbundenheit, eines wachsenden Zusammengehörigkeitsbedürfnisses.

Aber die Anschriften geben auch Auskunft über die Ausweitung des Haushalts, über die zunehmende Prosperität des Familienunternehmens Luther und über den Herrschaftsbereich Katharinas. Die »Hausfrau« war immer auch eine Herbergsmutter und hatte alle Tage eine große Zahl von Gästen zu versorgen, Freunde, Bewunderer, Studenten, Bettler und Flüchtlinge. Die »Saumärkterin« bezieht sich auf einen Garten, den Luther 1532 gekauft hatte und den Saumarkt nannte, die »Brauerin« geht auf Käthes stadtbekannt gutes Hausbier zurück, und die »Zülsdorferin« war sie als Gutsherrin über einen Landsitz in Zülsdorf, den Luther für sie erworben hatte. »Doktorin« und »Richterin« im genauen Sinn war sie nie, wohl aber von praktischer Klugheit und durchgreifender Strenge.

Diese Briefe sind aber auch Chiffren einer kulturellen Revolution, Besiegelung einer anthropologischen Wende: Da schreibt ein ehemaliger Mönch an eine frühere Nonne. Da ist, in den Augen und nach den Wertvorstellungen der katholischen Kirche, ein neuer Sündenfall geschehen, ein ungeheurer Tabubruch. Wir lesen die Briefe eines Mannes, der kraft seines Wortes und seines Temperaments und seiner exzentrischen Frömmigkeit eine Reformation des Glaubens ins Werk gesetzt und damit die christliche Kirche und zugleich das Heilige Römische Reich

Deutscher Nation gespalten hat; der mit seinem *sola scriptura* alle päpstlichen Enzykliken und Bannsprüche, alle Dogmen und Heiligenlegenden außer Kurs gesetzt hat und einer bevormundeten und geängsteten Menschheit die »Freiheit eines Christenmenschen« predigt. Der sich diese Freiheit auch selbst, in seinem Alltag, in seinem Privatleben herausgenommen und geheiratet, einen Hausstand gegründet und Kinder gezeugt hat. Der das Beispiel eines Menschen an der Schwelle zu einer neuen Zeit gibt: er wird Individuum. Er steht direkt vor seinem Gotte, aber er lernt auch, für sich selbst einzustehen.

Die Legende hat aus Luthers 99 Thesen gegen das Ablass(un)wesen noch eine Plakataktion nach alter Art gemacht, als Anschlag an die Schlosskirche von Wittenberg am 31. Oktober 1517. In Wahrheit hatte er die Möglichkeit einer neuen Technik genutzt, die größeren Wirbel machen sollte als Kopernikus mit seiner zu beinah gleicher Zeit im »Commentariolus« entwickelten These, dass die Erde sich um die Sonne drehe. Es war der (bereits kurz erwähnte) Buchdruck mit beweglichen Lettern, der auf Gutenberg zurückging und sich in dem halben Jahrhundert seither als neue Publikationsmöglichkeit geradezu explosionsartig verbreitet hatte. Das neue Zauberwort hieß noch nicht Reformation, nicht Revolution (wie dann im späteren Werk des Kopernikus), sondern *multiplicatio*. Vervielfältigung, Massenhaftigkeit, Breitenwirkung.

Früher, in den Schreibstuben der Klöster und beim *stationarius* hatte immer ein Wort das andere gegeben, eine Periode die nächste und eine Seite die folgende, und wenn man fertig war mit der Sisyphusarbeit des Abschreibens, siehe, so hatte man *ein* Buch. Jetzt aber war man imstande, an einem Tag mehr zu drucken, als ein Abschreiber in einem Jahr hätte bewältigen können. Die neue Technik grenzte an Hexerei, die Multiplizierbarkeit der Texte wurde zum Mirakel. Als 1485 die erste gedruckte Ausgabe des Regensburger Meßbuchs erschien, verglich man staunend die Exemplare und stammelte dankbar: »... ergab es sich wie durch ein Wunder Gottes, daß in den Buchstaben, Silben,

Wörtern, Sätzen, Punkten, Abschnitten und anderem, was dazu gehört, der Druck bei allen Stücken und in jeder Hinsicht mit den Vorlagen übereinstimmte. Dafür danken wir Gott.«

Dank der *multiplicatio* war schon um 1500 mehr als eine Million gedruckter Bücher in Umlauf, hergestellt und ausgeliefert an 50 Druckorten. Das große Angebot an Büchern ließ sie auch billiger werden – und zur Gefahr. Die Päpste waren alarmiert. Nach ersten Einsprüchen seiner Vorgänger erließ Papst Leo X. 1515 eine Bulle, in der es hieß:

> Zwar kann gewiss die Kenntnis der Wissenschaften durch das Lesen von Büchern leicht erlangt werden. Nun sind aber von vielen Seiten Klagen an Unser und des Heiligen Stuhls Ohr gedrungen, dass einige Meister dieser Druckkunst in verschiedenen Teilen der Welt Bücher zu drucken und öffentlich zu verkaufen wagen, Schriften, aus deren Lektüre die Leser nicht nur keine Erbauung ziehen, sondern durch die sie vielmehr zu größten Verwirrungen im Glauben wie im Leben und in ihrer Gesittung verführt werden. Daraus sind, wie die Erfahrung als Lehrmeisterin zeigt, mannigfache Ärgernisse entstanden, und es ist zu befürchten, daß Tag um Tag noch größere entstehen. Darum haben wir es … für angezeigt gehalten, Unsere Aufsicht über den Druck von Büchern auszuüben, damit nicht in Zukunft Dornen mit dem guten Samen zusammen herauswachsen oder Gifte sich mit Arzneien vermischen.

Dies geschah zwei Jahre vor den Ablassthesen, als habe Leo X. das medientheologische Wirken Luthers schon klar vorausgesehen. Denn Luther benutzt in seinen Sendbriefen und gedruckten Privatschreiben das neue Medium wie sonst nur Erasmus von Rotterdam. Seine Flugschrift »An den Christlichen Adel Deutscher Nation« aus dem Jahr 1520, 4000 Exemplare, ist in fünf Tagen vergriffen. Das waren immerhin nur wenige Blatt, aber zwei Jahre später findet auch seine Übersetzung des »Neuen Testaments« binnen weniger Wochen 5000 Käufer. Nach 15 Jahren sind mehr als 200 000 Bibeln unter die Leute gebracht. Wie unerhört der Tabubruch einer Heiligen Schrift auf Deutsch für die katholische Kirche war, die sich mit der lateinischen Bibel in eine priesterliche Unnahbarkeit hüllte, konnte man noch 400 Jahre später, 1904, erkennen, als Papst Pius X. davor warnte, »daß Unerfahrene durch das Lesen von Bibeln, wie sie von Andersgläubigen verbreitet zu werden pflegen, statt des Heiles das Verderbnis finden«.

Vor allem aber zum Thema Geschlechtlichkeit äußerte sich Luther revolutionär. In seinem Traktat »Von ehelicher Liebe« schreibt er: »Wachset und mehret euch, das ist ein göttlich Werk, das nicht bei uns steht, zu verhindern oder zuzulassen, sondern es ist ebenso not, daß ich ein mannsbild sei, und nötiger denn essen und trinken, schlafen und wachen. Es ist eine eingepflanzte Natur und Art, ebensowohl als die Gliedmaßen, die dazugehören.«

Noch aber war es ein Rat für andere; noch führte er seine Kampagne für die Erneuerung der christlichen Kirche und gegen den Zölibat als einen Glaubenskampf, als Kehraus von Korruption und ritualisierter Frömmelei – aber der 40-Jährige wusste, wie jeder Mönch, um seine »eingepflanzte Natur« und hatte wohl auch nach seinem Austritt aus dem Kloster Gelegenheit gesucht, sie auszuleben. Bald darauf sollte er die Frucht seiner Befreiungstheologie ernten können: In der Osternacht des Jahres 1523 brachen zwölf Nonnen, die von Luthers Wirken gehört hatten, aus dem Kloster Mariathron bei Nürnberg aus; sie flohen mit Hilfe des Torgauers Ratsherrn Leonard Koppe, der als Fisch- und Bierhändler Zugang hatte, unter der Plane seines Wagens in leeren Holzfässern, die zuvor Heringe transportiert hatten. Der Mann riskierte, ebenso wie die Frauen, die Todesstrafe im katholischen Machtbereich.

»Mich jammerte ihrer sehr«, schreibt Luther an den Hofkaplan Spalatin in Erfurt, als die »geistlichen Nymphlein« bei ihm in Wittenberg auftauchten und Zuflucht suchten. »Du fragst, was ich mit ihnen tun werde? Zuerst werde ich den Verwandten bedeuten, sie mögen sie aufnehmen; wollen sie nicht, so will ich dafür sorgen, daß andere sie aufnehmen. Denn von etlichen ist mir eine Zusage gegeben worden, einige werde ich auch ehelich verbinden, wenn ich kann.« Dann nennt er ihre Namen, als letzten auch den der Katharina von Bora.

Martin Luther, der sich mit der Aufnahme der Abtrünnigen ein gewaltiges Ärgernis ins Haus geholt hat, sieht aber nicht nur die praktischen Erfordernisse. Er nimmt die Flucht auch als Indiz für eine gesellschaftliche Misere, für die Versündigung der katholischen Kirche an der menschlichen Natur. Auch diese Perspektive gehört zu seiner Reformationsvorstellung; er denkt an die vielen andern Frauen, »die allenthalben in so großer Zahl durch diese verfluchte und unkeusche Keuschheit zugrunde gehen. Dies Geschlecht ist für sich selbst bei weitem zu schwach und von der Natur, ja von Gott an den Mann gebunden; es wird, wenn man es durch solche Grausamkeit abtrennt, zugrunde gerichtet. O welche Tyrannen, o welche grausamen Eltern und Verwandten in Deutschland! Aber du, Papst, und ihr, Bischöfe, wer flucht euch entsprechend? Wer kann eure Blindheit und Wut, die solches lehrt und fordert, genügend verwünschen?«

Und noch deutlicher wird er in jenen Tagen in einer Predigt über das 2. Buch Mose:

> Wir sind Hurentreiber, ob wir es gleich nicht öffentlich vor aller Welt sind, so sind wir es doch im Herzen und wo wir Raum, Zeit, Statt und Gelegenheit haben, brechen wir alle die Ehe. Diese Art ist allen Menschen eingepflanzt, es wird keiner ausgenommen, er heiße Mann oder Frau, er sei alt oder jung; wir liegen allemal in diesem Spital krank. Und diese Seuche hänget uns nicht an wie ein roter Rock, daß wir ihn ausziehen oder ablegen könnten; sondern wir haben ihn von Mutterleibe mitgebracht, und er ist uns in unser Fleisch und Blut, Mark und Bein und in alle Adern eingegangen.

Luthers Hilfswerk setzt ihn zunächst in ganz praktische Verlegenheit. Er bittet seinen Briefpartner, »ein Werk der Liebe zu tun und für mich bei Deinen reichen Hofleuten etwas Geld zu erbetteln, mit dem ich sie etwa acht oder auch vierzehn Tage ernähren kann, bis ich sie alle ihren Verwandten oder meinen Zusagern übergeben habe. ... Die Armen, die gerne geben, haben nichts; die Reicheren schlagen es ab oder lassen sich so schwer bewegen, daß sie entweder den Dank für das Gegebene bei Gott verlieren müssen oder mich um meine Freiheit bringen; aber das ist nichts Neues bei der Welt und ihrer Art.«

Allmählich lichtet sich der Kreis der jungen Frauen. Einige wenige kehren zu ihren Familien zurück, andere werden zu achtbaren Ehefrauen. Eine davon, die hübsche Ave von Schönfeld, hätte wohl Luther gern selbst erwählt, aber sie machte mit einem Arzt aus Ostpreußen eine gute Partie. Übrig blieb schließlich die störrische Katharina von Bora, die er im Haus des Stadtschreibers von Wittenberg, Reichenbach, untergebracht hatte und die sich beharrlich weigerte, einen Pfarrer aus dem nahen Orlamünde zu ehelichen. Die Zeit des blinden Gehorsams sei vorbei: das müsse er doch selbst am besten wissen, denn er predige es seit Jahren. Dann war sie schon eher von seinem Schüler Hieronymus Baumgärtner angetan, der auch an ihr Gefallen gefunden hatte, aber von seinen Eltern an der unvorteilhaften Heirat gehindert wurde.

Schließlich übernimmt sie (wie auch in den folgenden Jahrzehnten oft) die Initiative: Durch seinen Freund Nikolaus Amsdorf lässt sie ausrichten: Jetzt wolle sie nur noch ihn, Luther. Es ist keine Torschlusspanik; längst hat sie ihn sich ausgeguckt, angeblich schon im Kloster von ihm geträumt. Zwei Jahre nach der Flucht, am 13. Juni 1525, ist die Hochzeit; zwei Zeugen wachen, nach guter Sitte, in der Brautkammer darüber, dass das Beilager vollzogen werde. Bei der Einladung zur öffentlichen Hochzeitsfeier gibt sich Luther, wohl unter dem Eindruck des Befremdens seiner Freunde, in einem Brief an Melanchthon selbst überrascht: »Ganz plötzlich und unvermutet hat mich der

Herr, während mir ganz andere Dinge im Sinne lagen, ins Ehejoch gespannt.« Ausführlicher erklärt er sich in einem anderen Brief: »Das Gerücht ist wahr, daß ich mit Katharin plötzlich verehelicht worden bin, ehe ich genötigt wurde über mich lärmende Mäuler zu hören, wie es zu geschehen pflegt. Denn ich hoffe, dass ich noch eine kurze Zeit leben werde, und ich habe diesen Gehorsam meinem Vater, der in der Hoffnung auf Nachkommen dazu aufforderte, nicht abschlagen wollen. Zugleich wollte ich auch das mit der Tat bekräftigen, was ich gelehrt habe. ... Denn ich empfinde nicht fleischliche Liebe noch Hitze, sondern ich verehre meine Frau.« Aus der Ehe gehen drei Töchter und drei Söhne hervor; einmal gerät Katharina durch eine Fehlgeburt an den Rand des Todes.

Ist es die Cranach-Schule, die allen Porträts eine gewisse flächige Wuchtigkeit verleiht, oder war es in der Tat die Ähnlichkeit des Typus: Auf dem Bild, das von Katharina offenbar noch im Hochzeitsjahr gemalt worden ist, sieht sie fast wie ein weiblicher Luther aus im breiten, bäuerlichen Gesichtsschnitt mit dem ausladenden, energischen Kinn. Bald schon hat sie sich ihm unentbehrlich gemacht: »Ich wollte meine Käthe nicht um ganz Frankreich und Venedig mehr hergeben darum weil Gott sie mir geschenkt und mich ihr gegeben hat.«

Der alte Luther, der 60-Jährige, ist nicht nur ein ausladender, fülliger und daher sehr oft kranker Mann, er ist auch zu einer mächtigen Figur geworden, zu einem gesuchten Ratgeber der protestantischen Fürsten und zu einer nicht nur von den Gegnern gefürchteten Autorität. Aber in der Rolle des antivatikanischen Religionsführers hat er seinen Lebenskampf gegen den Papst gleichsam *ad absurdum* geführt, ist in seinem Machtanspruch immer rigoroser und unduldsamer geworden und muss sich zuletzt (und über seinen Tod hinaus) den Vorwurf gefallen lassen, er sei zu einem »neuen Papst« geworden. (Noch anderthalb Jahrhunderte später schreibt Lessings Vater, als angehender Theologe, eine Dissertation zur Widerlegung dieses Vorwurfs.) Aber immer noch geht der Betagte auf winterliche, unwirtliche Reisen, und immer noch ist ihm die Bibel ständiger Reiseführer, und ganz mittelalterlich sieht er um sich, »als wenn die Welt voll Teufel wär'«.

Ein später Brief vom 25. Januar 1546 fasst alles zusammen, Pomp, Frömmigkeit, Naturgewalt, Angst, Ärger, Aberglauben:

> Liebe Kätha! Wir sind heute um acht aus Halle gefahren, aber nicht gen Eisleben kommen, sondern um neune wieder eingezogen (= umgekehrt). Denn es begegnete uns eine große Wiedertäuferin mit Wasserwogen und großen Eisschollen und dreuete uns mit Wiedertaufe und hat das Land bedeckt. So können wir auch nicht zurücke für der Mulde zu Bitterfeld und müssen allhie zu Halle zwischen den Wassern gefangen liegen; nicht daß uns danach dürstet zu trinken. Wir nehmen dafür gut Torgauisch Bier und guten rheinischen Wein, damit laben und trösten wir uns dieweil, ob die Saale heut wolle auszörnen, denn weil die Leute und Fährmeister selbst kleinmütig waren, haben wir uns nicht wollen ins Wasser begeben und Gott versuchen. Denn der Teufel ist uns gram und wohnet im Wasser ... und ohn Not ist, daß wir eine Narrenfreude dem Papst samt seinen Schupen (= Anhang) machen sollten. Ich hätt nicht gemeinet, daß die Saal ein solch Bad machen könnte, daß sie über die Steine weg und alles so rumpeln sollt ... An Sankt Pauli Bekehrungstag, da wir auch uns von der Saale gen Halle kehreten. 1546.

Und als wenig später die Überfahrt dann doch möglich war, sagte Luther einem der Gefährten: »Lieber Doktor Jonas, wäre das dem Teufel nicht ein fein Wohlgefallen, wenn ich ... mit dreien Söhnen und euch in dem Wasser ersöff?«

Man kokettiert nicht mit dem Tod. Drei Wochen später, am 18. Februar 1546, starb Luther. Er war doch noch nach Eisleben gelangt und konnte einen Tag vorher noch den Streit der Grafen von Mansfeld, dessentwegen er die strapaziöse Reise unternommen hatte, schlichten und sich in seinem qualvollen Sterben mit der Nachricht trösten (die aber eine Falschmeldung war), dass auch sein letzter Widersacher, Papst Paul III., gestorben sei. So endete Luthers Leben am gleichen Ort, wo es am 10. November 1453 begonnen hatte.

Dass Reformation und Gegenreformation im Laufe der nächsten 100 Jahre das Land zerreißen, dass der Dreißigjährige Krieg im Namen der Religion Mitteleuropa verwüsten sollte – dies kann hier nicht ausgebreitet werden. Wie sehr aber der spirituelle Riss auch in die Familien hineinsprengte, zum Ehekonflikt führen und zum Thema von Familienbriefen werden konnte, soll hier exemplarisch an einer Korrespondenz aus dem Jahr 1629 belegt werden: Der rechte Glaube streitet nun erst recht mit der wahren Liebe, und während die Liebe nicht mit sich handeln lassen will, lässt sich der Glaube abermals aufs Geschäft ein. Von Wien aus, der Hochburg der Gegenreformation, schreibt ein kleiner deutscher Fürst, Graf Johann Ludwig von Nassau-Hadamar, an seine Frau Ursula und berichtet ihr von seiner Rückkehr in den Schoß der katholischen Kirche. Was aber wie Bekehrung klingt, ist nichts als ein Deal; die Rettung, von der der Briefschreiber spricht, betrifft nicht das Seelenheil, sondern die Ländereien, die der Kaiser von den Reformierten einzuziehen gedroht hat. Es ist ein Ablasshandel der territorialen Dimension:

4. September 1629

Mein allerliebstes Herz, den gütigsten Gott bitte ich vom Grund meines Herzens, Deine Liebden mitsamt unseren herzliebsten Kindern in Freuden, Gesundheit und allem seligen Wohlstand bald wieder zu sehen, danach mich herzlich verlanget … Unterdessen, mein allerliebstes Herz, kann ich nicht unterlassen, Deine Liebden freundlich zu verständigen, daß ich unserem allergetreuesten Gott und Vater von Herzen danke, daß es ihm gnädig gefallen hat, mich zu retten und auszuhelfen aus den so schweren Anfechtungen, Zweifeln und Gedanken, darin ich … nun lange Jahre so betrübt und beschwerlich gelebt habe, und weil ich jederzeit einen sonderbaren Eifer bei den Katholischen gesehen, Gott mit besonderer Andacht und Fleiß zu dienen. … Darauf habe ich unter inbrünstiger Anrufung meines Gottes in meinem Herzen fest entschlossen mich zu der uralten katholischen christlichen Kirche und unter ihren Gehorsam zu begeben und Gott zu ehren … Unterdessen, mein allerliebstes Herz, bitte ich Deine Liebden von ganzem Herzen Sie wollen sich gewißlich versichern, daß ich Dich, mein allerliebstes Herz, beständig treu, aufrichtig und unveränderlich bis in meinen Tod lieben werde … Deine Liebden soll von mir wissen und fest darauf vertrauen, daß ich ihr Gewissen nicht im geringsten belasten oder hindern will, sondern daß Deine Liebden, wie es billig ist, nach ihrem eigenen Gewissen handelt. Deine Liebden wolle sich deshalb nicht die geringsten Gedanken machen noch in Schwermut verfallen, sondern mir voll und ganz vertrauen. Der getreue Gott wolle unserer beider Herzen in Ewigkeit erfreuen und uns in aller beständigen Treue, ehrlicher Liebe bis in unser Grab väterlich erhalten. Mich Deiner Liebden truestem, liebstem Herzen empfehlend, bleibe ich bis zu meinem letzten Blutstropfen D.J.

Wochen später erst antwortet die Gräfin; natürlich hat sie den Schacher durchschaut, weiß aber, dass ihr eigenes Bekenntnis davon nicht angefochten werden kann; sie bekennt sich ebenso liebevoll wie souverän:

Wohlgeborener, freundlicher, herzlieber Herr, E.L. (= Euer Liebden) Schreiben von Wien den 4. September habe ich wohl empfangen … und obwohl ich in etwa den Inhalt bereits kannte, hat es mich doch hoch und schmerzlich betrübt, vor allem, weil ich nun daraus sehe, daß E.L. sich tatsächlich zur römischen Kirche bekennt. Ich hatte sehr gehofft, das nicht zu erleben, kann auch mit Worten nicht aussprechen die Betrübnis und Wunde, die deshalb in mein armes Herz drangen. Ich will aber nicht von meinem lieben, treuen Gott ablassen, sondern tun wie Jakob in Genesis 32,26 und sagen: Herr ich lasse dich nicht, du segnest mich denn, und wie das Canesische Weib immer im Gebet verharren, damit Gott E.L. mit seinem heiligen Geist erfülle und auf den rechten Weg zurückführe ... Nun, heiliger Herr, wenn ich E.L. zu all dem einige Ursache gegeben habe, so werde ich es beklagen bis an mein Ende, von dem ich dann wohl wünsche, daß es zu meinem Heil bald eintrete. Will mich aber Gott noch länger in diesem Leben haben, will ich E.L. in allem so viel mir möglich und Gott mir Gnade geben wird, lieben, ehren und gehorsam sein. Nur das bitte ich: E.L. wollen darin fortfahren, mich nicht zu anderer Religion zwingen oder Ursach geben, daß ich dazu genötigt würde. Denn E.L. wissen sich freundlich zu erinnern, daß man Gott mehr schuldig ist zu gehorchen als den Menschen. Ich habe auch das feste Vertrauen zu E.L., sie werde mich jetzt so lieben wie zuvor und ihr Herz nicht von mir wenden. Meinerseits können E.L. sicher sein, daß ich sie vertrauensvoll in dem Schutz des Allmächtigen empfehlen werde, damit er E.L. an Seele und Leib segnen und vor aller Gefahr väterlich bewahren wolle. Ich werde bleiben

E.L. gehorsame
treue Frau

Solche Briefe – Deutsch geschrieben ohne viel Floskeln, diplomatisch und dennoch bestimmt, zärtlich und dennoch charakterfest – sind zu Beginn des 17. Jahrhunderts noch eine Rarität. Es bleibt Zeit, einer Geschichte der Korrespondenz nachzugehen, der Geburt der Post aus dem Geist der Mitteilsamkeit beizuwohnen.

IV
Liebesbriefe im Labor

7
Als der »Posttag« dämmerte
Die Erfindung der Eile

> Wundern Sie sich nicht, Herr Tobies! Die Kuriere gehen rasch! Verbesserte Poststraßen, verbesserte Poststraßen! Sie werden ja aus eigener Erfahrung bemerkt haben, daß ein gutes Pferd auf einer guten Chaussee den Weg von einer Stunde in einer halben zurücklegt; wenn Sie sich das Pferd nun immer besser und die Chaussee immer vortrefflicher denken, so muß es ja natürlich dahin kommen, daß das Pferd den Weg in einer Viertelstunde, in zehn Minuten, in nichts, in gar nichts und zuletzt in weniger als gar nichts zurücklegt!
>
> Christian Dietrich Grabbe, »Scherz, Satire, Ironie und tiefere Bedeutung«

Ehe die Herzen über weitere Entfernungen zueinanderfliegen konnten, musste die Post abgehen. Die Liebe war nicht unbedingt die größte der Dringlichkeiten, mit denen die Briefe im 16. und 17. Jahrhundert beschwert und expediert wurden. Aber sie sollte im 18. dann von jenem Kommunikationsnetz profitieren, das von Fürsten, Diplomaten, Geistlichen und Kaufleuten gespannt worden war, nicht zuletzt von jenen Unternehmern, die aus der Beförderung von Nachrichten ein Geschäft zu machen verstanden. Und die Leidenschaft zum Briefschreiben kam vor der Leidenschaft, die sich in Briefen bekannte. Ehe sich uns »das Jahrhundert des Briefes« aber erschließen kann, sei ein Blick auf die Entstehung jenes Phänomens getan, das man geisterhaft genug als Postwesen bezeichnet.

Ein Anschlag von 1584 aus Frankfurt am Main gibt da eine plakative Vorstellung:

> Welcher Brieff hatt oder auff
> Nürnberg schreiben Will. Bring
> dieselb in die Buchgasse bey den
> Verschlossen Mainpfortgen.
> Die Post wirdt Morgen Raisen.

Nürnberg war damals, als Handels- und Messestadt, führend in der Etablierung eines weitreichenden Botensystems. Nach Hamburg und Antwerpen, wo schon um 1550 jährlich 200 000 Briefeingänge gezählt worden waren, erließ die fränkische Stadt eine Botenordnung, die sich auf 16 wöchentliche Verbindungen, etwa nach Leipzig und Regensburg und eben auch nach Frankfurt, bezog. Dieser Verkehr wurde von ungefähr 200 Boten bewältigt, die sich an einen genauen Plan mit Route und Ziel zu halten hatten. Die Destination dieser *Ordinari* gab ihnen auch ihre Namen: als Hamburger, Leipziger, Frankfurter Bote. Die Pausen legten sie in vorbestimmten Gasthäusern ein. Zur Ausrüstung gehörte ein Brustschild mit landesherrlichem Wappen, wetterfeste, zunehmend uniformierte Kleidung, eine Botentasche und, zum Schutz gegen Überfälle und gefährliche Tiere, ein Spieß.

Zunächst waren die meisten dieser Leute zu Fuß unterwegs, also Botengänger. Der brandenburgische Kurfürst Johann Georg, der im Dreißigjährigen Krieg viele Jahre lang Berlin von Königsberg aus zu regieren versuchte, nahm in Kauf, dass seine Kuriere nach Hamburg, Köln, Mainz oder Prag, aber eben auch in die Hauptstadt wochenlang unterwegs waren. Nur vereinzelt setzte er, in alarmierender Situation, auch Reiter ein. Eine neuere Studie für Hamburg will festgestellt haben, dass berittene Boten »nur unwesentlich zur Beschleunigung der Nachrichtenbeförderung« beigetragen hätten, »da die Pferde auf den langen Strecken ermüdeten«. Die großen städtischen oder staatlichen Unternehmen aber leisteten sich zunehmend solche berittenen

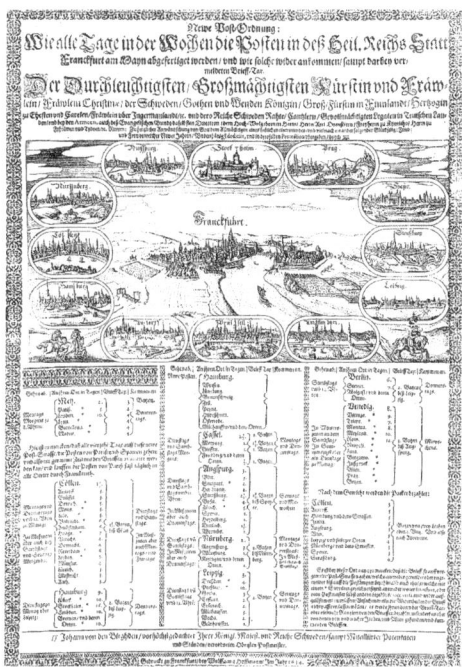

Postordnung aus Frankfurt am Main. Holzstich,
Frankfurt 1634

Verbindungen und richteten Stationen ein zum Austausch von Mann und Pferd: das Relais, die *posita statio*, Geburtsstätte für das Wort »Post«.

Nutznießer dieses Systems waren die Höfe, die Staatskanzleien, aber eben auch die großen Handels- und Hansestädte. Kaiser Maximilian I. leistete der Privatisierung solcher diplomatischen und militärischen Dienste Vorschub, indem er zunächst für die Strecke von Innsbruck nach Mecheln bei Brüssel einen Mann engagierte, der sich als päpstlicher Kurier hervorgetan hatte. Janetto de Tasso hatte das defizitäre kaiserliche Beförderungsprivileg für eine große Summe erworben und baute dann ein weitreichendes, zuverlässiges und durch die kaiserliche

Nürnberger Briefbote. Holzschnitt,
16. Jahrhundert

Gunst geschütztes Stafettensystem auf, das im deutschen Süden eine Monopolstellung besaß, bald aber auch norddeutschen Kurieren zum Vorbild diente.

Eine Memminger Chronik beschreibt um 1500 den Verlauf eines solchen Kurses: »Es lag allweg 5 Meil Wegs ein Post von der andern, einer war zu Kempten, einer zu Bless, einer an der Bruck zu Elchingen und also fortan immerdar 5 Meil Wegs von einander und must alweg ein Pot (Bote) des andern warten. Vnd so bald der ander zu ihm ritt, so bliess er in ein hörnlein, das hört der bott der in der Gerberg lag und must gleich auf sein, oder es ist ihm am Lohn abzogen, vnd musten sie reiten Tag und Nacht. Also kam offt in 5 Tagen ein Brieff von hier biss nacher Rom.« Eine österreichische Postmeile betrug knapp acht Kilometer, die Tagesleistung also rund 40 Kilometer.

Solcher Service kostete Geld, und Maximilian war bald gezwungen, seinem Posthalter auch die Beförderung von Privatsendungen, zum Beispiel der Augsburger Bankiersfamilie Welser, zu erlauben. Ein Nachfahr Tassis, Johann Baptist von Taxis, wurde von Kaiser Karl V. 1540 zum Generalpostmeister ernannt und damit zum Herrscher über ein Relais-Netz, das Spanien, die Niederlande und ein gut Teil des deutschen Reichsgebietes umfasste. Immer mehr kam die Schnelligkeit der Beförderung ins Spiel; die Reputation der Taxisschen Post verdankte sich der Peitsche, mit der Ross und Reiter zu Höchstleistungen getrieben wurden: für einen Berittenen galt bald eine Tagesstrecke von 100 Kilometern als Norm. Die städtischen Postdienste kamen da nicht mit: Während *Ordinari*-Boten für den Weg von Augsburg nach Venedig acht Tage brauchten, gelang die Beförderung mit der »Reichspost« (wie das kaiserlich privilegierte Unternehmen nun hieß) in sechs; auch einen Express gab es, der nur vier Tage brauchte.

Die Eile zahlte sich aus; mit der immer rascheren Beförderung kam auch der Gewinn; die Post wurde ein einträgliches Geschäft. Die Städte begannen, sich gegen die Monopolisierung und Übertrumpfung durch das Thurn-und-Taxissche Großunternehmen zu wehren. Mit Erfolg leistete Hamburg als norddeutsches Handelszentrum Widerstand gegen den Versuch der Augsburger, sich in der Stadt mit einer kaiserlichen Niederlassung einzuquartieren. Die Hamburger »Postmeister«-Ordnung von 1641 betont denn auch das Prinzip der Nichtstaatlichkeit und weiß sich ausdrücklich den Geschäften und Gütern des »Kaufmanns« verpflichtet. Ähnlichen Widerstand leisteten die Württemberger: Hier waren es die Metzger, die durch die Tradition des Vieheinkaufs auf entlegenen Märkten an nebenberufliche Botendienste und Einkünfte gewöhnt waren und sich um 1622 zur Absicherung dieser Pfründe zu einer herzoglich privilegierten Metzgerpost zusammentaten.

Staatliche Konkurrenz erstand den Taxis allein in Preußen, wo der Große Kurfürst nach dem Ende des 30-jährigen Glau-

Botenabgangsplan der Stadt Nürnberg,
Holzschnitt, Nürnberg 1610

benskriegs eine Ost-West-Verbindung zwischen Memel und Wesel, den äußersten Teilen seines zwar ausgedehnten, aber zerrissenen Staatsgebietes, einrichtete, die zugleich Kommunikationsnetz für die Verwaltung der Landesteile sein sollte – und dem Zugriff des Kaisers entzogen. Die Taxis hatten, wie Klaus Beyrer schreibt, »bis weit ins 18. Jahrhundert … in preußischen Landen schlicht ›Hausverbot‹«.

Die Post entwickelte sich also zu einem umkämpften, lukrativen Geschäft, bei dem immer mehr auch Privatkorrespondenz ins Gewicht fiel. Wo aber steckte der Gewinn, wer zahlte dafür und wie viel? Hatten früher (und gelegentlich immer noch) die Boten den Preis für ihre Dienste individuell, von Fall zu Fall, von Ort zu Ort, ausgehandelt, so kamen seit 1600 zunehmend sogenannte Taxverzeichnisse in Geltung. Bei der Bezahlung wurde unterschieden zwischen *franco* und *porto* (beide Begriffe haben sich in unserem Frankieren und dem Porto erhalten, sind nur zu einer Art Synonym verschmolzen). *Franco* (= frei) hieß, dass der Absender bezahlte und den Empfänger von Kosten freistellte. *Porto* dagegen belastete den Adressaten mit den Gebühren. Beides war den Einlieferern überlassen, aber das *Porto*, die unbezahlte Sendung, wurde bevorzugt: in der Regel nicht aus Geiz, sondern weil es wie eine Art Versicherung wirkte, dass die Sendung den Empfänger und Zahler erreichte.

Vorgriff auf die Goethezeit: Selbstverständlich konnte dieses *Porto*, also das Absenden auf Kosten des anderen, auch zu Missbrauch führen und zu einer beträchtlichen Belastung für jemanden, der sich durch Ruhm, Rang und Popularität große Mengen unverlangter Post zuzog. Besonders geplagt war jahrzehntelang Goethe in Weimar, der für enthusiastische Leser, ferne Bewunderer, hingerissene Damen und alle möglichen Wichtigtuer immer eine beträchtliche Portokasse bereithalten musste. Die Portobelastung Goethes aber führte dann um 1800 dazu, dass er »von den Fürsten« – zu denen die Herren von Thurn und Taxis inzwischen geworden waren – »das Privileg erhalten habe, seine Briefe ... unentgeltlich zu verschicken und daß diese Briefe stets mit schwarzem Siegellack gesiegelt worden seien und mit Goethes Initialen versehen wären«. Aber auch der Gegenverkehr war offenbar entsprechend geregelt, wie aus Bemerkungen Bettinas von Brentano an Goethe hervorgeht: »Adieu, ich schäme mich meines dicken Briefes, in dem viel Unsinn stecken mag. Wenn Du nicht frei Porto hättest, ich schickte ihn nicht ab.«

Wenn es der Nachrichtenbedarf einer zusammenwachsenden europäischen Welt war, der zu solch rapide wachsender Postkommunikation führte, so rief andererseits die faszinierende Verlockung des Posthorns an jeweils zwei Wochentagen den Mitteilungsdrang auch derer hervor, die keine diplomatischen Papiere, keine gelehrten Traktate und keine Handelsverträge zu verschicken hatten, sondern sich einfach, von privat zu privat, ihrer Freundschaft, ihres Wohlergehens und ihrer Liebe versichern wollten. Dabei aber noch keineswegs zu einer Sprache des Herzens fanden, sondern sich an der Frühform eines regulierten Deutsch, dem Kanzleistil, orientierten.

Großen Einfluss gewann August Sorg um 1500 mit seinen »formulari darinne begrifen sind allerhand brieff auch rhetorick«. Das Büchlein wollte dazu verhelfen, dass sich jeder »kurtz / klar / deutlich vnd mit glimpff ausdrücke / also / das kein müssig odder vberflüssig sonder recht geordnete vnd zur sachen dienstliche wort die unwillen vertreiben ... mögen« und dass andererseits »Die überflüssigen / spitzfündigen wort / so zu zancke dienen oder zum wenigstens widderwillen nicht dempfen / weit hindan gesatzt« seien. 30 Jahre später, in Wittenberg, gibt Fabian Franck sein »Cantzley und Titel buchlin« heraus, »darinnem gelernt wirdt / wie man Sendebriefe förmlich schreiben / vnd einen jdlichen seinen gebürlichen Titel geben sol«.

Noch immer aber findet man in den »Formulari« jener Zeit keine Muster für Liebesbriefe, sondern eher für drastische Situationen, in denen man kräftig Deutsch mit dem Adressaten glaubte reden zu sollen: »Wje nun? Lieber Matthia / hat dich dann Gott deß Verstandts gar beraubt / oder bistu vnsinnig worden / daß du deß ehrlichen und frommen Manns Tochter / also zu vnehren / vnnd vnter die Füsse gebracht hast? Achtestu das für eine geringe Sünd? Meynstu man werde dirs jetzt zu gut lassen? Nun aber / nach dem du vnzüchtiger Wollust an yhr gesettiget / lesset du sie fahren / vnd vngeholffen / jedermann zu spott / im Dreck sitzen.«

So eine Kostprobe aus Abraham Swars »Neuw außerlesen formular und vollkommlich Notariat=Buch« von 1580, dem das etwa gleichzeitige »Formular Oder Schreibebuch« eines Alexander Machholth das Beispiel eines freudigen Ereignisses entgegenstellt:

»Vnser freundlich dienst / vnd was wir mehr liebes und gutes Vermögen / zuuorn (= zuvor) / Hochgeborne Fürstin / freundliche liebe N. die verkündigung der frölichen entledigunge / Ewer Liebe leiblichen bürden / vnd folgender glückseliger genesunge / haben wir mit sonderlichen frewden vernommen / vnd seind darümb in vngezweiffelter hoffnung / der Allmechtige werde jenen zu wolfahrt / Ehren / vnd zu allem guten … erhalten. Welchs wir Ewer Liebe / der wir jederzeit freundlich zu dienen vnd zu willfahren willig / hin widerümb nicht wolten verhalten.«

Bis weit ins 17. Jahrhundert hinein hielten alle diese »Briefsteller« an einem noch aus der Antike stammenden Schema fest, einer Gliederung, die das Geschriebene eben wie ein Formular, wie einen ausgefüllten Fragebogen zu lesen erlaubten oder forderten. Die aus der alten *ars dictaminis* herrührende *dispositio* begann mit der *salutatio*, der Begrüßung, ging dann zum *exordium* (der Einleitung) über, der die *narratio* (die eigentliche Mitteilung) sich anschloss und in die *petitio* (die Bitte, die Eingabe, die Bewerbung) mündete. Das *conclusium* bildete dann die meist sehr zeremoniöse Schlussfloskel. Es war Christian Weise, der kurz vorder Wende zum 18. Jahrhundert in einer ganzen Reihe von lehrhaften Büchern die Schematik sprengte und einer argumentativen Dreigliedrigkeit das Wort redete, die er mit den Schlüsselbegriffen *Dieweil – Also – Darum so* erkennbar machen wollte. Seine Werke sind Legion, aber einige Titel lassen seine pädagogische, spracherzieherische Leidenschaft deutlich werden: »Curiöse Gedanken von deutschen Brieffen, wie ein junger Mensch, sonderlich ein zukünftiger politicus, die galante Welt wol vergnügen soll«. Oder: »Reiffe Gedancken, das ist allerhand Ehren- Lust-Trauer- und Lehr-Gedichte, bey männlichen Jahren nach unterschiedner Gelegenheit aufgesetzet, und nunmehr zu Verbesserung der uberflüssigen Gedancken heraus gegeben«. Oder: »Gelehrter Redner, das ist: ausführliche und getreue Nachricht, wie sich ein junger Mensch in seinen Reden klug und complaisant aufführen soll«.

Während Weise das Thema Liebe noch weitgehend ignoriert, nähert sich Benjamin Neukirch in seinen »Anweisungen zu Teutschen Briefen«, die um 1709 in Leipzig erschienen, dem Herzen seiner Leser und – es werden ihrer immer mehr – Leserinnen. Er bildet nicht mehr den jungen *homo politicus*, sondern lässt den Kummer eines Liebenden sprechen, der sich beklagt: »daß sie von so vielen geliebet wird. Ich beklage derowegen gar sehr / daß die verwandlungen nicht mehr so leichte sind / als sie zu der zeit des Ovidius waren: so würde ich unfehlbar die Venus bitten, daß sie mit angehendem jahre alle meine mitbuhler in zeißken (= Zeisige) verkehrte; so können sie noch zuweilen ein liedchen zwitschern: ich aber bekäme hierdurch gelegenheit / mit meiner jungfer hinkünfftig allein zu reden.«

So zeitlos dieser Kummer eines Jünglings sein mag; so alt wird binnen kurzem die Schreibhilfe dieses Benjamin Neukirch aussehen.

8
»Wie unser Herz schlägt …«
Gellert sprengt das Briefkorsett

> Und wenn die Liebe nichts ist als eine Pflicht: so wundert mich's, wie sie so viele Herzen an sich ziehen kann. Ich will ungelehrt lieben. Ich will warten, bis mich die Liebe durch ihren Reiz bezaubern wird.
>
> Julchen in »Die zärtlichen Schwestern« von Christian Fürchtegott Gellert

Wenn man das 18. Jahrhundert das »Zeitalter des Briefs« genannt hat, so war er der Erfinder, der Schöpfer, der Tonangeber des deutschen Briefs: Christian Fürchtegott Gellert (1715–1769), Professor in Leipzig. Seine Definition ist legendär: »Das erste, was uns bey einem Brief einfällt, ist dieses, daß er die Stelle eines Gesprächs vertritt. Dieser Begriff ist vielleicht der sicherste. Ein Brief ist kein ordentliches Gespräch; es wird also in einem Briefe nicht alles erlaubt seyn, was im Umgange erlaubt ist. Aber er vertritt doch die Stelle einer mündlichen Rede, und deswegen muß er sich der Art zu denken und zu reden, mehr nähern, als einer sorgfältigen und geputzten Schreibart. *Er ist eine freye Nachahmung des guten Gesprächs.*« Man spürt, wie er sich in wenigen Wendungen von einer kühnen Behauptung zu einer kommoden Definition hinbewegt.

Sein Satz, sein Beispiel kann Schule machen, weil Gellert um 1750 in Deutschland ein Medienstar ist, eine Berühmtheit weit über Leipzig hinaus, wo er als außerplanmäßiger Professor (für Poesie, Beredsamkeit und Moral) wirkt, wo er fürs Theater schreibt, wo er mit seinen Fabeln ein breites Lesepublikum gewinnt und mit seinen teils geistlichen, teils galanten Liedern eine neue Volkstümlichkeit stiftet. »Le plus raisonable de tous le savants allemands« hat ihn Friedrich der Große genannt, der ihn bei einem Besuch allerdings ziemlich von oben herab abgefertigt hat. Und Gellerts Einfluss auf die Öffentlichkeit beschreibt ein zeitgenössischer Spruch: »An Gellert, die Tugend und die Religion glauben, ist bei unserem publico eins.«

Goethe beschreibt in »Dichtung und Wahrheit«, seinen Alterserinnerungen, wie er als 16-jähriger Student dem berühmten Mann näherzukommen, womöglich bei ihm zu studieren suchte: »Die Verehrung, welche Gellert von allen jungen Leuten genoß, war außerordentlich. Ich hatte ihn schon besucht und war freundlich von ihm aufgenommen worden. Nicht groß von Gestalt, zierlich, aber nicht hager, sanfte eher traurige Augen, eine sehr schöne Stirn, eine nicht übertriebene Habichtsnase, ein feiner Mund, ein gefälliges Oval des Gesichts: alles machte seine Gegenwart angenehm und wünschenswert.«

Da war also ein Mann von einer schmächtigen, kränklichen Natur, mit kleiner hüstelnder Stimme, die seinen Vorlesungen ein eher nervöses Timbre, also keineswegs überwältigenden Eindruck verlieh, und der sich dennoch vor dem Ansturm seiner Leser, Bewunderer, Enthusiasten (zu denen besonders die eigentlich feindlichen preußischen Offiziere gehörten) nicht zu retten vermochte. Ein schüchterner Schriftsteller, der die Ruhe, die er zum Schreiben brauchte, zunehmend gestört sah von dem Ruhm, den er sich herbeischrieb, und der vollends unter der Last der Briefe erstickte, die ihn an jedem der beiden wöchentlichen Posttage überschütteten. Briefe, die nicht nur zu beantworten, sondern auch Anschauungsunterricht dafür waren, wie man möglichst – nicht schreiben sollte.

Und so hatte er sich schon zehn Jahre früher »Gedanken von einem guten deutschen Briefe« gemacht und sich kategorisch von den älteren, immer wieder neu aufgelegten Regelbüchern abgesetzt: »Das Denken lehren uns alle Briefsteller nicht.« Und wie wenn er die Vergeblichkeit seines ersten Einspruchs hätte erkennen müssen, setzt er seine kritischen Einwände nun noch einmal deutlich auseinander:

Alle die künstlichen Methoden, nach welchen uns unsre Briefsteller gemeiniglich lehren wollen, wie man einen Brief ordnen, und seine Gedanken in gewisse Behältnisse zwingen soll, in die sie sich meistentheils nicht schicken, sind niemanden anzupreisen; aber ihre gute Meynung, jungen Leuten das Briefschreiben zu erleichtern, hat vielleicht mehr Schaden angerichtet, als wenn sie die schlimmste Absicht gehabt hätten. Sie wollen uns, ehe wir denken können, gute Briefe schreiben lehren. Sie lehren uns daher die Sätze des Briefes nach einem Formular abfassen … Sie wollen uns, sage ich, auf diese Art bey Zeiten gute Briefe schreiben lehren, und sie machen, daß wir Zeit Lebens schlechte schreiben lernen, wenn wir uns einmal an diese Formulare gewöhnen … Der

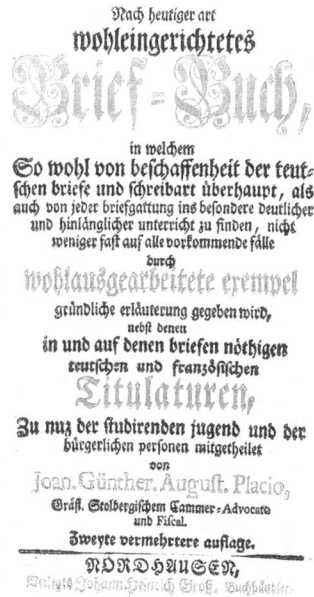

Musterbriefsammlung »Nach heutiger Art wohleingerichtetes Brief=Buch …«, hg. von Johann Günther August Placius, Nordhausen 1737

Gebrauch dieser Methoden ist unstreitig an dem schlechten Geschmack hauptsächlich Ursache, der lange Zeit in Deutschland geherrscht hat.

Ein Beispiel für die Kritik, die er an älteren Briefstellern übt, ist der Einspruch, den er an einem Danksagungsmuster aus dem immer wieder aufgelegten Band »Anweisung zu teutschen Briefen« von Benjamin Neukirch übt. Er zitiert daraus einen Passus aus einem teilnahmsvollen Brief an einen Herrn von Rauter: »Ich thue also viel vernünftiger, wenn ich schweige. Ew. Exzellenz kennen mein Herz, und finden alle Buchstaben darinnen, welche zu einer Rede von nöthen seyn. Sie machen sich ihr Loblied selber, und seyn zu frieden.« Gellert lakonisch: »Es ist beinahe unmöglich, daß einem bey dem Herzen nicht der Schriftkasten und der Herr von Rauter, als ein Setzer, einfallen sollte, der sich sein Loblied selber macht … Was sind Buchstaben im Herzen? Wie kann man sie sehen? Soll der Gedanke einen Verstand haben, so muß er soviel heißen: Sie kennen mein Herz, und wissen, daß ich alle die Empfindungen habe, die zu einer aufrichtigen Danksagung … nöthig sind.«

So wie die »Natur« das große Stichwort und die Leidenschaft des 18. Jahrhunderts war, so wurde für Gellert die »Natürlichkeit« das Ideal eines guten Briefes:

> Der erste Begriff, den wir mit dem Natürlichen, besonders in Briefen, zu verbinden pflegen, ist das Leichte; dieses entsteht aus der Richtigkeit und Klarheit der Gedanken, und aus der Deutlichkeit des Ausdrucks … Man bediene sich also keiner künstlichen Ordnung, keiner mühsamen Einrichtungen, sondern man überlasse sich der freiwilligen Folge seiner Gedanken, und setze sie nacheinander hin, wie sie in uns entstehen: so wird der Bau, die Einrichtung, oder die Form eines Briefs natürlich seyn.

Aber als ob er sich bei dieser Argumentation mit den Begriffen »Bau« und »Einrichtung« und »Form« bei einem Selbstwiderspruch ertappt hätte, bei dem Versuch, der Natürlichkeit doch wieder ein Korsett zu verpassen, fährt er etwas später fort:

> Ob gleich alle Briefe natürlich seyn sollen: so müssen es doch die am meisten seyn, in welchen ein gewisser Affekt herrscht. Wenn man also dem andern seine Traurigkeit, sein Mitleiden, seine Freude, seine Liebe, in einem hohen Maße zu erkennen geben, oder in ihm selbst diese Empfindungen erwecken will: so lasse man sein Herz mehr reden als seinen Verstand; und seinen Witz gar nicht … Wer recht gerührt, recht betrübt, recht froh, recht zärtlich ist, dem verstattet seine Empfindung nicht, an eine methodische Ordnung zu denken. Wie unser Herz, wenn es in Wallung ist, geschwinder und stärker schlägt, und die vorige Ordnung nicht mehr hält: so unterbricht auch der Affekt die gewöhnliche Art zu denken, und sich auszudrücken.

Aber das Erstaunlichste bei diesem Mann, der nie verheiratet war und bei dem niemand auf den Gedanken gekommen wäre, ihm Amouren oder Affären oder Liebesabenteuer nachzusagen, war die Parteinahme für die Frauen, die geradezu einem Emanzipationsplädoyer gleichkam. Er holt die Damen und jungen Frauen und Mädchen hervor ins Rampenlicht seines Lobs, seiner Ehrerbietung und gibt ihnen den Vorrang vor der Männerwelt, wenn es um die »Schreibkunst« geht:

> Aus diesem Grunde kann man sich sagen, woher es kömmt, daß die Frauenzimmer oft natürlichere Briefe schreiben, als die Mannspersonen. Die Empfindungen der Frauenzimmer sind zarter und lebhafter, als die unsrigen. Sie werden von tausend kleinen Umständen gerührt, die bey uns keinen Eindruck machen. Sie werden nicht allein öfter, sondern auch leichter gerührt, als wir … Ihre Gedanken selbst sind, wie

ihre Eindrücke, leicht, sie sind ein scharfes, aber kein tiefes Gepräge. ... Und weil sie nicht durch die Regeln der Kunst ihrem Verstande eine ungewöhnliche Richtung gegeben haben: so wird ihr Brief desto freyer und weniger ängstlich ... Diese gute Empfindung der Harmonie unterstützt sie auch im Denken und Briefschreiben.

Dazu dispensiert er die Damen auch vom leidigen Thema der Rechtschreibung: »Man kann bis zur Orthographie, bis zu den Unterscheidungszeichen in einer Rede unwissend seyn, und immer noch sehr schöne Briefe schreiben.« Und es ist kein bloßes Kompliment, wenn er in einem seiner Briefe an eine junge Frau schreibt: »Es ist ganz gewiss, gnädiges Fräulein, daß uns ihr Geschlecht in den Briefen übertrifft, und Sie werden in kurzer Zeit ein neuer Beweis davon seyn.« In den späteren Sammlungen seiner »Briefe« machen Frauenbriefe tatsächlich den größten Teil seiner Korrespondenz aus.

Eigentliche Liebesbriefe schreibt Gellert nicht, aber er bereitet ihnen den Innenraum, die Intimität und die seelische Aura vor. Er will noch nicht, wie 50 Jahre später die Romantiker, aufwühlen, zudringen; aber er will rühren. Er hat, wie viele seiner gebildeten Zeitgenossen, dicht am Wasser gebaut, und das Weinen ist ihm ein Zeichen, dass ein Brief, den er schreibt oder empfängt, von Herzen kommt. Geradezu legendär ist sein Schluchzen, das er in einem Brief an den Grafen Brühl bekennt: »Diesen Morgen, den 3. April (1755), zwischen sieben und zehn Uhr (gesegneter Tag) habe ich geweinet, teurer Graf, mein Buch, mein Pult, mein Schnupftuch durch- und durchgeweinet, laut geweinet mit unendlichen Freuden geschluchzet.«

Gellert hat, als *allrounder*, zu diesem Zeitpunkt auch schon etliche Komödien geschrieben, und die späteste, »Die zärtlichen Schwestern«, liefert, neben Beispielen übermenschlicher (und absolut unnatürlicher) Gutherzigkeit auch Stichworte zu seiner Seelendramaturgie und ihren Wirkungsmitteln: »Ich würde sagen« (sagt dort ein Julchen), »daß man einander durch bekümmerte Fragen und Tränen die stärkste Liebeserklärung machen kann, ohne das Wort Liebe zu nennen.«

Aber die *comédie larmoyante*, die weinerliche Komödie, das Rührstück, »the joy of grief«, wie es bei Karl Philipp Moritz heißt – diese Gattung ist nicht so verschroben und unecht, wie sie uns aus der historischen Distanz erscheinen will. Sie spielt mit der Dramaturgie der Träne. Die Träne erweicht nicht nur das Gemüt der Schauspielfiguren, sie erweicht auch das der Zuschauer, ja, sie weicht gesellschaftliche Fixierungen auf. Das *bijoux liquide*, das flüssige Kleinod, konnte man sie nicht lange mehr nennen, denn sie wurde immer mehr zum aktiven Requisit, zu einer emotionalen Waffe. Der Franzose Pierre-Matthieu-Martin de Chassiron hat in seiner Polemik gegen derlei Stücke (von Lessing ins Deutsche übersetzt) nicht nur ästhetische Bedenken, wenn er schreibt, »daß die Gattung des Weinerlich-Komischen eine von den gefährlichen Erfindungen ist«.

Tränen – das sind die sichtbarsten Zeichen und Zeugnisse dramatischer Wirkung, und Lessing macht sie geradezu zum Kriterium, wenn er erklärt, warum er dem »Kaufmann von London« des englischen Autors George Lillo den Vorzug vor Gottscheds »Sterbendem Cato« gibt: »denn warum? Bei einer einzigen Vorstellung des ersten sind auch von den Unempfindlichsten mehr Tränen vergossen worden, als bei allen möglichen Vorstellungen des andern auch von den Empfindlichsten nicht können vergossen worden sein.« Und in einer direkten Antwort auf Chassiron behauptet Gellert diesen publikumswirksamen, ja psychopolitischen Impuls der Träne: »Diejenigen wenigstens, welche Komödie schreiben wollen, werden nicht übel tun, wenn sie sich unter anderem auch darauf befleißigen, daß ihre Stücke eine stärkere Empfindung der Menschlichkeit erregen, welche sogar mit Tränen, den Zeugen der Rührung, begleitet wird.« Die Träne, die von der Wange rinnt, wird später im Jahrhundert zur Sprengkapsel, die Rührung zum Aufruhr. Bewegtheit wird Bewegung, das Mitleid geht über in Mitleidenschaft. Es gibt einen Weg, der von der Träne als einer Pastille des Gefühls zur

Bastille führt. Und Gellert, halb *contre cœur*, halb experimentierend, war einer der Wegbereiter.

Weiß Gott (der Gott, dem er seine frommen Lieder gewidmet hat), wir wollen diesen Christian Fürchtegott Gellert nicht zu einem Revolutionär umdeuten. Aber dass er nicht der sanfte Moralapostel, der schrullige Gutmensch, der Virtuose der Betulichkeit gewesen ist, als den ihn die meisten Literaturgeschichten abtun, darauf soll hier bestanden werden. Und wenn er, wie sein Julchen, das Wort Liebe auch in seinen Briefen eher zu vermeiden sucht, so galt ihm doch die »Zärtlichkeit« als ebenbürtige Codierung, als gern benutzte Maske des Eros. Und es ist unter den deutschen Autoren der Gegenwart kein geringerer als Alexander Kluge, der ihm darin nahekommt und in seinem Werk Freiraum gewährt. Und es ist Kluge, nicht Gellert, dem wir diese Einsichten verdanken: »Zärtlichkeit bei Menschen ist eine glückliche Form der Liebe«, und weiter: »Insofern ist Zärtlichkeit, also ein Teil der Liebespraxis, eine Eigenschaft von uns Menschen, die wir ererbt haben. Wir sind übrig geblieben, weil wir auch die Zärtlichkeit haben und nicht nur die großen Hassgefühle.«

Die ganz großen Gefühle werden wir in Gellerts Briefen, soweit er sie veröffentlicht hat, nicht finden, weder in Hass noch Leidenschaft. Aber er wagt sich weiter vor, als er es selbst proklamiert; seine Briefe sind in ihren besten Stücken ganz etwas anderes als Gespräche, als bloß animierte Unterhaltung mit einem oder einer Abwesenden. Sie sind nicht weniger als ironische Versenkungen ins ferne Gegenüber, Kabinettstücke des Rollentauschs, ein durchtriebenes *Qui pro quo*.

Mademoisell,
Ich wills Ihnen recht aufrichtig gestehen, warum ich Ihnen so lange nicht geantwortet habe. Ich bin, was dächten Sie wohl? *Krank gewesen?* Nein. *Verreist gewesen?* Auch nicht. *Mit Geschäfften überhäuft gewesen?* Noch weniger Ich sehe es wohl, Sie errathen es nicht; aber könnten Sie es denn nicht errathen,

wenn Sie wollten? Bedenken Sie mir, ich bin, ohne mich zu loben, ein Poet, und von Natur. Nicht wahr, nun wissen Sies? Ja, meine liebe Mademoisell, Sie haben Recht, ich bin verliebt geworden, und deswegen habe ich Ihren Brief, und wohl noch dreyßig andre seit vielen Monaten unbeantwortet gelassen. Allein, damit ich mich gleich für meine Aufrichtigkeit bezahlt mache, so verlange ich, daß Sie mir in Ihrem künftigen Briefe meine Nachlässigkeit nicht vorwerfen sollen. Die Ursache, die mich darzu verleitet hat, ist ja so menschlich, als eine seyn kann. Ja Mademoisell, wenn Sie nur das liebe Mädchen sehen sollten! Wenn Sie nur ihre großen blauen Augen, die unschuldige und zugleich witzige Mine …

Doch ich darf nicht weiter an sie denken, sonst vergesse ich das Schreiben. *Wie sie heißt*; wollen Sie wissen? Das ist beynahe zu viel gefodert. Soll ich Ihnen denn das ganze Geheimniß sagen? Doch ich nenne den Namen gar zu gern. Sie heißt, wie Sie, wie Sie, Aemilie. Werden Sie nicht roth, ich will kein Wort mehr sagen, außer daß ich Ihr beständiger Freund und Verehrer bin.

Während man dieses Beispiel aber durchaus noch als anakreontisches *chatten*, als rokokohaftes Spiel und ironische Tändelei bezeichnen kann, geht der folgende Beleg weit darüber hinaus und grenzt an telepathischen Spuk. Er zeigt, dass Gellert seinen Briefpartnern nicht nur gut zureden, sondern sie in seinen Bann schlagen will:

Madam,
Ich habe vorige Nacht einen traurigen Traum gehabt. Sie saßen und schrieben, und ob Sie gleich beynahe sechszehn Meilen von mir sitzen mochten: so konnte ich durch Hülfe des Traumes doch so viel sehen, daß Sie an einen guten Freund schrieben. Wer war froher als ich? Ich sah alle Augenblicke, ob Sie mit dem Briefe bald fertig wären, denn

ich dachte nichts gewisser, als daß Sie an mich schrieben, ja ich war schon etlichemal im Begriffe, Ihnen den Brief wegzunehmen. Indem kam ihr kleiner Sohn, und stieß so unvorsichtig an den Tisch, daß die Tinte umfiel. Ich wolte in der Angst entweder nach dem Briefe, oder nach der Tinte greifen, und darüber wachte ich auf ... Ich habe den Traum meiner alten Base erzählt. Sie sagte mir die Tinte bedeute Zank und Streit mit Abwesenden. Ach Madam! Nur nicht mit ihnen! Das wolle der Himmel nicht! Nein ich will Ihnen keine Gelegenheit geben, ich will gern nicht fragen, warum Sie mir nicht antworten. Lassen Sie mir nur die Erlaubniß, daß ich ferner alle Posttage an Sie schreiben ... darf.

Die geradezu revolutionäre Bedeutung dieses Briefes hat Bernhard Siegert herausgestellt: »Auf dem Spiel steht die klassische Definition des Briefes selbst: statt als Rede zwischen lauter Abwesenden zu ergehen, erzeugt er bei allen Abwesenden die Anwesenheit eines Doppelgängers eines Abwesenden. Briefe sind hinfort Blickspiegelungen: Blicke, die den Blick des anderen finden, sofern Schreiben Träumen ist, und verlieren, sofern Träumen Schreiben ist.«

Die meisten der in Buchform veröffentlichten Briefe Gellerts und die an ihn gerichteten sind Fiktion. Erst im letzten Jahrzehnt seines Lebens, in den Jahren 1760 bis 1769, zieht er sich eine Korrespondenz zu, die nicht aus seiner Schublade, sondern aus dem Leben gegriffen ist: Mit über 100 Briefen hin und her ist ein Postverkehr dokumentiert, in den ihn eine junge Frau, die zu Beginn einmal 20-jährige Caroline Christiane Lucius hineinlockte. Es war ein frischer, freimütiger, ja beinah frecher Ton, den die Schreiberin anschlug und der den alternden Gelehrten in Bann zog:

Hochzuehrender Herr Professor! Ich bitte nicht, daß Sie mir erlauben, an Sie zu schreiben; denn ich bin so entschlossen, es nicht zu unterlassen, Sie möchten es mir nun erlauben oder nicht. Die Freyheit zwar, deren ich mich bediene, ist sehr neu; allein weil sie neu ist und mir gefällt, bin ich nicht davon abzubringen … Sie sollen sehr gütig seyn, das hat man mir gesagt; und da, denke ich, will ich schon dafür sorgen, daß Sie mich nicht für unbescheiden halten. … Ich bedeute zwar nicht sonderlich viel in der Welt, aber daß ich Sie so sehr liebe, ist doch wohl ein großer Beweis, daß mein Urtheil nicht zu verachten ist, und daß ich Verstand habe.

Und nicht zu verkennen ist, dass da nicht nur eine selbstbewusste Person sich geltend macht, sondern ein exemplarisches Ich, eine emanzipierte Persönlichkeit; der Brief geht weiter:

Sehen Sie also nur. Ich kenne Sie so sehr gut und genau, wie ich schon gesagt habe, und da kann ich mirs nun nicht verwehren, den einzigen Weg zu ergreifen, den ich vor mir sehe, um Ihnen zu zeigen, daß auch Ich in der Welt bin, und daß dieses Ich, das Sie zwar nicht kennen, Sie unendlich hochschätzt und verehrt.

Gellert ist so entzückt, dass er sich sogleich hinsetzt und sein Entzücken bekennt:

Sie haben mich Ihrer Achtung und Freundschaft in einer so aufgeweckten, naiven und überzeugenden Sprache versichert, daß ich sehr unempfindlich seyn müßte, wenn mir Ihr Brief nicht hätte gefallen sollen, und sehr undankbar, wenn ich Ihnen nicht gleich den ersten Tag für dieses unerwartete Geschenk danken wollte. (…) In der That kann ich mich nicht erinnern, daß ich jemals einen so lachenden und doch natürlichen Brief von einem Frauenzimmer erhalten hätte; von einer Mannsperson will ich gar nicht sagen; denn unser Witz ist nicht fein genug zu dieser Schreibart. Ihr Brief, liebe Mademoiselle, ist also der erste schöne Brief, den ich erhalte.

Was Gellert an den Zeilen und den vielen weiteren Briefen der jungen Dame bezaubert, ist, dass sie seine eigenen Briefmuster einerseits beherzigen, anderseits aber transzendieren. Hier findet er die Natürlichkeit, die er so lange gepredigt hat, hier ist Spontaneität *in statu nascendi* zu erleben. Er muss sich vorgekommen sein wie ein Pygmalion, der eine Statue zum Leben erweckt hat, zur schönen Galathee. Und er kennt (ob aus Enthusiasmus oder aus professoraler Übung) zunächst keine Diskretion: Er liest seinen Studenten gleich aus dem ersten Brief vor; dagegen allerdings erhebt sie, als sie davon erfährt, Einspruch. Aber Gellert ist zu sehr öffentlicher Lehrmeister und Publizist, als dass er nicht schon früh an eine spätere Buchausgabe gedacht hätte. Er erörtert das Problem mit ihr ganz ernsthaft, aber nicht unter dem Gesichtspunkt der Vertraulichkeit, sondern unter dem der schreibpsychologischen Hemmung: er bittet sie darum, »diesen Gedanken von der Nachwelt oder Welt nicht den geringsten Einfluss in ihre künftigen Briefe« zu gewähren, weil damit »das freywillige Gute und Schöne Ihrer Art zu denken und zu schreiben den Augenblick verloren« gehen könnte.

Er berührt damit das Problem der meisten überlieferten, in Einzel- oder Sammelbänden publizierten Liebespost: Erhalten sind vor allem Korrespondenzen, die über den ekstatischen oder verzweifelten Moment hinaus »den Gedanken von der Nachwelt oder Welt« immer schon mitdachten; Briefe berühmter Männer und Frauen, denen das Schreiben Beruf und Berufung war und jede Zeile der Überlieferung wert; Menschen, die gewohnt waren oder augenblicksweise das Geschenk erfuhren, in ihren Briefen ihre eigensten Gedanken, ihre abgründigsten Gefühle, ihre befremdlichsten Ängste niederzuschreiben. Die Zukunft las da immer schon mit, und der Nachruhm spitzte den Federkiel. Ein Jahrhundert später würde Otto Erich Hartleben spotten:

> Der Lyriker wird nie als Gentleman geschätzet,
> weil er vor aller Welt von seiner Liebe schwätzet.

Caroline Christiane Lucius geht ausführlich auf Gellerts Warnung ein und hat auch da ihre eigenen Ansichten:

> Ich fing schon an, mich darauf zu freuen, daß die Nachwelt dieß einst von mir erfahren sollte; aber da schrecken Sie mich nun auf einmal wieder ab, wenn sie mir sagen, daß ich bei diesem Gedanken gar nicht mehr gut schreiben würde. Ich dächte es doch kaum, mein lieber Herr Professor; ein Autor schreibt ja wohl selten etwas, ohne dabey an die Nachwelt zu gedenken: oft ist sie wohl sein vornehmster Gedanke, und dennoch sind, wie Sie wissen, so viel gute und schöne Sachen geschrieben worden. Allein im rechten Ernst davon zu reden, ich glaube, wenn ich auch zehnmal ein Autor geworden wäre …, ich würde mir doch nicht viel aus der Nachwelt machen; (und die Nachwelt denke ich, würde mir auch nicht gut seyn, wenn sie das von mir hörte). Es werden unter unserer Nachwelt eben solche wunderliche und alberne Köpfe bleiben, als unter der itztlebenden Nachwelt unserer Vorwelt sind, und ich kann über nichts verdrießlicher werden, als über die dummen Kritiken und die ungeschickten Lobsprüche, die man alle Tage hört und liest.

In der Tat hatte Gellert verfügt, dass der Briefwechsel mit der Lucius veröffentlicht werden sollte. 1774, fünf Jahre nach seinem Tod, erschienen Teile daraus im 9. Band seiner »Sämmtlichen Schriften« (das gesamte Konvolut wurde 1823 als »Briefwechsel Christian Fürchtegott Gellert's mit Demoiselle Lucius« herausgegeben). Die Demoiselle, Tochter eines hochrangigen Dresdner »Cabinetsregistrators«, umfassend gebildet und nicht ohne Ehrgeiz, heiratete just 1774 einen Pastor Schlegel, übersetzte als C.C. Schlegel Werke aus dem Französischen und Englischen und wagte sich 1778, wenn auch nur anonym, als Krimiautorin hervor: Ihr Trauerspiel »Düval und Charmille« behandelte einen Dresdener Mordfall. Sie starb 1833 im sagenhaften Alter von 94 Jahren.

Liebesbriefe kann man diese Korrespondenz eines ganzen Jahrzehnts wohl nicht nennen. Aber sie zeichnet das Porträt einer (an)mutigen, gewitzten jungen Dame und zieht eine Entwicklungslinie hin zur Souveränität der romantischen Frau. Und sie offenbart einen bisher nicht hervorgetretenen Aspekt des Briefwechsels zwischen Mann und Frau: dass solche Post nicht nur Gespräch, nicht nur Liebesverlangen ist, sondern ein Grundnahrungsmittel der Seele sein kann. Der Demoiselle Caroline Christiane verdanken wir die kurioseste Vokabel inmitten unseres von so vielen Leidenschaften vibrierenden Themas: Sie wolle sich mit und an ihren Briefen »satt« schreiben.

9
Die Liebe – ein europäischer Roman
Briefe ertasten die Intimität

> Er sann auf einen Liebesbrief,
> schlug die Romane nach
> und trug die hellsten Flammen
> in einen Brief aus zwanzigen zusammen.
>
> Christian Fürchtegott Gellert,
> »Der erhörte Liebhaber«

Aber die wahre Berauschung des deutschen Publikums durch Briefe und Leidenschaft, durch sehnsuchtsvolle Kommunikation und ungeduldiges Hin und Her von Post, durch den Transport von Liebesbeteuerungen – diese neue Intoxikation einer sich bildenden Gemütsmenschheit kam nicht eigentlich durch Gellert zustande; sie speiste sich aus einer Quelle, der auch der Leipziger Gelehrte verpflichtet war: aus dem englischen Briefroman, der in großen Fortsetzungsschüben zwischen 1740 und 1759 erst im Original bei der britischen Gentry die Tränen fließen ließ, dann von 1748 an bis zum Beginn der 1770er Jahre mit Übersetzungen unter den deutschen Lesern Furore machte.

Die Rede ist von zwei melodramatischen Frauenschicksalen, von den Titelheldinnen »Clarissa« und »Pamela«, mit denen der Engländern Samuel Richardson (1689–1761) seine lesenden Zeitgenossen in Atem hielt. Mit seinen Büchern lieferte der Autor eben nicht nur herzzerreißende Fortsetzungsgeschichten, bittere oder erlösende Herzensabenteuer, tränentreibende Versöhnungs- oder Verhöhnungsszenen, sondern eben auch die aktuellste Dramaturgie, die damals denkbar war. Er stellte sich auf die Höhe der populär werdenden Kommunikationsform »Brief« und erzählte seine Geschichten nicht mehr auktorial, sondern dokumentierte sie (scheinbar) mit Post, die sich die handelnden

Personen unentwegt zukommen ließen. Mit Richardsons Briefromanen beginnt gewissermaßen die Technik der literarischen Montage.

Völlig falsch wäre, bei Richardson an einen einfachen Briefwechsel zu denken. Seine Virtuosität erweist sich darin, dass er einen ganzen Kreis von Personen – Familienangehörige, Freunde und Freundinnen, Kumpane, Intriganten, Anwälte – in die Korrespondenz einbezieht; dass er allmählich einen englischen Alltag um die Mitte des 18. Jahrhunderts etabliert und durch ein ganzes »Briefgestöber« (Lothar Müller) den Leser allmählich und bei steigender Spannung die Umrisse seiner Handlungen erkennen lässt. So summiert sich das Melodrama »Clarissa« aus insgesamt 537 Briefen, die innerhalb eines Jahres geschrieben werden. Das Buch wird damit zugleich zu einem Tribut an die damals gerade eingeführte »Penny Post«, die den Briefverkehr zu einem Discount-Ereignis machte und zum Beispiel in London bis zu zwölf Zustellungen am Tag ermöglichte. Und nicht genug damit, dass sich Richardsons Figuren untereinander solche Post schickten; sie dachten zugleich auch über den Sinn des Schreibens, über das Wesen des Briefes nach. So beschwor der zwielichtige Held Robert Lovelace (in dessen Namen man auch ein *love less* mithören muss) seine umschwärmte Clarissa:

> Sie wissen, dass ich gern vertrauliche Briefe schreibe; sie kommen mir aus dem Herzen wie das Wort Korrespondenz es verlangt. Ja, meine Seele fließt in meine Briefe …, das Gemüt führt mir die Feder. Briefe sind Pfänder der Freundschaft, einer Freundschaft, die den Wechsel und die Zeit nicht fürchtet. Sonst würde ich nicht so bereitwillig Belege liefern, die bei einem Bruch oder einer Untreue gegen mich ausgenutzt werden könnten. Für mich sind sie obendrein noch die Hauptzerstreuung in Ihrer Abwesenheit. Hätte ich diese unschuldige Beschäftigung nicht, so könnte ich die Entfernung nicht ertragen, in der Sie mich halten.

Und ebenso dozierend antwortet ihm dann die junge Dame:

> Ich habe nie an Ihrer Begabung gezweifelt, und zweifle nicht, dass Sie noch besser schreiben als sprechen. Auch flüchtig und arglos geschriebene Briefe haben immer noch den Vorteil, daß man sich erst hinsetzen und schreiben muss. Es würde mich recht entfremden, wenn Ihre Briefe ohne Gefühl geschrieben wären oder wenn Sie sich in ihnen gar mit Vorbedacht Freiheiten gestatteten, die schon beim unbedachten Reden häufig unentschuldbar sind.

Dass sich der Leser trotz solcher Versicherungen auf eine unglückliche Liebes- und Todesgeschichte gefasst machen muss, deutete Richardson schon in seinem Untertitel an: »Clarissa oder Die Geschichte eines jungen Frauenzimmers / Enthaltend die wichtigsten Belange des Privatlebens, und vor allem jene Bedrängnisse zeigend, die das falsche Verhalten von Eltern und Kindern in Fragen der Verehelichung mit sich bringen kann«. In der epischen Breite von 15 handlichen Bänden (Mannheimer Ausgabe von 1790/91) entwirft Richardson das Porträt der jungen, schönen und gescheiten Clarissa Harlowe, die zwischen dem Dünkel des begüterten Elternhauses und den Leidenschaften des undurchsichtigen Lovelace erst hin- und hergerissen und schließlich zermalmt wird. Lovelace, von den Eltern abgewiesen, entführt seine Angebetete, verspricht ihr die Ehe, will aber vorher mit ihr ins Bett. Als sie nein sagt, betäubt Lovelace die Standhafte und missbraucht sie. Eine Marquise von O ist sie noch nicht, auch kennt sie ja den Verführer; sie muss keine Annonce in die Zeitungen setzen. Sie wird krank vor Scham und Ekel, siecht dahin, stirbt. Nun erst gehen den Eltern die Augen auf über ihr eigenes falsches, borniertes Verhalten. Am Ende aber muss auch Lovelace dran glauben: er stirbt im Duell mit einem Verwandten.

Samuel Richardson war kein weltfremder Tugendbold, er war nicht einmal ein geübter Schriftsteller. Er hatte als Setzer und Metteur in einer Londoner Druckerei begonnen, sich bald selbständig gemacht und durch gute Beziehungen einen Druckauftrag für die Tagungsberichte (*Journals*) des englischen Parlaments erlangt. Das machte ihn wohlhabend und erlaubte ihm den Erwerb eines stattlichen Landsitzes in Hammersmith nahe London. Dort erst, mit 50 Jahren, begann er zu schreiben. 1741, ein Jahr vor dem frühen Briefratgeber Gellerts, gab er eine Sammlung »Familiar Letters« heraus, gewissermaßen die Fingerübung für seinen ersten Roman »Pamela oder die belohnte Tugend«. Hier bewahrt ein einfaches Mädchen aus dem Volk, aber ein Geschöpf mit Herzensbildung, ihre Tugend allen Intrigen und Anfechtungen gegenüber bis zum glücklichen Ende: der Läuterung ihres schurkischen Herrn und seiner Wandlung vom Quälgeist zum stammelnden Freier.

Was diesen Roman (der erst nach der »Clarissa« in Deutschland bekannt wurde) so interessant und ergiebig für unser Thema macht, ist Richardsons fortwährendes Experimentieren mit dem Briefschreiben selbst, sein Ringen um Authentizität und Mitteilbarkeit von Gefühlen; ist der Versuch, das Schreiben in einen O-Ton, in ein spontanes Sprechen zu verwandeln. Dieses Experiment trägt so avantgardistische Züge, dass es nicht wundernimmt, wenn zu Richardsons Interpretation noch in jüngster Zeit die französischen Strukturalisten bemüht worden sind, so Derridas Grammatologie. Solche avancierte Deutung spricht Richardson das Verdienst zu, er habe Brief und Gefühl miteinander vermählt, das Papier empfänglich gemacht für Emotionen. Dabei kommt ein Begriff ins Spiel, der gleichsam zum Schlüssel werden wird für die ganze folgende Epoche und später dem romantischen Brief in die gespaltene Seele hineinleuchtet: der Moment. Hatte Gellert die Schreibsituation ins Spiel und ins Zentrum seiner Zeilen gebracht, so bemüht sich Richardson um das, was er »writing to the moment« nennt. Was später in der Fotografie die Momentaufnahme sein wird, nimmt er fürs Schreiben vorweg mit der Naheinstellung auf kleinste Szenen, Augenblicksprotokolle. Viele seiner Briefe bemühen sich um die

Etablierung eines jeweils genau beobachteten Jetzt. Noch aber haben bei Richardson diese »Momente« mehr mit der Außenwelt als, wie bei den Romantikern, mit dem Innenleben zu tun. Oft ist es, als folge eine Kamera den Geschehnissen und nicht die junge Zofe Pamela:

> Ich habe gesagt, man solle den Wagen vorfahren. Ich werde ausfahren und mit Lady Darnford essen. Ich bin schon angekleidet. Mrs. Jewkes wird nach unten gerufen. Pferdegetrappel im Hofe. Besuch ist da. Eine Kutsche mit sechs Krönchen auf dem Wagen. Wer kann das sein? Sie sind ausgestiegen und kommen ins Haus.
> O weh, o weh! Was soll ich machen. Lady Davers! Lady Davers höchstpersönlich! Und mein freundlicher Beschützer viele, viele Meilen weit weg!

Der Versuch, Unmittelbarkeit herzustellen, glaubhaft zu machen, beschränkt sich nicht nur auf äußere Vorgänge. Er gilt auch der schwierigsten Situation für einen Schreiber (oder Autor), wenn Erregung oder andere Emotionen ihm die Sprache verschlagen haben. »Es ist unmöglich, die Aufgewühltheit meines Gemüts zu beschreiben«, notiert Pamela, nachdem sie von ihrem so lange gefürchteten Zuchtmeister B. das erste Liebesgeständnis erhalten hat, eins, dem sie trauen kann, ja muss. Bei späterer Gelegenheit und wiederum unter dem Eindruck eines Schocks seufzt Pamela: »Ich kann nicht mehr schreiben. Mein Herz ist fast gebrochen. Es ist gebrochen!«, und widerlegt ihre Ohnmacht mit dem Beginn des nächsten Briefes: »Ich muss weiterschreiben.«

In seiner strukturalistischen Studie über »Die Verschriftlichung des Gefühls im englischen Briefroman des 18. Jahrhunderts« arbeitet Franz Meier die Pointe solcher Briefstellen heraus: »Das Paradox besteht dabei selbstverständlich darin, dass eben die Unbeschreiblichkeit des Gefühls im Brief beschrieben wird und dort zu nichts anderem dient, als gerade dieses Gefühl zu beschreiben.« Die Briefe in Richardsons Romanen sind ja Fiktion, Mosaiksteine einer lebenserprobten Phantasie. Umso mehr bemüht sich der englische Autor, ihnen den Fiktionscharakter zu nehmen und sie für wirklich abgesandte Post auszugeben, für lebenswahres und -warmes Papier. So scheut er sich nicht, das, was man einem realen Brief tatsächlich ansehen könnte, »die geradezu klischeehafte Träne, die beim Schreiben auf das Briefpapier tropft«, nun auch auf seine Romanbillets fallen zu lassen und sie mit dem Wasserzeichen des Weinens zu imprägnieren: »Oh, wie meine Augen überquellen! Wundert euch nicht über das so befleckte Papier!«, schreibt Pamela ihren Eltern, und ein andermal, in größerer Pein, beklagt sie ihr »elendes Gekritzel, überschwemmt und befleckt von meinen Tränen«.

Wenn nun aber die moderne Analyse solcher Stellen zu dem Schluss kommt, dass alle diese Kunststücke »sich letztlich als unzulänglich erweisen, das gepriesene Gefühl jener Textualität zu entreißen, dem es recht eigentlich seine Existenz verdankt«, dann übersieht sie etwas Entscheidendes: den Umstand, dass alle die Briefe, aus denen die Romane Richardsons sich zusammenspinnen, ihren Weg in die reale Welt machen und dort ihre Wirkung auf die Gemüter üben. Die Träne, die Pamela aufs Papier will fallenlassen haben, kann zwar die Buchseite nicht wirklich netzen oder gar wellen, aber sie kann Rührung transportieren, Mitgefühl mobilisieren und nun erst die Träne der Leserin (vielleicht auch des hartgesottenen Lesers) hervorrufen, die Buchseite tränken und ihr – in der Tat! – das Siegel der Authentizität verleihen.

Kein Geringerer als Jean-Jacques Rousseau nimmt das belletristische Erbe Richardsons auf und führt es auf eine neue psychologische Höhe. 1761 stirbt der englische Autor, 1761 erscheint Rousseaus Roman »Julie oder Die neue Heloïse/Briefe zweier Liebenden«. Vom kühl kalkulierenden, gesellschaftskundigen Schriftsteller gerät der Briefroman in die Hände eines kühnen Schwärmers, eines Utopisten der Liebe und der Natur, wan-

Julie und Saint-Preux im elterlichen Garten.
Kupferstich von Jean Michel Moreau le Jeune.
Aus der Ausgabe Jean-Jacques Rousseau,
Julie ou La Nouvelle Héloïse, 1774

dert von London und dem Luxus der englischen Gentry in ein ländliches Arkadien, von der Intrige in die Idylle. Die Geschichte, die er den »Bewohnern eines kleinen Dorfes in den Alpen« zuschreibt, geht aber auch sehr prononciert auf Distanz zu den Affären am Hofe von Versailles, zu den Lust-Spielen einer erotisierten Adelsgesellschaft. Rousseau zieht mit seiner Handlung aufs Land wie in ein Paradies, in dem er Liebe gleichsam neu buchstabieren und die Konventionen auf Sinn und Widersinn prüfen kann. Er wühlt sich förmlich hinein in den Rausch einer Hingerissenheit, die in aller Unschuld unausgesetzt die Schuldfrage stellt.

Mit dem Titel »Die neue Heloïse« beruft er sich namentlich auf ein mittelalterliches Muster, auf den leidenschaftlichen (wenn auch wohl weitgehend fiktiven) Briefwechsel eines historischen Paares: des französischen Philosophen Peter Abaelard (1079–1142) und seiner Schülerin Heloïse. Es ist eines jener großen Liebesdramen, die sich wie der »Tristan« in die Geschichte der Gefühle traumatisch eingeschrieben haben: Das junge Mädchen bringt einen Sohn zur Welt, ihr Onkel tritt rächend dazwischen, lässt Abaelard entmannen und in einem Kloster Zuflucht finden. Später gründet er sein eigenes »Oratorium zum Parakleten«, schreibt eine *theologia christiana* und tritt mit Heloïse in jenen Briefbund, der die Zeiten überdauert hat. Obwohl die beiden sich nie wiedersehen, bleibt sie seine spirituelle Gefährtin und Nachfolgerin: ihr schenkt er nach Jahren sein idyllisches Gebetshaus. Seine letzten Lebensjahre verbringt er als Gelehrter in Paris.

Durch sechs Jahrhunderte also hat diese alte Sehnsuchtsgeschichte ihre Faszination behauptet, als Rousseau sie nun aufs neue in einen Briefwechsel fasst. Seine »neue Heloïse« ist die zu Beginn 18-jährige Julie d'Etanges, und ihr Abaelard ist der 20 Jahre alte Hauslehrer Saint-Preux, der mit seinem Namen (Preux = Held) die Rolle eines ebenso stürmischen wie skrupulösen, eines triumphierenden wie verzichtenden und in die Welt fliehenden Helden zugewiesen bekommt. Aus erster Zuneigung wird Leidenschaft, aus Verzicht Überwältigung und wieder Verzicht, und mit großer Delikatesse lässt Rousseau eine erste Liebesnacht geschehen, die sogar eine Schwangerschaft mit späterer Fehlgeburt nach sich zieht. Dieser Skandal führt zur Vertreibung des jungen Mannes (der vergebens um die Hand Julies gebettelt hat); der geht zwar nicht in ein Kloster, sondern nach Paris und später auf eine (historisch verbürgte Seereise mit dem Admiral Anson, die vier Jahre dauern wird. Da hat Julie längst den wohlhabenden Herrn Wolmar heiraten müssen, mit dem sie auf ergebene Art glücklich und Mutter von drei Kindern wird.

Die 14 Jahre der Romanhandlung werden auf nahezu 1000 Seiten ausgebreitet und zeitlich verwürfelt, und die Zerrissen-

HELOISE.

Heloise, die Geliebte des Scholastikers
Peter Abaelard und Äbtissin des Klosters Paraclet
bei Nogent. Punktierstich von Friedrich
Wilhelm Bollinger, um 1820

heit der Gefühle mündet oft in geradezu essayistische Diskursivität, in »die ständige Ambivalenz von Nähe und Ferne, die den Grundkonflikt des Romans ausmacht« (Reinhold Wolff). Bei einer Bootsfahrt auf dem Genfer See, als Saint-Preux den Gedanken an einen gemeinsamen Selbstmord abgeschüttelt hat, räsoniert er: »Mir schien, ich hätte ihren Tod oder ihre Abwesenheit geduldig ertragen und während der ganzen Zeit, die ich fern von ihr zubrachte, weniger gelitten. Als ich in der Ferne seufzte, tröstete die Hoffnung, sie wiederzusehen, mein Herz; ich schmeichelte mir, ein Augenblick ihrer Gegenwart würde alle meine Qualen beenden; wenigstens sah ich im Reich der Möglichkeiten einen Zustand, der weniger grausam gewesen wäre als der meinige. Aber bei ihr zu sein; aber sie zu sehen, zu berühren, zu sprechen, zu lieben, anzubeten und, sie fast noch besitzend, gleichwohl zu fühlen, daß sie für mich auf ewig verloren ist: Das, das stürzte mich in Anfälle der Wut und Raserei, die mich immer mehr bis zur Verzweiflung trieben.«

Denn es ist der Ehemann Wolmar, der den nach Jahren heimgekehrten Liebenden wieder in die Familie aufgenommen hat: »Ich begriff, dass zwischen euch Bindungen herrschen, die man keineswegs zerbrechen darf.« Julie und Saint-Preux bekennen sich zu ihrer alten Leidenschaft, aber auch zu tapferster Entsagung, die auf keine lange Probe mehr gestellt wird, weil Julie, kaum über 30, nach einem Unfall mit anschließender Fischvergiftung stirbt, nicht ohne ihren Freund zu segnen: »Die Tugend, die uns auf der Erde trennte, wird uns in der Ewigkeit vereinigen. In dieser süßen Erwartung sterbe ich; allzu glücklich, dass ich mit meinem Leben das Recht erkaufe, Dich immer ohne Schuld zu lieben und es Dir noch einmal zu sagen.«

Rousseau übt sich, während der Arbeit an seinem großen Roman, selbst in solcher Tugend der Entsagung; vielmehr spinnt er ein Verhältnis an zu einer Dame, die ihm genauso verwehrt sein muss wie die verheiratete Julie ihrem Anbeter. Schon die Namen der Frau verraten die gesellschaftliche Distanz: Gräfin Elisabeth-Sophie Françoise Lalive de Bellegarde d'Houdetot. Ihr schreibt er in seinem ersten Brief:

> Kommen Sie, meine liebe und würdige Freundin, und hören Sie die Stimme dessen, der Sie liebt, es ist nicht die Stimme eines schändlichen Verführers. Wenn sich mein Herz auch in Wünsche verirrte, über die Sie mich erröten ließen, hat doch mein Mund nie versucht, meine Verirrungen zu rechtfertigen … Jetzt ist die Reihe an mir, Sophie, es ist an mir, Ihre

Mühen zu belohnen, denn Sie haben meine Seele für jene Tugenden bewahrt, die Sie schätzen, und dafür will ich Ihre Seele mit jenen Tugenden erfüllen, die ihr vielleicht noch unbekannt sind.

Ganz klein gibt er also nicht bei. Aber in der Vorrede zu seinem Roman macht er sich, Jahre später, auch ein wenig über sich selbst lustig: man solle Liebesbekenntnisse von Autoren nicht allzu ernst nehmen.

Lesen Sie einen Liebesbrief, der von einem Schriftsteller, von einem Schöngeiste, der glänzen will, in seinem Zimmer aufgesetzt wurde. Er mag noch so wenig Feuer in seinem Kopfe haben, so wird sein Brief doch, wie man zu sagen pflegt, das Papier verbrennen; doch weiter wird die Hitze nicht reichen. Sie werden bezaubert, vielleicht sogar bewegt werden; allein, es wird eine vorübergehende und trockene Bewegung sein, die Ihnen nichts als Worte als einzige Erinnerung hinterlassen wird. –

Und dann die Gegenprobe:

Ein Brief hingegen, den die Liebe wirklich in die Feder diktiert hat, ein Brief eines wahrhaftig leidenschaftlichen Liebenden wird nachlässig, weitschweifig, voller Unordnung und Wiederholungen sein. Sein von Gefühlen überströmendes Herz sagt immer wieder das gleiche und kann nie ein Ende finden … Wenn die Stärke der Empfindungen uns auch nicht trifft, so rührt uns doch ihre Wahrheit; und auf solche Art kann das Herz zum Herzen reden.

Und so liest es sich schließlich, wenn Rousseau nicht in der einen oder anderen Rolle, nicht als Autor und nicht als Liebhaber, sondern in der Gestalt einer Frau auftritt und sich im Namen der schönen Julie zu Wort meldet:

Du hast gesiegt (verkündet sie ihrem Geliebten), ich bin gegen so viel Liebe nicht gefeit; mein Widerstand ist erschöpft. Ich habe all meine Kräfte angewandt; mein Gewissen gibt mir das tröstlichste Zeugnis ... Dieses traurige Herz, welches Du Dir so oft erworben hast und welches das Deinige so teuer zu stehen gekommen ist, gehört dir ohne Vorbehalt. Es war Dein vom ersten Augenblick an, da meine Augen dich sahen; es wird Dein bleiben bis zum letzten Atemzug ...

Redet aber da wirklich Herz zu Herz? Denn selbst diese Überwältigung ist voller Klischees, die Metaphorik des Kaufmanns spricht ein Wörtchen mit: Ein Herz, das »so oft erworben« worden ist – für wen soll es schlagen, außer »zu Buche«? Ein Herz, das »so teuer zu stehen gekommen ist« – in welcher Währung wurde es entlohnt?

Und wieder ein Jahrzehnt später lässt sich ein junger deutscher Autor geradezu wollüstig auf Rousseaus Naturtaumel und Menschenexperiment ein, wünscht sich, Herr über einen von Fürstenhand angelegten Garten zu sein, und fühlt die Gegenwart des Allmächtigen im »Wimmeln der kleinen Welt zwischen Halmen«, »all der Würmgen, der Mückgen«, und hat als 23-Jähriger das alte Poetenleiden: »Mein Freund, wenn's denn um meine Augen dämmert, und die Welt um mich her und Himmel ganz in meiner Seele ruht, wie die Gestalt einer Geliebten; dann sehn ich mich oft und denke: ach, könntest du das wieder ausdrücken, könntest du dem Papier das einhauchen, was so voll, so warm in dir lebt, daß es würde der Spiegel deiner Seele, wie deine Seele ist der Spiegel des unendlichen Gottes.« Aber inmitten der rauschhaften Prosa-Seufzer, die der junge Goethe dem jungen Werther in den Mund legt, steht wieder einmal das verräterische Wort, das unser Thema begleitet und weiter begleiten wird: das Papier. Immer, immer ruft das Papier und verlangt nach dem, was auch die Liebe will, Dauer, Beständigkeit, Lesbarkeit. Immer, selbst in diesem ekstatischen Moment, macht sich Derridas kategorischer Satz geltend, dass es nichts jenseits der *écriture* gibt. Nur eine Vorwarnung gibt uns dieser Werther schon auf einer der ersten Seiten: »Aber ich gehe darüber zu Grunde, ich erliege unter der Gewalt der Herrlichkeit dieser Erscheinungen.«

Goethe folgt scheinbar der Grundsituation Rousseaus, der *mènage a trois*; seine neue Heloïse heißt Lotte, deren rechtmäßiger Verlobter Albert und sein Abaelard Werther. Aber den Plot, die Substanz, das Chaos der Gefühle liefert ihm ein halbes Jahr der *chronique scandaleuse* einer Kleinstadt samt eigener Verstrickung. Unterhalb der Ekstasen seines Werthers bedient sich Goethe geradezu kaltblütig einer Räuberpistole, die das damalige hessische Diplomatenstädtchen Wetzlar im Jahr 1772 in Atem gehalten hat, montiert sie einer eigenen Leidenschaft auf. Der Selbstmord, den der junge Legationssekretär Karl Wilhelm Jerusalem an 29. Oktober jenes Jahres aus Liebeskummer begangen hatte, wird Goethe zur nicht nur willkommenen, ja geradezu erlösenden Pointe seiner eigenen Romanze mit der 19-jährigen Charlotte Buff, die er eher jämmerlich beendet hatte; als nämlich deren Verlobter, Kestner, ihm die Braut freizugeben schien,

Werther am Schreibtisch, die Pistole in der Hand.
Aquarell von unbekannter Hand. Aus Goethes »Die Leiden
des jungen Werthers« 1774, Goethe-Museum Düsseldorf

nahm Goethe entschiedenen Abschied von der konfusen Szene und machte den ersten Satz seines Werthers wahr: »Wie froh bin ich, daß ich weg bin!« Er schrieb damit zugleich sein seelisches Lebensprogramm, dem wir in einem der späteren Kapitel nachgehen werden; es ist die ehrlichste Konfession eines großen Charakters, der, um sich zu bewahren, zeitlebens auf der Flucht war.

Zugleich aber geschah etwas Sensationelles: Die Herzzerrissenheit Werthers emanzipierte sich vom Papier und wurde als europäische Malaise virulent. Die Rührung, die von dem Buch des jungen Deutschen ausging, griff um sich wie eine Epidemie von Seelenerweichung, Gemütskrankheit, Liebesverlorenheit und schwindelndem Weh. Die Seelenmassage, die Richardson als europäische Lesekur in Gang gesetzt, die Rousseau zu einer subtilen Tugendfolter gesteigert hatte, wurde nun durch Goethes Selbstmord-Melodram zu einer öffentlichen Gefährdung: Leseleidenschaft als Krankheit zum Tode. Selbst in den Kritiken gab es immer wieder Warnungen vor Nachahmungstätern und Nachahmerinnen. Noch Jahre später, 1778, ertränkte sich die Weimarer Dame Christel von Laßberg in der Ilm, mit dem »Werther« in der Tasche. Und ein Leser der französischen Ausgabe, ein 16-Jähriger, notierte in einer schwermütigen Werther-Stimmung:

> Immer allein inmitten der Menschen, kehre ich zu mir selbst zurück, um zu träumen und mich aller Heftigkeit meiner Schwermut auszuliefern. Nach welcher Seite wendet sie sich heute? Nach der Seite des Todes … Das Leben ist mir zur Last, weil ich an nichts Vergnügen finden kann und alles mir zur Qual wird …

Später wird er sich Napoleon nennen, Millionen Menschen auf dem Gewissen haben und Goethe in ein literarisches Gespräch über sein frühes Buch verwickeln.

Goethe selbst war nicht unangefochten, bekennt »Sympathie mit dem Tode« und schreibt über einen anderen Selbstmordfall im Jahre 1772: »Ich ehre auch solche That, und bejammre die Menschheit und laß alle Scheißkerle von Philistern Tobacksrauchs-Betrachtungen drüber machen und sagen: da habt ihr's. Ich hoffe nie meinen Freunden mit einer solchen Nachricht beschwerlich zu werden.«

V
Klassiker, unklassisch

10
Lessings Passion
Ein siebenjähriger Krieg um das Glück

> Wer über gewisse Dinge den Verstand nicht verlieret, der hat keinen zu verlieren!
>
> Lessing, »Emilia Galotti«

Aber nicht alle Liebesbriefe jener Jahre waren von Tränen durchnässt, mit Küssen imprägniert oder mit Haarlocken angereichert und von Rousseaus Seufzer beschwert: »O Julie, que c'est un fatal présent qu'une âme sensible!« Just zu der Zeit, da die Verstrickungen und Leiden des jungen »Werthers« so viel Tränen und Weltschmerz über Europa verbreiteten, gab es den Briefwechsel eines Paares, der nach außen hin wenig Leidenschaft und Gefühlsüberschwang erkennen ließ und eine ebenso monströse wie bizarre Trennung eines halben Jahrzehnts mit fast befremdlichem Gleichmut zu ertragen schien. Diese Briefe waren von den Exaltationen der Romanfiguren Richardsons, Rousseaus oder Goethes so weit entfernt, dass sie nicht in Gefahr gerieten, von einem der Partner später vernichtet zu werden.

Vielmehr hatte die Nachwelt das Glück, sie schon etliche Jahre später lesen zu können, wenngleich unter einem zwar gutgemeinten, aber doppelt irreführenden Titel: »Freundschaftlicher Briefwechsel zwischen Gotthold Ephraim Lessing und seiner Frau«, herausgegeben 1789 von Lessings Bruder Karl Gotthelf. Irreführend zum einen, weil da Lessing nicht mit seiner Frau korrespondiert hatte, sondern mit Eva König, die es erst werden sollte; und zum andern, weil der »freundschaftliche Briefwechsel« in Wahrheit eine Korrespondenz war, die über Abgründe von Verbitterung und Verzweiflung, von absurden Warteschleifen, von bizarren Anfechtungen und äußeren wie inneren Distanzen geführt worden ist. Erst eine solche Lesart erlaubt überhaupt, sie in die Geschichte des Liebesbriefes einzuführen, ja ihr ein wichtiges Kapitel zuzuschreiben. Diese Revision scheint umso mehr geboten, als ihr die Codierung »freundschaftlich« seit mehr als 200 Jahren wie ein interpretatorisches Klischee anhaftet.

Freilich hat Lessing selbst das Stichwort geliefert, als er einmal von Eva König nach einem Rezept gefragt wird: »wie man den Kitt, um das Porcellain zu leimen, macht?«, und zuerst ganz praktisch, mit Hinweis auf gelöschten Kalk und geronnene Milch, antwortet, dann aber hinzusetzt: »Wenn es so lange hält, als unsere Freundschaft halten soll, so ist es ein Kitt, den wir loben wollen.« Kein Geringerer als Hegel hat den Tenor angegeben: Er bekennt »Interesse mit Vergnügen und Wehmut vermischt; nach einem langen Romanenlesen kann nichts erwünschter kommen als so eine ganz aus dem wirklichen Leben genommene Unterhaltung. Man ist immer auf die Entwicklung begierig; obgleich keine Intrige und große Hindernisse die Entwicklung aufhalten, so fehlt doch das Interesse nie und ist um soviel herzlicher und teilnehmender, weil die Umstände so ganz natürlich und menschlich sind.«

»Obgleich keine Intrige oder große Hindernisse die Entwicklung aufhalten« – o großer Hegel, der du den Weltgeist spürest und spürst doch keinen Hauch von der verzweifelten Dramatik des Stillstands, von dieser schleichendsten aller Intrigen, einer gegen zwei Menschen, die sich verabredet haben, verrinnenden Zeit! Selbst noch im Zeitraffer zeichnet sich die Absurdität ab: Die Hamburger Kaufmannsfamilie König mit vier Kindern hatte zu Lessings Freundeskreis dort gehört; im Herbst 1769 war Engelbert König zuerst nach Wien gereist, wo er zwei Fabriken für Seiden und Tapeten eingerichtet hatte, war dann auf der Weiterreise in Venedig plötzlich gestorben und dort auch begraben worden. Als hätte er es geahnt, hatte er Lessing vor der Reise gebeten, seiner Frau im Falle eines Unglücks beizustehen. Der verlässt Hamburg ein knappes halbes Jahr später, um sein

Amt als Bibliothekar in Wolfenbüttel anzutreten: Versuch der Existenzsicherung. Am 10. Juni 1770 schreibt er den ersten Brief an Eva, Mitte August trifft sie ihn in Braunschweig und Wolfenbüttel auf einer Reise nach Wien, die sie unternehmen muss, um die Wiener Manufakturen zu sichern. Ein gutes halbes Jahr später kehrt sie, wiederum über Wolfenbüttel, nach Hamburg zurück. Anfang September 1771 findet, völlig diskret, die Verlobung statt. Im Frühjahr 1772 muss sich Eva König zum zweiten Mal nach Wien auf den Weg machen. Es wird ein Abschied für mehr als drei Jahre: So lange zieht sich dort die Abwicklung der Geschäfte, der Verkauf der Fabriken, hin – es geht ihr um die Versorgung ihrer vier Kinder. Als es im Frühjahr 1775 endlich ein Wiedersehen der Verlobten gibt – Lessing ist nach Wien gereist und wird dort als Dramatiker gefeiert, wird er, statt nun mit Eva heimzukehren, als Reisebegleiter des Braunschweiger Erbprinzen Leopold nach Italien beordert. Die Reise, für wenige Wochen geplant, zieht sich ein Dreivierteljahr lang hin. Im Sommer 1776 erst erhält Lessing von seinem Herzog eine längst zugesagte Gehaltsaufbesserung. Jetzt endlich kann die fünf Jahre vorher verabredete Ehe geschlossen werden.

Die kargen Daten lassen erkennen: Diese Beziehung ist in Wahrheit ein zermürbendes Aneinandervorbei. Lessing hält in Wolfenbüttel aus, um Eva und den Kindern ein Heim bieten zu können. Sie lässt sich um ihrer Kinder willen auf die arbeitsreichen Jahre in Wien ein und sieht am Ende nicht nur die Geschäfte, sondern fast auch die Liebe ruiniert. Beide setzen, um ihrer gemeinsamen Zukunft willen, ihre Gegenwart aufs Spiel, legen sich gegenseitig in ihren Entschlüssen lahm. Die Alltäglichkeiten, von denen in der Tat die Korrespondenz spricht, rahmen das Unerträgliche ihrer beider Existenz. Die 110 Briefe, die von ihr, und die 83, die von Lessing erhalten sind, sprechen keine so deutliche Sprache wie das zuletzt sich immer mehr ausbreitende Schweigen. Einmal, 1774, gibt es nur einen einzigen Brief von Lessing – monatelang schickt Eva in Wien ihren Diener vergeblich auf die Post.

Dass die Briefe von größeren Emotionen und Konflikten bewegt sind, als sie oberflächlich erkennen lassen, hat Charlotte von Lengefeld wahrgenommen und in einem Brief an ihren späteren Mann, Friedrich Schiller, angedeutet: »Ich habe Lessings Briefwechsel mit seiner Frau auch gelesen, und er hat mir viel Freude gemacht. Lessings Geist ist mir sehr interessant und ist es mir noch mehr geworden, er hat so eine gewisse Feinheit gegen seine Frau; auch ihre Briefe haben mir gefallen, sie muss erstaunend viel Thätigkeit gehabt haben und vielen Verstand. Ich möchte mit jemandem über die beiden Menschen sprechen, der sie gut gekannt hat und recht viel von ihnen hören.« Gerade dieser letzte Wunsch deutet auf ihre Ahnung hin, dass in diesen Briefen noch manches Hintergründige zu entdecken sei.

Die deutsche Germanistik hat sich indes auf eine sehr nüchterne Lesart beschränkt und gibt das, was als »Lessings Passion« bezeichnet werden kann, als ein eher amüsantes Geplauder zweier kühler Naturen aus: »Mit humorvollem Scharfsinn und erkennbarem Vergnügen am pointenreichen Argument« reagiere Eva König auf ausbleibende Post, und beiden attestiert man vor allem »Erzähllust und Schreibvergnügen, Realitätssinn und Sinn für die komischen Seiten der Wirklichkeit«; auch Lessing präsentiere sich »in diesem Briefwechsel nicht als sehnsüchtiger Liebender, der in steter Klage über die Absenz der Geliebten im Epistolarischen den einzig möglichen Trost sähe«. So Irmela von der Lühe in einem kenntnisreichen, aber ganz an der Oberfläche der Texte verweilenden Referat auf einer Tagung zum Thema Liebesbriefe. Solch hermeneutisches Lasst-mal-gut-sein findet seine treuherzige Entsprechung im Nachwort einer modernen Lessing-Ausgabe, wenn da beschworen wird, wie »die stille Neigung zwischen Lessing und Eva König in eine lautere, aufopfernde Liebe überging«.

Die Anreden in den Briefen sprechen von rasch wachsender Zuneigung, vom Mut zur Nähe:

> Mein lieber, liebster Freund!
> Meine liebe, beste, einzige Freundin!
> Mein lieber Lessing!
> Meine Liebe!

Lessings passioniertester Brief ist gleich nach dem Verlobungsbesuch in Hamburg geschrieben; er hat Eva aufzurichten, deren Mutter gestorben ist:

> Wollte nur der Himmel, dass Ihnen die Versicherung, bey dem allen noch *eine* Person in der Welt zu wissen, die Sie über alles liebt, zu einigem Troste gereichen könnte! Diese Person erwartet alle Glückseligkeit, die ihr hier noch beschieden ist, nur allein von Ihnen und sie beschwört Sie … Ihre Augen lediglich auf eine Zukunft zu richten, in welcher es mein einziges Bestreben sein soll, Ihnen neue Ruhe, neues von Tag zu Tag wachsendes Vergnügen zu schaffen … Ich umarme und küsse Sie tausendmal, meine liebste, beste, einzige Freundin!

Und wenig später stimmt auch sie in diesen Ton einer leidenschaftlichen Beherztheit ein:

> Nicht wahr? Sie sind überzeugt … daß ich Sie über alles liebe, über alles hochschätze, und kein Glück für mich in der Welt ist, wenn ich es nicht mit Ihnen theilen soll. Möchten doch alle die Hindernisse, die uns trennen, gehoben werden können, wie wollte ich der Vorsehung mit freudigem Herzen danken.

Das ist kein freundschaftlicher Briefwechsel, das sind Liebesbriefe, die da hin- und hergehen. Zu diesem Zeitpunkt, Ende 1771, scheint die gemeinsame Zukunft nah. Aber an den Wünschen nagen schon Zweifel:

> Wie glücklich sind Sie, daß Sie in Ihrem einsamen Wolfenbüttel sind, und wie glücklich würde ich mich schätzen, wenn ich auch erst da wäre oder wenn ich nur wenigstens hoffen könnte, einmal dorthin zu kommen; aber auch die Hoffnung verlässt mich sehr oft.

Durch den ersten Teil der Korrespondenz zieht sich, jenseits aller Beteuerungen von Zuneigung, eine Aura von körperlicher Nähe, ja von steter Umarmung. Man kann die latente Sinnlichkeit dieser ersten Trennungsnähe nicht erspüren, wenn man nicht auch von dem Pelz spricht, den Lessing Eva König bei ihrer Visite auf der ersten Fahrt nach Wien aufgehalst hatte. Sie hatte die Fürsorglichkeit in ihrem Tagebuch vermerkt: »Herr Lessing war so gütig und ließ mir seinen Pelz aus der Stadt holen, den ich mitnahm. Der, wenn ich ihn nicht wiederbrächte, ihm erstattet werden muß.« Natürlich denkt sie als Kaufmannsfrau, aber spürt sie nicht auch, dass die Umhüllung eine dauerhafte Beschützung, ja beinah eine Umarmung ist? Immer wieder erwähnt sie den Pelz; es mache sie unruhig, dass sie ihn nun über so lange Zeit bei sich habe, denn er werde sicher völlig ruiniert. Und sogar nachts deckt sie sich damit zu: »Ohne ihn wäre ich noch hier (= in Wien) erfroren, weil die Betten ganz elend sind.« Was sind gegen solchen ebenso praktischen wie auratischen Schutz alle Küsse oder Tränen oder Lippenabdrücke in anderen Korrespondenzen?

Neben dem Pelz gibt es noch eine zweite Telepräsenz zwischen Lessing und Eva König: Sie bilden, im ersten Trennungsjahr, eine Lottogemeinschaft. Sie spielen gemeinsam in der Lotterie, die im 18. Jahrhundert eine europäische Mode wurde. Sie setzen gemeinsam auf Ziffern und nehmen die Ziehungen als weiteren Teil ihrer Kommunikation und ihrer Zukunftsaussichten: Ein großer Gewinn könnte rascheres Zusammenleben bedeuten oder wenigstens einen Überraschungsbesuch. Lessing ist der notorische Spieler, aber Eva hatte, vor ihrer Reise, dieses Glücksspiel angeregt. Und Lessing geht nur zu gern darauf ein:

… die Hamburger Lotterie soll in den beiden letzten Malen sehr glücklich gewesen sein. Sie glauben nicht, wie ansehnliche Einsätze sie auch von hier erhält. Aber es gibt ja auch in Wien eine solche Lotterie? Haben Sie da noch nicht eingesetzt? Wollen wir wohl auf folgende fünf Nummern zusammen einsetzen? 9 13 21 57 88. Aber nicht höher als einen Louisdor, welchen Sie nach Belieben verteilen mögen. Wenn wir in Wien darauf nichts gewinnen: so will ich es sodann in Hamburg damit versuchen. Oder bestimmen Sie fünf Nummern, auf die wir in Berlin zusammen setzen wollen.

Und irgendwann verschmelzen Pelz und Lotterie zu einem Amalgam der Sehnsucht, zu einem Zukunftsverlangen. Eva schreibt am 19. Dezember 1770 aus Wien:

… wenn ich mein langes Außenbleiben vorhergesehen, so hätte ich nimmermehr Ihren Pelz mitgenommen … Doch der Pelz wird nicht in Anschlag kommen, wenn wir erst unsern Gewinnst haben. Ich wenigstens verspreche mir nicht weniger als eine Quaterne; wo nicht gar alle fünf Nummern herauskommen. Wenn ich noch einmal setze, so bleiben Sie Compagnon. Ich glaube aber schwerlich! Denn ich habe eine so zuversichtliche Ahndung, daß ich mein Glück in der Lotterie nicht mache, sondern vielmehr zur Arbeit bestimmt bin …

Und Lessing antwortet:

… wir haben sehr viel gewonnen: denn wir haben nichts verloren. Ich hatte das Billet so eingerichtet, daß wir auf einen simplen Auszug schadlos wären, und den haben wir auf Nummer 19 bekommen … Das (neue) Billett ist schon genommen, und zwar auf die nämlichen Nummern, nur Nummer 19 nicht, wofür ich 7 gewählt habe: denn 19 wird doch nicht des Henkers sein, und sich wieder herausziehen lassen.

> Wenn wir alle fünf Quaternen, und was denen anhängig, gewinnen, so komme ich Ihnen bis Mannheim entgegen. – Das häßliche Wien, daß es so weit weg ist!

Aber dann nagt nicht mehr nur die Ferne, sondern auch die Zeit an dieser fürsorglichen Paarbeziehung. Denn während sie alles ins Reine bringen wollen, die eine ihre Fabriken auflösen oder einer soliden Führung anvertrauen, der andere seine Position in Wolfenbüttel verbessern und zum gemeinsamen Haushalt tauglich machen, während sie ihre Probleme zu »heben« versuchen, werden sie zunehmend von ihnen erdrückt. Und indem sie füreinander zu sorgen glauben (jeder an seinem weit entfernten Ort), verlieren sie sich nicht nur aus den Augen, sondern auch aus dem festen Gefühl. So nämlich sieht diese Geschichte, diese »freundschaftliche« Beziehung, dieser »Sinn für die komischen Seiten der Wirklichkeit« in Wahrheit aus: Eine Frau, die ihren zukünftigen Mann drei Jahre lang warten lässt – so lange nämlich zieht sich der zweite Aufenthalt Evas in Wien hin –, hat ihn, man kann es kaum anders sagen, sitzenlassen. Und ein Mann, der seiner Verlobten in einem ganzen Jahr (1774) nur ein einziges Mal schreibt, sagt ihr mit jedem Tag, an dem sie vergeblich zur Post schickt, Ade. Die beiden sind, als Evas Geschäfte in Wien zum Abschluss kommen, einander nicht bloß fremd, sie sind sich unwirklich geworden.

Lessing schreibt, als die Verbindung um die Jahreswende 1774/75 wieder anknüpft, wie wenn er sich vage besinnt:

> Gott sei Dank, daß ich Sie allmählich wieder auf dem Wege zur Ruhe weiß. Diese drei Jahre waren ein garstiger Traum für Sie; aber wirklich, man muß selbst so gut sein als Sie, und ebenso guten Leuten angehören wie Sie; wenn das Schlimmste endlich doch nur ein Traum gewesen sein soll.

Und noch befremdlicher spricht der folgende Brief (10. Januar 1775) diese Unbestimmtheit aus:

> Entziehen Sie mir, meine Liebe, Ihre gute Meynung nicht: und wenn ich das nehmliche auch noch von einigen andern Personen, die ich schätze und liebe, hoffen darf: so bin ich zu allem sehr gefasst.

Und geradezu nonchalant der Schluss:

> Aber Sie melden es mir doch noch, wenn Sie hier durchzukommen gedenken! sonst könnte es leicht kommen, daß ich abwesend wäre. (Gefühlsabwesend scheint er schon zu sein, denn er unterzeichnet als) Ihr ganz ergebener Lessing.

Ganz anders dagegen der Brief, den er ihr zwei Monate später aus Berlin schreibt:

> Wie sehr ich mich freue, Sie endlich wieder zu sehen, meine Liebe, brauche ich Ihnen nicht zu sagen. Gott gebe nur, daß ich Sie recht gesund finde! Ich umarme Sie auf das innigste, und bin zeitlebens, wie es auch immer mit mir werden mag, einzig der Ihrige L.

Vielleicht hätte Hegel, als er in der Korrespondenz »keine Intrige oder große Hindernisse« fand, gerade diese beiden letzten Briefe etwas genauer lesen sollen. Denn auch der Fühlloseste muss spüren, dass zwischen dem vom 10. Januar und dem vom 7. März 1775 mit Lessing etwas Ungewöhnliches, ja Entscheidendes passiert ist. Zwischen dem Lessing, der Evas »gute Meynung« auch noch »von einigen andern Personen« für sich erhofft, und jenem, der »einzig der Ihrige« sein will.

Die Wahrheit, über die auch die Philologen so beharrlich hinweglesen, ist konkret. Lessing hat zwischen diesen beiden Daten (und Briefen) einen Besuch in Leipzig gemacht und sich dort eine andere Frau aus dem Kopf geschlagen, die ihn seit langem vergöttert und seit dem Tod ihres Mannes, des Orientalisten Johann Jacob Reiske, im Herbst 1774, mit ungestümer Leidenschaft bedrängt hatte. Ernestine Christine Reiske hatte Jahre zuvor mit ihrem Mann Lessing in Wolfenbüttel besucht und sich so heftig in ihn verliebt, dass der Gelehrte hinterher mit einem ziemlich heftigen Brief reagierte: »Ich habe Ursache, darüber zu zürnen ... Denn Sie verderben und verführen mir meine Frau.« Ganz einseitig kann die Faszination also nicht gewesen sein; diese erste Begegnung hatte übrigens nur wenige Tage vor der Verlobung mit Eva König stattgefunden.

Und nun war es in Leipzig zu einem Wiedersehen gekommen, von dem sich zumindest Frau Reiske ein Himmelhochjauchzen versprochen zu haben schien, dem aber auch Lessing nicht ohne eine gewisse erotische Neugier entgegengesehen haben dürfte. Die Dame konnte ihre Zuneigung umso ungenierter zeigen, als die Verbindung Lessing-König ja nie öffentlich gemacht worden war. Und ein Echo des Überschwangs, mit dem sie Lessing offenbar eher befremdet als beglückt hat, findet sich in einem Brief, den sie wenige Tage danach an einen Bekannten Lessings, Johann Arnold Ebert, schrieb:

> Recht unerwartet und angenehm war mir die Ankunft des mir so sehr theuren Freundes. Allein nun ist meine Glückseligkeit wieder aus. Was hilft es mir nun, daß ich einige Augenblicke höchst seelig *war*? Ich war es nur. und bin es nicht mehr. Meine Freude, meine herzinnige Freude war nur ein schöner Traum. ... Den Freund zu sehen, den man über alles schätzt, welch Entzücken muß nicht ein zärtliches Herz da fühlen! allein sich auch sogleich wieder von ihm zu trennen, welcher Schmerz! Was bleibt alsdenn noch übrig? Nichts als eine verschmachtende Sehnsucht nach einem Gute, das uns auf immer versagt ist ... Sie kennen den Freund, der sich meinen Augen nur zeigte und sogleich wieder verschwand. Kann man ihn wohl zu sehr lieben? Übersteigt nicht sein Werth alles was sich nur Schätzbares denken läßt? Doch gnug mein Herz. –

Lessings Visite bei Frau Reiske blieb keineswegs geheim und gab dem Stadtklatsch Auftrieb, der sich rasch bis nach Hamburg herumsprach; ein Leipziger Beobachter schrieb in jenen Tagen: »Lessing ist seit dem Donnerstage hier, und geht morgen wieder ab. Er sieht gut aus, lebhafter und jünger als im Porträt ... Man sagt, er heyrathe die Mad. Reisken; doch das ist wohl nur Mähre.« Aber das Gerücht hält sich hartnäckig, und noch im Herbst schickt ihr ein Straßburger Bekannter Glückwünsche zur bevorstehenden Verlobung. Und die Fama geht auch an Eva König nicht vorbei, die zur gleichen Zeit ihre Irritation in den knappen Satz fasst:

> In Parenthese muss ich Sie doch fragen: ob die Neuigkeit wahr ist, die ich aus Leipzig gehört habe: Die allgemeine Sage dorten sey: Ein gewisser Mann, den Sie leicht errathen werden – heyrathe die Wittib von P. R.

Da ist nämlich erneut die Furie der Vereitelung zwischen das Paar getreten und hat die Briefkommunikation für das späte Jahr 1775 zum Erliegen gebracht. Eben noch, im April, hatte es ein glückliches Wiedersehen in Wien gegeben, wo Eva endlich ihrer Geschäfte ledig war und Lessing im Theater enthusiastisch gefeiert wurde, wo das Paar sich schon zur gemeinsamen Rückreise bereitmachte –: da sprengte ein herzoglicher Befehl alle Pläne, wie Wiener Insider sogleich nach Hamburg zu melden wussten: »Als Lessing nach Braunschweig zurücke gehen wollte, empfing der Prinz Leopold von Braunschweig, der hier war, den Befehl von Hause, nach Padua zu reisen, und Leßing zu seinem Gefährten mit zu nehmen, welches auch am Tage darauf geschah ... Aus der Heirath, von welcher ich neulich schrieb, wird wohl nichts werden, weil Madame König vorgestern nach Hamburg zurückgekehrt ist und ihrem Buchhalter Hornbostel ihre hiesige Manufactur eingeräumt hat.«

Die Italienreise, zu der Lessing abkommandiert ist und die wenige Wochen dauern sollte, zog sich fast ein Dreivierteljahr hin. Und sie zeitigte nicht allein durch die Dauer, sondern durch missliche Umstände eine Zerstörung der eben noch gewonnenen Harmonie, ein Trennungsgefühl, das verstörender war als das während der dreijährigen Abwesenheit Evas in Wien. Diesmal fürchteten beide, den jeweils anderen verloren zu haben. Lessing bekommt seit Livorno, von Mitte Juli an, von Eva, die nach Hamburg zurückgekehrt war, keine Post mehr, weil ihre Briefe, die über zwei Wiener Nachsendeadressen laufen sollen, durch Nachlässigkeit der Vermittler dort liegenbleiben. Und Lessings Antwort auf die ausbleibenden Nachrichten war, dass er, fassungslos und tief verstimmt, auch nicht mehr schrieb. Gerade nach den Tagen der Wiener Euphorie musste dieses unerklärliche Schweigen die Wucht und Wirkung eines Bruchs haben. Wie sonst hätte Eva König das Gerücht von einer Verbindung Lessings mit Frau Reiske auch nur an sich herankommen lassen können? Aber eher als an Untreue glaubten beide an Unglücksfälle. In einem der in Wien brachliegenden Briefe schrieb sie:

> Ich kann gar nicht begreifen, warum ich so lange nichts von Ihnen höre, und mache mir tausend und tausend sorgenvolle Gedanken, ob Sie nicht gar in einem elenden Orte krank liegen …

Und Drastischeres noch bekennt Lessing später:

> Was konnte ich, was durfte ich anders glauben, ohne Ihnen Unrecht zu tun, als daß Sie tot, oder wenigstens so krank sein müßten …, daß Sie mir unmöglich einige Nachricht von sich zukommen lassen können.

Und noch einmal vergeht fast ein Jahr. Erst am 8. Oktober 1776 heiraten Lessing und Eva auf dem York im Alten Land. In einem ihrer letzten Briefe ist Eva König nicht mehr Prinzipalin, nicht mehr die beherrschte Korrespondentin, sondern nur noch die leidenschaftlich Verlangende:

Ich kann mir nicht helfen: Mein Blut ist in solcher Wallung, daß mir die Hände wie ein Espenlaub zittern. Ich bin itzo eine fatale Kreatur, die nicht viel ausrichten kann … Meine Kinder küssen Ihnen die Hand, und ich umarme Sie tausendmal in Gedanken und sehne mich recht sehr nach dem Tage, da ich es wirklich tun kann.

Aber als Lessing zunehmend von Junggesellenpanik erfasst wird und vorschlägt, dass er nach der Hochzeit (zu der er sich »nicht einmal einen neuen Rock« habe machen lassen) allein nach Wolfenbüttel zurückkehren und die Ankunft der Familie vorbereiten wolle, herrscht sie ihn an:

> Es ist doch wohl nicht Ihr wahrer Ernst, wenn Sie vorschlagen, vor mir abreisen zu wollen. Was sollte mich wohl in York halten, wenn Sie nicht mehr da wären! Der confuse Empfang schreckt mich auch nicht. Ich bin beinahe sieben Jahre an ein confuses Leben gewöhnt, so daß ich es auch noch wohl eine Weile aushalten kann …

Und wieder ein gutes Jahr später schreibt Lessing seinen kürzesten, seinen berühmtesten Brief, nachdem er schon den Sohn, den Eva ihm geboren hatte, begraben musste:

> Lieber Eschenburg,
> Meine Frau ist todt; und diese Erfahrung habe ich nun auch gemacht. Ich freue mich, daß mir viel dergleichen Erfahrungen nicht mehr übrig seyn können zu machen; und bin ganz leicht. – Auch thut es mir wohl, daß ich mich Ihres, und unserer übrigen Freunde in Braunschweig, Beyleids versichert halten darf.
> Der Ihrige
Lessing.

11
»Liebe, Liebe, laß mich los!«
Der junge Goethe und die Kunst des Verschwindens

> Sich in ein Mädchen hineindichten ist
> eine Kunst; sich aus ihm herausdichten
> ein Meisterstück.
>
> Søren Kierkegaard

»Der Liebesbrief« schreibt im knappen Jahrzehnt der Lessing-Königschen Korrespondenz noch eine andere, aufrührerische Geschichte. Er setzt der Erregung und dem Begehren zwischen den Zeilen eine offenere, ekstatischere Schreibart an die Seite. Der Übergang vom »späten« Lessing zum jungen Goethe ist umso plausibler, als der »Werther« gewissermaßen die Handreichung dazu geliefert hat: Denn zu den Requisiten im Todeszimmer des verblutenden Selbstmörders (wie am realen Tatort des sterbenden Jerusalem) gehörte auch dies: »Emilia Galotti lag auf dem Pulte aufgeschlagen.« Der Generationswechsel wird aber auch dadurch moderiert (und als enharmonische Verwechslung motiviert), dass Lessing für die kommende Epoche das Stichwort geliefert und nicht nur in die Sprache, sondern auch in die Seelen souffliert hat: *Empfindsamkeit*.

»Wagen Sie, *empfindsam*!«, hatte er seinem Hamburger Freund Johann Joachim Bode geraten, als der bei der Übersetzung der »Sentimental Journey through France and Italy« von Lawrence Sterne schon beim ersten Wort hängengeblieben war. Lessing war nicht nur auf der Höhe seiner Zeit, er war ihr 1768 auch mit seinem Rat voraus: »Bemerken Sie …, daß *sentimental* ein neues Wort ist. War es Sternen erlaubt, sich ein neues Wort zu bilden, so muß es eben auch seinem Übersetzer erlaubt seyn. Die Engländer hatten gar kein Adjectivum von Sentiment: wir haben von Empfindung mehr als eines. Empfindlich, empfindbar, empfindungsreich ... Wenn eine mühsame Reise eine Reise heißt, bey der viel Mühe ist, so kann ja auch eine empfindsame Reise eine Reise sein, bey der viel Empfindung war. Was die Leser vors erste bey dem Worte noch nicht denken, mögen sie sich nach und nach dabey zu denken gewöhnen.« Das Lessingsche »Wagen Sie, empfindsam« wird zum »Sesam öffne dich!« für eine neue Gefühlskultur, für eine intimere Sprachwelt.

Mit der Empfindsamkeit bei Goethe war es freilich so eine Sache. Vier große Liebesgeschichten hat der junge Dichter in dem Jahrzehnt von 1766 bis 1775 erlebt, erlitten und bedichtet. Er selbst hat von diesen Begegnungen später gesagt. sie glichen einer »nächtlich geworfenen Bombe ... die in einer sanften, glänzenden Linie aufsteigt, sich unter die Sterne mischt, ja einen Augenblick unter ihnen zu verweilen scheint, alsdann aber abwärts, zwar wieder dieselbe Bahn, nur umgekehrt bezeichnet und zuletzt da, wo sie ihren Lauf geendet, Verderben hinbringt«. Sein Fluchtcharakter ließ Tränen zurück, sein Genie feierte sich mit Gedichten. Und in seinen Alterserinnerungen spricht er, Dichtung und Wahrheit mischend, von »jener bösen Sucht«, »aus der Quälerei der Geliebten eine Unterhaltung zu schaffen und die Ergebenheit eines Mädchens mit willkürlichen und tyrannischen Grillen zu beherrschen«. So spontan, auch selbstquälerisch er jeweils zu lieben glaubte, so gleichlautend sind die Wendungen und Windungen, mit denen er sich jeweils aus den Affären zieht. Da offenbart sich ein genialischer Charakter, der das Anbändeln mit Leidenschaft betreibt, vor der Bindung aber panisch (und poetisch) zurückschreckt. Johann Wolfgang Goethe will kein »Zukünftiger« sein, er will Zukunft.

Käthchen (Annette), Friederike, Lotte und Lili sind die Namen der sehr jungen Frauen, denen er zu verfallen scheint, die er zu gewinnen suchte. Und so verschieden diese »Mädgen« waren, so verschieden die Situationen und Emotionen, so ungleich die Dauer der Beziehung – die letzten, die Lockerungsbriefe sprechen alle die gleiche Sprache, die eines Entfesselungskünstlers.

Und eben immer: Es waren ja Familien, in die er sich hineinbegab, in denen letztlich die »Bombe« seiner Leidenschaft Unheil anrichtete: Schönkopf, Brion, Buff und Schönemann; es waren, wie in Sesenheim und Wetzlar, sogar große Kinderscharen, deren Herzen er zugleich gewann. Nie stieg er in ein Bett; ihm genügte der Schoß der Familie.

Das 19-jährige Käthchen hatte der knapp drei Jahre jüngere Goethe kennengelernt, als er zum Studium nach Leipzig gekommen war und zu Ostern 1766 seinen Mittagstisch in der Weinwirtschaft ihres Vaters Christian Gottlieb Schönkopf nahm. Es ergab sich daraus zunächst eine Art mutwilligen Flirts des Studenten, der dann, als sich die junge Frau verletzt zurückzog, zu fühlen begann, »daß ich sie wirklich liebte und daß ich sie nicht entbehren könne«.

Ein gesundheitlicher Zusammenbruch (Blutsturz) im Sommer 1768 veranlasste Goethe (auf Druck seiner Familie) zur Heimkehr nach Frankfurt. Am 26. August nahm er Abschied, meldete sich schon im September brieflich und sprach sehr munter Frau Schönkopf an: »Nicht wahr Madam das wäre unbillig wenn ich nicht wenigstens alle Monate einen Brief aus dem Hause bekäme, wo ich bißher alle Tage drinne war.« Er empfahl sich also als Hausgast, nicht als Liebhaber, und übte sich einen Monat hochgemut in Verschollenheit: »Was ich für eine Figur gespielt habe, das weiss ich am besten und was meine Briefe für eine spielen, das kann ich mir vorstellen. ... Ich binn's zufrieden, es ist das gewöhnliche Schicksal der Verstorbenen, dass Überbliebene und Nachkommende auf ihrem Grabe tanzen.« Danach verging mehr als ein Jahr mit wenigen unverbindlichen Zeilen an Käthchen, bis er den Tonfall fand, der seine Lebensmusik bleiben sollte: Traumklänge und Tribut an die Muse des Verschwindens.

Franckfurt am 12 Dec. 1769.

Meine liebe, meine theure Freundinn,
Ein Traum hat mich diese Nacht erinnert, dass ich Ihnen eine Antwort schuldig binn. Nicht als wenn ich es so ganz vergessen hätte, nicht, als wenn ich nie an Sie dächte, nein meine Freundinn, ieder Tag sagt mir was von Ihnen und von meinen Schulden. Aber es ist seltsam, und es ist eine Empfindung die Sie vielleicht auch kennen werden, die Erinnerung an Abwesende, wird durch die Zeit, nicht ausgelöscht, aber doch verdeckt. Die Zerstreuungen unsers Lebens, die Bekanntschafft mit neuen Gegenständen, kurz jede Veränderung unsers Zustandes, thun unserm Herzen das was Staub und Rauch einem Gemählde thun, sie machen die feinen Züge ganz unkenntlich, und die starcken weniger sichtbar, und das so unmercklich, dass man nicht weiss wie es zu geht. Tausend Dinge erinnern mich an Sie, ich sehe tausendmal Ihr Bild, aber so schwach, und offt mit so wenig Empfindung, als wenn ich an iemand fremdes gedächte, es fällt mir offt ein, dass ich Ihnen eine Antwort schuldig binn, ohne dass ich den geringsten Zug empfinde Ihnen zu schreiben. Wenn ich nun Ihren gütigen Brief lese, der schon etliche Monate alt ist, und Ihre Freundschafft sehe, und Ihre Sorge für einen Unwürdigen da erschröcke ich vor mir selbst, und empfinde erst, was für eine traurige Veränderung in meinem Herzen vorgegangen seyn muss, dass ich ohne Freude dabey seyn kann, was mich sonst in den Himmel gehoben haben würde. Verzeihen Sie mir das! Kann man einem Unglücklichen verdencken dass er sich nicht freuen kann. Mein Elend hat mich auch gegen das Gute stumpf gemacht, was mir noch übrig bleibt. Mein Körper ist wieder hergestellt, aber meine Seele ist noch nicht geheilt, ich binn in einer stillen unthätigen Ruhe, aber das heisst nicht glücklich seyn. Und in dieser Gelassenheit, ist meine Einbildungskrafft so stille, dass ich mir auch keine Vorstellung von dem machen kann was mir sonst

das liebste war. Nur im Traum erscheint mir manchmal mein Herz wie es ist, nur ein Traum vermag mir die süssen Bilder zurückzurufen, so zurück zurufen, dass meine Empfindung lebendig wird. Ich habe es ihnen schon gesagt, diesen Brief sind Sie einem Traume schuldig. Ich habe Sie gesehen, ich war bey Ihnen, wie es war, das ist zu sonderbar als dass ich es Ihnen erzählen möchte. Alles mit einem Wort, Sie waren verheurahtet. Sollte das wahr seyn? Ich nahm Ihren lieben Brief, und es stimmt mit der Zeit überein; wenn es wahr ist, o so möge das der Anfang Ihres Glückes seyn. ...

Leben Sie tausendmal wohl, und dencken Sie manchmal an die zärtlichste Ergebenheit

Ihres
Goethe.

Ein Jahr später, 1770, ist Goethe wieder Student und frei: lebt in Straßburg, treibt sehr lässig die Juristerei, neugierig ein wenig die Medizin (»Habe nun, ach!«), erlebt die Durchreise der österreichischen Kaisertochter Marie Antoinette auf dem Weg zur Pariser Hochzeit mit Ludwig XVI., lernt Herder kennen und berauscht sich an der Natur, die ihm die Lektüre Rousseaus aufschließt. Anfang Oktober des Jahres lernt er, bei einem Besuch im Sesenheimer Pfarrhaus (das ihn an eine weitere Lektüre, Oliver Goldsmiths Roman »The Vicar of Wakefield«, erinnert) die 18-jährige Friederike Brion kennen; es wird eine jähe Liebe, die, durch Goethes Anhimmelung in Versen verstärkt, dem Mädchen im Herzen steckenbleibt und Goethe nach Jahrzehnten doch immerhin noch im Gedächtnis: »Ich war so grenzenlos glücklich an Friederikens Seite.«

Fast ein Jahr lang dauert der Rausch. Wieder ist es ein Augusttag, der 7.8.1771, als Goethe Abschied nimmt, von der Familie Brion und von Friederike. Aber er verschweigt, dass es ein Abschied ohne Wiederkehr sein wird. Noch im Alter ist es ihm unbehaglich: »Es waren peinliche Tage, deren Erinnerung mir nicht geblieben ist. Als ich ihr die Hand vom Pferde reichte, standen ihr die Tränen in den Augen, und mir war sehr übel zumute.« Damals gab es keinen Brief mehr; aber schon der erste, den er fast ein Jahr vorher, nach dem ersten *coup de foudre*, geschrieben hatte, lässt die stete Fluchtbereitschaft erkennen:

Straßburg, 15. Oktober 1770

Meine liebe Freundin, ob ich Ihnen was zu sagen habe, ist wohl keine Frage; ob ich aber just weiß, warum ich Ihnen jetzo schreiben will, und was ich schreiben möchte, das ist ein anders. Soviel merk ich an einer gewissen innerlichen Unruhe, daß ich gerne bei Ihnen sein möchte; und in dem Falle ist ein Stückchen Papier so ein wahrer Trost, so ein geflügeltes Pferd für mich, hier, mitten in dem lärmenden Straßburg, als es Ihnen in Ihrer Ruhe nur sein kann, wenn Sie die Entfernung von Ihren Freunden recht lebhaft fühlen. …

Es ist ein gar zu herziges Ding um die Hoffnung, wiederzusehen. Und wir andern mit den verwöhnten Herzchen, wenn uns ein bißchen was leid tut, gleich sind wir mit der

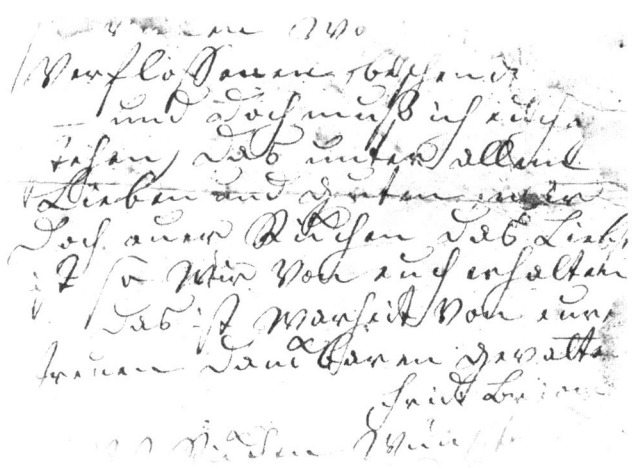

Brief Friederike Brions an Johann Wolfgang Goethe, 1770

Arzenei da, und sagen: Liebes Herzchen, sei ruhig, du wirst nicht lange von ihnen entfernt bleiben, von denen Leuten, die du liebst; sei ruhig, liebes Herzchen! Und dann geben wir ihm inzwischen ein Schattenbild, daß es doch was hat, und dann ist es geschickt und still wie ein kleines Kind, dem die Mama eine Puppe statt des Apfels gibt, wovon es nicht essen sollte. Genug, wir sind nicht hier, und sehen Sie, daß Sie unrecht hatten! Sie wollten nicht glauben, daß mir der Stadtlärm auf Ihre süße Landfreuden mißfallen würde. Gewiß, Mamsell, Straßburg ist mir noch nie so leer vorgekommen als jetzo. Zwar hoff ich, es soll besser werden, wenn die Zeit das Andenken unsrer niedlichen und mutwilligen Lustbarkeiten ein wenig ausgelöscht haben wird; wenn ich nicht mehr so lebhaft fühlen werde, wie gut, wie angenehm meine Freundin ist. Doch sollte ich das vergessen können oder wollen? Nein, ich will lieber das Wenig Herzwehe behalten, und oft an Sie schreiben.

Den Existenzbruch der jungen Friederike nach dem Abgang Goethes belegt am deutlichsten die biographische Notiz: Sie starb als einsame alte Jungfer in einem Dorf in Baden. Aber nach der Publikation von »Dichtung und Wahrheit« begriffen auch Zeitgenossen das Skandalon; die Empörung der klugen, menschenfreundlichen Rahel Varnhagen macht es erschreckend gegenwärtig: »Gestern ... hab ich so über Goethe geheult, geschrien, weil mir das Herz borst. Wie mit verstarrendem Eis auf dem Herzen blieb ich sitzen! Einen kalten Todesschreck in den Gliedern. Die Gedanken gehemmt. Und als sie wiederkamen, konnt' ich ganz des Mädchens Herz empfinden. Es, er mußte sie vergiften. Dem hätte sie nicht glauben sollen? Und wie des Mädchens Herz selbst klappte meins krampfhaft zu, wurde ganz klein in den Rippen. Dabei dacht' ich an solchen Plan, an solch Opfer des Schicksals, und laut schrie ich, ich mußte, das Herz wäre mir sonst tot geblieben. Und zum erstenmal war Goethe feindlich für mich da.«

Rahel Varnhagen.
Undatierte Zeichnung von Rainer Ehrt

Von Charlotte Buff war schon im Kapitel »Werther« die Rede; hier nur der knappste Umriss: So heftig die Leidenschaft, die Goethe in Wetzlar ergriffen hatte, so kurz war damals die »gemeinsame« Zeit. Am 9. Juni 1772 lernte er die 19-Jährige kennen, wissend, dass sie mit seinem Kollegen am Reichskammergericht, Johann Christian Kestner, verlobt war; denn dessen Bekanntschaft hatte er schon vorher gemacht. Mitte August besuchte ihn der Frankfurter Freund Johann Heinrich Merck, der Goethe aus der seltsamen Verstrickung zu lösen versuchte. Das schaffte erst Kestner selbst, als er Anstalten machte, dem Anbeter seine Braut freizugeben. Da floh Goethe, am 11. September, und ging ins Wasser: zu einer Kahnpartie auf der Lahn.

»Er ist fort Kestner, wenn Sie diesen Zettel kriegen, er ist fort. Geben Sie Lottchen innliegenden Zettel.« Das schreibt Goethe am 10. September an Lottes Verlobten, und seine Abschiedsworte an sie lauten ohne jegliche Anrede so:

Wohl hoff ich wiederzukommen, aber Gott weis wann. Lotte wie war mirs bey deinen reden ums Herz, da ich wusste es ist das letztemal dass ich Sie sehe. Nicht das letztemal, und doch gehe ich morgen fort. Fort ist er. … Da ich alles sagen durfte was ich fühlte, ach mir wars um hienieden zu thun, um ihre Hand die ich zum letztenmal küsste. Das Zimmer in das ich nicht wiederkehren werde, und der liebe Vater, der mich zum letztenmal begleitete. Ich binn nun allein, und darf weinen, ich lasse euch glücklich, und gehe nicht aus euern Herzen. Und sehe euch wieder, aber nicht morgen ist nimmer. Sagen sie meinen Buben er ist fort. Ich mag nicht weiter.

Aber noch ist er gar nicht fort, denn am folgenden Tag, einem Freitag, gibt es, noch aus Wetzlar, einen allerletzten Gruß:

Gepackt ist Lotte, und der Tag bricht an, noch eine Viertelstunde so binn ich weg. Die Bilder die ich vergessen habe und die Sie den Kindern austeilen werden, mögen entschuldigung seyn, dass ich schreibe, Lotte da ich nichts zu schreiben habe. Denn Sie wissen alles, wissen wie glücklich ich diese Tage war, und ich gehe, zu den liebsten Menschen, aber warum von Ihnen. Das ist nun so, und mein Schicksal, dass ich zu heute, morgen und übermorgen, nichts hinzusetzen kann – was ich wohl offt im Scherz dazusetzte. Immer fröhliges Muths liebe Lotte, sie sind glücklicher als hundert, nur nicht gleichgültig, und ich liebe Lotte, binn glücklich dass ich in Ihren Augen lese, sie glauben ich werde mich nie verändern. Adieu tausendmal adieu!«

Das schreibt kein leichtfertiger Liebhaber; man spürt, wie schwer ihm dieser Abschied wird, aber noch deutlicher ist zu spüren, wie schwer er ihn *ihr* machen will: so leicht soll sie ihn nicht verschmerzen. Zwei Wochen später kreisen seine Gedanken noch immer darum, ob sie auch ja um ihn, mit ihm, leidet. Er schreibt an Kestner und meint sie:

> Lotte hat nicht von mir geträumt. Das nehm ich sehr übel, und will dass sie diese Nacht von mir träumen soll, diese Nacht, und solls Ihnen noch dazu nicht sagen. Die Stelle hat mich in Ihrem Briefe geärgert als ich ihn wiederlas. Nicht einmal von mir ge*traü*mt, eine Ehre die wir den gleichgültigsten Dingen widerfahren lassen, die des Tags uns umgeben. Und – ob ich um sie gewesen binn mit Leib und Seel! und von ihr geträumt habe Tag und Nacht.
>
> Bey Gott ich binn ein Narr wenn ich am gescheutesten binn, und mein Genius ein böser Genius der mich nach Wolperts hausen kutschirte, und doch ein guter Genius. Meine Tage in W. wollt ich nicht besser zugebracht haben, und doch geben mir die Götter keine solche Tage mehr, sie verstehn sich aufs strafen und den Tantalus – Gute Nacht. Das sagt ich auch eben an Lottens Schattenbild.

Mag Lotte träumen oder nicht, mag sie's ihrem Verlobten sagen oder nicht; sie schickt Goethe ein Päckchen nach Frankfurt, das sprechender nicht sein könnte: Ihr rosafarbenes Band, das sie bei der ersten Begegnung, einem Ball, am Kleid trug. Und das Band wird nun zum Lackmustest seiner Liebe:

> O liebe Lotte seit ich sie das erstemal sah, wie ist das alles so anders, es ist noch eben diese Blütenfarbe am Band, doch verschossener kommt mirs vor, als im Wagen, ist auch natürlich. Danck ihrm Herzen dass Sie mir noch so ein Geschenck machen können, ich wollt aber auch in die finstersten Hölen meines Verdrusses – Nein Lotte Sie bleiben mir,

dafür geb ihnen Der reiche im Himmel seiner schönsten Früchte … – indessen wollt ich wäre auf eine Stunde bey Ihnen. …

Das rosenfarbene Band in Frankfurt; das Band zwischen beiden zerrissen.

Zwei Jahre nach dem Lotte-Erlebnis und mitten hinein in den Wirbel, den die ersten beiden Ausgaben des »Werthers« (in Leipzig und Hanau) zu erregen beginnen, gibt es wieder eine neue Liebe. Es ist zu Anfang des Jahres 1775 die Frankfurter Bankierstochter Anna Elisabeth (Lili) Schönemann, fast zehn Jahre jünger als der nun 26-jährige Goethe, die sein Herz gewinnt. In der Heimatstadt allerdings liebt es sich nicht so ins Ungewisse und Zerrissene hinein, und so wird denn schon wenige Wochen nach der ersten Begegnung zur Ostermesse Verlobung gefeiert. Als den wohl ersten Liebesbrief an sie schickte er ihr ein Gedicht, das Widmung und Warnung, Rausch und Panik zugleich war und das Ende der Verbindung, die Auflösung der Verlobung gleichsam vorwegnahm. Ehrlicher hat Goethe nie eine Frau angedichtet:

> Neue Liebe neues Leben
>
> Herz, mein Herz, was soll das geben?
> Was bedränget dich so sehr?
> Welch ein fremdes, neues Leben!
> Ich erkenne dich nicht mehr.
> Weg ist alles, was du liebtest,
> Weg, warum du dich betrübtest,
> Weg dein Fleiß und deine Ruh –
> Ach, wie kamst du nur dazu!

Fesselt dich die Jugendblüte,
Diese liebliche Gestalt,
Dieser Blick voll Treu und Güte
Mit unendlicher Gewalt?
Will ich rasch mich ihr entziehen,
Mich ermannen, ihr entfliehen,
Führet mich im Augenblick,
Ach, mein Weg zu ihr zurück.

Und an diesem Zauberfädchen,
Das sich nicht zerreißen läßt,
Hält das liebe, lose Mädchen
Mich so wider Willen fest;
Muß in ihrem Zauberkreise
Leben nun auf ihre Weise.
Die Veränderung, ach, wie groß!
Liebe! Liebe! laß mich los!

Die »Flucht« ist diesmal nur eine zweimonatige Reise in die Schweiz, die Goethe mit Freunden – alle in Werther-Tracht – unternimmt. Eine Hochzeit feiert der Dichter zusammen mit Lili am 10. September; es ist aber die eines anderen Frankfurter Paares. Goethe und Lili – immer noch verliebt – trennen sich zur Herbstmesse, lösen die Verlobung. Schon anderthalb Jahre später wird Lili den Bankier Bernhard Friedrich von Türckheim heiraten. Goethe trauert ihr einmal in seinen letzten Jahren nach, als er Eckermann bekennt: »Ich bin meinem eigentlichen Glück nie so nahe gewesen als in jener Liebe zu Lili.«

Aus der Verlobungszeit gibt es keine eigentlichen Briefe; selbst von der zweimonatigen Reise verzeichnen die Goethe-Ausgaben nur ein paar vage Zuschreibungen, wenige Zeilen. Sein Herz schüttete Goethe im Sommer 1775 dagegen einer Brieffreundin aus, der er nie begegnen sollte (und wollte), Auguste zu Stolberg, Schwester der beiden Dichter-Grafen Christian zu Stolberg und Friedrich Leopold zu Stolberg, Altersgenossen Goethes und mit ihm zu jener Zeit Rivalen um den Ruhm. Ein Brief an Auguste beschwört schon das Ende seiner Verbindung mit Lili Schönemann herauf; er ist aber vor allem ein Zeugnis dafür, wie virtuos und leichthin Goethe das Schreiben zärtlicher Briefe handhabte, ja wie voyeuristisch er seinen eigenen Leidenschaften gegenüberstand: Zerrissenheit als Seelenzeitvertreib.

Offenbach, 3. August 1775

Gustgen! Gustgen! Ein Wort daß mir das Herz frei werde, nur einen Händedruck. Ich kann Ihnen nichts sagen. Hier! – Wie soll ich Ihnen nennen das hier! Vor dem Stroheingelegten bunten Schreibzeug – da sollten feine Briefgen ausgeschrieben werden und diese Tränen und dieser Drang! Welche Verstimmung. O daß ich Alles sagen könnte. Hier in dem Zimmer des Mädgens das mich unglücklich macht, ohne ihre Schuld, mit der Seele eines Engels, dessen heitre Tage ich trübe, ich!

Gustgen! Ich nehme vor einer Viertelstunde Ihren Brief aus der Tasche, ich les ihn! – Vom 2. Jun.! Und Sie bitten, bitten, um Antwort, um ein Wort aus meinem Herzen. Und heut der 3. Aug. Gustgen und ich habe noch nicht geschrieben. – Ich habe geschrieben, der Brief liegt in der Stadt angefangen ... Und doch Engel manchmal wenn die Not in meinem Herzen der größt ist, ruf ich aus, ruf ich dir zu: Getrost! Getrost! Ausgeduldet und es wird werden. Du wirst Freude an deinen Brüdern haben, und wir an uns selbst. Diese Leidenschaft ist's, die uns aufblasen wird zum Brand, in dieser Not werden wir um uns greifen, und brav sein, und handeln, und gut sein, und getrieben werden, dahin wo Ruhe Sinn nicht reicht. – Leide nicht vor uns! – Duld uns! – Gib uns eine Träne, einen Händedruck, einen Augenblick an deinen Knieen. Wische mit deiner lieben Hand diese Stirn ab. Und ein Kraftwort, und wir sind auf unsern Füßen. ...

– Und auf dem Tisch hier ein Schnupftuch, ein Panier, ein Halstuch drüber, dort hängen des lieben Mädgens Stiefel …
Der Unruhige
Lassen Sie um Gottes Willen meine Briefe niemand sehn. Könntest du mein Schweigen verstehen! Liebstes Gustgen! – Ich kann, ich kann nichts sagen!

Wenige Wochen später, Ende 1775, alle Jugendräusche hinter sich lassend, beginnt Goethe das Abenteuer Weimar, den Auftritt am Musenhof der Herzogin Anna Amalia, setzt den Fuß in ein intellektuelles Milieu, das erst ihn erhöht und dann durch ihn zur geistigen Mitte des schimärischen Deutschland werden wird. Noch ehe er sich einleben kann, liebt er sich ein. Eine Frau nimmt ihn gefangen: Charlotte von Stein, spröde Geliebte seines ersten Weimarer Jahrzehnts, jene Seelenverwandte, die die Biographik bis heute in Bann hält, Ehefrau des Oberstallmeisters Ernst von Stein und damit eine der ersten Damen der Hofgesellschaft und als Adlige – vor der Nobilitierung Goethes im Jahr 1782 – auch zu jenen illustren Zirkeln zugelassen, die dem bürgerlichen Neubürger Weimars verwehrt waren. Nichts eigentlich verbindet diese Passion mit ihren mehr als 1000 Briefen, Billets, Kärtchen, Rezeptnotizen, Geschenksendungen, Einladungen, Spontangrüßen und der Vielzahl von Versen, nichts verbindet sie mit den Leidenschaften der früheren Jahre als dies: das Ende in einer Flucht. Einer Flucht, die umso grausamer, barbarischer erscheinen musste, als sie der Widerruf eines notorischen Zusammenlebens war, dem selbst der Hofklatsch Weimars schließlich den Rang eines sublimen Herzensbundes, einer hohen Minne zugebilligt hatte. Im Sommer 1786, im elften Jahr, war Goethe, wie schon früher, nach Karlsbad zur Kur gefahren, und wieder, wie im Vorjahr, gehörte Charlotte zu jener Weimarer Gesellschaft, die dort Erholung suchte. Als sie zurückreiste, begleitete Goethe sie noch eine Tagesstrecke bis nach Schneeberg, schrieb ihr, zurück in Karlsbad, noch ein paar unverfängliche, heitere Briefe.

»Dann war er plötzlich verschwunden«, schreibt lakonisch der Goethe-Biograph Wilhelm Bode. Zwar hatte er ihr von einer kleinen Reise erzählt, die er am 2. September antreten wolle. Nicht aber, dass er, *sans laisser d'adresse* und ohne weiteres Lebens- und Liebeszeichen, sich ins Abenteuer einer neuen Existenz begeben und Weimar vorerst hinter sich lassen werde. Ob er sie ernstlich hat verlassen wollen, steht dahin; sie aber musste sich nicht nur verlassen, sondern geradezu betrogen fühlen. Sie war außer sich vor Zorn, zumal sie ein Vierteljahr lang nicht wusste, wohin sie ihren Zorn richten konnte. Drastisch beschrieb auch Goethes Mutter ihre Überraschung, als sie nach zwei Monaten endlich Nachricht von ihrem Sohn erhielt: »Eine Erscheinung aus der Unterwelt hätte mich nicht mehr in Verwunderung setzen können als dein Brief aus Rom.« Und berichtete dann von der Weimarer Konsternation: »Vor ohngefähr 4 Wochen schriebe Fritz von Stein er wäre deinetwegen in großer Verlegenheit kein Mensch selbst der Herzog nicht, wüste wo du wärst – jedermann glaubte dich in Böhmen u.s.w.«

In Rom, am 9. Dezember des Jahres, erreichte den Flüchtigen endlich Charlottes Entgeisterung in Form eines »Zettels« (nicht erhalten), auf dem sie sich jeden weiteren Briefwechsel verbat und ihre eigenen Briefe zurückforderte: Wo er sie aufbewahrt habe? Goethe wiederum hatte die Stirn, sich als gekränkte Unschuld aufzuspielen: »Das war also Alles, was Du einem Freunde, einem Geliebten zu sagen hattest, der sich lange nach einem guten Worte von Dir sehnte. Der keinen Tag. keine Stunde gelebt hat, seit er dich verließ, ohne an Dich zu denken.« Ihre Briefe und dass er sie auf dem herzoglichen Archiv deponiert hatte, gab er ungeniert preis: »Die Karten auf dem Archive gehören Dein. Liebst Du mich noch ein wenig, so eröffne sie nicht eher, als bis Du Nachricht von meinem Tode hast. So lange ich lebe, laß mir die Hoffnung, sie in Deiner Gegenwart zu eröffnen. Ich sage Dir nicht, wie Dein Blättchen mein Herz zerrissen hat. Lebe wohl, Du einziges Wesen, und verhärte Dein Herz nicht gegen mich.«

Charlotte ließ sich daraufhin ihre Briefe sofort aushändigen: seitdem sind sie der Nachwelt verloren.

Das »Zettelchen« und sein empört-erschreckter Brief aber waren keineswegs das Ende der Korrespondenz. Noch in diesem Dezember schickte er ihr sein Reisetagebuch und wurde kurz vor Weihnachten mit einem längeren Brief belohnt, der »Schmerzliches enthält«, und Anfang des Jahres 1787 mit einem weiteren, den er nicht ohne Erleichterung quittiert:

> Heute früh erhielt ich deinen bitter süßen Brief vom 18. Dezember. ... Unsere Korrespondenz geht gut und regelmäßig, daß sie nur nicht wieder unterbrochen werde solange wir leben.

Offenbar spielt beim Ausreißer Goethe die Befürchtung mit, die Geliebte könnte ihm in Weimar zur Feindin werden. So wird es ihm zur Erleichterung, dass Frau von Stein diese Briefe mit einer Löwengemme siegelt, die er ihr von seiner Reise geschickt hatte:

> Das Löwgen zu sehen war mir eine große Freude. Da alles bisher so glücklich angelangt ist, hoffe ich das übrige wird auch so in eure Hände kommen.

Die Briefe fortan sind also, wie Ulrike Scholvin erkannt hat, »weniger die Fortsetzung einer Liebesbeziehung ... als die Etablierung dieses Briefwechsels«, ja mehr noch: sie dienen Goethe zur Adressierung seiner Erlebnisse auf der »Italienischen Reise«. Der zweite Bruch, vielleicht der entscheidende Knacks, kommt erst drei Monate später, als Goethe nicht, wie ihr angekündigt, von Neapel nach Weimar zurückreist, sondern doppeldeutig und wortverliebt aus Sizilien schreibt:

> Meine Liebe noch ein Wort des Abschieds aus Palermo. Ich (will) dir nur wiederholen daß ich wohl und vergnügt bin und daß meine Reise eine Gestalt annimmt. In Neapel hätte

sie zu stumpf aufgehört. … Leb wohl Geliebteste mein Herz ist bey dir und jetzt da die weite Ferne, die Abwesenheit alles gleichsam weggeläutert hat was die letzte Zeit zwischen uns stockte so brennt und leuchtet die schöne Flamme der Liebe, der Treue, des Andenkens wieder fröhlich in meinem Herzen.

Das ist kein Liebesbrief, sondern ein Abgesang. Ein Abschied nicht nur von Palermo, sondern von der allzu lang Geliebten. Der Lobpreis der läuternden Abwesenheit ist ein lang unterdrückter Seufzer der Erleichterung. Aber das Schreiben ist auch eine Skizze, ein Abriss eines ganzen Jahrzehnts einer bis zur Folter sublimierten Liebe, die immer zu leiden hatte unter dem Ballast von Skrupeln, dem Widerspruch der Leiber gegen den Comment, der Nächte gegen den Tag. Die einzigen von Charlotte erhaltenen Zeilen an Goethe, aus der frühen Zeit ihres Zusammenseins, benennen den immer präsenten Konflikt:

> Ob's Unrecht ist, was ich empfinde,
> Und ob ich büßen muß die mir so liebe Sünde,
> Will mein Gewissen mir nicht sagen:
> Vernicht' es, Himmel, du,
> Wenn mich's je könnt' anklagen.

Der Blick zurück, den wir mit Goethe tun, offenbart die ganze Fallhöhe des Sturzes, den Charlotte von Stein in jenen Wochen, Monaten, schließlich sogar Jahren getan hat. Er konnte ja mit den schmeichelnden Worten aus Rom, den erinnerungsseligen Gedanken aus Sizilien nicht aufgefangen werden: Jede neue Datumszeile, jeder neue Ort war er eine zusätzliche Entfernung, eine größere Tiefe der Schmach. Und die Erinnerung an vergangenes Glück musste der Alleingelassenen wie Hohn erscheinen. Denn wer war es gewesen, der sie von Beginn an mit dem Ungestüm seiner Präsenz, mit der Verführungskunst seiner Verse und mit dem überrumpelnden Besitzrecht eines am Ziel seines Weges angelangten Wanderers bestürmt hatte? Wer war es, der geschrieben hatte: »Alle meine Schwächen habe ich an dich angelehnt, meine weichen Seiten durch dich beschützt, meine Lücken durch dich ausgefüllt«? War sie nicht »die liebste Aussicht meines ganzen Lebens« gewesen?

Und war nicht auch immer wieder von Dauer und Beständigkeit die Rede?

> Es ist mir in deiner Liebe, als wenn ich nicht mehr in Zelten und Hütten wohnte, als wenn ich ein wohlgegründetes Haus zum Geschenk erhalten hätte, drinnen zu leben und zu sterben und alle meine Besitztümer drinnen zu bewahren.

Zu den schönen Metaphern kamen ja auch die Schwüre:

> Meine Seele ist fest an die Deine angewachsen … Du weißt, daß ich von Dir unzertrennlich bin und daß weder Hohes noch Tiefes mich zu scheiden vermag. Ich wollte, daß es irgendein Gelübde oder Sakrament gäbe, das mich Dir auch sichtlich und gesetzlich zu eigen machte: wie wert sollte es mir sein.

Nach vier Jahren bekannte er dem Freund Lavater, der ihn zuerst auf Frau von Stein neugierig gemacht hatte: »Sie hat meine Mutter, Schwester und Geliebte nach und nach geerbt, und es hat sich ein Band geflochten, wie die Bande der Natur sind.« Aber die vielen Rollen verraten auch, dass das Medium Zeit sich störend geltend macht: Lotte, 1742 geboren, ist sieben Jahre älter als Goethe und wird anfällig, hat auch zunehmend Grund zur Eifersucht. So dass der Dichter beruhigen muss:

> Den Einzigen, Lotte, welchen du lieben kannst,
>   Forderst du ganz für dich, und mit Recht,
>   Auch ist er einzig dein.

Aber der Vierzigerin gegenüber nimmt sein eigenes Anlehnungsbedürfnis deutlich ab, und schon im August, also zwei Jahre vor der Italienreise, gibt es Vorzeichen seiner Sehnsucht nach Befreiung:

> Mon amour pour toi n'est plus une passion, c'est une maladie … Meine Lotte sollte mir wirklich auf einige Zeit Urlaub geben und mich nicht immer enger und enger an sich ziehen und befestigen.

Die Briefe und Billets, die Teilnahme an den Erziehungsproblemen der Steinschen Kinder, besonders des Sohnes Fritz, um den sich Goethe als eine Art Mentor kümmerte, dies alles war nur Teil des Netzes, das sich zwischen dem Paar gespannt hatte. Die eigentliche Verführungskunst und Bindungsintensität ging von den Liebesbotschaften aus, die Goethe in Versen sagte. Schon nach wenigen Wochen der Bekanntschaft hatte er Frau von Stein überwältigt mit dem am 16. April 1776 übersandten Gedicht:

> Warum gabst du uns die tiefen Blicke,
> Unsre Zukunft ahndungsvoll zu schaun,
> Unsrer Liebe, unserm Erdenglücke
> Wähnend selig nimmer hinzutraun?
> Warum gabst uns, Schicksal, die Gefühle,
> Uns einander in das Herz zu sehn,
> Um durch all die seltenen Gewühle
> Unser wahr Verhältnis auszuspähn?
>
> …
>
> Glücklich, den ein leerer Traum beschäftigt!
> Glücklich, dem die Ahndung eitel wär!
> Jede Gegenwart und jeder Blick bekräftigt
> Traum und Ahndung leider uns noch mehr.

> Sag, was will das Schicksal uns bereiten?
> Sag, wie band es uns so rein genau?
> Ach, du warst in abgelebten Zeiten
> Meine Schwester oder meine Frau.

Am 18. Juni 1788, fast zwei Jahre nach seiner jähen Flucht in den Süden, kam Goethe wieder nach Weimar zurück. Zwei Monate vorher hatte er seinem Herzog Carl August geschrieben: »Ich habe mich in dieser eineinhalbjährigen Einsamkeit wiedergefunden; aber als was? – als Künstler.« Lange vorher, noch von Neapel aus, hatte er Frau von Stein, gleichsam warnend, bekannt: »Jedermann lebt in einer Art von trunkener Selbstvergessenheit. Mir geht es ebenso, ich erkenne mich kaum, ich scheine mir ein ganz anderer Mensch.«

Dieser ganz andere Mensch hatte dann nach seiner Rückkehr im Sommer 1788 keine Eile mehr, Frau von Stein zu besuchen, erst recht nicht, als wie durch Zufall, aber noch im erotischen Elan der römischen Amouren, Christiane Vulpius, das Blumenmädchen mit dem einladenden Körper, ihm zunächst auf einem Weimarer Wiesenweg entgegen- und ehestens in sein Leben trat. Da Goethe und Frau von Stein noch viele Jahrzehnte zu leben haben werden, zu leben in dem kleinen, engen Weimar, werden sie noch viele (distanzierte, gerührte, alterskluge, lebenspraktische, gratulierende) Briefe wechseln. Die eigentliche Scheidung aber wurde im Herbst 1788 vollzogen, nachdem Lotte den Dichter bei einem Empfang mit Missachtung zu strafen versucht hatte und er sie mit diesem Brief abschrieb:

> Wie sehr ich Dich liebe, wie sehr ich meine Pflicht gegen Dich und Fritzen kenne, hab' ich durch meine Rückkehr aus Italien bewiesen. ... Was ich in Italien verlassen habe, mag ich nicht wiederholen. Du hast mein Vertrauen darüber unfreundlich genug aufgenommen. Leider warst Du, als ich ankam, in einer sonderbaren Stimmung, und ich gestehe aufrichtig, daß die Art, wie Du mich empfingst, wie mich

Andere aufnahmen, für mich äußerst empfindlich war. ... Und das alles, eh von einem Verhältnis die Rede sein konnte, das Dich so sehr zu kränken scheint. Und welch ein Verhältnis ist es? Wer wird dadurch verkürzt? Wer macht Anspruch an die Empfindungen, die ich dem armen Geschöpf gönne? Wer an die Stunden, die ich mit ihr zubringe? ... Aber das gestehe ich gern: die Art, wie Du mich bisher behandelt hast, kann ich nicht dulden.

Im hohen Alter, als Goethe endlich die Druckfassung seiner »Italienischen Reise« redigierte, versuchte er noch einmal den Zustand des Mittdreißigers zu reanimieren, als der er sich 1786 in eine *vita incognita* gestürzt hatte. Er gebrauchte dabei ein seltsames, kauziges Wort, das aber das frühe »Liebe, Liebe, laß mich los!« wie ein lang verzögertes Echo widerhallen lässt. Er spricht davon, dass damals »das bisher beengte und beängstigte Naturkind in seiner ganzen Losheit wieder nach Luft schnappt«.

Losheit – das ist der Schlüssel zum Goetheschen Liebeselixier. Das Wort käme im Grimmschen Wörterbuch gleich nach der Losgebundenheit, der Losgebung, dem Losgeld und der Loshaft, aber es findet sich dort überhaupt nicht. Es ist ganz Goethes Eigentum und Eigenart. Es bedeutet die existentielle Ungebundenheit wie das Los des Schicksals. Es bekennt das Sichlösen als das Lebenslos eines Dichters, der vor dem völligen Versinken in die Liebe immer noch vom Befreiungsfuror seines Genies bewahrt worden ist.

12
Spiel mit zwei Herzen
Schillers Schwesternkurs: Caroline und Charlotte

> Hast du ihn nie Caroline küssen sehen und dann Lotten?
>
> Wilhelm von Humboldt an seine Verlobte, kurz vor der Heirat Schillers mit Charlotte von Lengefeld

Der Herbst 1788 führt die Geschichte des Liebesbriefes fast wie einen Roman fort, indem er nicht nur ein Datum, sondern auch den Ort setzt, wo eine Liebe verwelkt, eine neue in unseren Blick gerät.

Frau von Stein hatte, um der sensationellen Rückkehr Goethes nach Weimar nicht beiwohnen zu müssen, sich in jenen Wochen auf ihr ausgedehntes Gut Oberkochberg begeben: Höchst konkretes Zeichen der Distanz, die nun zwischen ihr und ihrem Dichter herrschen würde. Und dieser komfortable und entlegene Schmollwinkel wird just zum Auftrittsszenario für zwei junge Frauen, die dorthin zur gesellschaftlichen Belebung eingeladen worden sind und in den kommenden Jahren das Gesprächsthema Weimars und des gebildeten Deutschland werden sollen. Es ist das Geschwisterpaar Caroline von Beulwitz und Charlotte von Lengefeld, mit dem sich eines der heikelsten und durchtriebensten Kapitel unseres Buches verbindet.

Und es führt erstmals den Rivalen Goethes auf dem Feld des klassischen Ruhms, Friedrich Schiller, von einer ganz unklassischen, ja skandalösen Seite ein: mit einer Doppelliebe. Die Rede ist von einer Romanze, einer nie ganz durchleuchteten dunklen Materie der Literaturbiographik, die zugleich zu lesen ist als Beleg dafür, dass Liebesbriefe auch doppelzüngig, ja zweistimmig, ebenso heißblütig wie kaltschnäuzig geschrieben werden können. Der Genius des dramaturgischen Gleichgewichts, der später den Königinnen Elisabeth und Maria Stuart ein bis heute erregendes Bühnenduell in den Mund legen wird, erweist sich auch *in eroticis* als ein Künstler der Balance. Oder sind es eher widerstreitende Neigungen, die diesen 30-Jährigen zwischen zwei Frauen taumeln lassen? Die Schwestern Lengefeld suchen beide bei Frau von Stein, die sie in bitterster Stimmung antreffen, auch für sich eine Art Trost. Ob sie den schon gibt, den sie Jahre später notieren wird?

> Wer mit Eifersucht liebt, liebt mehr.
> Wer ohne Eifersucht liebt, liebt besser.

Schiller, der Ekstatiker, weiß sich im Leben zu beherrschen. Er hat sich oft verliebt und manche Heirat erwogen, nur einmal, bei der Dresdnerin Henriette von Arnim, auch den Kopf verloren. Auf einer Reise im Herbst 1787 hatte er die Schwestern kennengelernt und danach seinem Freund Christian Gottfried Körner geschrieben: »Beide Geschöpfe sind, ohne schön zu seyn, anziehend und gefallen mir sehr.« Aber er schreibt auch: »Es ist möglich, daß ein intereßanteres Mädchen mir aufgehoben seyn kann, aber das Schicksal lässt es mich vielleicht in 6 oder 8 Jahren finden. Schon jetzt hab ich die Neigung dazu nicht mehr … Eine Frau, die ein vorzügliches Wesen ist, macht mich nicht glücklich oder ich habe mich nie gekannt.«

Zu jener Zeit sitzt ihm noch die langjährige Geliebte Charlotte von Kalb mehr im Nacken als im Herzen, und unter den Töchtern Christoph Martin Wielands käme ihm auch die eine oder die andere gelegen. Aber das Rudolstädter Bild der zwei jungen Frauen lässt ihn nicht los, und so verabredet er denn ein halbes Jahr nach der ersten Bekanntschaft für den Sommer 1788 ein längeres Beisammensein mit den beiden, den von der Literaturgeschichte dann so genannten »Volkstädter Sommer«. Vorerst hält er sich von tieferen Empfindungen frei; wiederum an Körner: »Mein Herz ist ganz frei, dir zum Troste; ich habe es redlich gehalten, was ich mir zum Gesetz machte und dir angelobte; ich habe meine Empfindungen durch Verteilung geschwächt, und so ist denn das Verhältnis innerhalb der Grenzen einer vernünftigen Freundschaft.«

Das Schwesternpaar Lengefeld als eine Einheit war nicht Schillers Erfindung. Beide, Caroline und Charlotte, hatten nicht allein durch Erziehung, sondern auch aus Vertrautheit, über lange Zeit gemeinsame Interessen und Erlebnisse, hatten eine einjährige Schweizreise als große Freiheit erfahren, bei der Beschreibung des Rheinfalls von Schaffhausen in ihren Tagebüchern miteinander gewetteifert. Caroline, am 3. Februar 1763 geboren, war die hübschere, lebenslustigere, wortgewandtere und dazu, von jung an bis in ihr hohes Alter, von erotischer Ausstrahlung und Neugierde. Mit 21 Jahren hatte sie einen Hausnachbarn geheiratet, einen jungen Rudolstädter Adligen, Friedrich Wilhelm Ludwig von Beulwitz, den sie aber lieber von ferne sah und den sie schon als Verlobte ihre Distanz hatte spüren lassen. Nicht er, sondern die Mutter Louise von Lengefeld (die als *Chère Mère* berühmt gewordene) hatte beiden dann die Verbindung doch zugemutet. Dass Caroline verheiratet war, nahm ihr in den Augen Schillers nichts von ihrer Attraktivität. Lotte, genauer: Charlotte Louise Antoinette, geboren drei Jahre nach ihrer Schwester (22.11.1766), war introvertierter, scheuer, weniger gesellig, von schmaler Gestalt und eher herben Gesichtszügen. Beide aber waren belesen, sprachbegabt, wortgewandt und zumindest von niederen Haushaltsgeschäften emanzipiert. Auf Charlotte wartete, nach den Plänen der Mutter, eine von ihrer Patentante Charlotte von Stein angebahnte Stellung als Hofdame am Weimarer Hof. (Der Erbprinzessin Louise, der sie hätte dienen sollen, würde sie später in Weimar oft genug begegnen und erkennen, welche Tortur ihr erspart geblieben war.)

Die gemeinsam verbrachten Wochen zeitigten natürlich keine Briefbotschaften. Aber in der folgenden Zeit, als Schiller unwillig genug seine Professur in Jena wahrnimmt und erkennen muss, dass er zum Dozenten nicht taugt, gibt es eine rege Korrespondenz. Da schreibt er zum Beispiel an Caroline:

> Es wird uns, seitdem Sie in Lauchstädt sind, so schwer gemacht, Nachricht voneinander zu bekommen, als wenn Sie ans Ende der Welt gereis't wären … Das Bild, das Sie mir von Ihrer Freundin und Ihrem Beyeinanderseyn geben, könnte mich fast eifersüchtig und neidisch machen … Mein Bild in Ihrer Seele ist doch immer nicht *ich* selbst, und während dem daß mein Schatten unter ihnen wandelt, muß ich selbst hier in Jena ein desto elenderes Leben führen …

Mit gleicher Post geht ein Brief an Charlotte ab:

> Wie sehr danke ich es Ihnen, meine liebste Freundin, daß Sie meiner gedacht haben. In Gedanken uns nahe seyn zu dürfen, ist ja beynahe alles, was das Schicksal uns zu gönnen scheint. Ihr letzter Aufenthalt in Jena war für mich nur ein Traum – und kein ganz fröhlicher Traum, denn nie hatte ich Ihnen so viel sagen wollen als damals und nie habe ich weniger gesagt. Was ich bey mir behalten mußte, drückte mich nieder, ich wurde Ihres Anblicks nicht froh.

Schiller weiß, dass er eigentlich keine Wahl hat, denn Caroline ist ja eine Frau von Beulwitz. Also wendet er sich zu dieser Zeit, im Sommer 1789, der weniger begehrenswerten Lotte zu, und es ist sogar Caroline, die einer Verlobung das Wort redet und sie im stillen betreibt. Aber nicht als Entsagung, sondern als eine Möglichkeit, weiterhin in Schillers Nähe zu bleiben, ja einen gemeinsamen Haushalt zu installieren. Und beiden schreibt er am 3. August 1789:

> Dieser heutige Tag ist der Erste, wo ich mich ganz glücklich fühle. … Ein einziger Tag verspricht mir die Erfüllung der zwey Einzigen Wünsche, die mich glücklich machen kön-

nen. ... Welche schöne himmlische Aussicht liegt vor mir! Welche göttliche Tage werden wir einander schenken. Wie selig wird sich mein Wesen in diesem Zirkel entfalten.

In diesem Zirkel! Und noch deutlicher in einem weiteren Brief:

> Wir haben einander gefunden, wie wir füreinander nur geschaffen gewesen sind. In mir lebt kein Wunsch, den meine Caroline und Lotte nicht unerschöpflich befriedigen könnten.

Lotte war keineswegs unsensibel und bekannte ihr Unbehagen:

> Auch bei Deinen Aufenthalt unter uns voriges Jahr kam mir zuweilen ein Mistrauen auf mich selbst an, und der Gedanke, daß Dir Karoline mehr sein könnte als ich, daß Du mich nicht zu Deinen Glück nöthig hättest, zog mich auch mehr in mich zurück, fühle ich nun, da ich darüber nachdachte, weil sich auch da wieder meine Bescheidenheit, und furchtläsig zu sein, einmischte.

Und auch die Freundin Karoline von Dacheröden, die vor der Heirat mit Wilhelm von Humboldt stand, war bekümmert um die fragwürdige *ménage à trois*: »Ich bin sehr traurig um Karolinen. Sie ist unauflöslich an mein Herz gebunden, und ich fürchte, sie geht noch bei diesem Verhältnis zugrunde. Eine Unerklärlichkeit bleibt mir in Schiller. Hat er nie Karolinens Liebe empfunden, wie konnte er mit Lotte leben wollen? Hat er sie gefühlt, so nahm er die Verbindung mit Lotte nur als Mittel an, mit jener zu leben. – O möge die Zeit dies freundlich lösen.«

Schiller übte sich, während er gleichzeitig auf die Zustimmung der Lengefeld-Mutter zur Verlobung hoffte, indes an weiterer Verwirbelung der Gefühle; der Virtuose psychologischer Bühnenkonflikte schrieb den beiden Schwestern die Seelen wund:

Friedrich Schiller mit seiner Verlobten Charlotte
von Lengefeld und der Schwester Caroline in Volkstedt.
Lithographie von Carl August Schwerdgeburth, um 1850

Nur in euch zu leben, und ihr in mir – o das Daseyn, das uns über alle Menschen um uns her hinwegrücken wird. Unser himmlisches Leben wird ein Geheimniß für sie bleiben, auch wenn sie Zeugen davon sind. Du kannst fürchten liebe Lotte, daß Du mir aufhören könntest zu seyn was Du mir bist. So müßtest Du aufhören mich zu lieben! Deine Liebe ist alles was Du brauchst, und diese will ich Dir leicht machen durch die meinige. Ach das ist eben das höchste Glück in unsrer Verbindung, daß sie auf sich selbst ruhet … wie könnte ich mich zwischen euch beyden meines Daseyns freuen, wie könnte ich meiner eigenen Seele immer mächtig genug bleiben, wenn meine Gefühle für euch beide, für jedes von euch, nicht die süße Sicherheit hätten, daß ich dem anderen nicht entziehe, was ich dem Einen bin. … Caroline ist mir näher im Alter und darum auch gleicher in der Form unserer Gefühle und Gedanken. Sie hat mehr Empfindungen in mir zur Sprache gebracht als Du meine Lotte – aber ich wünschte nicht um alles, daß dieses anders wäre, daß Du anders wärest als Du bist. Was Caroline vor Dir voraus hat, mußt Du von mir empfangen; Deine Seele muß sich in meiner Liebe entfalten, und mein Geschöpf mußt Du seyn …

Je näher die Verlobung mit Lotte rückte, umso dringlicher beschwor Schiller Caroline, seiner Liebe sicher zu sein:

Ach, wenn du erfahren wolltst wie sehr ich dich liebe, so müßtest Du mir eine neue Sprache und ein unsterbliches Leben geben. Wenn der Zwang außer uns erst hinweg sein wird, wenn unser Leben endlich *unser* ist, und Gegenwart und Zukunft in großen weiten Räumen vor uns ausgebreitet liegen, dann kann auch die Liebe alle ihre Reichthümer zeigen und sich mit immer neuen und immer schöneren Blüten überraschen.

Ist der hohe Ton dieser Zeilen nicht schon ein hohler Ton? Sind die Klischees dieser Beteuerung nicht schon ihr Widerruf? Besagen die Hyperbeln von der neuen Sprache und dem unsterblichen Leben nicht schon ein schlichtes: Es ist zu Ende?

Bezeichnend ist, wie die Wirklichkeit auf die »großen weiten Räume« antwortete, mit welch grandios ironischem Echo Schiller selbst zur alltäglichsten Ordnung gerufen wurde. Immerhin zeigte sich, dass der Dichter Caroline keineswegs preisgegeben hatte; er war, im Januar 1790, geradezu verzweifelt bemüht, ihr in Jena ein Quartier zu verschaffen; und als von überall her Absagen kamen, suchte er allen Ernstes, in der nicht eben geräumigen Wohnung, die er demnächst mit Lotte zu teilen hatte, eine Art Heimwerkerlösung, um auch die Schwester unterzubringen. Und ging dabei so penibel ins Detail wie Mozarts Figaro bei der Ausmessung seines Ehebetts:

(Leider) ist in der Nachbarschaft weit und breit kein Logis für Line. Ich habe aber eine Auskunft entdeckt, die uns für die wenigen Monate aus der Verlegenheit ziehen kann; es kommt jetzt nur darauf an, ob sie euch anständig ist. Nehmt also meinen Riss (= Zeichnung) zur Hand und vergleicht ihn, mit dem, was ich jetzt sage. Das Zimmer, das ich durch eine bretterne Wand habe theilen wollen, bliebe, mit sammt dem Alcove ganz für die Simmern (Charlottes Kammerjungfer) und die Köchinn. Zwey Betten haben im Alcove Platz, und so haben sie das ganze Zimmer frey, worinn wir auch Coffre und Schränke stellen, und uns frisieren laßen können. Nun muß aber eine von euch beyden sich gefallen laßen, daß zwey Betten in ihrem Zimmer hinter einer Tapete gestellt werden. Ich dichte, das ließe sich ohne Unbequemlichkeit ertragen … Allein kann jedes von euch seyn, weil man auch in einem Zimmer mit Betten ungestört seyn kann. *Ein* Zimmer bleibt ganz frey, wo die andere wohnt, und so wird die Ehre vom Hause gerettet. Auch die *Decenz* wird nicht verletzt, denn das Zimmer hat seinen eigenen Eingang und die Seitenthüre kann ganz verschloßen gehalten werden.

Man sage nicht, dergleichen habe doch mit einem Liebesbrief nichts zu tun; sind es doch konkretere Bemühungen um Nähe zu Caroline als die goldenen Worte des früheren Briefs. Wenn einer wie Schiller, der so penibel auf der Entrücktheit seines Schreibtischs bestand, sich zu solchen Engführungen hinreißen ließ, dann darf man wohl beträchtliche erotische Energien dahinter vermuten. Die Schwestern sahen eher das Komödienhafte des Arrangements: »Wir haben noch über Deine Anstalten recht gelacht mein Lieber.« Caroline fand, selbstverständlich, doch noch eine andere Unterkunft.

Vor der Hochzeit, die am 22. Februar 1791 stattfand, gab es einen gemeinsamen Theaterbesuch in Weimar, von dem Wilhelm von Humboldt den Eindruck festhielt: »Aber die Art, wie sie untereinander sind, drückte mich oft. Wenn ich Caroline ansah, über ihn hingelehnt, das Auge schwimmend in Tränen, den Ausdruck der höchsten Liebe in jedem Zuge, – ach ich kanns Dir nicht schildern, wie mirs dann war.«

Das Bild dieser Doppelliebe, das den Zeitgenossen, zumal der Weimarer Gesellschaft, jahrelang ein Rätsel, ja ein Ärgernis gewesen ist, hat sich der Nachwelt erst allmählich enthüllen können. Es war Caroline, die Schiller um 42 Jahre und ihre Schwester um 21 Jahre überlebt hat – sie starb am 11. Januar 1847 –, die sich später die Deutungshoheit über »Schiller's Leben« (so der Titel ihrer zweibändigen Publikation im Jahre 1830) gesichert hat, dabei Spuren verwischend und Briefe verfälschend. Keineswegs, um sich selbst in helleres Licht zu rücken und ihrer Liebe ein Denkmal zu errichten, sondern um der Affäre das Zwielichtige nachträglich zu nehmen. Sie glaubte, dem Dichter dadurch einen letzten Liebesdienst zu erweisen, dass sie dem Schillerkult des frühen 19. Jahrhunderts ihre ganz persönlichen Weihen verlieh, indem sie zurücktrat. Dazu gehörte, dass sie Briefe, die beiden Schwestern gegolten hatten, unter der Adresse »An Lottchen von Lengefeld« allein ihrer Schwester zuschrieb, eine Anrede »theure Lotte« mitten in einen Satz einfügte und so sich selbst aus einem Liebesbekenntnis stahl, das ursprünglich ihr selbst gegolten hatte. Hier ein Beispiel ihrer Retuschen mit dem originalen Wortlaut in Klammern:

> Morgen, meine Theuerste (meine theuersten), erhalte ich Briefe von dir (euch). Möchte ich hören, daß Carolinens Gesundheit sich bessert (daß deine Gesundheit sich beßert Caroline); dieß ist's, was mir viele Unruhe macht. Ich fürchte zwar nichts für jetzt; aber ich fürchte, daß diese Zufälle öfters wiederkehren möchten. Körperliche Zerrüttungen könnten das freie Spiel ihres (deines) Geistes stören, und ihr (dir) gerade das, was sie (dich) und uns in ihr (dir) glücklich macht, verbieten. Ihre (Deine) Seele hat Stärke, aber eben darum darf das Instrument nicht schwach seyn, worauf sie spielt; sonst wird sie es durch jede lebhafte Bewegung angreifen.

(Sey also wachsam über deine Gesundheit! Meine Glückseligkeit hängt an deiner Liebe, und Du mußt gesund seyn, wenn du liebst.)
Adieu! meine Theuerste (meine theuersten)! Meine Seele ist dir (euch) nahe. Ich bin nicht von dir (euch) getrennt.

Caroline betrieb, nachdem Lotte dann fest an Schillers Seite stand, ihre Scheidung von Ludwig von Beulwitz just in dem Jahr (1794), als sie schwanger war und den Sohn Adolf gebar, dessen Vaterschaft bis heute Anlass zu Spekulationen gibt. So halten es Kirsten Jüngling und Brigitte Roßbeck in ihrer temperamentvollen Studie »Schillers Doppelliebe« für möglich, dass auch Schiller der Vater gewesen sein könnte, schließlich war Caroline im Herbst 1793, als das Ehepaar Schiller einige Monate im Württembergischen sich aufhielt, in der Nähe gewesen. Bewiesen scheint, dass Caroline das Kind ein Jahr lang bei Pflegeeltern verborgen hielt und erst 1795, als sie schon mit ihrem Cousin Wilhelm von Wolzogen verheiratet war, der Öffentlichkeit als Neugeborenes präsentierte (die dann über den kräftigen Knaben erstaunt war). Den Germanistinnen dient dabei als Beleg auch eine Notiz Carolines aus späteren Jahren; da spricht sie von »Schiller, in dem ich ein doppeltes Leben fand«. Doch ist es wohl eher die Äußerung einer Frau, die »Schiller's Leben« noch einmal als Biographin begleitet hatte.

Immerhin hatte sie ihrer Liebe und der Dreiecksromanze schon beizeiten einen Roman gewidmet, »Agnes von Lilien« betitelt, der zunächst in den von Schiller gegründeten »Horen« erschienen war und in Weimar ziemlich Furore gemacht hatte. Es spricht für das schriftstellerische Talent der damals etwa 35-Jährigen, dass die Brüder Schlegel sogar Goethe als Verfasser vermuteten, der sich jedoch an der komplizierten Handlung stieß und »Behaglichkeit« vermisste. Schiller allerdings hatte seine Hände als Lektor mit im Spiel gehabt: »Plan und Ausführung sind ohne mein Zutun entstanden. Bei dem ersten Teil habe ich gar nichts zu sprechen gehabt. ... Bloß dieses dankt er mir, daß ich von den auffallenden Mängeln einer gewissen Manier in der Darstellung befreite, aber auch bloß solcher, die sich durch Wegstreichung nehmen ließen … und einige weitläufige leere Episoden ganz herausgeworfen« habe.

Ausgerechnet der geschiedene von Beulwitz war begeistert, wie die Mutter der beiden Schwestern, Louise von Lengefeld, in einem Brief festhielt: »Gestern kam B. zu mir und sagte, es sei ein neues Stück von den Horen gekommen, da wäre eine solche schöne Historie darinnen, daß er ganz weg darüber gewesen wäre, so schön geschrieben u.s.w., ob ich nicht wisse von wem sie sei …« Natürlich spricht die Neugier des familienkundigen Herrn dafür, dass er Herkunft und Hintergrund der pikanten Historie sehr wohl geahnt haben mag.

Ungeachtet der prekären Quellenlage, der Vernichtung eines Teils der Korrespondenz lässt sich doch sagen: Die Briefe Schillers an die Schwestern Lengefeld umschreiben mehr als eine irritierende Liebesgeschichte, die verführerische Balance von Gefühlen und den geradezu frivol unentschiedenen Lebensabschnitt eines Mannes, der mit einer schweren (Lungen-)Krankheit geschlagen war und den man zweimal schon totgesagt hatte. Sie erzählen nicht allein von einer Romanze zu dritt, sie sind auch wahrhaft romantische Briefe. Nicht im Sinne der Definition von Karl Heinz Bohrer, dass sie »hochgradig ästhetisch konstruierte« Texte seien, »in denen das Ich sich gewissermaßen erst semantisch findet, erfindet«, sondern als ein aus dichterischen Gefilden in die Wirklichkeit heimgeholter Wunschtraum.

Schiller hält für möglich, was bisher nur Literatur war; er poetisiert das Leben zwar nicht, wie es dann die Romantiker fordern, aber er dramatisiert es. Er versucht zu realisieren, was seinem Zeitalter provokatorisches Ideal ist: die vollkommene Liebe zu dritt, weil sie eben nur im Dreierbündnis vollkommen werden kann. Noch einmal sein Bekenntnis: »Eine Frau, die ein vorzügliches Wesen ist, macht mich nicht glücklich oder ich habe mich nie gekannt.« Da es nicht *eine* Frau für ihn gibt, wählt er das Geschwisterpaar Caroline und Charlotte, beschwört, bezaubert, verstört und fesselt beide zugleich (und gegeneinander). Er weiß um sein Manko und will es überwinden nicht durch Überschwang von Gefühlen, sondern durch die Ausdifferenzierung von Leidenschaften und Bedürfnissen.

Niemand hat das besser erkannt als Humboldts kluge Verlobte, die schon einmal zitierte Karoline von Dacheröden, in einem Brief an Charlotte: »Ich begreife ser gut wie = (Gleichheitszeichen als Chiffre für Schiller) dich anders liebt, wie Linen, um dich so zu lieben wie sie müstest du der getreue Abdruk ihres Wesens sein, ... aber er liebt dich darum nicht weniger – deine stille Anhänglichkeit, dein sanfter Sinn, dein ganzes Wesen gleichsam aufgelöst in zarte Liebe, o glaube meine Beste, es entgeht nichts davon dem feinen Blik des glücklichen Mannes der dies alles sein nent, aber es ist mir begreiflich wie gerade für diese Empfindung der volle Gegenausdruk auch dem besten unter dem andern Geschlecht felt – Weiblichkeit, Lotte, dies Wort wird ewig eine Scheidewand zwischen uns u. die Männer sezzen u. wer sie überschreiten wolte, störte gewis die schöne Ordnung der Natur – Um dieser Weiblichkeit willen die der schönste Ausdruck deines Wesens ist, liebt dich = gewis unendlich – es ist ein Hirngespinst deiner getrübten Fantasie, meine Liebe, eine kranke Vorstellung daß es = je weh tun könte dich gewält zu haben, die leiseste Andung dieses Gedankens würde ihn gewiser schmerzen u. die Blüten seines Geistes zerkniken wenn sie sich schöner vor Karolinen zu entfalten strebten.«

Sie urteilte immerhin über das Genie, das sich nicht gescheut hatte, »diesen Kuß der ganzen Welt« zu geben.

VI
Lebensgier und Todessehnsucht

13
Proteus Caroline
Viele Namen – ein Schicksal

> Die Törin! … Es wäre zweckmäßig für ihre Lage, wenn sie wüßte, wie man eine gute Suppe kocht und eine Wasch behandeln muß.
>
> Frauenspott über Caroline

Welch eine bezaubernde, zeitraffende Szene, die den Übergang von der Klassik zur Romantik gleichsam *en passant* abbildet: Nicht als den Schock, den die Epochenfetischisten ihm nachsagen, auch nicht als dämonische Unterwanderung gesellschaftlichen Comments, sondern als das Gleiten eines übersichtlichen Lebensgefühls in ein abenteuerlich gewagtes, dazu eine Begegnung mitten in der Natur. Dorothea Veit, die kluge Tochter Moses Mendelssohns, noch erst Gefährtin, bald schon die Frau Friedrich Schlegels, hat die Geschichte am Wechsel zweier Jahrhunderte überliefert; ihr Brief vom 15. November 1799 ist durchpulst vom Erstaunen über ein gerade erlebtes kleines Wunder:

> Nun hören Sie! Gestern Mittag bin ich mit Schlegels, Caroline, Schelling, Hardenberg und einem Bruder von ihm, dem Lieutenant Hardenberg, im Paradiese (so heisst ein Spaziergang hier) – wer erscheint plötzlich vom Gebirg herab? Kein andrer als die alte göttliche Excellenz, Goethe selbst. Er sieht die grosse Gesellschaft und weicht etwas aus, wir machen ein geschicktes Manöver, die Hälfte der Gesellschaft zieht sich zurück, und Schlegels gehn ihm mit mir grade entgegen. Wilhelm führt mich. Friedrich und der Lieutenant gehen

hinterdrein. Wilhelm stellt mich ihm vor, er macht mir ein auszeichnendes Compliment, dreht ordentlicherweise mit uns um und geht wieder zurück und noch einmal herauf mit uns und ist freundlich und lieblich und ungezwungen und aufmerksam gegen Ihre gehorsame Dienerin. Erst wollte ich nicht sprechen. Da es aber gar nicht zum Gespräch zwischen ihm und Wilhelm kommen wollte, so dachte ich, hol der Teufel die Bescheidenheit, wenn er sich ennuyirt, so habe ich unwiederbringlich verloren! Ich fragte ihn also gleich etwas, über die reissenden Ströme in der Saale, er unterrichtete mich, und so ging es lebhaft weiter. Ich habe mir ihn immer angesehen und an alle seine Gedichte gedacht; dem »Wilhelm Meister« sieht er jetzt am ähnlichsten. Sie müssten sich tot lachen, wenn Sie hätten sehen können, wie mir zu Mute war, zwischen Goethe und Schlegel zu gehen. Die Wasserprobe des Unmuts habe ich ehmals glücklich überstanden, werde ich auch die Feuerprobe des Uebermuts überstehen? An Friedrich machte er auch ein recht auszeichnendes Gesicht, wie er ihn grüsste; das freute mich recht.

Machen wir die Gruppe der Spaziergänger ein wenig genauer kenntlich als einen Teil dessen, was man die »Familie« der Romantiker genannt hat, als ein Zusammensein geistreicher, genialer, ehrgeiziger junger Menschen, die sich der Utopie eines Reichs der Poesie verschworen und verschwistert haben. Da sind »die Schlegels«, die Brüder August Wilhelm und Friedrich Schlegel, der eine epochemachender Shakespeare-Übersetzer, der andere scharfsinniger Aphoristiker und Prophet einer progressiven Universalpoesie, die »das Leben und die Gesellschaft poetisch machen, den Witz poetisieren« will. Und »Hardenberg«, das ist Friedrich Freiherr von Hardenberg, der unter dem Namen Novalis publiziert und rauschhafter als die anderen den Geist beschworen hat, der die Romantiker beseelt:

Die Welt muß romantisiert werden. So findet man den ursprünglichen Sinn wieder. Romantisieren ist nichts, als eine qualitative Potenzierung. Das niedere Selbst wird mit einem besseren Selbst in dieser Operation identifiziert … Diese Operation ist noch ganz unbekannt. Indem ich dem Gemeinen einen hohen Sinn, dem Gewöhnlichen ein geheimnisvolles Ansehn, dem Bekannten die Würde des Unbekannten, dem Endlichen einen unendlichen Schein gebe, so romantisiere ich es.

Der jüngste in der Gruppe ist mit erst 24 Jahren Friedrich Wilhelm Schelling, den man später als Philosophen der Romantik bezeichnen wird und der sich mit einer ersten Arbeit, einer Studie über das Wirken und Wesen des Genies, dem Kreis empfohlen hat. Besonders faszinierend findet man seine Begeisterung für den mittelalterlichen Mystiker Jakob Böhme, den er eine »Wundererscheinung in der Geschichte der Menschheit, und besonders in der Geschichte des deutschen Geistes« nennt.

Romantik – das ist um 1800 die nach innen gekehrte Revolution, eine von jungen Poeten und Schriftstellern gewagte Seelenodyssee, Heimkehr in eine eben erst freigelegte und lesbar werdende Vergangenheit; Emanzipation von Klassizität und griechischen Idealen, von marmornem Ebenmaß. Unterwanderung des *common sense* durch Ironie und Doppeldeutigkeit. Romantik ist die Inthronisation einer neuen Dichtung, die dem Leben nicht als Schmuck dient, sondern als Begründung. Romantik ist das Wagnis einer offenen, gebrochenen Existenz. Sie ist der Mut zu einer Liebe, die weder Schranke noch Dauer gelten lassen will. Romantik wird von Männern herbeigeschrieben, aber sie ist die Epoche der Frauen.

Und dann ist da in der Spaziergesellschaft (im so vielsagenden Jenaer »Paradies«) auch noch »Caroline«, die wahrhaft romantischste Frau der Epoche und nicht zufällig Mittelpunkt des ganzen Kreises. Romantisch ist sie aber nicht im Sinne einer schwärmerischen Phantasie, sondern als ein Mensch, der sich, bei klarstem Verstand, immer wieder aufs Meer der Gefühle hinauswagt. Nicht so sehr als Verführte, sondern als Verführerin ihrer selbst, lebt sie ihr Leben als Sirene. Und so lesen wir in ihren Briefen Bekenntnisse wie diese:

> Spotte nur nicht, Du Lieber, ich war doch zur Treue gebohren, ich wäre treu gewesen mein Lebenslang, wenn es die Götter gewollt hätten, und ungeachtet der Ahndung von Ungebundenheit, die immer in mir war, hat es mir die schmerzlichste Mühe gekostet untreu zu werden, wenn man es so nennen will, denn innerlich bin ich es niemals gewesen. Dieses Bewusstseyn von innerlicher Treue hat mich oft böse gemacht, hat mir erlaubt, mir wagend zu erlauben; ich kannte das ewige Gleichgewicht in meinem Herzen.

Das Abenteuerliche ihres Lebens- und Liebesweges zeigt sich am einfachsten daran, dass man sie inmitten all der Carolinen des Zeitalters einfach »die Caroline« nennt. Denn ihre biographische Namensmitgift ist selbst für die Frauen der romantischen Epoche nach der »Erfindung der Scheidung« (Enzensberger) beträchtlich: Caroline Michaelis/Böhmer/Schlegel/Schelling. Zur Zeit des Treffens mit Goethe halten wir beim Nachnamen (August Wilhelm) Schlegel – und haben einiges an Sirenenschicksal zu rekapitulieren.

Geboren ist Caroline 1763 in Göttingen als Tochter des berühmten Orientalisten (und Lessing-Förderers) Johann David Michaelis. Mit 21 Jahren heiratete sie ohne große Neigung einen Nachbarn, dessen Vater auch Professor war, den zehn Jahre älteren Arzt Johann Franz Wilhelm Böhmer (»meine Zärtlichkeit für ihn trägt nicht das Gepräge auflodernder Empfindungen«); sie bringt drei Kinder zur Welt, aber nur die Tochter Auguste bleibt am Leben. Nach dem frühen Tod Böhmers kehrt sie für einige Zeit ins Göttinger Elternhaus zurück, wo mehrere Studenten ihr den Hof machen, darunter auch der 20-jährige A. W. Schlegel. Eine weitere Witwenstation ist Marburg, wo sie bei ihrem Halbbruder Fritz wohnt. 1792 – Europa ist von revolutionären Ideen und Ängsten mobilisiert – zieht es sie nach Mainz. Dort lebt inzwischen ihre Jugendfreundin Therese (Heyne), die nun mit dem (als Begleiter Cooks) berühmten Weltumsegler Johann Georg Forster verheiratet ist. Dieser hat sich zum Führer der in der Stadt herrschenden Jakobinerrepublik machen lassen und ist für kurze Zeit ein großer Mann in turbulenter Situation. Denn der republikanische Traum dauert nicht; im Frühjahr 1793 muss Forster fliehen, und seine Frau verlässt ihn.

Auch Caroline sucht die von den Preußen belagerte Stadt zu verlassen, wird aber auf dem Weg nach Frankfurt arretiert und als Geisel für Forster auf der Festung Königstein im Taunus festgesetzt. Aber der Mainzer Aufenthalt hat für sie noch ein anderes Nachspiel: Sie wird, als Gefangene, gewahr, dass sie schwanger ist. Schwanger von einem 19-jährigen französischen Offizier, Jean Baptist Dubois-Crancé. Noch kann sie vor den Bewachern, aber auch vor ihren Korrespondenzpartnern, das »Kind der Glut und der Nacht« verheimlichen, aber sie versucht mit Bittbriefen an alle möglichen Adressen freizukommen mit der Möglichkeit, die Geburt ohne Aufsehen und in Anonymität hinter sich zu bringen. In dieser Situation schreibt sie auch an einen ihrer studentischen Verehrer, Meyer, einen verzweifelten Brief:

> Mir kann nicht genügen an dieser bedingten Freiheit (sie ist von der Festung Königstein nach Kronberg in Hausarrest gekommen) ich muß bald vom Schauplatz abtreten können, wenn ich nicht zugrund gehen soll. Wollte Gott, Sie wären in der Nähe, und ich könnte Sie sprechen … Bei der strengsten Untersuchung kann nur *eine* Unvorsichtigkeit gegen mich zeugen, ob man sie weiß, und die gerade nur ein Mangel an Klugheit ist … Meine Existenz in Deutschland ist hin … Meine sehr entschiedene instinktmäßige Neigung zur Unabhängigkeit ließ mirs nie zu, meine Gewalt über irgend einen andern nutzen zu wollen … Ich bin nun isoliert in der Welt, aber noch Mutter, und als solche will ich mich

zu erhalten und zu retten suchen … Leb wohl. Was Du von mir hören magst, jetzt da ich einem gehässigen Publikum schmählich überantwortet bin – und was für Entschlüsse ich ergreifen möge – denk, ich sei dieselbe Frau geblieben, die Du immer in mir kanntest, geschaffen um nicht über die Grenzen stiller Häuslichkeit hinweg zu gehn, aber durch ein unbegreifliches Schicksal aus meiner Sphäre gerissen, ohne die Tugenden derselben eingebüßt zu haben, ohne Abenteuerin zu sein.

Und in dieser unglückseligen Situation, in der Meyer sich vor tatkräftiger Hilfe drückt, kommen die Brüder Schlegel ins Spiel als rettende Engel. August Wilhelm hatte ja schon einige Jahre vorher, in Göttingen, um sie geworben und war damals abgewiesen worden, wie sie eine Freundin wissen ließ: »Schlegel und ich! ich lache indem ich schreibe! Nein, das ist sicher – aus uns wird nichts.« Noch immer aber ist er ihr so ergeben, dass er ihr, als sie sich am Ende glaubt, sogar Gift besorgt. Zugleich aber, mit ihrem einflussreichen Bruder Philipp, sich um ihre Freilassung bemüht und nach Lucka bringt, wo er sie der Obhut seines jüngeren Bruders Friedrich anvertraut. In dem thüringischen Provinznest bringt sie als eine »Madame Julie Krantz« – der abenteuerlichste Name ihrer Biographie – einen Sohn zur Welt, der sogleich in Pflege gegeben wird und nach anderthalb Jahren stirbt. Immer aber hat sie ihre Tochter Auguste bei sich.

Wochenlang hatte sich der damals 21-jährige Friedrich Schlegel um Caroline gekümmert, und obwohl sie hochschwanger war, zeigte er sich von ihr tief beeindruckt, ja bezaubert. Kurz darauf hat er sie in seinem Roman »Lucinde«, der zum Skandal werden sollte, porträtiert und schwärmte vom »erste(n) Anblick einer Frau, die einzig war, und die seinen Geist zum erstenmal ganz und in der Mitte traf … Er erstaunte und erschrak, denn wie er dachte, daß es sein höchstes Gut sein würde, von ihr geliebt zu werden und sie ewig zu besitzen, so fühlte er zugleich, daß dieser höchste und einzige Wunsch ewig unerreichbar sei … Darum drängte er alle Liebe in sein Innerstes zurück, und ließ da die Leidenschaft wüten, brennen und zehren.«

Und er gab ein lebhaftes Bild von ihr: »Sie konnte in derselben Stunde irgend eine komische Albernheit mit dem Mutwillen und der Feinheit einer gebildeten Schauspielerin nachahmen und ein erhabenes Gedicht vorlesen mit der hinreißenden Würde eines kunstlosen Gesangs. Bald wollte sie in Gesellschaft glänzen und tändeln, bald war sie ganz Begeisterung, und bald half sie mit Rat und Tat, ernst, bescheiden und freundlich wie eine zärtliche Mutter …« Man sieht, wie sie mit diesen Eigenschaften, mit solcher Rollenvielfalt auch zum Mittelpunkt des Jenaer Romantikerkreises werden konnte, wie sie, nunmehr Anfang dreißig und 1796 doch noch die Frau August Wilhelms geworden, sich inmitten der jungen genialischen Herren neu etablieren, begeistern und beleben musste. Und man weiß, wie da auch die Bosheit, etwa die Häme über Schiller, mit ihr durchgehen konnte, wenn sie in einem Brief schrieb: »Über ein Gedicht von Schiller, das Lied von der Glocke, sind wir gestern fast von den Stühlen gefallen vor Lachen …« Der hatte wiederum längst das böse Wort von der »Dame Lucifer« über sie in Umlauf gebracht.

Noch immer ist sie, wie sie da neben ihrem Mann, zwischen alten und neuen Verehrern, durchs »Paradies« geht, eine nicht eigentlich schöne, aber lockende Frau. Und auch der Mitwanderer von Hardenberg, der melancholische Novalis, hatte wohl vor einiger Zeit Zuneigung zu ihr gefasst; der Brief aber, mit dem sie ihm vor Monaten zugeredet hatte, ist wohl eher ein mütterlicher denn ein Liebesbrief zu nennen:

Was Sie von Ihrer Kränklichkeit erwähnen, darüber will ich mich nicht ängstigen, weil immer viel guter Mut dadurch hervorleuchtet, und Sie bei Ihrer Reizbarkeit immer Zeiten haben *müssen*, wo sie nichts taugen. Das Wort des Trostes, was Sie nennen, geht mir weit mehr zu Herzen: Liebe, welche? Wo? Im Himmel oder auf Erden? Und was haben Sie mir mündlich Schönes und Neues zu sagen? Tun Sie es immer nur gleich, wenn es nichts sehr Weitläufiges und etwas Bestimmtes ist. Es gibt keine Liebe, von der Sie da nicht sprechen könnten, wo, wie Sie wissen, lauter Liebe für Sie wohnt. In der Tat – darf ich alle Bedeutung in den Schluß Ihres Briefes legen, den er zu haben scheint? Ich will ruhig schweigen, bis Sie mirs sagen. ... Sehn Sie, man weiß sich das nicht ausdrücklich zu erklären, aus Ihren Reden, wenn sie ein Werk unternehmen, ob es soll ein Buch werden, und wenn Sie lieben, ob es die Harmonie der Welten oder eine Harmonika ist. (Aber dass sie selber auch literarisch tätig ist, bringt sie ihm und uns am Ende doch auch noch in Erinnerung:) Wir sind sehr fleißig und sehr glücklich. Seit Anfang des Jahres (1799) komme ich wenig von Wilhelms Zimmer. Ich übersetze das zweite Stück Shakespeare, Jamben, Prosa, mitunter Reime sogar. Adieu, ich muß dies wegschicken.

Aber es ist unter den Spaziergängern nicht Novalis, der sie aus der Jenaer Kameraderie, der Leutseligkeit des poetischen Zirkels reißen wird: Es ist Schelling, der, als er 1799 in den genialischen Kreis gerät, ihr den Atem verschlägt, wie sie auch ihm. Dem sie, als er von Jena abreist, ein Stück Weges folgt zu einem bereits geplanten Kuraufenthalt. Der *coup de foudre* erleidet zunächst einen Schock, als die Tochter Auguste in Bad Bocklet an der Ruhr stirbt und das Paar sich mit Schuldgefühlen plagt; er mündet aber ..., drei Jahre später und nach der von Goethe unterstützten Scheidung von Schlegel, in ihre letzte (und glückliche) Ehe: Da ist sie 40, er 28. Ihre Briefe, die sie dem so viel jüngern Geliebten bis dahin schreibt, sind ein Stück Emanzipationsgeschichte; in ihnen spiegelt sich nicht nur das individuelle Schicksal Carolines, sondern schon der unabhängige Geist dessen, was heute eher ungalant Frauenpower heißt.

> Es ist vielleicht ein seltsamer Kontrast, daß ich Dir so heiter schreibe nach einem solchen Brief. Aber ich habe viel gelebt in diesen wenigen Tagen, und das ist mein innerstes Wesen,

daß ein Lächeln grenzen kann an die unsäglichste Not. Du hast mich wieder geweckt, und gewiß, wir quälen uns nun wohl recht mit hin und her schreiben, und tausend Widersprüche fallen vor, aber am Ende werden wir doch uns etwas bilden, das alle löset. Verlaß mich nicht, ich liebe Dich, ich wollte, ich könnte Dir sagen wie sehr, aber in Deinen Armen selbst würde ich es Dir nicht ausdrücken können.

An der Jahreswende 1800/01 lebt sie aber immer noch mit Schlegel im selben Haushalt zusammen, nunmehr in Braunschweig, und der Neujahrsbrief an Schelling lässt den Widerstreit zwischen alter Gewohnheit und neuen Gefühlen erkennen, aber auch die Trauer um eine Nähe, die verloren ist und dennoch andauert.

Mein lieber Freund, wie bin ich doch in den letzten Stunden des Jahres so lebhaft bei Dir gewesen. Am Morgen bekam ich Deinen Brief vom Weihnachtstag noch, und wußte also, wo Du jenen Abend sein würdest, das machte mir meine Einsamkeit recht heiter. Ich lebte nicht in mir, sondern völlig in Dir …, aber so weit gingen meine Visionen nicht, daß ich Dir nun etwa schon erzählen könnte, was Du mir zu erzählen haben wirst … Soll ich Dir auch *mein 12 Uhr* beschreiben? Es hatte bloß ein innerliches Dasein, rings herum kein Laut, kein einzig Zeichen. Es gab allerlei Gesellschaften, aber ich hätte bei keiner sein mögen … Schlegel befand sich nicht wohl, er schlief in meiner Stube auf dem Sofa den ganzen Abend. Ich war noch zu Luisen hinuntergegangen, denn zu Bette legen wollte sich doch keiner. Schlag 12 überraschte uns, ich wollte Schlegel noch wecken, ehe es ausgeschlagen … also lief ich hinauf, er hatte den Schlag gehört, sich zusammengerafft und zu uns heruntergehn wollen, also begegneten wir uns wie die beiden Jahrhunderte auf der Treppe. Meine Seele aber war bei Dir und dem Ring an Deiner Hand …

Es ist kein Himmelhochjauchzen in ihren Briefen, sondern oft eine sie selbst quälende Unsicherheit, die nicht zuletzt von ihrem Alter diktiert wird. So in einem Brief vom Februar 1801, also wenige Wochen nach den Neujahrszeilen:

> Ich sage nicht heut – ich will das tun – und morgen – ich will ein andres, und jedesmal so zuversichtlich, als wenn es ewig gelten würde – nein, es malt sich wohl sehr deutlich in meinen Äußerungen, daß ich nicht weiß, was ich tun soll – bis der Moment kommt. Der ist da, und ich bitte Dich, nimm es so an.

Aber was sich wie ein endgültiges Jawort einer Geliebten liest, nimmt dann eine geradezu verstörende Wendung:

> Ich bin die Deinige, ich liebe, ich achte Dich – ich habe keine Stunde gehabt, wo ich nicht an Dich geglaubt hätte, es sind Umstände gewesen, die Deinen Glauben an mich trübten, es wird nun heller werden. Ich sehe Dich wieder, vermutlich so bald, als ich mir kürzlich vorstellte. Als Deine Mutter begrüße ich Dich, keine Erinnerung soll uns zerrütten. Du bist nun meines Kindes Bruder, ich gebe Dir diesen heiligen Segen. Es ist fortan ein Verbrechen, wenn wir uns etwas anders sein wollten …

Aber als Schelling dann verwirrt darauf reagiert, beeilt sie sich, ihm die Verwirrung ihrer Gedanken ans Herz zu legen:

> Wenn Du mich von Dir losmachen wolltest, so würdest Du mein Leben mit zerreißen. Also was schwatzest Du vom Wunsch frei zu sein, und von der Möglichkeit, daß mich mein innrer Genius nicht eben zu Dir unwiderstehlich hinzöge, das ist alles Torheit – denn eben zu Dir; ich habe es nie allmächtiger empfunden. Ich will bloß dabei bleiben, was ich bin, was ich nicht ändern könnte ohne mich zu zerstören,

mir treu, um Dir desto treuer zu sein. … O ich habe Dich schrecklich lieb, unbegreiflich lieb, und nun wird es erst ganz an den Tag kommen.

Schelling leidet nicht unter ihrem Alter, sondern an den Jahren, die sie ihm voraushat, an ihrer Vergangenheit. Und sie versucht, ihm dieses Vorleben als eine *éducation sentimentale* zu erklären:

> Du wolltest ein ungetrübtes, jugendliches Glück, Du jugendlich Herz, wie es auch so einem herrlichen Menschen ziemet, wenn Du nur nicht so viel herrlicher wie herrlich gewesen wärest. Wie ich in mir selber erwachte, da machte es sich so, daß ich lange, lange glaubte, in der Wirklichkeit wäre das Glück niemals zu Hause, und nichts, was dem innern Dasein eigentlich entspräche. Und durch diese erste Erziehung bin ich immer ein wenig bescheiden geblieben. Die Resignation hat mir Tiefe gegeben, und die erste Liebe eine ganz unaussprechliche Heiterkeit, ob sie schon selbst fast nicht in die Wirklichkeit gehörte. Nun begnügst Du Dich, wenn es sein muß, jedoch in Bitterkeit, und ich in reicher Demut. Du kannst und sollst gar nicht sein wie ich – aber erkenne nur die Sache, wie sie steht von beiden Seiten, und nimm von mir an, was Dein edles Gemüt nicht bezwingen, aber besänftigen, trösten, beruhigen möchte.

Im Frühjahr 1803 heiratet das ungleiche Paar – und wird glücklich. Schelling macht mit seiner Philosophie Karriere, wird Professor in München. Caroline stirbt 1809, plötzlich, wie einst ihre Tochter, an der Ruhr. Schelling ruft ihr, in einem Brief an ihren Bruder Philipp, diese Worte nach: »Wäre sie mir nicht gewesen, was sie war, ich müßte als Mensch sie beweinen, trauern, daß dies Meisterstück der Geister nicht mehr ist, dieses seltne Weib von männlicher Seelengröße, von dem schärfsten Geist, mit der Weisheit des weiblichsten, zartesten, liebevollsten Herzens vereinigt. O etwas der Art kommt nie wieder!«

14
Auf Lieben und Tod
Die Günderrode fasst sich ein Herz

> Wer das Leben anders, als *eine sich selbst vernichtende Illusion*, ansieht, ist noch selbst im Leben befangen.
>
> Novalis, Vorarbeiten 1798

War das Lebensdrama der Caroline Böhmer/Schlegel/Schelling eins des öffentlichen Lebens, verstrickt in private, politische, revolutionäre und ästhetische Revolten und Dispute, war ihre Vita von Reisen, Projekten, Ausfluchten und Skandalen geprägt, so gilt für Karoline von Günderrode das Gegenteil: Ihre Existenz war stationär, ihre Konflikte trug sie im Kopf und im Herzen aus, und ihre entscheidenden Bewegungen waren am Ende ein Dolchstich in die eigene Brust und ein Versinken im Rhein. Wurde die eine Caroline von der Romantik herumgewirbelt, so wurde die Günderrode gleichsam zum Sog für phantastische Träume, zum Schwarzen Loch aller romantischen Todessehnsucht.

Karoline von Günderrode ist die heimlichste, unheimlichste unter den Frauengestalten der Romantik. Bettina von Arnim, die sie Jahrzehnte später mit ihrem Buch »Die Günderode« (die zwei Schreibweisen des Namens gehen durch alle einschlägige Literatur) aus fast völliger Versunkenheit gerissen hat, beschreibt sie gleichsam als ihren eigenen Gegenpol: »Sie war sanft und weich in allen Zügen wie eine Blondine. Sie hatte braunes Haar, aber blaue Augen, die waren gedeckt mit langen Wimpern; wenn sie lachte, so war es nicht laut, es war vielmehr ein sanftes gedämpftes Girren, in dem sich Lust und Heiterkeit sehr vernehmlich aussprach … ihr Wuchs war hoch, ihre Gestalt war zu fließend, als daß man es mit dem Wort schlank ausdrücken könnte; sie war schüchtern freundlich und viel zu willenlos, als daß sie in der Gesellschaft sich bemerkbar gemacht hätte. Einmal saß sie bei dem Fürst Primas mit allen Stiftsdamen zu Mittag; sie war im schwarzen Ordenskleid mit langer Schleppe und weißem Kragen mit dem Ordenskreuz; da machte jemand die Bemerkung, sie sähe aus wie eine Scheingestalt unter den anderen Damen, als ob sie ein Geist sei, der eben in die Luft zerfließen werde.«

Aber ganz so ätherisch war sie wohl doch nicht. Schon ihr Porträt von V. Schertle zeigt – im Profil – ein etwas fülliges Gesicht mit klaren Zügen, intensivem Blick, eher eine schöne Bäuerin denn eine fromme Frau. Überhaupt weckt der Titel eines Stiftsfräuleins eine falsche Vorstellung. Als älteste Tochter des frühverstorbenen badischen Kammerherrn Hektor Wilhelm von Günderrode (von fünf Geschwistern waren drei gestorben), wurde sie mit 17 Jahren in Frankfurt in das »von Cronstett- und von Hynspergische Adelige Evangelische Stift« geschickt, das adligen Damen Unterkunft und Versorgung bot. Anfangs ein Heim von streng protestantischer Observanz, hatte sich zur Zeit ihres Eintritts kurz vor 1800 eine freiere Ordnung etabliert, die auch weiße Musselinkleider nach der neuesten Mode erlaubte. Selbst Theaterbesuche, bei der Gründung des Instituts noch verpönt, waren möglich, man konnte Besuche von Freundinnen und Freunden empfangen und selbst nach Belieben auf Reisen gehen. Die zwei (von der Forschung ermittelten) Zimmer im Erdgeschoss des komfortablen Hauses am Roßmarkt waren also kein Gefängnis, und die junge Frau war der Welt keineswegs abhandengekommen, sondern eher von unbändigem Tatendrang. Dem sie allerdings eher in Wunschträumen freien Lauf ließ:

Warum ward ich kein Mann! ich habe keinen Sinn für weibliche Tugenden, für Weiberglückseligkeit. Nur das Wilde Große Glänzende gefällt mir. Es ist ein unseliges aber unverbesserliches Mißverhältnis in meiner Seele; und es wird und muß so bleiben, denn ich bin ein Weib und habe Begierden wie ein Mann, ohne Männerkraft. Darum bin ich so wechselnd, so uneins mit mir.

Bei einem dieser Ausflüge in die große Welt, einer Gesellschaft im Hause ihrer Freundin Karoline von Barkhaus, lernte die 19-Jährige den ein Jahr älteren Friedrich Carl von Savigny kennen. Was sie der Freundin sofort darauf in einem Brief bekennt, lässt erkennen, dass ihr »Weiberglückseligkeit« keineswegs fremd war:

> Ungern verließ ich Sie gestern, und im heftigen Kampf mit mir, ob ich Ihnen die Lage meines Herzens entdecken sollte oder nicht, ich sehnte mich nach dem Trost, mein Herz in das Ihrige ausschütten zu können, und doch hielt mich eine geheime Furcht, deren Wurzel ich mir nicht erklären konnte, zurück. Schrifftlich, dachte ich, wird es mir leichter sein, mich zu entdecken, dieser Gedancke ward Entschluß, welcher noch jetzt in meiner Seele haftet. Schon beim ersten Anblick machte Savigny einen tiefen Eindruck auf mich, ich suchte es mir zu verbergen und überredete mich, es sei bloß Theilnahme an dem sanften Schmerz, den sein ganzes Wesen ausdrückt, aber bald, sehr bald belehrte mich die zunehmende Stärke meines Gefühls, daß es Leidenschaft sei was ich fühlte.

Es war diese Leidenschaft zur Leidenschaft, die das frühe Verhängnis der Karoline von Günderrode sein sollte. Und es war solche Leidenschaft die den eher nonchalanten und zurückgenommenen Savigny rasch auf wohlwollend herzliche Distanz gehen ließ. So zeitigte das Verhältnis eine jahrelange Korrespondenz, in der sich die junge Frau mit der Rolle eines »Freundes« zu begnügen schien; in der sie, nach anfänglicher Erschütterung, auch Contenance bewahrte, als sich Savigny ihrer Freundin Kunigunde (Gunda) von Brentano zuwandte, und in der sie mit einem ziemlich schwülen Sonett reagierte, als 1804 die Hochzeit der beiden gefeiert wurde. Die erste Strophe lautet:

Es hat ein Kuß mir Leben eingehaucht,
Gestillet meines Busens tiefes Schmachten,
Komm Dunkelheit! mich traulich zu umnachten
Daß neue Wonne meine Lippe saugt.

Aber mit den Versen bekannte sie nicht nur noch einmal alte Gefühle, sondern auch neues Selbstbewusstsein, das Gefühl, Dichterin und ebenbürtig den poetischen Freunden, dem Kreis der Romantiker, zu sein. Im gleichen Jahr erschien ihr Buch »Gedichte und Phantasien« unter dem Pseudonym »Tian«, darin auch Verse, die die Spannung, die Herzzerrissenheit ihrer Gefühle beschwören:

Liebe

O reiche Armuth! Gebend, seliges Empfangen!
In Zagheit Muth! in Freiheit doch gefangen.
In Stummheit Sprache,
Schüchtern bei Tage,
Siegend mit zaghaftem Bangen.

Lebendiger Tod, im Einen sel'ges Leben
Schwelgend in Noth, im Widerstand ergeben,
Genießend schmachten,
Nie satt betrachten
Leben im Traum und doppelt Leben.

Zu ihren Verehrern in jenen Jahren gehörte auch Gundas Bruder, Clemens von Brentano, der aber in Wahrheit um eine andere warb, um Sophie Mereau, eine kluge Frau und ebenfalls Dichterin (deren »Feuerfarb« Beethoven vertont hat). Einen seiner leidenschaftlichsten Briefe an die Günderrode haben wir schon in der Einleitung zitiert; er liegt schon einige Zeit zurück, als er sich nun, nach der Veröffentlichung des Gedichtbandes, erneut an sie wendet und anzuschmiegen versucht:

Es hat vielleicht kein Herz die Stürme erlitten, die das meinige erlitt, laut und stumm, es wird sich zum Felsen weinen. Ich bitte Sie um Gerechtigkeit, um Ruhe, um Freundschaft für mich … die Welt steht kalt, klar und lieblos vor mir, ich wache ewig, kein Traum mehr, keine Fremde, keine Heimath, ich glaubte Wein zu trinken, und trank mein Blut. Liebe Caroline sehen Sie mich als ein Wesen an, das Sie versteht, das Ihnen vertraut, das Sie ehrt, dem Sie wohlthun können, sein Sie ein Weib, sein Sie weich, verzeihen Sie mir, sein Sie meine Freundin. … Das Herz des Menschen ist ja so arm, nehmen Sie dem Ihrigen die Wollust nicht, das Meinige zu erheben, das ärmer ist als arm, denn selbst nach Armuth fühlt es ein Bedürfniß. … Wenige Worte nur sagen Sie mir wieder, lassen Sie den Staab wieder grünen und blühen, den Sie über mich vielleicht gebrochen haben, dann will ich Ihnen mein Herz vertrauen, will auf Sie bauen, will mich an Ihrer Freundschaft erhalten, und vielleicht, ach vielleicht emporarbeiten, ist mein Herz nicht auch eines Himmels werth? … antworte mir bald, du liebe Seele, antworte dem wunderlichen, fantastischen, furchtbaren Menschen, der sich vor sich selbsten fürchtete, den du zu einem Kinde machen kannst, daß in den Spiegel schaut und sich selbsten küßte, der blind war, als er dich küßte.

Schon bei den ersten Bestürmungen durch Clemens hatte die Schwester den Bruder in die Schranken zu weisen versucht: »Aber natürlich, wenn Du auf dem Tanzplatz herumgaukelst all Deiner seltsamlich verphantasierten Scheingöttinnen, da kann die (Günderrode) echt sich nicht herablassen, eine von Dir gewählte Rolle zu übernehmen.« Diesmal warnte die vertraute und lebenskluge Freundin Lisette Nees Caroline, die ihr von dem Brief berichtet hatte: »Deine Erzählungen von Clemenz sind mir wunderbar, ich möchte einen warnenden Zeigfinger aufheben … Ernstlich, liebe Lina nehme Clemenz nicht anders wie er ist, vertraue diesem ungetreuen Schiff nicht!«

Niemand hat die Problematik des Briefschreibens, der Liebespost so durchschaut, auf einen so schaurigen Begriff gebracht wie Karoline von Günderrode. In einem Brief an Clemens von Brentano aus dem Jahr 1803 schreibt sie in einem Zustand von beinah kafkaesker Hellsicht:

Auch die wahrsten Briefe sind meiner Ansicht nach nur Leichen, sie bezeichnen ein ihnen einwohnend gewesenes Leben und ob sie gleich den Lebendigen ähnlich sehen, so ist doch der Moment ihres Lebens schon dahin; deswegen kömmt es mir aber vor (wenn ich lese, was ich vor einiger Zeit geschrieben habe), als sähe ich mich im Sarg liegen und meine beiden Ichs starrten sich ganz verwundert an.

Eine weniger drastische, aber gleichsinnige Bemerkung hatte Sophie Mereau etliche Jahre früher gemacht, bezeichnenderweise an denselben Adressaten (dessen Frau sie nach heftigem Zerwürfnis dennoch werden sollte und wollte), an einen Menschen also, dessen man sich nie ganz sicher sein konnte. Ende November 1799 schreibt sie ihm: »Es ist ein sonderbares Gefühl, sich auf dem Papier jemand nähern zu wollen, und ich habe Ihre Entfernung nie mehr gefühlt als jetzt, da ich Ihnen schreiben will. Ich hasse alle Briefe an vertraute Wesen, ob ich sie gleich um keinen Preis missen möchte. – Ein Brief ist mir immer wie ein Roman, – und ich mag lieber zu wenig als zu viel sagen. Das Papier ist ein so ungetreuer Bote, daß es den Blick, den Ton vergißt, und oft sogar einen falschen Sinn überbringt, – und doch ist selbst der Kampf mit Irrungen besser als die fürchterliche Öde, die kein Ton durchhallt.«

Beide Äußerungen, vor allem aber die schneidende Einsicht der Günderrode, sind so etwas wie Elegien auf den Tod des Moments, der doch ein Jahrhundert lang den Zauber, die Aura, das Herzblut des Briefschreibens und das Elixier der Briefschreiber von Richardson über Gellert bis zu Goethe ausgemacht hatte. Der Moment des Briefschreibens war ein Akt der Beseligung gewesen, eine Frühform des *flow*, ein Orgasmus aus Tinte, und er ging ja mit der Post nicht verloren, sondern sollte neues Entzücken zeugen, nicht nur die Freude des Empfängers oder der Empfängerin, sondern auch den Beifall einer größeren Runde, eines Zirkels von Freunden, denen Briefe vorgelesen wurden als abendliche Unterhaltung. Der »Moment« des 18. Jahrhunderts war nicht so sehr eine Spontanzeit als ein geistreiches Nu, eine Stippvisite auf Papier. Diesem Moment durch gewitztes und kunstvolles Erzählen eine Zeitdehnung zu gewähren, der flüchtigen Emotion ihre Vergänglichkeit zu stunden – das war mehr Gesellschaftsspiel als Seelenbekenntnis.

Aber wie wenig mit dem Moment zu spaßen war und dass er gefährliche Konterbande war, hatte nicht nur Goethe mit seinen Werther-Briefen gezeigt, sondern auch Friedrich Maximilian Klinger (»Sturm und Drang«), als er vom »Streit der Augenblicke« sprach. Das Wort fällt in einem Brief an Ernst Schleiermacher vom August 1777: »... das Labyrinth, wilde und wirre meiner Empfindungen zu detailliren, wär sich in einen Streit der Augenblikke einlassen. ... Bruder! der Menschen Sache sind zwey: Schaffen und Zerstöhren, und wer keins von beyden zur vollen Befriedigung seines Gefühls (so hoch es gehen mag) treiben kann, der lebt wie ich.«

Doch nicht Savigny, nicht Clemens von Brentano sollten für Karoline zum Schicksal werden, sondern der 33 Jahre alte Georg Friedrich Creuzer, den sie Anfang August 1804 in Heidelberg kennenlernte. Creuzer, mit einer sehr viel älteren Frau verheiratet, war kurz vorher als Altphilologe und Altertumsforscher von Marburg aus dorthin an die Universität berufen worden und konnte nichts weniger gebrauchen als eine Affäre. Aber die Leidenschaft, mit der Karoline ihn geradezu überfiel, die unverhohlene Sinnlichkeit ihres Begehrens schwemmten alsbald seine Ängste hinweg oder kurierten sie wenigstens für Sehnsuchts-Zeiten, so dass es immer wieder zu heimlichen Treffen und Umarmungen kam. Eine Frankfurter Freundin räumt der Günderrode ebenso komplizenhaft wie kummervoll ein abseits gelegenes Gartenhaus ein: »Ich kann mich nicht recht freuen Dich wieder zu sehen, weil Unglük es ist was Dich früher mir wieder giebet könte ich so gut einen Plan Dich glücklich zu machen auffinden als die möglichkeit Cr zu sprechen dann wolte ich frölich sein, wahrscheinlich sind es die Ferien wo Cr herkommen soll um diese Zeit bin ich noch hier dann kann ich Dir meinen Saalschlüssel geben und ihr gehet von eins bis 4 uhr dahin, dies ist die Zeit wo ich beinah gewiß sein kann daß niemand von den meinen da ist, wenn ihr nur ohngefraget von Quaitaschen Mädgen vorbei kommet so sehe ich kein anderes hinderniß, einmal kann auch Cr. hier haus (= draußen) bei uns seyn, mit uns essen … wüste ich doch ein Mittel daß Dich ganz mit ihm vereinigte, ich will Dir Cr Brief schiken es macht Dir doch wohl Freude mir scheint nicht als sehe er die Möglichkeit einer vereinigung, nur ein Wunder kann euch zusammen führen Tod oder Geld beides liegt in des ewigen Schiksals hand, und unergründlich ist sein wollen …«

Die mehr als 100 Briefe, die zwischen Creuzer und der Günderrode in knapp zwei Jahren gewechselt werden, handeln nicht nur von ihrer Liebe, sondern immer auch vom Tod; nicht nur vom Alltag und alten Bindungen, die sich ihnen in den Weg stellen, sondern auch von der Seligkeit des Sterbens. Aber es ist nur sie, die Frau, die sich das Zusammensein als einen »Bund auf Leben und Tod« wünscht und zu erschreiben sucht. Ihr Brief vom 22. März 1805 ist gleichsam programmatisch, lebenstraurig und todvertrauend:

Den vorigen Sonntag war ich den ganzen Tag allein zu Hause. Abends hatte ich etwas Brustschmerzen, und nicht nur war ich sehr ruhig darüber, ich möchte fast sagen, innig froh; ich dachte an alle mich umgebenden drückenden Verhältnisse, und da war mir der Gedanke, ihrer vielleicht bald entfesselt zu sein, sehr erwünscht … Ihr Brief, den ich kürzlich erhielt, hat nachmittags mich so fremd angesehen, und ich konnte weder seine Sprache noch seine Blicke recht verstehen. Er ist so vernünftig, so voll nützlicher Tatlust und gefällt sich im Leben. Ich aber habe schon viele Tage im Orkus gelebt und nur darauf gedacht, bald und ohne Schmerz nicht allein in Gedanken, nein ganz und gar hinunterzuwallen. Auch Sie wollte ich dort finden, aber Sie denken andere Dinge. Sie richten sich eben jetzt erst recht ein im Leben und, wie Sie selber sagen, soll der Sinn unseres Bundes sein, »daß wir gerne gehen wollen, wenn die Natur uns abberufen wird« – welches wir auch wohl getan hätten, ohne uns zu kennen. Ich meinte es sehr anders, und wenn Sie weiter nichts meinten, so sind Sie ganz irre an mir und ich an Ihnen, denn alsdann sind Sie gar nicht der, den ich meine … Die Freundschaft, wie ich sie mit Ihnen meinte, war ein Bund auf Leben und Tod. Ist Ihnen das zu ernsthaft? Oder zu unvernünftig? Einst schien Ihnen der Gedanke sehr wert, mit mir zu sterben und mich, wenn Sie früher stürben, zu sich hinunterzureißen. Jetzt aber haben Sie viel wichtigere Dinge zu bedenken, ich könnte ja noch irgend nützlich in der Welt werden … Ich verstehe diese Vernünftigkeit nicht.

Schon vom nächsten Tag, dem 23. März, ist ein Brief Creuzers datiert, mit dem er ihr – wie auch immer ausweichend – Mut zuspricht, Lebensmut:

Diese Zeilen sollen Lina anders finden – lebensfroher und mehr zugewandt der Gegenwart, die sich ihrer freut, weil sie sie so herrlich schmückt mit den Blüten ihres tiefen Geistes. Ich lebte diese Tage über die schönsten Stunden, die mir wurden, in Deinem Gedicht. Sollte Dich das nicht freuen? Du sagtest, Du dichtest auch für mich, so lebe auch für mich. Weiß ich nur, daß Du lebst und mir gut bist, so trag ich schon das Leben leicht und mein Glück ist besorgt, denn ich habe es gelernt, nach und nach zu mäßigen meine Wünsche, auf daß sie nicht alles begehren … Bleibe mir gut, Du Gute, und genese.

Creuzer ist in seiner Ehe befangen, fürchtet auch einen Skandal; dem ersten Rausch ist ein Erschrecken gefolgt über das gefährliche Ungestüm, mit dem Karoline ihm zusetzt:

> Ich fasse die Änderung deiner Gesinnung nicht. Wie oft hast du mir gesagt, meine Liebe erhelle, erhebe dein ganzes Leben, und nun findest du unser Verhältnis schädlich. Wie viel hättest du ehemals gegeben, dir dies Schädliche zu erringen. Aber so seid ihr, das Errungene hat Euch immer Mängel ... Mir ist, du seist ein Schiffer, dem ich mein ganzes Leben anvertraut, nun brausen aber die Stürme, die Wogen heben sich. Die Winde führen mir verwehte Töne zu, ich lausche und höre, wie der Schiffer Rat hält mit seinem Freunde, ob er mich nicht über Bord werfen soll oder aussetzen am öden Ufer? (Aber am Ende der Briefs setzt sie solcher Panik ein Aufbäumen entgegen:) Glaube nur nicht, ich betrüge dich und mich mit heuchlerischer Entsagung, denn noch habe ich nicht den Gedanken recht gedacht, von dir verlassen zu werden. Nein, ich halte dich noch fest in meinen Armen, willst du entkommen, mußt du gewaltig dich losreißen.

Eine Redensart sind diese Zeilen nicht, und Todesgedanken weichen der leidenschaftlichen Entschlossenheit einer Frau, die sich diesen einen Mann zu ihrem Schicksal gemacht hat, einen übrigens wenig attraktiven, nicht besonders ansehnlichen Herrn. Die Günderrode mobilisiert im Herbst 1805 nicht nur alle ihre Lebensenergien, sie sucht auch die Freunde und Kollegen Creuzers für ihr Glück zu gewinnen. Als dessen Frau in die Scheidung einzuwilligen scheint, beeilt sie sich, Savigny und den Universitätskollegen Creuzers, den Theologen Carl Daub, als Advokaten solcher Lösung zu mobilisieren, wenn auch vergeblich. Die Briefe, die sie ihnen schreibt, sind emphatisch, aber keineswegs verzweifelt; kennzeichnen eine nicht verwehende, sondern verwegene Person. Die der klarsten und selbstbewusstesten Deutung der psychologischen Situation fähig ist:

Wenn man einmal so geliebt wurde wie C. sich geliebt weiß, wenn man ein Wesen so zum Eigentum hatte wie er mich, das lässt sich nicht vergessen, dafür gibt es kein Trost und Ersatz. Daß seine Frau nachher wieder glücklich mit ihm leben würde, bezweifle ich, wenigstens wenn er fühlt wie ich wird er Die unmöglich lieben können, für welche er das Geliebteste aufopfern mußte, ich könnte es niemals und alle Tugenden würden mir das Verlorne nicht ersetzen, und wie kann sie sich dann wohlfühlen im Bewusstsein daß ihm das Band, mit welchem sie ihn gebunden hält, zuwider sei? So töricht ist doch niemand, daß ihn das beglücken könnte.

Wie verzweifelt aber auch die Lage für Creuzer gewesen sein muss, zeigt ein Plan, den er in jenem Herbst 1805 für kurze Zeit verfolgt, als Professor nach St. Petersburg zu gehen; denn der Krieg, mit dem Napoleon Europa zu überziehen beginnt, lässt sein Vorhaben illusorisch werden. Karoline will das nicht wahrhaben, sondern ermahnt den Geliebten: »Denken Sie doch an Rußland und Ihre alten Pläne!« Darin hat sie sich längst eine abenteuerliche Rolle zugedacht; sie wolle »Kleidung anziehen, entlaufen und bei Ihnen Bedienter werden«. Wegjagen könne er sie doch nicht, und sie »wollte sich so fein verstellen«, dass man sie nicht erkennen könne. Und für ein Treffen, bei dem das alles zu besprechen sei, gibt sie genaue Anweisungen:

> Vergessen Sie nicht, den Tag zu bestimmen, wann Sie hierherkommen. Ist es abends spät, so kommen Sie den Vormittag um 10 Uhr zu mir; ist es aber den Vormittag, so kommen Sie um halb 3, das ist eigentlich die ruhigste Zeit … An der Haustüre sagen Sie Ihren Namen nicht und gehen gerade zu; treten Sie jedoch mit gesetzter Fassung ein. Der Zufall könnte wollen, daß gerade jemand bei mir wäre … Komm bald und schreibe mir zuvor: Meine Seele ist düster. Wenn du mir wieder schreibst, so schreibe nur unbedeutende Sachen, aus denen man nichts schließen kann.

Immer noch schwankt Creuzer, und Karoline schwankt zwischen Stimmungen, in denen sie »allem irdischen Hoffen entsagte« (November 1805) und Tagen, an denen sich solche Hoffnung zu erfüllen scheint. So schreibt sie im April 1806:

> Wenn mich etwas in deinem Brief betrüben könnte, so ist es dies, daß du zuweilen so entsagend, so, als sei es nicht notwendig, daß ich dir angehöre, sondern Willkür, sprechen kannst. Da fühle ich immer, du fühltest deine Liebe auch nicht recht notwendig, da wird mir bange für deine Ausdauer. Du solltest anmaßender sein, mich mit Liebe und dann mit Despotismus behandeln. Dann erst würde mir recht wohl und sicher … Drum sprich nicht von anderem Liebesglück für mich. Vergiß es doch nie, geliebte Seele, daß ich dein eigenstes Eigentum bin, und sprich nie anders zu mir!

Im Juli 1806 reist Karoline zu den Freundinnen Servière nach Winkel am Rhein. Sie hofft dort auf einen Besuch Creuzers, aber sie hat auch einen Dolch im Gepäck, den sie seit Jahren aufbewahrt und einmal sogar der Bettina von Brentano gezeigt hatte (dazu die Stelle, an der man sich einen tödlichen Stich beibringen könne). Aber Creuzer ist krank geworden, lässt sich von seiner Frau pflegen und schickt eine Nachricht an die Servières, die von Karoline abgefangen wird: dass sein Platz an der Seite seiner Frau sei und bleibe.

Karoline schreibt noch einen letzten Brief an ihn:

> Ich sende dir ein Schnupftuch, das für dich von nicht geringerer Bedeutung sein soll als das, welches Othello der Desdemona schenkte. Ich habe es lange, um es zu weihen, auf meinem Herzen getragen. Dann habe ich mir die linke Brust gerade über dem Herzen aufgeritzt und die hervorgehenden Blutstropfen auf dem Tuch gesammelt. Siehe, so konnte ich das Zarteste für dich verletzen. Drücke es an deine Lippen; es ist meines Herzens Blut! So geweiht, hat die-

ses Schnupftuch die seltene Tugend, daß es vor allem Unmut und Zweifel verwahrt. Ferner wird es dir ein zärtliches Pfand sein.

Dann verabschiedet sie sich zu einem Abendspaziergang, geht hinunter an den Rhein, sticht sich den Dolch zwischen die Rippen und trägt ihren Schmerz in die Fluten.

Der von ihrer Liebe erlöste Professor Georg Friedrich Creuzer wird sie um 52 Jahre überleben und mit 87 Jahren als hochgeehrter Altphilologe sterben.

15
Zwischen Ehrgeiz und Eros
Kleists Preußische Strandung

> Küsse, Bisse,
> Das reimt sich, und wer recht von Herzen
> liebt,
> Kann schon das eine für das andre greifen.
>
> Heinrich von Kleist,
> »Penthesilea«

Der Mann schreibt an seine Geliebte:

Mein Jettchen, mein Herzchen, m Liebes, mein Täubchen, m Leben, m liebes süßes Leben, m Lebenslicht, m Alles, m Hab u Gut, meine Schlösser, Aecker, Wiesen u Weinberge, o Sonne meines Lebens, Sonne, Mond u Sterne, Himmel u Erde, m Vergangenheit u Zukunft, meine Braut, m Mädgen, meine liebe Freundin, m Innerstes, m Hertzblut, meine Eingeweide, m Augenstern, o, liebste wie nen ich Dich? Mein Goldkind, m Perle, m Edelstein, m Krone, m Königin und Kaiserin. Du lieber Liebling meines Herzens, m Höchstes u Theuerstes, m Alles und Jedes, m Weib, m Hochzeit, die Taufe meiner Kinder, m Trauerspiel, m Nachruhm. Ach du bist mein zweites bessers Ich, meine Tugenden, m Verdienste, m Hoffnung, die Vergebung m Sünden, m Zukunft und Seeligkeit, o, Himmelstöchterchen, m Gotteskind, m Fürsprecherin u Fürbitterin, m Schutzengel, m Cherubim u Seraph, wie lieb' ich Dich!-

Und so antwortet sie ihm:

Mein Heinrich, m Süßtönender, m Hyacinthen Beet, m Wonnemeer, m Morgen u Abendroth, m Aeolsharfe, m Thau, m Friedensbogen, m Schoßkindchen, m liebstes Hertz, m Freude, im Leid, m Wiedergeburt, m Freiheit, m Fessel, m Sabbath, m Goldkelch, m Luft, m Wärme, m Gedancke, m theurer Sünder, m Gewünschtes hier u jenseit, m Augentrost, m süßeste Sorge, m schönste Jugend, m Stoltz, m Beschützer, m Gewissen, m Wald, m Herlichkeit, m Schwerd u Helm, m Großmuth, m rechte Hand, m Paradies, m Thräne, m Himmelsleiter, m Johannes, m Tasso, m *Ritter*, mein Graf Wetter, m zarter Page, m Erzdichter, m Kristall, m Lebensquell, m Rast, meine Trauerweide, m Herr Schutz und Schirm, m Hoffen und Harren, m Träume, m liebstes Sternbild, m Schmeichelkäzchen, meine sichre Burg, m Glück, m Tod, m Herzensnärchen, m Einsamkeit, m Schiff, m schönes Thal, m Belohnung, m Werthester, m Lethe, m Wiege, m Weirauch und Myrrhen, m Stimme, m Richter, m Heiliger, m lieblicher Träumer, m Sehnsucht, m Seele, m Nerven, m goldner Spiegel, m Rubin, m Syrings Flöte, m Dornenkrone, m tausend Wunderwercke, m Lehrer u m Schüler, wie über alles gedachte u zu erdenckende lieb ich Dich.

Meine Seele sollst Du haben.

Henriette

Mein Schatten am Mittag, m Quell in der Wüste, m geliebte Mutter, m Religion, m innre Musik, m armer kranker Heinrich, m zartes weißes Lämchen, m Himmelspforte.

H.

Es sind keine Liebesjauchzer, die uns da überliefert sind, keine Glück-Seligkeiten. Es sind Beschwörungskaskaden zweier Menschen, denen die Welt abhandengekommen ist, die nicht mehr die Kraft haben, einander am Leben zu halten. Sie können nur noch atmen dank der Namen, die sie sich zurufen; und der »Himmelspforte«, der sie gemeinsam entgegengehen wollen, eine Girlande aus Worten winden, die durchs Fegefeuer der Verzweiflung gegangen sind. Was nach Hymnus geklungen haben mag, erweist sich als ekstatische Totenklage.

Es sind Briefe, die sich Heinrich von Kleist und Henriette Vogel kurz vor ihrem gemeinsamen Freitod am 21. November 1811 geschrieben haben. Zwei Menschen, die ihr Sterben am Kleinen Wannsee zwischen Berlin und Potsdam nicht als Selbstmord zu begehen entschlossen waren, sondern als ein Fest der Erlösung, als Akt der Befreiung. Henriette hatte ihrem Mann geschrieben, dass sie ihrem Tod »als dem größten Glück« entgegensehe; und Kleist hatte in einem letzten Versöhnungsbrief an die Schwester Ulrike bekannt: »… die Wahrheit ist, daß mir auf Erden nicht zu helfen war. Und nun lebe wohl; möge dir der Himmel einen Tod schenken, nur halb an Freude und unaussprechlicher Heiterkeit, dem meinigen gleich …«

Heinrich von Kleist und Henriette Vogel waren nicht wirklich ein Liebespaar, sie waren Komplizen einer gemeinsamen Todessehnsucht, die sich zur Ekstase gesteigert hatte. Mit Henriettes Hilfe hatte Kleist vermocht, eine Lebensbitterkeit zu überwinden, die er elf Tage vorher noch in einem Brief an Marie von Kleist ausgesprochen hatte: »… aber der Gedancke, das Verdienst, das ich doch zulezt, es sey nun groß oder klein, habe, gar nicht anerkannt zu sehn, und mich von ihnen als ein ganz nichtsnütziges Glied der menschlichen Gesellschafft, das keiner Theilnahme mehr werth sey, betrachtet zu sehn, ist mir überaus schmerzhaft, wahrhaftig es raubt mir nicht nur die Freuden, die ich von der Zukunft hoffte, sondern es vergiftet mir auch die Vergangenheit.«

Die beiden versuchten noch, ihren Abschied vom Leben zu feiern. Sie ließen sich vom Wirt des Gasthauses »Stimming«, wo sie in der Nacht vorher gewohnt und Briefe geschrieben hatten, Tisch und Stühle an eine geschützt gelegene Uferstelle bringen, baten um Kaffee, der ihnen serviert wurde; sprangen (so beobachtete man es aus der Entfernung) noch spielend herum und warfen Steine ins Wasser. Schüsse alarmierten die Anwohner; die Leichen lagen in einer kleinen Senke. Kleist hatte Henriette in die Brust geschossen, sich selbst in den Mund.

Kleists Rhapsodie aus dem Todesherbst ist nicht nur wegen ihrer Stretta von Jubelnamen singulär; sie fällt auch aus seiner übrigen Korrespondenz heraus und unterscheidet sich völlig von den meisten Briefen, die er an Frauen geschrieben hat. Denn das sind Botschaften von oft so didaktischem und moralischem Gestus, dass man ihm nachsagen konnte, er habe überhaupt keine Liebesbriefe geschrieben. Das verkennt, wie sehr Belehrung und Bildungseifer in seiner Epoche als konkrete Beweise von Zärtlichkeit und Zuwendung gemeint und verstanden wurden. Wer es mit einer Frau »ernst meinte«, ließ sie teilnehmen an den eigenen Erkundungen im weiten Reich von Philosophie und Ästhetik, und ein Autor, der sich so tief in die verklausulierten Kühnheiten Kants verlor wie Kleist, musste nicht nur die Schwester Ulrike, sondern dann auch die Verlobte Wilhelmine von Zenge in seine intellektuellen Abenteuer einbeziehen. Das war keineswegs Absage ans Gefühl, sondern schien der wahre Zugang dorthin, wie es Peter Szondi gedeutet hat: »Liebe und Erkenntnis werden für Kleist von neuem die Synonyma, die sie einst waren.« Nicht, dass der Liebende sich im andern erkennt, ist für Kleist von Bedeutung, sondern dass er den anderen in seiner Einzigartigkeit wahrnimmt. Geradezu programmatisch hat er das in einem Brief an Wilhelmine auseinandergesetzt, den er kurz vor Vollendung seines 23. Lebensjahrs (18. Oktober 1800) geschrieben hat:

> Ja mein Geburtstag ist heute, und mir ist, als hörte ich die Wünsche, die heute Dein Herz für mich bildet.... Ja sie werden erfüllt werden alle diese Wünsche, seit davon überzeugt, ich bin es.... Alles, was ich *Glück* nenne, kann nur von Deiner Hand zu mir kommen, und wenn Du mir dieses Glück wünschst, ja dann kann ich wohl ganz ruhig in die Zukunft blicken, dann wird es mir gewiß zuteil werden. *Liebe und Bildung* das ist alles was ich begehre, und wie froh bin ich, daß die Erfüllung dieser beiden unerläßlichen Bedürfnisse, ohne die ich jetzt nicht mehr glücklich sein könnte, nicht

von dem Himmel abhangt, der, wie bekannt, die Wünsche der armen Menschen so oft unerfüllt läßt, sondern *einzig und allein von Dir.*

Mit solchem Bildungseros steht Kleist keineswegs allein da, sondern ist der Generations- und Gesinnungsgenosse der Romantiker. »Gut also!«, hatte Friedrich Schlegel etwa zur gleichen Zeit an die umworbene Sophie Mereau geschrieben, »die Philosophie ist den Frauen unentbehrlich.« Aber er findet die Rollen vertauscht: »Ich habe mich selbst überrascht und werde nun gewahr, daß Du es eigentlich bist, die mich in die Philosophie einweiht.« Und Clemens Brentano ganz ähnlich an seine Schwester Bettina: »Verzeih mir, wenn ich Dinge Dir mitzuteilen versuche, die viel reiner in Deiner Seele wohnen, die ich eigentlich in Dir selber wahrnehme, um sie Dir auszusprechen.«

Und als habe Kleist Einblick in solchen Briefverkehr, schreibt er an Wilhelmine:

Hineinlegen kann ich nichts in Deine Seele, nur entwickeln, was die Natur hineinlegte. Auch das kann *ich* eigentlich nicht, kannst nur Du allein … Wenn ich Dir jetzt ein Ziel aufstellen werde, so geschieht es nur in der Überzeugung, daß es von Dir längst anerkannt ist. Ich will nur deutlich darstellen, was vielleicht dunkel in Deiner Seele schlummert.

Kleist belässt es nicht bei Idealischem, er empfiehlt seiner Freundin, Tagebuch zu schreiben, ein »Ideenmagazin« anzulegen, wie er selbst es hat, damit Gedanken nicht verlorengehen, und vor allem: »Bei jedem … Gedanken müßtest Du also immer fragen, entweder: wohin deutet das, wenn man es auf *den Menschen* beziehst? oder: was hat das für eine Ähnlichkeit, wenn man es mit *dem Menschen* vergleicht? Denn der Mensch und die Kenntnis seines ganzen Wesens muß Dein höchstes Augenmerk sein, weil es einst Dein Geschäft sein wird, Menschen zu bilden.« Der Hinweis auf Mutterschaft zeigt den patriarchalischen, den traditionshörig–adligen Kleist, der die »Philosophie« seiner künftigen Frau ans Herz, aber auch in die Wiege legen möchte. So hatte er auch seiner Schwester Ulrike geradezu entgeistert zugerufen: »Wie? Du wolltest nie Gattin und Mutter werden? Du wärst entschieden, Deine höchste Bestimmung nicht zu erfüllen, Deine heiligste Pflicht nicht zu vollziehen? … Gib jenen unseligen Entschluß auf, wenn Du ihn gefaßt haben solltest. Du entsagst mit ihm Deiner höchsten Bestimmung, Deiner heiligsten Pflicht, der erhabensten Würde, zu welcher ein Weib emporsteigen kann …«

Solche patriarchalische Deutlichkeit nimmt er sich nur gegenüber der Schwester Ulrike heraus. Sonst begibt er sich gern in den Schutz des alten Musters der Allegorie. Er, dessen Lebenslauf ein erratisches Hin und Her, Auf und Ab aus Militärdienst, Dichterruhm, Festungshaft und Zeitschriftengründungen, aus Schulden und Träumen, aus Theaterehrgeiz und Ackerbauprojekten bestand, aus jähem Erfolg und rascherer Verzweiflung: dieser Getriebene predigt, nahezu obsessiv, eine unerschütterliche Zielstrebigkeit. Der Ausweglose macht sich zum Cicerone eines schicksalhaften Vorwärtsdrangs. Er, der so oft nicht weiterweiß, holt sich Trost und gibt der Braut Rat aus der Natur; so fährt er in seinem Geburtstagsbrief an Wilhelmine fort:

> Geradeaus strömt der Main von der Brücke weg … und pfeilschnell als hätte er sein Ziel schon vor Augen, als sollte ihn nichts abhalten, es zu erreichen, als wollte er es, ungeduldig, auf dem kürzesten Wege ereilen – aber ein Rebenhügel beugt seinen stürmischen Lauf, sanft aber mit festem Sinn (und jetzt kommt der Fingerzeig für die ersehnte Zukunft, der Hinweis, dass wir uns in einem Liebesbrief der besonderen Art, inmitten einer zärtlichen Metaphorik befinden:) wie eine Gattin den stürmischen Willen ihres Mannes und zeigt ihm mit edler Standhaftigkeit den Weg, der ihn ins Meer führen wird -- und er ehrt die bescheidene Warnung und folgt der freundlichen Weisung, und gibt sein voreiliges

Ziel auf und durchbricht den Rebenhügel nicht, sondern umgeht ihn, mit beruhigtem Laufe, seine blumigen Füße küssend.

Ob Wilhelmine diese Briefstelle in ihrem Herzen so treu bewahrt hat wie Kleist die Abschrift in seinem Ideentagebuch? Denn er hängt an diesem Fluss(lebens)lauf so sehr, dass er ihn in seiner Korrespondenz geradezu obsessiv abwandelt. Bernd Siegert hat in seiner Studie »Relais« auf das Serielle der Kleistschen Allegorie hingewiesen; der Dichter wird hier gewissermaßen sein eigener Briefsteller, er folgt seinem erprobten Muster: Es ist ein gutes halbes Jahr vergangen, und der Main ist inzwischen in den Rhein geflossen, wo Kleist im Sommer 1801 mit seiner Schwester eine bald wieder abgebrochene Schifffahrt von Mainz aus unternommen hatte. Nun sendet er der jungen Baslerin Karoline von Schlieben seinen »Dichtertraum«:

… Pfeilschnell strömt der Rhein heran von Mainz und gradaus, als hätte er sein Ziel schon im Auge, als sollte ihn nichts abhalten, es zu erreichen, als wellte er es ungeduldig auf dem kürzesten Wege ereilen. Aber ein Rebenhügel (der Rheingau) tritt ihm in den Weg und beugt seinen stürmischen Lauf, sanft aber mit festem Sinn, wie eine Gattin den stürmischen Willen ihres Mannes, und zeigt ihm mit stiller Standhaftigkeit den Weg, der ihn ans Meer führen wird – und er ehrt die (nun nicht mehr »bescheidne«, sondern) edle Warnung und gibt, der freundlichen Weisung folgend, sein voreiliges Ziel auf, und durchbricht den Rebenhügel nicht, sondern umgeht ihn, mit beruhigtem Laufe dankbar seine blumigen Füße ihm küssend.

Doch der Rhein ist nicht so gefügig wie der Main, und so erweitert auch Kleist seine Allegorie und lässt nicht nur Karoline von Schlieben, sondern wenige Tage später auch Adolphine von Werdeck an seinem Bewusstseinsstrom teilhaben:

Aber still und majestätisch strömt er bei ★★★ heran und sicher, wie ein Held zum Siege, und langsam, als ob er seine Bahn wohl vollenden würde – und ein Gebirge (der ★★★) wirft sich ihm in den Weg, wie eine Verleumdung der unbescholtenen Tugend. Er aber durchbricht es und wankt nicht, und die Felsen weichen ihm aus, und blicken mit Bewunderung auf ihn hinab – doch *er* eilt verächtlich an ihnen vorüber, aber ohne zu frohlocken, und die einzige Rache, die er sich erlaubt, ist diese, ihn in seinem klaren Spiegel ihr schwarzes Bild zu zeigen.

Karl Heinz Bohrer hat diese letztere Allegorie als »eine heroische Idylle« gedeutet, die »neben Hölderlins Hymnen zu den bedeutendsten Darstellungen des Rheins in dieser Epoche gehört«. Vermutlich aber ist es doch eher ein Lehrbild, das der Schriftsteller immer neu auszumalen nicht müde wurde. Und für das er sich an andere, ähnliche Vorlagen erinnerte. Die jungen Empfängerinnen, wenn sie denn, wie zu vermuten, »ihren« Schiller gelesen hatten, werden sicher im »Held(en) zum Siege«, der seine Bahn vollendet, die Ode »An die Freude« wiedererkannt haben, womöglich auch Kleists eigentliche Fluss-Quelle, den 1. Akt der »Piccolomini« aus dem »Wallenstein«. Auch da ein Akt der Belehrung:

> Octavio:
> Mein Sohn! Die Straße, die der Mensch befährt,
> Worauf der Segen wandelt, diese folgt
> Der Flüsse Lauf, der Täler freie Krümmen,
> Umgeht das Weizenfeld, den Rebenhügel,
> Des Eigentums gemeßne Grenzen ehrend-
> So führt sie später, sicher doch zum Ziel.

»Er will mich bessern«, schreibt Karoline von Schlieben unter dem Eindruck dessen, was die Philologie drastisch als Kleists »pädagogische Impertinenz« bezeichnet, die er sich besonders seiner Braut gegenüber, der »verbal misshandelden Geliebten« herausgenommen habe. Andere Deutungen sehen in solchen nach älteren Mustern geschriebenen Briefen den Dichter bei »Selbststiftungsversuchen« und trotz aller Anleihen in dem Bemühen, eine »Sprache der Ursprünglichkeit und der wahren Zeichen« zu finden.

Anlass genug, Kleist ganz anders beim Wort zu nehmen. Bei den Worten jener zwei Briefe an Wilhelmine von Zenge, die nun in der Tat Liebesbriefe sind und auf Mainschleifen, Rebenhügel und Geschlechterallegorie verzichten. Sie sprechen so deutlich die Sprache der Liebe, nein: eines Liebenden, des liebenden Kleist, dass man denken könnte, hier werde, indem der Dichter sich seiner Geliebten gegenüber erklärt, auch alles Widersprüchliche in ihm selbst geklärt. Wir nehmen also Kleist bei jenem Wort, das ihm im ersten Brief noch nicht über die Lippen, nicht in die Feder will:

> Vor Ihnen zu stehen, und nicht sprechen zu dürfen, weil andere diese Sprache nicht hören sollen, Ihre Hand in der meinigen zu halten und nicht sprechen zu dürfen, weil ich *mich* diese Sprache gegen Sie nicht erlauben will, ist eine Qual … Ich will es daher erfahren, ob ich Sie mit Recht lieben darf, oder gar nicht … Wilhelmine! Bestes Mädchen! … Wir verstehn uns ja.

Er hält schon die Hand, um die er erst bitten will, aber das Wort Liebe hält er zurück. Es ist nicht nur der Comment gegen den Vater, der ihn nicht sprechen lässt, sondern auch eine tiefe Scheu vor der Frau. Wie lautet die Sprache, die er in ihrer Gegenwart nicht wagt? Hätte sie den Furor einer Penthesilea, oder wäre es nur das taumelnde »Ach!« der Alkmene? Oder wagt er sie nicht, weil sie nur im Resonanzraum der Gegenliebe hörbar würde? Und überhaupt erst wahr? Ist er sich seiner Liebe nur sicher, wenn sie erwidert wird? »Ich will es daher erfahren, ob ich Sie mit Recht lieben darf, oder gar nicht …«

Was aber genügt ihm, Kleist, zur Erfahrung, zur Gewissheit? Aus seinem nächsten Brief ersehen wir, was ihm alles nicht Genüge tut:

> Zwar – was soll ich aus dem Frohsinn, der auch Sie seit gestern belebt, was soll ich aus den Freudentränen, die Sie bei der Erklärung Ihres Vaters vergossen haben, was soll ich aus der Güte, mit welcher Sie mich in diesen Tagen zuweilen angeblickt haben, was soll ich aus dem innigen Vertrauen, mit welchem Sie in einigen der verflossenen Abende, besonders gestern am Fortepiano, zu mir sprachen, was soll ich aus der Kühnheit, mit welcher Sie sich jetzt, weil Sie es dürfen, selbst in Gegenwart andrer mir nähern, da Sie sonst immer schüchtern von mir entfernt blieben – ich frage, was soll ich aus allen diesen fast unzweifelhaften Zügen anderes schließen, was anderes, Wilhelmine, als daß ich geliebt werde? Aber darf ich meinen Augen und meinen Ohren, darf ich meinem Witze und meinem Scharfsinn, darf ich dem Gefühle meines leichtgläubigen Herzens … wohl trauen? Muß ich nicht mißtrauisch werden auf meine Schlüsse …?

Er drängt die Braut, nein: er dringt in sie; eine tiefe Unsicherheit verlangt nach Besänftigung, nach Beglaubigung des Gefühls, nach dem schriftlichen Siegel auf ihre Liebe:

> Und doch wünschte ich mehr, und doch möchte ich nun gern wissen, was Ihr Herz für mich fühlt. Ich glaube, daß ich entzückt sein werde … wenn Ihre Hand sich entschließen könnte, diese drei Worte niederzuschreiben: ich liebe Dich. – Ja, Wilhelmine, sagen Sie mir diese drei herrlichen Worte; sie sollen für die ganze Dauer meines künftigen Lebens gelten. Sagen Sie sie mir einmal und lassen Sie uns dann bald dahin kommen, daß wir nicht mehr nötig haben, sie uns zu wiederholen.

Ich liebe dich. Man denke doch: Heinrich von Kleist, der die deutsche Sprache aufgebrochen, den Satzbau zerschottert, Kommas wie Peitschen in den Lesetrott geschlagen hat – dieser Kleist will von seiner Braut das einfachste Liebesbekenntnis hören, nein: schwarz auf weiß geschrieben sehen. Die Allerweltsworte, die Allerleutsfloskel – er nennt sie »diese drei herrlichen Worte«. Aber ist dieses »Ich liebe dich« nicht deshalb so allgemein, so allumfassend, weil es wirklich alles sagt, was Liebe im entscheidenden Moment zu sagen vermag?

Einer der Impulse zu diesem Buch kam von einer Marbacher Ausstellung mit ebendiesem Titel »Ich liebe dich« und von einem Gespräch, zu dem sich die Autoren Sibylle Lewitscharoff und Michael Lenz aus diesem Anlass über Sagbarkeit oder Unsäglichkeit der Trias zu verständigen suchten. Sie erinnerten an Roland Barthes, der den Satz für eine Formel ausgegeben hatte, für die es keinen Ersatz gebe, sie führten auch Theodor W. Adorno an mit seiner Ansicht, dass es unsinnig sei, bestimmte Wörter und Begriffe nicht zu verwenden und dass ein Drumherumreden erst recht zu Verrenkungen führe. Natürlich fehlte auch Luhmanns »Liebe als Passion«, seine Theorie der Vermeidung, nicht.

Man merkte den beiden Gesprächspartnern an, dass sie weit entfernt davon waren, diesem Bekenntnis so etwas wie die Kleistsche Euphorie zuzubilligen. Zwar mochte es ihnen fürs Private noch taugen, aber für die schriftstellerische Arbeit, im Rahmen der zu verantwortenden Fiktion, äußerten sie fast unisono Skepsis. Michael Lenz zweifelte daran, dass »dieser Satz noch diese absolute Bedeutung besitzt und nicht einfach auch als eine, salopp gesagt, recht fröhliche Versicherung abgegeben werden« könne, und Sibylle Lewitscharoff stimmte umständlich und wortreich zu: »Der Satz ist ja eine Kippfigur geworden, die paradoxerweise mit der Zeit und an den verschiedenen Stationen der Liebe als Code, als Versicherung und Rückversicherung, als gesellschaftliche Sanktionierung, als Versprechen und Erfüllung, als Offenbarung und Zerstörung und so weiter gesehen wurde …« Es war in diesem Diskurs ebenso interessant wie ermüdend zu bemerken, wie er immer mehr einen *linguistic turn* erfuhr, in immer schickere Codierungsschleifen geriet und die »drei herrlichen Worte« am Ende fast außer Kurs gesetzt hatte. So dass nicht nur Kleists Bekenntnis unerwähnt blieb, sondern auch das pointierteste Beispiel aus der jüngeren deutschen Literatur. Es findet sich bei Botho Strauß und macht in einem die kleistische Beglaubigungssehnsucht und den historischen Verschleiß deutlich, die erhoffte Gültigkeit sowohl als auch das schwindende Vertrauen in die bannende Magie:

> Recht so. Erschrick aber nicht und überdenk nicht, was ich dir sage, sondern ruf es auf der Stelle fort und sprich's so schnell wie ich *jetzt:*
>
> ICH LIEBE DICH ... *ich liebe dich* ... ich liebe dich ... ich liebe dich ... ICH LIEBE DICH ... *ich liebe dich* ... ich liebe dich ... *ich liebe dich* ... ich liebe dich ... *ich liebe dich* ... ICH LIEBE DICH ... ich liebe dich ... ICH LIEBE DICH ... **ich liebe dich** ... *ich liebe dich* ... ich liebe dich ... ich liebe dich ...

Das typographische Diminuendo, die sinkende oder sich entfernende Stimme der Gewissheit – sie werden zum Echo dessen, was Kleist widerfährt, als er sich endlich im Besitz dieses Bekenntnisses weiß: die Einsicht, dass auch Schriftlichkeit nicht rettet, nichts verbürgt. Er fühlt sich immer noch nicht erlöst:

> Denn nicht durch Worte aber durch Handlungen zeigt sich *wahre Treue* und *wahre Liebe.*

Und noch deutlicher »entsagt« er aller Sprachlichkeit in einem späteren Brief:

> Wir lieben uns, hoffe ich, herzlich und innig genug, um es uns nicht mehr sagen zu dürfen, und die Geschichte unserer Liebe macht alle Versicherung durch Worte unnötig.

Nur glaubt er sich das selber nicht; in der Liebe gilt nicht, was man weiß und einander verspricht, sondern was man fühlt und fürchtet. Auf seiner rätselhaften Reise nach Würzburg im September 1800 ist er irritiert über ausbleibende Nachrichten von Wilhelmine und verlangt »nur zwei Dinge« zu wissen: »… erstens, ob Du lebst, zweitens, ob Du mich liebst«, schränkt sogar ein: »Oder nur das erste; denn dies, hoffe ich, schließt bei Dir, wie bei mir, das andere ein. Aber am liebsten fast möchte ich wissen, ob Du ganz ruhig bist.« Denn *er* ist es nicht. Und setzt, zehn Tage später, wie von neuem an:

> Ach, Wilhelmine, in sechs Worten kann alles liegen, was ich zu meiner Ruhe bedarf. Schreibe mir: ich bin gesund; ich liebe Dich, – und ich will weiter nichts mehr.

Die Insistenz, die Kleist in seinen Briefen an Wilhelmine an den Tag legt, ist kein gutes Zeichen. Als er im Herbst 1801 in Paris ist, fühlt er sich von der national berauschten Großstadt angewidert und erträumt sich noch einmal eine Gegenidylle, zusammen mit Wilhelmine:

> Ich will im eigentlichen Verstande *ein Bauer* werden, mit einem etwas wohlklingenderen Worte, ein Landmann. – … Mein Plan ist, den Winter noch in dieser traurigen Stadt zuzubringen, dann auf das Frühjahr nach der Schweiz zu reisen, u mir ein Örtchen auszusuchen, wo es Dir u mir u unsern Kindern einst gefallen könnte.

Darauf folgt erst einmal nichts, so dass sie ihn genau ein halbes Jahr später, am 10. April 1802, bitten muss: »Schreibe recht bald an Deine Wilhelmine.« Und wieder lässt er sich Zeit, denn er bebaut weder seinen Acker, noch baut er auf die drei herrlichen Wörter, sondern auf ein neues, das seine Rückkehr in Frage stellt:

> Ihr Weiber versteht in der Regel ein Wort in der deutschen Sprache nicht, es heißt Ehrgeiz. Es ist nur ein einziger Fall, in welchem ich zurückkehre, wenn ich der Erwartung der Menschen, die ich thörigter Weise durch eine Menge von prahlerischen Schritten gereizt habe, entsprechen kann. Der Fall ist möglich, aber nicht wahrscheinlich.

Es sollte sein Abschiedsbrief sein, dem er offenbar auch ihr Medaillon beilegte (das sich später in Wilhelmines Nachlass fand). Schon in diesem Brief vom 20. Mai 1802 hatte er »keinen andern Wunsch, als bald zu sterben«. Es war der Ehrgeiz (nicht die Liebe), die ihn ein weiteres Jahrzehnt am Leben hielt, ein Jahrzehnt, in dem er das deutsche Drama auf eine neue, tragische Höhe brachte, zu der der Blick der Zeitgenossen nicht hinreichte. Aber auch ihn konnte der eigene Satz am 21. November 1811 nicht retten, der Verzweiflungsruf des Prinzen von Homburg: »Seit ich mein Grab gesehen, will ich nichts als leben.«

Aber in der letzten Nacht in Stimmings Gasthof gibt er mit den Briefen an die Schwester und die Schwägerin nicht nur letzte Grüße, sondern gewissermaßen Visitenkarten ans Leben ab. Denn genau so versteht er seine Zeilen an die Frau Adam Müllers in Wien, Sophie: als ein Besucher, der sich noch einmal in Erinnerung bringt; dem Leben, der Welt, einer Zeit, von der er spürt, dass sie nicht die seine ist:

> Der Himmel weiß, meine liebe treffliche Freundin, was für sonderbare Gefühle, halb wehmütig, halb ausgelassen, uns bewegen, in dieser Stunde, da unsere Seelen sich, wie zwei fröhliche Luftschiffer, über die Welt erheben, noch einmal an Sie zu schreiben. Wir waren doch sonst, müssen Sie wissen, wohl entschlossen, bei unseren Bekannten und Freunden keine Karten abzugeben.... Ja, die Welt ist eine wunderliche Einrichtung! – Es hat seine Richtigkeit, daß wir uns, Jettchen und ich, wir zwei trübsinnige, trübselige Menschen, die sich immer ihrer Kälte wegen angeklagt haben, von ganzem

Herzen liebgewonnen haben, und der beste Beweis davon ist wohl, daß wir jetzt miteinander sterben.

Leben Sie wohl, unsre liebe, liebe Freundin, und seien Sie auf Erden, wie es gar wohl möglich ist, recht glücklich! Wir unsererseits, wollen nichts von den Freuden dieser Welt wissen und träumen lauter himmlische Fluren und Sonnen, in deren Schimmer wir, mit langen Flügeln an den Schultern, umherwandeln werden. Adieu! Einen Kuß von mir, dem Schreiber, an Müller; er soll zuweilen meiner gedenken, und ein rüstiger Streiter Gottes gegen den Teufel Aberwitz bleiben, der die Welt in Banden hält. –

VII
*»Wenn die Musik der Liebe
Nahrung ist …«*

16
Ein Liebesbrief als Welträtsel
Wer war Beethovens »Unsterbliche Geliebte«?

> … die einzigen Tage, wo die Post von hier nach K. geht.
>
> Ludwig van Beethoven, 6. Juli 1812

> Die leichte Möglichkeit des Briefschreibens muß – bloß theoretisch angesehn – eine schreckliche Zerrüttung der Seelen in die Welt gebracht haben. Es ist ja ein Verkehr mit Gespenstern und zwar nicht nur mit dem Gespenst des Adressaten, sondern auch mit dem eigenen Gespenst, das sich einem unter der Hand in den Brief, den man schreibt, entwickelt.
>
> Franz Kafka, Ende März 1922

Jemand musste Ludwig B. verwirrt haben, denn ohne dass er etwas Böses getan hatte, sah er sich eines Morgens als Gefangener. Nicht, dass er verhaftet worden wäre wie 100 Jahre später ein Josef K.; aber er, das große Zukunftsgenie, befand sich schon in Kafka-Land, in Teplitz, mitten zwischen der magischen Aura Prags und der unheimlichen Idylle Karlsbad, und wusste auf einmal nicht mehr ein noch aus. Und genau ein Jahrhundert bevor Franz Kafka die Enthüllung einer epochalen Katastrophe betrieb, indem er sie literarisch verrätselte, fand sich der klassische Held in einer biographischen Bedrängnis, in die er sich schreibend immer weiter verstrickte und die er der Nachwelt als Enigma hinterließ. So wenig Josef K. je erfahren hat, wer seinen Prozess in Gang gebracht haben könnte, so wenig ist es bis heute gelungen herauszufinden, wer damals den einsamen Mann in seine existentielle Enge getrieben hat. Wir sprechen von Ludwig van Beethoven und seinem Brief an die »unsterbliche Geliebte«.

Dieser Brief ist eine Art Gespenst unter der Liebespost aller Zeiten: Er ist noch immer ohne Empfänger, er irrt seit zwei Jahrhunderten von Adresse zu Adresse, von Frauenleben zu Frauenleben, eine unerlöste Sendung, ein ungelöstes Rätsel, Wiedergänger der Wissenschaft und pathetisches Herz der Beethoven-Biographik. Dieses Dokument hat die Musikhistorie wie kaum ein anderes Thema immer wieder neu beschäftigt, irritiert, entzweit und darüber hinaus in die penibelste Detektivarbeit verstrickt. Wer war die Frau, an die der 42-jährige Komponist an zwei Tagen, in drei verschiedenen Erregungsschüben, sich wie in äußerster Herzbeklemmung gewandt hat? Die Wissenschaft hat sich der Frage mit geradezu kriminalistischen Recherchen angenommen, bei denen es auch um so triviale Indizien wie Gästelisten von Hotels und »Anzeigs-Protokolle« von Heilbädern, Termine von Postkutschen mitsamt den Zusatzdiensten in den Sommermonaten gegangen ist.

Man hat auch immer wieder frühere Irrtümer, falsche Daten korrigieren müssen, Fälschungen entlarven können – je mehr Zeit seit Beethovens Tod vergangen war, umso näher kam man seiner Gegenwart – und hat schließlich die Entstehungsgeschichte, die Situierung des Briefes so genau rekonstruiert, wie es bei kaum einem anderen Dokument dieses Buches möglich wäre.

Den entscheidenden Hinweis gibt Beethoven selbst: »Am 6ten Juli/Morgends« setzt er sich zum Schreiben hin und präzisiert das Datum in einer Nachschrift vom gleichen Tag: »Abends Montags am 6ten Juli –«. Unter den wenigen Jahren, in denen ein 6. Juli auf einen Montag fiel und die für Beethovens Biographie relevant sind – 1795, 1801, 1807, 1812, 1818 –, hat sich ein wissenschaftlicher Konsens für 1812 ergeben. In jenem Jahr, am 28. oder 29. Juni, ist Beethoven von Wien aus nach Prag aufgebrochen, wo er am 1. Juli bei strömendem Regen ankam und im Hotel »Schwarzes Roß« Quartier nahm. Er hatte bei diesem

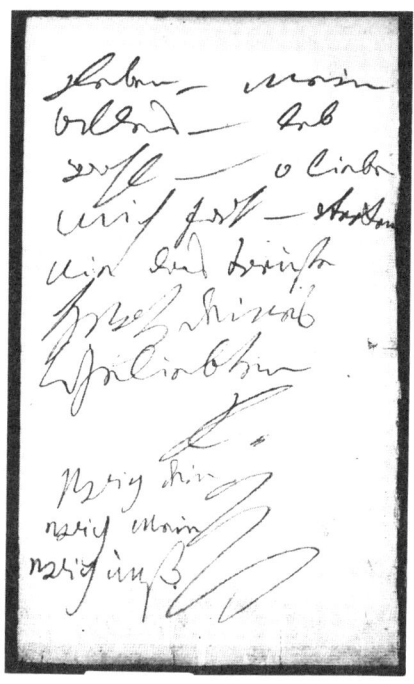

Beethovens sog. »Brief an die unsterbliche Geliebte«,
letzte Seite vom 7. Juli morgens (vermutl. 1812).
Staatsbibliothek Preuß. Kulturbesitz, Berlin

Aufenthalt eine Unterredung mit seinem Gönner Fürst Ferdinand Kinsky, der ihm 60 Dukaten übergab, und am 2. Juli ein Gespräch mit dem Berliner Diplomaten (und späteren Schriftsteller) Carl Varnhagen von Ense, hielt aber eine Verabredung mit ihm für den nächsten Tag nicht ein und bat später um Entschuldigung: »Es war mir leid, lieber Varnhagen, den letzten Abend in Prag nicht mit Ihnen zubringen zu können, ich fand es selbst unanständig. Allein ein Umstand, den ich nicht vorhersehen konnte, hielt mich davon ab ...« Dieser Umstand, so lässt sich aus Beethovens Brief schließen, musste ein unerwartetes Zusammentreffen mit der Frau, der er galt, gewesen sein. Am Samstag, dem 4. Juli, nahm Beethoven, noch immer bei Regen, die Postkutsche nach Teplitz, die wegen der aufgeweichten Wege fast zu Bruch ging und ihn erst am Sonntag früh dort ankommen und zunächst eine provisorische Unterkunft nehmen ließ, ehe er einen Tag später an der geplanten Adresse, Eiche Nr. 62, sein Quartier bezog. Aber noch im Provisorium beginnt er zu schreiben:

> Am 6ten Juli
> Morgends. –
> Mein Engel, mein alles, mein Ich. – nur einige Worte heute, und zwar mit Blejstift (mit deinem) – erst bis morgen ist meine Wohnung sicher bestimmt, welcher Nichtswürdiger Zeitverderb in d.g. – warum dieser tiefe Gram, wo die Nothwendigkeit spricht – Kann unsre Liebe anders bestehn als durch Aufopferungen, durch nicht alles verlangen. Kannst du es ändern, daß du nicht ganz mein, ich nicht ganz dein bin – Ach Gott blick in die schöne Natur und beruhige dein Gemüth über das müßende – die Liebe fordert alles und ganz mit Recht, so ist es *mir mit dir, dir mit mir* – nur vergißt du so leicht, daß ich *für mich und für dich* leben muß, wären wir ganz vereinigt, du würdest dieses schmerzliche eben so wenig als ich empfinden – meine Reise war schrecklich ich kam erst Morgens 4 Uhr gestern hier an, da es an Pferde mangelte, wählte die Post eine andre Reiseroute, aber welch schrecklicher Weg, auf der vorlezten Station warnte man mich bej nacht zu fahren, machte mich einen Wald fürchten, aber das Reizte mich nur – und ich hatte Unrecht, der Wagen muste bej dem schrecklichen Wege brechen, Grundloß, bloßer Landweg, ohne solche Postillione, wie ich hatte, wäre ich liegen geblieben Unterwegs – Esterhazi hatte auf dem andern gewöhnlichen Wege hierhin dasselbe schicksaal mit 8 Pferden, was ich mir vier. – Jedoch hatte ich zum theil wieder vergnügen, wie immer, wenn ich was glücklich über-

stehe. – nun geschwind zum innern vom außern, wir werden unß wohl bald sehn, auch heute kann ich dir meine Bemerkungen nicht mittheilen, welche ich während dieser einigen Tage über mein Leben machte – wären unsre Herzen immer dichtan einander, ich machte wohl keine d.g. die Brust ist voll dir viel zu sagen – Ach – Es gibt Momente, wo ich finde daß die sprache noch gar nichts ist – erheitre dich – bleibe mein treuer einziger schatz, mein alles, wie ich dir das übrige müßen die Götter schicken, was für unß sein muß und sejn soll. – dein treuer ludwig. –

Ihm liegt offenbar daran, den Brief rasch zu expedieren, stellt aber (irrtümlich) fest, dass die Post nach »K.« (das man als Karlsbad erkannt hat) schon in der Frühe abgegangen ist und der nächste Lauf erst am Donnerstag erfolgen werde. Also setzt er sich am Abend dieses Montags, nunmehr im eigentlichen Quartier, noch einmal hin, thematisiert die Verspätung und versucht, sich und die Angesprochene mit starken Worten gegen die überwältigenden Trennungsgefahren zu wappnen:

Abends Montags am 6ten Juli –
Du leidest du mein theuerstes Wesen – eben jezt nehme ich wahr daß die Briefe in aller Frühe aufgegeben werden müßen. Montags – Donnerstags – die einzigen Täge wo die Post von hier nach K. geht – du leidest – Ach, wo ich bin, bist du mit mir, mit mir und dir rede ich mache daß ich mit dir leben kann, welches Leben!!!! so!!!! ohne dich – Verfolgt von der Güte der Menschen hier und da, die ich mejne – eben so wenig verdienen zu wollen, als sie zu verdienen – Demuth des Menschen gegen den Menschen – sie schmerzt mich – und wenn ich mich im Zusammenhang des Universums betrachte, was bin ich und was ist der – den man den größten nennt – und doch – ist wieder hierin das Göttliche des Menschen – ich weine wenn ich denke daß du erst wahrscheinlich Sonnabends die erste Nachricht von mir erhältst – wie

du mich auch liebst – stärker liebe ich dich doch – doch nie verberge dich vor mir – Gute Nacht – als Badender muß ich schlafen gehn – Ach gott – so nah! so weit! ist es nicht ein wahres Himmels-Gebaüde unsre Liebe – aber auch so fest, wie die Veste des Himmels. –

Und noch eine Nachschrift, vom Morgen des 7. Juli, und jetzt, in diesem dritten Akt des Briefdramas, fällt auch das Stichwort, das dem Lebensrätsel seinen Namen geben wird: »Unsterbliche Geliebte«, das wohl weniger die Unsterblichkeit der Geliebten als die seiner Liebe bezeichnen soll. Mitten hinein in die erhabenste Verzweiflung und Verzückung kommt gute Kunde von der Post: sie geht während der Saison alle Tage. (Es scheint also, als hätten wir, ohne Beethovens praktischen Irrtum, die beiden Nachschriften nie bekommen.) Und wieder dominiert der Konflikt:

Guten Morgen am 7ten Juli –
schon im Bette drängen sich die Ideen zu dir meine Unsterbliche Geliebte, hier und da freudig, dann wieder traurig, vom Schicksaale abwartend, ob es unß erhört – leben kann ich entweder nur ganz mit dir oder gar nicht, ja ich habe beschlossen in der Ferne so lange herum zu irren, bis ich in deine Arme fliegen kann, und mich ganz hejmathlich bej dir nennen kann, meine Seele von dir umgeben in's Reich der Geister schicken kann – ja leider muß es sejn – du wirst dich fassen um so mehr, da du meine Treue gegen dich kennst, nie eine andre kann mein Herz besizen, nie – nie – O Gott warum sich entfernen müßen, was man so liebt, und doch ist mein Leben in V. so wie jezt ein kümmerliches Leben – Deine Liebe macht mich zum glücklichsten und zum unglücklichsten zugleich – in meinen Jahren jezt bedürfte ich einiger Einförmigkeit Gleichheit des Lebens – kann diese bej unserm Verhältniße bestehn? – Engel, eben erfahre ich, daß die Post alle Tage abgeht – und ich muß daher schließen, damit du den B. gleich erhältst – sej ruhig, nur durch Ruhiges

beschauen unsres Daseins können wir unsern Zweck zusammen zu leben erreichen – sej ruhig – liebe mich – heute gestern – Welche Sehnsucht mit Thränen nach dir – dir – dir – mein Leben – mein alles – leb wohl – o liebe mich fort – verken nie das treuste Herz deines Geliebten

L.
ewig dein
ewig mein
ewig unß

Die drei Briefstücke haben sich erhalten: Es sind wilde Kritzeleien (die erste ja mit »ihrem« Bleistift), kaum lesbar, Zeugnisse großer Erregung, körperlicher Erschütterung, unbeherrschter Hand. Es sind Worte eines Menschen, der noch an den Worten verzweifelt, die er hinschreibt: »Ach – Es gibt Momente, wo ich finde daß die Sprache noch gar nichts ist –.« Aber es ist gar nicht die Sprache, an der er verzweifelt, sondern der Widerstreit seiner Gefühle, der Konflikt, den ihm die Schrift nur vor Augen führt: »… warum dieser tiefe Gram, wo die Nothwendigkeit spricht – Kann unsre Liebe anders bestehn als durch Aufopferungen, durch nicht alles verlangen. Kannst du es ändern, daß du nicht ganz mein, ich nicht ganz dein bin – Ach Gott blick in die schöne Natur und beruhige dein Gemüth über das müßende –.« Das »müßende«, sicher ein Spontaneinfall Beethovens für den Zwang der Konvention, für Kantsche Pflicht, aber doch wohl auch Tarnausdruck für das Unmögliche, dem »der Blick in die schöne Natur« Ablenkung verschaffen soll.

Es ist kein Sinnenrausch, der sich da ausspricht, sondern ein Existenztaumel, ein Schlingerkurs, der auch, *contre cœur*, etwas von einem Schlingelkurs hat, von einer unwillkürlichen Durchtriebenheit: »– die Liebe fordert alles und ganz mit Recht, so ist es mir mit dir, dir mit mir – nur vergißt du so leicht, daß ich für mich und für dich leben muß, wären wir ganz vereinigt, du würdest dieses schmerzliche eben so wenig als ich empfinden.« Während man als Leser noch dieser letzten Wendung nachsinnt, kann man sich immer weniger der Deutung erwehren, dass da Beethoven das Entsetzen vor der eigenen Hingerissenheit, die Abwehr seines tiefsten Begehrens zu Papier bringt und sich ihm unter der Hand der Sinn verteufelt. Was sollte »dieses schmerzliche« sein, das sie und er nicht mehr empfinden dürften: Ein Leben »ganz vereinigt« oder just der Verzicht darauf? Lädt er ein, oder will er sich nichts aufladen?

Der amerikanische Musikologe Maynard Solomon, dessen vor 30 Jahren erschienene Beethoven-Biographie frühere Forschungsergebnisse aufs penibelste zusammenfasst und der die Spurensuche nach der Geliebten damals neu belebt hat, sieht in Beethovens Brief nicht nur einen »Ausdruck des Verzichts, sondern ein Dokument des Kampfes zwischen Bereitschaft und Verzicht« und urteilt allgemein: »Beethovens ambivalente Haltung gegenüber Frauen und der Ehe sind uns bekannt; sie hatte zweifellos viel damit zu tun, daß er sich zeit seines Lebens weigerte, den Platz eines Familienoberhauptes einzunehmen.« Für die Wiener Gesellschaft, in der sich Beethoven ruppig genug bewegte, war er der geborene Junggeselle, der eingefleischte Hagestolz schlechthin. Seine Marotten waren Stadtgespräch, die immer wieder rasch entlassenen Dienstboten belieferten Wien mit Klatsch, und seine 80 Umzüge in 25 Jahren sorgten für Gespött. Er selbst hat einmal bekannt, dass seine Haushaltung »einem Allegro di Confusione ganz ähnlich sieht«, aber das eher als Verschwörung gegen sich gedeutet: »… das ist ein Unglück! Nichts kann an Ort und Stelle bleiben, wo ich es hingelegt; alles wird mir verräumt; alles geschieht mir zum Possen; o Menschen, Menschen!«

Auch sein Äußeres ließ zu wünschen übrig; er gab wenig auf seine Kleidung und sah nicht gut aus. »Der ungeleckte Bär« hat ihn Cherubini genannt, und der Klaviervirtuose Abbé Gelinek schrieb: »Er ist ein kleiner, häßlicher, schwarz und störrisch aussehender junger Mann.« Und eine der älteren adligen Damen hatte diesen Eindruck: »Er war klein und unscheinbar, mit einem häßlichen roten Gesicht voll Pockennarben. Sein Haar war dunkel und hing fast zottig ums Gesicht, sein Anzug war sehr gewöhnlich … Dabei sprach er sehr im Dialekt … wie denn überhaupt sein Wesen nichts von äußerer Bildung verriet, vielmehr sehr unmanierlich in Gebärden und Benehmen erschien.«

Der äußeren Erscheinung und der häuslichen Unordnung entsprach nicht nur das Chaos seiner Gefühle, sondern auch immer wieder die Sehnsucht nach einem Halt, nach dauerhaftem Frauenglück. Fortwährend notierte er sich solche Wünsche, Träume, Verlockungen. Schon Jahre vor dem Teplitzer Brief hielt er fest, als eine von ihm begehrte Frau in einer Kutsche an ihm vorbeigefahren war: »als die M. vorbeifuhr und es schien als blickte sie auf mich: Nur liebe – ja nur sie vermag dir ein Glücklicheres Leben zu geben – o Gott – laß mich sie – jene endlich finden – die mich in Tugend bestärkt – die mir *erlaubt* mein ist.« Und seinem Schüler Ries bekannte er, vor der Reise nach Teplitz, seinen Kummer: »Leider habe ich keine (Frau); ich fand nur eine, die ich wohl nie besitzen werde.«

Aber Beethoven war weder Frauenschreck noch Frauenverächter. Ferdinand Ries, der ja über mehrere Jahre eng mit Beethoven umgegangen ist, hat diese Alltagsbeobachtung gemacht: »Beethoven sah Frauenzimmer sehr gerne, besonders schöne, jugendliche Gesichter, und gewöhnlich, wenn wir an einem etwas reizenden Mädchen vorbeigingen, drehte er sich um, sah es mit seinem Glase nochmals scharf an und lachte oder grinzte, wenn er sich von mir bemerkt fand. Er war sehr häufig verliebt, aber meistens nur auf kurze Dauer. Da ich ihn einmal mit der Eroberung einer schönen Dame neckte, gestand er, die habe ihn am stärksten und längsten gefesselt – nämlich sieben volle Monate.« Und der Freund Wegeler behauptete sogar: »In Wien war Beethoven immer wenigstens so lange ich da lebte, immer in Liebesverhältnissen und hatte mitunter Eroberungen gemacht, die manchem Adonis, wo nicht unmöglich, doch sehr schwer geworden wären.«

Mögen dies Erinnerungen an Beethovens frühe Wiener Jahre sein, die mit dem schwerhörig und schwermütig gewordenen

Vierziger nicht mehr viel zu tun hatten, so ergibt doch auch die ausufernde Fahndung nach der »Unsterblichen« das Bild eines Mannes, dem man einen ganzen Harem von Kandidatinnen hat zutrauen können. Denn er kam ja als Klavierlehrer (der er auch später immer noch war) den reichen und schönen und adligen und vor allem jungen Frauen Wiens von Berufs wegen nahe (und das Klavier hat im 19. Jahrhundert viele Pädagogen-Ehen gestiftet). Die Widmungen mancher Klaviersonate und etlicher Variationen haben der Forschung Anlass zu Spekulationen gegeben, aber auch andere Bekanntschaften waren immer wieder im Ratespiel. So versammelten sich denn im Kranz der möglicherweise Auserkorenen mehr als ein Dutzend Damen der besten Gesellschaft: Gräfin Giulietta Guicciardini (der die »Mondschein«-Sonate gewidmet ist), Therese von Brunsvik (Sonate op. 78), Dorothea von Ertmann (op. 101), Fürstin Josephine von Liechtenstein (op. 27,1), dann Josephine Brunsvik, verheiratete Deym, Therese Malfatti (der er Jahre vorher einen Heiratsantrag gemacht hatte), Gräfin Anna Maria Erdödy, die Pianistin Marie Bigot, nicht zu vergessen Amalie Sebald und Antonie Adamberger, Juli von Vering und Elise von der Recke, und selbst Bettina von Brentano (bald Arnim) und Rahel Levin (bald Varnhagen) fehlen nicht. Im Laufe zweier Jahrhunderte sind immer wieder Bücher mit dem Versprechen erschienen, die »unsterbliche Geliebte« nun endlich und wirklich zu präsentieren, und immer wieder als eine *fata morgana*.

Es war dann Maynard Solomon, der in seiner 1977 erschienenen Biographie eine vernachlässigte Spur neu verfolgte und als Lösung präsentierte, die er an durchaus überzeugenden Indizien festmachte. Dabei glich er Beethovens Daten des Sommers 1812 mit den Reiserouten und Hotelaufenthalten einiger der in Frage kommenden Frauen ab: Aufenthalt in Prag um den 1. Juli herum, Weiterfahrt wenige Tage später und folgende Kur in Karlsbad. Zwar trafen einige der Termine für etliche der Damen, sei's in Prag, sei's in Karlsbad, zu, aber nicht die Duplizität beider Orte zum jeweiligen Zeitpunkt. Und so machte Solomon die Sensation perfekt und zugleich zunichte; denn keine der interessanten Frauen erfüllte beide Bedingungen, sondern eine eher hausbackene: Antonie Brentano, geborene von Birkenstock, Mutter von vier Kindern, seit 1798 mit dem 15 Jahre älteren Franz Brentano verheiratet, einem Halbbruder von Bettina und Clemens Brentano. Mit ihrer Familie war sie Anfang Juli in Prag eingetroffen und ein paar Tage später zum Sommeraufenthalt nach Karlsbad weitergereist und hätte also dort, spätestens am 10. Juli, Beethovens Brief in Händen halten können.

Solomons Entdeckung hat wenig Furore gemacht. Der Name Antonie von Brentano war zwar der Forschung bekannt, aber sie war eigentlich die unverdächtigste von allen. Und schien wohl auch die am wenigsten Begehrenswerte, denn sie war nach fast anderthalb Jahrzehnten einer Konventionsehe verhärmt, kränklich und unscheinbar. »Die Toni ist wie ein Glas Wasser, das lange gestanden hat«, schrieb schon früh der bissige Schwager Clemens. Nach dem Tod von Antonies Vater Johann Melchior von Birkenstock waren die Brentanos 1809 von Frankfurt nach Wien übersiedelt, und schon bald darauf hatten sie Beethoven kennengelernt, der des öfteren zu Konzerten in das großzügige väterliche Haus kam; das Verhältnis war so familiär, dass »die Kinder Brentano … ihm zuweilen Obst und Blumen in seine Wohnung (brachten) er dagegen schenkte ihnen Bonbons und zeigte denselben große Freundlichkeit«.

Solomon hat versucht, aus Antonie eine zweite Diotima zu machen, und er hat etliche Mosaiksteine zum Bild einer »Liebesbeziehung« zusammengefügt. So etwa einen Brief, den sie Anfang 1811 an Clemens Brentano geschrieben hatte, der ihr, mit der Bitte um Vertonung, einen Kantatentext geschickt hatte: »Ich will das Original in Beethovens heilige Hände legen, den ich tief verehre, er wandelt göttlich unter den Sterblichen, sein höherer Standpunkt gegen die niedere Welt, und sein kranker Unterleib verstimmen ihn nur augenblicklich …« Wie verführerisch aber kann ein Mann wirken, dessen kranker Unterleib sich offenbar selbst bei Besuchen bemerkbar macht? Auf eine Frau, die selbst zunehmend leidend ist und »einem genußvollen Leben« entsagen muss? Aber es ist belegt, dass Beethoven als einziger ins Haus kommen durfte, wenn sie krank war und sonst keinen Besuch duldete. Er »pflegte regelmäßig zu kommen, setzte sich im Vorzimmer ohne weiteres ans Klavier und phantasierte; wenn er der Leidenden in seiner Sprache ›alles gesagt und Trost gegeben hatte‹, ging er wieder fort wie er gekommen, ohne sonst von jemand Notiz zu nehmen«.

Andererseits gibt es von Beethoven durchaus Dokumente, die zwar nicht Leidenschaft, aber Anhänglichkeit an Antonie bezeugen. So verwendet eine Tagebuchnotiz, ebenfalls aus dem Jahr 1812, in intimem Zusammenhang die Chiffre »A.« und eine andere, vier Jahre später, ein »T.«, das für Toni stehen könnte: »Jedoch gegen T so gut als möglich, ihre Anhänglichkeit verdient immer nie vergessen zu werden, wenn auch leider nie davon vorteilhafte Folgen für dich entstehen könnten.« Etwa zur gleichen Zeit schreibt er ihr einen Brief: »Ich wünsche Ihnen und Franz alles innigste Erdenglück mit den Seelen verbunden, küsse und umarme alle Ihre lieben Kinder in Gedanken und wünsche, daß sie dies wissen mögen. Mich aber empfehle ich Ihnen und setze nur hinzu, daß ich die Stunden, welche ich in Ihrer beiderseitigen Gesellschaft zubrachte, als die mir unvergeßlichsten gern zurückrufe. Mit wahrer, inniger Hochachtung Ihr Verehrer und Freund Ludwig van Beethoven.« Dass solche Zeilen keine leeren Sprüche waren, zeigte sich noch Jahre später, als er eines seiner enigmatischsten Klavierwerke, die 33 Veränderungen über einen Walzer von A. Diabelli, der »Antonia von Brentano« gewidmet hat.

Es scheint (mir) aber, als habe der Biograph allzu sehr seinem Datennetz vertraut, seiner in der Tat so überzeugenden Entdeckung der parallelen Reisen. Er thematisiert fast jeden Satz aus den drei Briefteilen, nur den einen nicht, der nach aller Psychologie die Lösung Antonie ausschließen sollte. Da schreibt Beethoven im letzten Stück, am Morgen des 7. Juli, mit großer Entschiedenheit: »leben kann ich entweder nur ganz mit dir oder gar nicht, ja ich habe beschlossen in der Ferne so lange herum zu irren, bis ich in Deine Arme fliegen kann, und mich ganz hejmatlich bej dir nennen kann, meine Seele von dir umgeben ins Reich der Geister schicken kann –.« Damit verkehrt sich doch ein wichtiges Beweisstück Solomons zur Absurdität, die Tatsache nämlich, dass Beethoven, gegen Ende des Monats nach Karlsbad gereist ist und sich dort für ein paar Tage mit den Brentanos getroffen hat. Ein solches Beisammensein wäre das Gegenteil der Ferne, in der der Liebende herumirren wollte, der Widerruf des Entschlusses, »nur ganz mit dir oder gar nicht«, und würde den Vulkanismus seiner Gefühle zu einem traulichen Kaminfeuer herunterdimmen. Da wäre dann die unsterbliche Geliebte in Karlsbad wieder nichts als die treusorgende Hausfrau mit der Anbetung für den Künstler, mit den bonbonverwöhnten Kindern und mit dem zu allem gute Miene machenden Kaufmann Brentano. Dies alles für möglich zu halten löst das Rätsel um den Brief nicht auf, es gibt ihn der Trivialität preis.

 Aber selbst wenn man einen übermächtigen Wunsch Beethovens unterstellt, der Geliebten noch einmal nahe zu sein, müsste ihm die Familiensituation doch geradezu das Hanebüchene seiner Überlegungen vorgeführt habe: Wie könnte er es je auf sich nehmen, den vier Kindern die Mutter zu entführen oder, noch weniger denkbar, sich eine ganze Kinderschar in seinen hochnotpeinlichen Alltag einzuladen? Und selbst nur das Eindringen in eine Ehe hatte er sich bei früherer Gelegenheit doch selbst versagt; als fünf Jahre vor dem Teplitzer Sommer in Wien das Gerücht aufkam, er habe eine Liebelei mit der verheirateten Pianistin Marie Bigot begonnen, beeilte sich Beethoven mit der brieflichen Versicherung an die Eheleute: »… ohnehin ist es einer meiner ersten Grundsätze, nie in einem andern als Freundschaftlichen Verhältniß mit der Gattin eines andern zu stehn … nie werden Sie mich unedel finden, von Kindheit lernte ich die Tugend lieben – und alles was schön und gut ist.«

 Noch aber ist das Rätselhafteste an Beethovens Brief-Suite gar nicht erwähnt: der Fundort. Die drei Bogen fanden sich nämlich nicht an irgendwelchen entlegenen Orten, die Hinweis hätten geben können, sondern – in Beethovens Nachlass. Dort zumindest will sie sein letzter Sekretär und (fabulierender) erster Biograph, Anton Schindler, gefunden haben, er, der sie auch gleich mit einer falschen Jahreszahl (1806) freihändig datierte und damit die Beethoven-Forscher für fast ein Jahrhundert in die Irre führte. Wie aber konnten sie ins Wiener Wohnchaos gelangen? Hat die Adressatin (wer auch immer) sie alsbald zurückgeschickt? Maynard Solomon sieht eine der Stützen seiner These in der Möglichkeit, dass Antonie Brentano dem Schreiber die Briefe gleich beim Wiedersehen in Karlsbad wieder ausgehändigt habe. Aber selbst er, der von der Dringlichkeit dieser Post, der Notwendigkeit, sie abzuschicken, so stark überzeugt ist, räumt die Alternative ein: »Es ist ebenso möglich, dass der Akt, den Brief zu schreiben, die schwierige Entscheidung, vor der Beethoven stand, nach außen projizierte und daß es nicht mehr nötig war, den Brief aufzugeben, nachdem er einmal geschrieben war.« Dass Beethoven ihn also einfach für sich behielt.

Diese drei Brieffragmente Beethovens sind nicht von ungefähr mit einem Kafka-Motto eingeleitet worden. Denn sie scheinen wie ein Vorentwurf, wie verschlüsselte Vorboten jener ungeheuren Korrespondenzen zu sein, mit denen Kafka über quälende Zeit hinweg die Liebe zu seinen Frauen, damit sie es nicht werden konnten, in einer ebenso leidenschaftlichen wie zermarternden Schwebe gehalten hat. Die Ängste, die Beethoven nur in Musik setzen, die Katastrophen, die er nur auskomponieren konnte, dafür findet Franz Kafka 100 Jahre später und mehr als zehn Jahre lang eine neue Sprache. Die Erschütterungen, von denen Beethoven im Brief nur stammelt, dieser Grundsturz des Ichs durch die Liebe, diese Verteidigung des Selbst gegen einen anderen Menschen wird für Kafka zum lebenslangen und todesnahen Thema. Wie man lebt ohne den Menschen, ohne den man nicht leben kann, wie man Abschiede nimmt, ohne sich selbst zu verlieren, wie man die letzte Hingabe dem Werk vorbehält: das zu sagen bleibt Kafka vorbehalten.

Nicht die Musikwissenschaft, nicht die noch so kluge Biographik lösen das große Rätsel: Erst indem Franz Kafka Beethovens dunkle Sätze, ohne sich je auf sie zu beziehen, lesbar macht, erkennen wir das Opfer eines Mannes, der sich den Bleistift einer Geliebten, der er entsagt, indem er ihr schreibt, in die eigene Brust stößt.

17
Liebestraum als Lebenstrauma
Robert Schumann kämpft um Clara Wieck

> Sie zog früh den Isisschleier ab. Das Kind
> sieht ruhig auf, der ältere Mensch würde
> vielleicht am Glanz erblinden.
>
> Schumann über die 14-jährige Clara

> Willst du den Schleier über Dieses oder
> Jenes, worüber ich dich gefragt, werfen, so
> thue es. So leb denn wohl, geliebte Clara
> und ihr lieben Kinder, und schreibt mir bald,
> dein alter getreuer Robert.
>
> Schumanns letzter Brief an Clara,
> aus der Heilanstalt Endenich

Diese Liebe hört wahrhaft nimmer auf. Sie beschäftigt bis heute die Gemüter, zerreißt die Zungen, lässt die Biographen aufeinander losgehen und Psychoanalyse wie Frauenpower ihre diversen Mütchen kühlen. Diese Liebe ist in zahllosen Briefausgaben nachzulesen und seit gut einem Jahrzehnt auch in einer kritischen Edition dokumentiert. Sie ist aber auch längst ein begehrter Filmstoff, und die Heldin ist von so verschiedenen Diven wie Hilde Krahl, Katherine Hepburn, Nastassja Kinski und Martina Gedeck verkörpert worden. Zuletzt hatte der Hundertmarkschein der überlebenstüchtigen Frau ein schönes Denkmal gesetzt. Wie auch immer: Robert Schumann und Clara Wieck haben der Nachwelt eine der bizarrsten Liebeskorrespondenzen überhaupt hinterlassen, eine an Intensität, an Verlangen und Schmerz, an Verzicht und Widerspruch (»Ich möchte lachen vor Todesschmerz«, schreibt Schumann einmal) reiche Sammlung von Briefen, die mehr erzählen als nur die Romanze eines unwiderstehlichen Verlangens, für die man sie lange hat ausgeben können.

Setzen wir an den Beginn eine Plauderpost des 24-jährigen Schumann an die neun Jahre jüngere Clara, heitere Zeilen über das Thema des Brieferwartens, aber auch ein erstes Wetterleuchten des gewittrigen Themas, das die Korrespondenz jahrelang grundieren wird – das der Trennung:

> Meine liebe und verehrte Clara!
> Es gibt Schönheitshasser, welche behaupten, Schwäne wären eigentlich größere Gänse – mit ebendemselben Recht könnte man sagen die Ferne wäre nur eine auseinandergerückte Nähe. Und sie ists auch, denn ich spreche täglich mit Ihnen (ja noch leiser, als ich gewöhnlich pflege) und weiß doch, daß Sie mich verstehen. Im Anfang hatte ich verschiedene Pläne über unsere Korrespondenz. Ich wollte z.B. eine öffentliche in der musikalischen Zeitung mit Ihnen kontrahieren – sodann wollte ich meinen Luftballon (Sie wissen, daß ich einen besitze) mit Briefgedanken anfüllen und bei günstigem Winde unter passender Adresse aufsteigen lassen. Ich wollte mir Schmetterlinge einfangen als Briefträger an Sie – – ich wollte meine Briefe erst nach Paris schicken, damit Sie sie recht neugierig aufmachten und dann, mehr als überrascht, mich in Paris glaubten. Kurz, ich hatte viele witzige Träume im Kopf, aus denen mich erst heute ein blasender Postillon weckte. Postillone, liebe Clara, wirken überhaupt auf mich so magisch, wie etwa der vortrefflichste Champagner. Man glaubt keinen Kopf zu besitzen, so wonnig leicht ist es einem im Herzen, wenn man sie so lustig in die Welt hineinschmettern hört. Ordentliche Sehnsuchtswalzer sind diese Trompeterstückchen für mich, die uns an etwas erinnern, was wir nicht besitzen. Wie gesagt, der Postillon blies mich aus meinen Träumen in neue hinein.

Noch kann Robert Schumann über die »Ferne«, übers Getrenntsein scherzen. Bald wird Trennung zur Grundspannung der Korrespondenz, zur aufwühlenden und existenzgefährdenden Unterwanderung aller Gewissheit werden. Noch ist, im Sommer 1834, alles in der Schwebe zwischen dem Mittzwanziger und der blutjungen Pianistin: Er hatte sie ja als eine Zehnjährige kennengelernt, als Kind und Wunderkind mit gewagten öffentlichen Auftritten, fast als kleine Schwester begriffen im Hause ihres Vaters Friedrich Wieck, bei dem er Klavier studierte. Als einen Kumpan, mit dem man um die Wette komponieren, Spaß haben und Ausflüge machen konnte. Und eben erst hatte er sich mit Ernestine von Fricken verlobt, einer Freundin seit langem; aber da ist es, als Wappnung gegen die andere aufbrechende Leidenschaft, schon zu spät; er löst die Verlobung nach wenigen Monaten geradezu verletzend auf.

Die »Ferne« ist anfangs nur schmerzend, nicht schon feindlich. Clara wird in diesen Jahren zur gefeierten Pianistin, versucht sich aber nur zögernd an Schumanns schwierigen, verstörenden Kompositionen. Sie muss, das weiß auch er, reisen, immer in Begleitung des Vaters, ist zwischen Wien und Paris unterwegs. Auch Schumann ist – trotz wiederkehrender Nervenkrisen und Selbstmordgedanken – kein Kind von Traurigkeit und vor allem: Er ist, als Gründer der »Neuen Zeitschrift für Musik« ein umtriebiger Kritiker, wichtiger Publizist des Vormärz, neidloser Entdecker anderer Talente. Verkriecht sich oft, sitzt aber auch gern in debattenlustiger Runde und ist unentwegt sein eigener Dialogpartner: als bedächtig-romantischer Eusebius und temperamentgetriebener Florestan. Und wenn er, gegen die Virtuositätsmanie seiner Zeit, von einer neuen, poetischen Musik spricht, so ist das nicht ein Rückzugsgefecht, sondern, wie Harald Eggebrecht formuliert hat, »Kampfparole gegen alles Starre, Trockne, Reaktionäre in Akademie und Gesellschaft«.

Ein Jahr lang – 1835 – bleibt die Korrespondenz noch auf den Ton eines *scherzando* gestimmt. Am 28. August schreibt Schumann von Zwickau aus nach Leipzig:

Mitten unter all den Herbstfesten und sonstigen Freudenhimmeln guckt immer ein Engelskopf hindurch, der dem einer mir sehr wohlbekannten Clara aufs Haar gleicht ... Wie haben wir oft an Sie gedacht, und ich müßte irre werden an allen sympathetischen Einflüssen, wenn ich nicht mit Recht behauptete, Sie auch an uns. (Und er grüßt familiär:) Für heute Ihnen, dem Vater, der Mutter und allen versammelten Davidsbündlern meinen Herzensgruß. Sie wissen, wie lieb ich Sie habe und somit adieu Robert Schumann.

Sie antwortet postwendend:

Eben wand ich mich wie ein Wurm durch Ihre Sonate, welche zwei Herren aus Hannover gern hören wollten, als ein Brief an mich kam, und woher, dachte ich? Da las ich Zwickau. Sehr überrascht war ich, denn als Sie hier weggingen, gaben Sie mir nicht viel Hoffnung zu solch einem Brief. Zwei Stunden lang hab ich ihn studiert, und doch sind noch einige trotzige Worte da, welche durchaus nicht in meinen Kopf wollen. (Aber sie macht sich ihm gegenüber auch selbst als Komponistin geltend:) 1. habe ich meine Partitur beendigt; 2. die Stimmen alle selbst ausgeschrieben, und das in zwei Tagen; 3. schrieb ich die Variationen in F von mir zum Druck ins Reine, sowie auch meinen Danse de Fantomes und Une nuit de Sabbat (Hexenchor). Das Konzert habe ich angefangen zu instrumentieren ... Ihre Mutter bitte ich vielmals von uns allen zu grüßen.

Schumanns Mutter, an der er hing und von der er sich immer verzweifelter abzunabeln versucht hatte, starb ein halbes Jahr später, am 4. Februar 1836. Zur Beerdigung reiste er nicht, sondern Tage später zur Erledigung von Testamentsangelegenheiten. Wichtigster Punkt dieser Reise wird ein heimliches Treffen mit Clara in Dresden; das winterliche Rendezvous wird Versprechen und Verhängnis zugleich:

Wie Du vor mir stehst, meine geliebte, geliebte Clara, ach so nah dünkt es mir, als ob ich Dich fassen könnte. Sonst konnt ich alles zierlich in Worte fassen, wie stark ich jemandem zugetan; jetzt kann ich's nicht mehr. Und wüßtest Du's nicht, so würde ich Dir es nicht sagen können. Liebe Du mich auch nur recht, hörst, – ich verlange viel, denn ich gebe viel.

Er hat Visionen, und er macht schon Pläne:

Auch darf ich Dir wohl sagen, daß meine Zukunft jetzt um vieles sicherer steht. Zwar darf ich nicht die Hände in den Schoß legen und muß noch viel schaffen, um das zu erringen, was Du kennst, wenn Du zufällig an dem Spiegel vorbeigehst – indes wirst auch Du eine Künstlerin bleiben wollen und keine Gräfin Rossi, d.h. Du wirst mittragen, mitarbeiten, Freud und Leid mit mir teilen wollen. Schreibe mir darüber. (Gerade solche Probleme und Arbeitsteilungen werden über mehr als ein Jahrzehnt das Leit- und Leidmotiv ihrer Ehe sein.) Es wird dunkel in der Stube. Passagiere schlafen neben mir. Draußen stöberts und schneits. Ich aber will mich recht tief in eine Ecke bergen, mit dem Kopf in das Kissen und nichts denken als Dich. – Lebe wohl meine Clara.

Sie lebt nicht wohl, sie leben beide nicht wohl. Nicht nur, dass Wieck einen Antrag Schumanns rüde abweist, er verbietet ihm auch jeden weiteren Kontakt mit seiner Tochter. Friedrich Wieck hat sich zum Herrn der Ferne hochgewütet, zum Virtuosen der Vereitelung, zum Zerberus der Postüberwachung. Er versucht, Clara durch immer engere Konzerttermine und Reisen aus dem Verkehr zu ziehen, und beginnt eine Schmutzkampagne gegen Schumann, der darüber in der Tat den Halt zu verlieren droht.

    Fast anderthalb Jahre dauert dieser Zustand einer Trennung, die bei flüchtigen Begegnungen in Leipzig, in kurzen unverhofften Augenblicken, auch zu einer peinigenden Nähe werden kann und endlich nicht mehr auszuhalten ist. Am 13. September 1837 wagt sich Schumann noch einmal zu Wieck und hält zum zweiten Mal um Claras Hand an. Der Auftritt wird zum Fiasko:

> Die Unterhaltung mit Ihrem Vater (schreibt er wenige Tage danach an Clara) war fürchterlich. Diese Kälte, dieser böse Willen, diese Verworrenheit, diese Widersprüche – er hat eine Art zu vernichten, er stößt einem das Messer mit dem Griff ins Herz … Was denn nun, meine liebe Clara? Ich weiß nicht, was ich anfangen soll. *Gar nicht*. … Ich bin heute so tot, *so erniedrigt*, daß ich kaum einen schönen guten Gedanken fassen kann; selbst ihr Bild ist mir zerflossen, daß ich mir kaum Ihr Auge denken kann. … Hätte ich nur ein Wort von Ihnen. Sie müssen mir sagen, was ich tun soll … Sie müssen durch Ihre Güte jetzt alles vermögen, und dringen Sie so nicht durch, durch Ihre Stärke. Strengen Sie sich jetzt an, was zu tun ist. Ich folge wie ein Kind.

Und Clara, wenige Tage später:

> Zweifeln Sie noch an mir? Ich verzeih es Ihnen, bin ich doch ein schwaches Mädchen! ja schwach: aber eine starke Seele hab ich – ein Herz, das fest und unveränderlich ist. Dies sei Ihnen genug, um jeden Zweifel zu unterdrücken. … Vater hab ich versprochen heiter zu sein und noch einige Jahre der Kunst und der Welt zu leben. So manches werden Sie von mir hören, mancher Zweifel wird sich bei Ihnen regen, wenn Sie dies oder jenes erfahren, doch dann denken Sie – alles das tut sie ja für mich. Könnten Sie jemals wanken? Nun, – so hätten Sie ein Herz gebrochen, das nur einmal liebte.

Vor einer neuen großen Ferne – der Vater hat eine Konzerttournee von einem halben Jahr durch sämtliche kakanischen Großstädte arrangiert – treffen sich beide noch einmal heimlich und, wie die Forschung herausgefunden haben will, zum erstenmal intim. Clara schreibt ihm:

> Ich bin gefaßt auf alles, auf das Schlimmste… Jetzt bin ich stark geworden durch Dich – *Dein Herz, Dein edler Stolz* hat auch mir ein Selbstgefühl gegeben … Ich schwebe immer zwischen Weinen und Lachen. Die Hand zittert, das Herz schlägt so allgewaltig, nur jede Minute Dir entgegen.

Der alte Wieck wittert das Einverständnis der beiden und kontert mit Drohungen, die Schumann tief verstören:

> Dein Vater hat mir geschrieben … Zwei Stellen schreibe ich Dir noch wörtlich ab: »ehe ich zwei solche Künstler zusammen bürgerlich und beschränkt sehe, opfere ich lieber meine Tochter allein auf eine oder die andere Weise« und dann die herrlichen Worte: »Und muß ich meine Tochter schnell anderweitig verheiraten, so könnten Sie nur allein die Ursache sein«. Dies letzte, meine liebe Clara, war entscheidend und entschieden genug. – Was kann ich auf den Brief tun? Nichts als schweigen entweder oder ihm die Wahrheit sagen – mit einem Worte, es ist aus zwischen uns – was hab ich noch mit solchem Mann zu schaffen. …Wirst Du auch ausdauern? … Sehr traurig macht mich, wenn ich Deine Briefe hintereinander lese und sehe, wie Deine Hoffnung immer mehr sinkt Laß das nicht weitergehen! Du kannst recht gut Deinen Vater lieben und mich auch, – aber verheiraten darfst Du Dich durchaus nicht lassen; das leide ich nicht, hörst Du, Clara, Mädchen?

Clara hört, aber sie begehrt auch gegen die Mutlosigkeit Schumanns auf:

> Aber was schreibst Du da von Hoffnungen sinken? Hast Du *den* Sinn aus meinen Briefen gezogen? ach Robert, das

schmerzt! Leb ich ja doch nur in einer Hoffnung, nur ein Gedanke begeistert mich in meinem Tun und Treiben, und Du kannst so etwas sagen, nein – schreiben? Laß das nicht weiter gehen! – Und nun, was das verheiraten betrifft, das ist allerdings bedenklich. Wenn nun so ein Diamant käme, der mich so blendete, daß ich Eusebius, Florestan und wie sie sonst noch heißen vergäße und Du läsest am Ende in Zeitungen »Verlobung des Fräulein Clara Wieck mit dem Herrn von Perlenschnur oder Diamantenkrone« – Ernst aber, bin ich ein kleines Kind, das sich zu dem Altar führen läßt wie zur Schule? Nein, Robert! Wenn Du mich Kind nennst, das klingt so lieb, aber, aber wenn Du mich Kind denkst, dann tret ich auf und sage: »Du irrst!« Vertraue mir vollkommen.

Aber ob Perlenschnur oder Diamantenkrone – es sind die Ringe ins Spiel oder in die Quere gekommen, die das Paar einst getauscht hat. In einem Augenblick tiefer Unsicherheit hatte Schumann geschrieben:

Hast Du nicht die Überzeugung, das glückliche Weib zu werden, hast Du diese nicht – so zerreiß es lieber jetzt noch, das Band. Alles geb ich Dir noch zurück, auch den Ring.

Und Clara wehrt zunächst mit sachtem Spott ab:

Nun noch, – was wollt ich doch gleich? Ich meine den Ring. Also Du wolltest mir ihn wiedergeben? Hm, das wäre halt zu schauen, will mal überlegen! … nun, nicht wahr, lieber Robert, wir lassen es beim Alten, und Du nennst mich fortan Deine treue Clara, nie anders.

Aber der Stachel sitzt doch tiefer, und kurz vor der Weiterreise von Prag nach Wien, also vor weiteren Monaten der Ferne, dringt die Distanz in ihren wenige Tage später geschriebenen Brief ein:

In diesen Tagen hab ich wieder viel nachgedacht über mein Verhältnis und muß Dich doch auf etwas aufmerksam machen. Du vertraust auf den Ring? mein Gott, das ist nur ein äußeres Band. Hatte Ernestine nicht auch einen Ring von Dir, und was noch mehr sagen will, Dein Jawort? und doch hast Du das Band zerrissen. Also der Ring hilft gar nichts … (Und als habe er in der Tat jegliche Zauberkraft verloren, fährt sie fort:) Auch ich hab über die Zukunft nachgedacht und das recht ernstlich. Das Eine muß ich Dir doch sagen, daß ich nicht eher die Deine werden kann, ehe sich nicht die Verhältnisse noch ganz anders gestalten. Ich will nicht Pferde, nicht Diamanten, ich bin ja glücklich in Deinem Besitz, doch aber will ich ein sorgenfreies Leben führen, und ich sehe ein, daß ich unglücklich sein würde, wenn ich nicht immerfort in der Kunst wirken könnte, und bei Nahrungssorgen? das geht nicht. Ich brauch viel und sehe ein, daß zu einem anständigen Leben viel gehört. Also, Robert, prüfe Dich, ob Du im Stande bist, mich in eine sorgenfreie Lage zu versetzen. Bedenke, daß, so einfach ich erzogen bin, ich doch nie eine Sorge gehabt und nun sollte ich meine Kunst vergraben müssen--

Robert Schumann ist fassungslos, zitiert ihren Satz, dass sie nie die Seine werden könne, wenn sich die Verhältnisse nicht noch änderten. »Der Geist Deines Vaters hat dabei hinter Dir gestanden und diktiert; indes Du hast sie geschrieben und hast Recht an Dein äußerliches Glück zu denken.« In der Tat: Es sind ja bei Clara nicht nur Anwandlungen von Kleinmut; es ist auch das Aufbegehren einer Virtuosin, die kurz zuvor ein umjubeltes Konzert in Prag gegeben hat (»beinah 600 Zuhörer, ohngeachtet der ganze Adel noch nicht hier ist, und abermals ein Beifallssturm«) und die am Flügel das Geschenk eines gesteigerten Selbstgefühls erfährt; und es ist leider auch die *clairvoyance* einer Frau, die bei aller Leidenschaft zu klug ist, den Dauerkonflikt einer Ehe zwischen einem Komponisten und einer Konzertpianistin nicht vorauszuahnen.

Während sie sich auf der Weiterreise nach Wien zu neuen Triumphen von ihm entfernt, ringt er um Worte:

> Wie gesagt, Dein Vater führte die Feder; die Kälte jener Zeilen hat etwas Mörderisches ... Und nun auch, daß Du so gar wenig von meinem Ring hältst – seit gestern habe ich Deinen auch gar nicht mehr lieb und trag ihn auch nicht mehr. Mir träumte, ich ginge an einem tiefen Wasser vorbei, da fuhr mirs durch den Sinn und ich warf den Ring hinein – da hatte ich unendliche Sehnsucht, daß ich mich nachstürzte –... (Anfang 1854 wird er sich wirklich ins Wasser des Rheins stürzen.) Glaubst Du, ich hätte jemanden einen *Ring* gegeben oder geben können ... nein, da weist einem die Hand aus dem Grabe, sagt man – nein, meine Clara, ein Ring bindet zwar nur äußerlich, er bindet aber fürs *Leben* So gab ich Dir meinen, in diesem Sinne nahm ich Deinen ...; Morgen mehr, das Blut rollt mir wie Feuer im Kopf und meine Augen sind trüb vom Gram über Dich Leb aber wohl.

Doch dem Krämercharakter Wiecks und der anfallsartigen Kleinmütigkeit Claras setzt er auch Selbstbehauptung entgegen; er ist ja kein Niemand:

> Du kennst die Art meiner Arbeiten, Du weißt, daß sie nur geistiger Natur sind, daß sie sich nicht wie Handwerksarbeiten zu jeder Tageszeit machen lassen ... Daß ich ausdauern kann habe ich bewiesen; nenne mir einen jungen Menschen meines Alters, der sich eine so große Wirksamkeit in so kurzer Zeit erschaffen.

Er meint zunächst seine publizistische Tätigkeit, den Erfolg seiner Zeitschrift, in der sich ja auch Clara gern beachtet sieht. Aber im Grunde spricht er von seinem eigentlichen Werk, nicht nur von den »Kinderszenen«, die er Jahre vorher der Zwölfjährigen gewidmet hatte, sondern von den neuen Klavierabenteuern der »Davidsbündler«, der »fis-moll-Sonate«, in denen er dem Klangkörper einen unerhörten Körperklang abringt, »Ausarbeitungen eines elementaren Pulses, des Atemzugs, Herzschlags, Zitterns der Zellen und Moleküle« (Roland Barthes). Und in denen er geheime Botschaften anklingen lässt, so wenn er den langsamen Satz seiner »Fantasie op. 17« mit einem Thema aus Beethovens »Fidelio« beginnen lässt, dem Dank des gefangenen Florestan an Fidelio (Leonore) für das Brot: »Euch werde Lohn in bessern Welten.« Vielfach sind in jenen Jahren die Anspielungen, die zusammen mit den Assoziationen literarischer Bezüge (Papillons, Kreisleriana) dem Klavierwerk eine geradezu gespenstische Tiefendimension geben. Wie ein Gruß an Clara ist auch das Motto der »Davidsbündlertänze«:

> In all und jeder Zeit
> Verknüpft sich Lust und Leid:
> Bleibt fromm und seid
> Dem Leid mit Mut bereit.

Und selbst manche Satzbezeichnungen können als Streicheleinheiten gelesen werden, wenn sich da die zwei Seelen in seiner Brust, Eusebius und Florestan, offenbaren: »Hierauf schloß Florestan und es zuckte ihm schmerzlich um die Lippen«, und ein kleiner Walzer zum Schluss gehört ganz ihr: »Ganz zum Überfluß meinte Eusebius noch Folgendes; dabei sprach aber viel Seligkeit aus seinen Augen.«

Er schreibt alles für Clara, komponiert seine Zerrissenheiten wie seine Aufschwünge, die Traumeswirren wie die Träumerei allein für sie, schickt ihr die Kompositionen, aber in Wahrheit ist es Musik, die sie meist weder würdigen noch in ihren Konzerten unterbringen kann. Auf der Gastspielreise im Winter 1837/38, die sie außer nach Prag und Wien auch nach Preßburg, Graz und Budapest führt, spielt sie, wie Eva Weissweiler zuspitzt, »keinen einzigen Takt von ihm« und lässt sogar bei einem Wiener

Privatkonzert in letzter Minute seine »Toccata« und die »Études symphoniques« aus, weil sie nicht zu den gefälligen »Piècen« der Hensel, Thalberg und Liszt passten. Sieht Schumann es ein?

> Du hast wohl gethan, meine Stücke nicht zu spielen. – Das paßt nicht fürs Publikum – und dann wäre es lahm, wenn ich mich später dann beklagen wollte, es hätte etwas nicht verstanden, was für solchen Beifall nicht berechnet, wie es überhaupt nicht berechnet und nur um seiner selbst willen da ist. Gestehe ich aber auch, daß es mir große Freude machen würde, wenn mir einmal etwas gelänge, daß, wenn Du es gespielt hättest, das Publicum wider die Wände rännte vor Entzücken.

In Wahrheit reicht ja die Schumannsche Musik nicht nur über den Wiener Geschmack des Biedermeier (der sich auch mit dem späten Beethoven schwertut) weit hinaus, sondern über das ganze 19. Jahrhundert. Clara wird, nach Schumanns frühem Tod im Jahr 1856, noch 40 Jahre lang Gelegenheit haben und sie auch, man darf sagen: treuhänderisch, nutzen, seine großen Klavierkompositionen spielen und zur späten Wegbereiterin seines Werks werden. Aber der große Schumannsche Ruhm, besser: die Einsicht in die »Rückungen – Verrückungen« (Schnebel), in die schwindelerregenden Abgründe seines Werks werden sich erst im späten 20. Jahrhundert voll entfalten. Denn während noch Friedrich Nietzsche mit seinen Wagner-Ohren Schumann abtat (»doppelt gefährlicher Hang zur stillen Lyrik und Trunkenboldigkeit des Gefühls«), wurde er für Wilhelm Furtwängler »der edelste und substantiellste aller deutschen Romantiker, der – bei aller Begrenztheit der Umwelt – weltoffene Geist«.

Komponisten wie Henri Pousseur und Dieter Schnebel erkannten in Robert Schumann ihren Zeitgenossen, und vor kurzem erst rühmte der Philosoph Slavoj Žižek die Klavierwerke als »eines der großartigsten Beispiele« des Denkens in Musik und verkündete, »dass gerade die formale Struktur der Schumannschen Musik das Paradox moderner Subjektivität widerspiegelt: Sie inszeniert die Schranke oder Hürde – die Unmöglichkeit, ›man selbst zu werden‹, die eigene Identität zu verwirklichen –, die das ›unendliche Begehren‹ konstitutiv für Subjektivität sein lässt.«

Wir entwinden dem gelehrten Befund die Vokabel vom »unendlichen Begehren« und fügen sie wieder in den biographischen Kontext ein. Da schreibt Clara in einem Brief vom 3. April 1838, also immer noch auf ihrer Konzertreise:

> Heute im Wagen haben wir von Dir gesprochen und ich ihm (Vater) abermals gesagt, er könnte zu mir reden, was er wolle, ich ließe nie von Dir und sage ich es Dir auch jetzt wieder, meine Liebe zu Dir ist grenzenlos, willst Du heute mein Leben, so geb ich es für Dich.

Ja, dieser Briefwechsel mit seinen Wirrnissen und Wüsten erlaubt viele mögliche Deutungen, die Giftigkeiten einer Eva Weissweiler wie die Einfühlorgien von Dieter Kühn, die psychoanalytischen Sondierungen von Uwe Rauchfleisch wie die feministischen Plädoyers; er verführt zur Schönfärberei wie zur Schwarzmalerei; er kann als triviale Romanze ausgegeben werden oder als Strindbergsche Geschlechterhölle – aber er verdankt sich, fünf Jahre lang (bis zur Hochzeit am 12. September 1840) ebendiesem »unendlichen Begehren«.

Dieses Begehren ist jener »inneren Stimme« gleich, die Schumann, zumal im Traumspiel seiner »Humoreske«, als virtuelle Melodie zwischen der oberen und der tiefen Klavierstimme hören lassen möchte. Žižek spricht von einer »Melodielinie, die nicht gespielt werden kann. Ihr Status ist der eines Unmöglich/Realen, das nicht existiert, sondern nur als abwesendes Phantom zu insistieren vermag.« Insistenz statt Existenz – ist das nicht die Formel für diese Korrespondenz, ja für die Liebe zwischen Robert und Clara überhaupt?

Das schroffste Beispiel dieser Insistenz inmitten der Briefe ist ein juristisches Schriftstück, das die beiden Liebenden im Sommer 1839 an das Leipziger Appellationsgericht richten:

> Wir Endesunterzeichneten hegen seit langen Jahren … den gemeinsamen und innigen Wunsch, uns ehelich mit einander zu verbinden. Doch steht der Ausführung dieses Entschlußes noch … ein Hinderniß entgegen, dessen Beseitigung ebenso nothwendig zu Erreichung unseres Zweckes, als es uns mit tiefstem Schmerze erfüllt, dieselbe auf diesem Wege suchen zu müßen. Mein, der Mitunterzeichneten Klara Wieck, Vater verweigert uns nämlich, wiederholt an ihn gerichteter freundlicher Bitten ungeachtet seine Zustimmung. Die Gründe seiner Weigerung wißen wir uns nicht zu erklären; wir sind uns keiner Fehler bewußt; unsere Vermögensumstände sind der Art, daß wir einer sorgenlosen Zukunft entgegensehen dürfen. Was daher Herrn Wieck abhält, diesem Bund seine Zustimmung zu geben, kann lediglich eine persönliche feindselige Gesinnung gegen den Mitunterzeichneten sein, der doch seinerseits allen Pflichten, die man dem Vater seiner erwählten zukünftigen Lebensgefährtin schuldig ist, nachgekommen zu sein glaubt. Wie dem sei, wir sind nicht Willens, deshalb von unserem wohl erwogenen Entschluße abzustehen, und nahen uns daher dem pp. Gericht mit der ergebnsten Bitte, Hochdasselbe wolle Herrn Wieck zur Ertheilung seiner väterlichen Zustimmung zu unserm ehelichen Bündniß veranlaßen, oder dieselbe nach Befinden anstatt seiner uns zu ertheilen hochgeneigtest geruhen. …

Aber selbst aus diesem pathetischen Dokument spricht noch einmal die »Ferne«: Die Frau unterzeichnet mit »Klara Wieck, zur Zeit Paris«.

VIII
Zwischen Barrikade und Biarritz

18
Liebesbriefe voller Hass
Die Geburt der Gefährtin aus der Gefahr

> Die Liebe kann uns helfen nicht,
> Die Liebe nicht erretten;
> Halt du, o Haß, dein Jüngst Gericht,
> Brich du, o Haß die Ketten!
> Und wo es noch Tyrannen gibt,
> Die laß uns keck erfassen:
> Wir haben lang genug geliebt,
> Und wollen endlich hassen!
>
> Georg Herwegh

Radikaler hat sich die Rolle der Frau nicht geändert als im Jahrzehnt zwischen 1840 und 1850, vom Beginn der revolutionären Bewegungen zwischen Paris, Berlin und Wien bis zu deren Scheitern und der Verfolgung ihrer Protagonisten durch ganz Europa. Es war, als hätten die Freiheitsrufe neue Geschöpfe erweckt, ein Amazonengeschlecht: Heldinnen am Unruheherd der Gesellschaft, Kämpferinnen gegen den Untertanengeist, Widersacherinnen von Hofschranzen, Beamtenseelen und Speichelleckern. Die Geliebte wird Gefährtin. Die Frau wird Mitstreiterin des aufbegehrenden Mannes. Sie emanzipiert sich nicht von ihm oder gegen ihn; sie emanzipiert sich *mit* ihm durch die gleiche Leidenschaft der Empörung. In der Sprache der Wissenschaft: »Das Modell der Gefährtin eröffnete der Frau neben ihrer traditionellen Rolle als Hausfrau und Mutter neue, politische Wirkungsräume als Partnerin und Beraterin; gleichzeitig war es in sich widersprüchlich, denn es implizierte bürgerlich-demokratische Gleichberechtigung ebenso wie liebende Devotion und Subordination« (Eva Potthast). Selbst ein »Damen Conversations Lexikon« jener Zeit greift das Stichwort auf: »Sie (die

Frau) ist die Gefährtin dessen geworden, den ihr Herz erwählt, mit dem sie Seele um Seele getauscht, dem sie sich für ewig zu eigen gegeben.«

Wie die avanciertesten Geister der Zeit diese neue Situation, die Politisierung der Frau begriffen, davon zeugt eine Rede, die Ende 1842 zu Ehren des revolutionären Dichters Georg Herwegh in Königsberg gehalten worden ist:

> Nicht nur der Männer bedarf unsere Zeit, sondern auch der Frauen … Frauen, welche dem Mann nachfühlen die ganze glühende Sehnsucht nach Freiheit; welche am Mann lieben den Trotz gegen alle Götzen des politischen wie religiösen Pfaffentums und den Mut und die Begeisterung des Kampfes: welche am Manne hassen die hohle Borniertheit der Mode und die Feigheit und die tausend kleinen Rücksichten auf eine erbärmliche Existenz im Beamtenstaate, im Philistertum und in der Familie, womit er sich vorsichtig gegen die Mahnungen der Freiheit unter vier Augen entschuldigt. – Frauen, welche nicht Mägde mit Knechten sein wollen und welche den Eunuchen der Gesinnung, an denen unser Deutschland leider noch so reich ist, ihre ganze herzliche Verachtung zeigen. Lassen Sie uns, meine Herren, zugleich mit der Braut unseres gefeierten Dichters, allen deutschen Frauen, die so *hassen* und so *lieben* können, mit diesem Glase ein donnerndes Lebehoch trinken!

Der Hymnus eines Ludwig Walesrode gilt einem Paar, das wie kein anderes Glanz und Elend der Liebe in diesem vorrevolutionären Jahrzehnt verkörperte: Georg Herwegh und Emma Siegmund. Schon die unkonventionelle Art, wie beide zueinander fanden, schon die ersten Leidenschaftsbriefe, schon die bizarren bürokratischen Umstände ihrer Hochzeit, allein die Dokumente ihres ersten Jahres lassen erkennen, dass das Leben nicht mehr poetisiert, romantisiert, sondern bis in die Erotik hinein politisiert worden ist. Dass in der bedingungslosen Suche nach Frei-

Carl Spitzweg, Der Liebesbrief, um 1845/46.
Staatliche Museen Berlin, Nationalgalerie

heit Bindungen von geradezu pathetischem Charakter entstehen konnten, ja mussten.

Georg Herwegh, ebenso wie Emma 1817 geboren, entzieht sich mit 20 Jahren einer Militärstrafe durch Flucht in die Schweiz, findet dort Kontakt mit Vertretern des bald verbotenen »Jungen Deutschland«, reist nach Paris und besucht Heine (der ihn eine »eiserne Lerche« nennt) und bringt im Sommer 1841 einen Gedichtband heraus, der sich rasch herumspricht, zum sensationellen Erfolg wird, nicht nur Furore, sondern auch Furor macht.

»Gedichte eines Lebendigen« heißt der schmale Band, der mit den Versen schließt:

> Voll von Fehlern ist dies Buch;
> Freiheit steht auf jeder Seite;
> Gleichviel – gebt ihm euern Fluch

> Oder Segen zum Geleite!
> (Für das Sündenregister
> Sorge der deutsche Philister.)

Obwohl in Preußen sofort verboten, werden binnen kurzem 20 000 Exemplare verkauft. Eins davon erreicht auch die 25-jährige Emma Siegmund, Tochter eines wohlhabenden Seidenwarenhändlers und Hoflieferanten (!) in Berlin. Sie ist eine hochbegabte, aufsässige Frau, die sieben Sprachen spricht, zeichnet, dichtet, reitet, raucht, Besuche bei den Armen macht und angeblich beim Bogenschießen im Tiergarten auf Porträts des neuen Königs (Friedrich Wilhelm IV.) und des Zaren anlegt. Hof und Hofschranzen und die Berliner Lakaiengesellschaft sind ihr zuwider. Kaum hat sie die Gedichte Herweghs gelesen, weiß sie, für wen sie leben will: für diesen und keinen andern. Sie lädt ihn, der 1842 eine Vortragsreise durch Deutschland macht, ins väterliche Haus ein, um ihn zu porträtieren. Damit beginnt, fast augenblicklich, ihr gemeinsames Leben, Kämpfen, Fliehen. Verlobung schon nach einer Woche. »Das Mädchen ist noch rabiater als ich und ein Republikaner von der ersten Sorte«, zeigt sich Herwegh überwältigt.

Die Korrespondenz der nächsten Wochen und Monate offenbart, dass mit der neuen Rolle der Frau auch die Sprache der Liebe sich revolutioniert hat: Anbetung wird zum Anspruch, Passion zur Mitleidenschaft. Sie schreibt ihm:

> Wenn Du Dich ganz vergißt über der Idee, wenn Dein Herz ein weitgeöffnet Feld für die leidende Menschheit, jeder Atemzug einer Träne gleicht um Dein gefesseltes Volk, jedes Wort einem flammenden Befreiungsschwerte – dann, dann bist Du meine Welt, mein Schatz, dann möcht ich vor Dir knieen …

Solcher Verpflichtung fühlt sich selbst der ungestüme Herwegh nicht ganz gewachsen:

> Ich fürchte, daß Du Deine Forderungen zu hoch stellst. Liebe nicht allein den Poeten in mir … Liebe mich so sehr, daß Du auch mit wenigerem, als Du in Deinen Träumen von mir begehrst, zufrieden sein kannst.

Aber Emma wäre nicht seine Emma, wenn sie sich etwas abhandeln ließe:

> Wir wollen leben wie kein anderes Paar unter Gottes Sonne, lieben wir uns doch mehr, als alle Liebenden zusammen … Du ahnest nicht, wie viel Bitteres es für mich hat, zu wissen, daß Du von allen Seiten wegen Deiner Verbindung mit mir leiden mußt, oder Dich einer schiefen Beurteilung aussetzest.

Es erregt nämlich den Spott nicht nur der Gegner, sondern auch der Freunde, dass die beiden alsbald von Heirat zu sprechen beginnen: »Dem (David Friedrich) Strauß verargen sie, daß er eine Schauspielerin geheiratet (hat), mir, daß ich überhaupt heiraten will. Daß das Lumpenpack doch erst Dich sähe und spräche, mein gutes Kind. … Jacoby gestand mir offen, daß er für mich gefürchtet, als er gehört, ich wolle mich verheiraten; ich habe ihn aber durch die Schilderung Deines Wesens, mein lieber Schatz, vollkommen und für immer beruhigt.«

Auch Emma sucht Herwegh zu beruhigen:

> Unfrei kannst Du nicht werden. Du bist mir das verkörperte Bild der Freiheit, nach der ich, solange ich lebe, mich gesehnt … Ein Weib kann viel, unendlich viel, wenn es liebt, und Deine Emma kann *lieben*, magst es schon glauben, mein Georg. Laß durch nichts in der Welt Dich binden als durch Deine höchste innere Wahrheit – führt die Dich zu mir – dann bleib bei mir bis zur letzten Stunde; entferne ich Dich von Deinem Ziel und war es nur um eines Zolles Länge – so schicke mich fort. Wir wollen vereint die Blitze in die Welt

schleudern, ach, und ich will ihnen beweisen, was eine Frau tun kann, wenn sie ihr eigen Ich beiseite setzt.

Aber plötzlich türmen sich Hindernisse auf: Herwegh ist in eine Falle gegangen. Wenige Tage nach der Verlobung, am 19. November 1842, hat er sich auf eine Audienz beim Preußenkönig Friedrich Wilhelm IV. eingelassen, der bei seiner Regierungsübernahme zwei Jahre zuvor als liberale Hoffnung angesehen worden war, zumindest als ein Monarch, mit dem man über Forderungen wie Aufhebung der Zensur und Einlösung alter Reformversprechen würde sprechen können. Der König hatte immerhin eine Amnestie für politisch Verfolgte erlassen und den Brüdern Grimm, die im Konflikt mit dem König von Hannover ihre Professorenämter in Göttingen verloren hatten, in Berlin eine wissenschaftliche Heimstatt gewährt. Der König selbst hatte auf der Unterredung bestanden, und Berlin fiebert mit: »Der Besuch Herweghs beim König ist das Tagesgespräch. Alle Klassen von Menschen sind in Bewegung. Die Vornehmen, die Frommen, die Altgesinnten sind bestürzt, ja beleidigt, die Jüngeren voller Neid«, beobachtete Varnhagen von Ense. Herwegh hat sich eine offene Sprache vorgenommen, aber er kommt, von der Hofetikette geknebelt, kaum zu Wort. Dagegen findet er einen offensiven Gesprächspartner vor, der ihn bekehren möchte: »Ich weiß, wir sind Feinde, aber ich muß nun einmal bei meinem Handwerk bleiben; wir wollen ehrliche Feinde sein.« Und der die Unterredung schon bald mit dem Satz beendet: »Ich wünsche Ihnen von Herzen einen Tag von Damaskus, und Sie werden Ungeheures wirken!« Erst zum Abschied gelingt dem Poeten der Widerspruch: »Sire, ich kann nicht Fürstendiener sein!« Der kühne Vorstoß geht doppelt fatal aus: die mit Herwegh immerhin sympathisierenden Liberalen verspotten ihn als »unterthänigsten Revolutionär«, und Friedrich Wilhelm IV. lässt schon einen Tag später die Zeitung verbieten und weist den Dichter kurz darauf aus den preußischen Landen aus.

Die Schikanen treffen das Paar besonders, weil sie den Plan

einer raschen Hochzeit vereiteln. Herwegh flüchtet Anfang 1843 in die Schweiz und kämpft von Zürich aus mit den bürokratischen Instanzen um die zur Eheschließung nötigen Papiere. Die Wochen des Wartens werden für beide zur Tortur. Emma:

> Wüßt ich, wo das Zauberkraut wächst, dessen Saat die Sehnsucht nach der Geliebten bewirkt ... ich tröpfelte Dir bei Nacht heimlich etwas davon ein, denn daß *ich* eine gehörige Dosis unschuldigerweise zu mir genommen, ist mehr als sicher.

Er ist fast noch ungeduldiger:

> Mädchen, mach! daß Du kommst! Diese verdammten Verzögerungen! Nun dauert es wieder seine acht bis zehn Tage, bis ich den Konsens und Taufschein von Stuttgart erhalten, dann wieder sechs, bis sie nach Berlin kommen, und so geht der Februar drauf und ich am Ende mit.

Emma berührt auch den Grundkonflikt seiner Situation – dass ein deutscher Dichter aus seinem eigenen Land verbannt ist:

> Du liebst Deutschland, das weiß ich, wie entrüstet Du auch sein magst, oder vielmehr Deine Entrüstung zeigt es – nur, was wir lieben, kann uns zur Verzweiflung bringen.

Und als ihm in Zürich von (vertriebenen) deutschen Handwerkern ein Ständchen gebracht wird, ruft sie ihm zu:

> Das sind die echten Dichterlorbeeren, die einzigen, nach denen Du streben mußt, die einzigen, die ich mit Stolz ansehen werde ... und so stolz ich bin, daß der König samt dem Adel Dich fürchtet, so stolz werde ich sein auf die Liebe, welche Dir von dem echten Volk wird.

Geradezu verzweifelt reagiert Herwegh, als die Zürcher Behörden ihm die Trauungsformalitäten verweigern und er sich dann in Basel bewerben muss:

> Mädchen, verlaß mich nicht! Himmel und Hölle soll aufgeboten werden, daß wir bald zusammenkommen … In Baselland bekommen sie am Ende auch noch Manschetten, und Dein fürchterlicher Schatz hat bald keinen Stein mehr, wo er sein Haupt hinlegen kann. Lorbeern die Hülle und Fülle, und keine Heimat! Prächtig! Gefällt's Dir nicht auch, mein Schatz? Über zu viel Ruhe wirst Du Dich Dein Leben lang nicht beklagen müssen. Ich will es nur gestehen, daß ich eigentlich zu allem unfähig geworden bin, seit ich Dich verlassen. So ein halber Zustand ist unerträglich, und alle meine Operationen laufen darauf hinaus, Dich so bald als möglich bei mir zu haben. Ich komme mir sonst wahrhaftig selbst abhanden. Schreibst Du nicht, so quält mich Angst und Unruhe zum Verzweifeln; schreibst Du, so lese ich zwei Tage an jedem Brief. Gut, daß meine Gegner nicht wissen, daß ich so mit Leib und Seele an die Liebe verraten bin.

Nur die Sehnsucht dehnt die Zeit, denn eigentlich geht es trotz des Papierkriegs erstaunlich schnell: Schon am 8. März 1843 kann das Paar in dem kleinen Dorf Augst bei Basel heiraten. Zu den Hochzeitsgästen gehört auch ein russischer Revolutionär, bald schon einer der berühmtesten Anarchisten des 19. Jahrhunderts: »Hinten auf dem (Hochzeits-)Wagen hatte sich Bakunin freiwillig als Jäger postiert. Vor der Kirche angelangt, sprang er von seinem Platze, öffnete den Wagen und reichte der Braut mit den Worten ›Adieu, Mademoiselle‹ galant zum Aussteigen die Hand, um kaum eine halbe Stunde später mit den Worten ›Bonjour, Madame‹ denselben Dienst zu leisten.« Mindestens ebenso wichtig wie das Hochzeitspapier wird ein anderes Dokument, das Herwegh sich in diesen Tagen erkauft: Gegen eine Gebühr von 600 Franken (plus einen Feuereimer) erwirbt er sich das

Bürgerrecht des kleinen Ortes; weitere 500 Franken zahlt er für das Kantonsbürgerrecht in Basel-Land. Als Schweizer ist er damit gegen manche der künftigen Repressalien aus Deutschland geschützt.

Nur wenige Wochen später gibt es eine andere, ähnlich verschwiegene Hochzeit, die für das revolutionäre Schicksal des Jahrhunderts noch bedeutender werden sollte als die Herweghsche Vermählung: Am 19. Juni 1843 heiraten in der Kreuznacher Paulskirche die 29-jährige Jenny von Westphalen und der vier Jahre jüngere Karl Marx. Waren Emma Siegmund und Georg Herwegh geradezu aufeinander geflogen, so lag hinter Jenny und Karl eine fast siebenjährige Verlobungszeit, die unter anderem dem Studium Karls in Berlin und seiner langen Suche nach einer Stellung geschuldet war. Es war eine Zeit, in der die Korrespondenz der beiden keineswegs von revolutionärem Elan befeuert war, sondern im Modus des romantischen, ja bürgerlich-schwärmerischen Stils blieb. Und in der die Sorge der Adelstochter Jenny stets präsent war, ihre Jugendliebe könne ihr im tumultuösen Berlin untreu werden oder ganz abhandenkommen:

> Ach Karl, darin liegt eben mein Jammer, daß das, was ein jedes andere Mädchen mit namenlosem Entzücken erfüllen würde, Deine schöne, rührende, leidenschaftliche Liebe, die unbeschreiblich schönen Äußerungen darüber, die begeisternden Gebilde Deiner Phantasie, daß dies alles mich nur ängstigen und oft zur Verzweiflung bringt ... Sieh Karl, die Sorge um die Fortdauer Deiner Liebe raubt mir allen Genuß.

Karl Marx aber schrieb ihr nicht etwa aufrührerische Verse wie Herwegh, nicht gesellschaftskritische Ironien wie Heine, sozialkritische Entwürfe wie Bettina von Arnim – er schrieb ihr Liebesgedichte der konventionellsten Machart:

> Sieh! ich könnte tausend Bücher füllen,
> Und nur Jenny schrieb ich stets hinein,
> Und doch würden sie Gedanken hüllen,
> Ew'ge Tat, unwandelbaren Willen,
> Süße Dichtung, zartes Sehnsuchtsstillen,
> Alle Glut und allen Ätherschein,
> Alle Götterlust und Wehmutspein
> All mein Wissen und mein eigen Sein.
> In den Sternen kann ich ihn nur lesen,
> Aus dem Zephyr tönt er mir zurück,
> Aus der Welle rauscherfülltem Wesen,
> Und ich denk ihn einst in solchen Bann
>   zu schreiben,
> Daß Jahrhunderte erschaut sein Blick,
> Jenny soll der Liebe Namen bleiben.

Beide Ehepaare trafen im Herbst 1843 in Paris zusammen und fanden dort schon den deutschen Publizisten Arnold Ruge und dessen Frau Agnes vor; den Vorschlag der Ruges, in einer Wohngemeinschaft zusammenzuziehen, lehnte Emma Herwegh sofort ab, die Marxens suchten sich nach knapp zwei Wochen Gemeinsamkeit ebenfalls ein eigenes Quartier. Gleichviel: das Zusammentreffen dreier jung vermählter Paare lässt erkennen, dass der Geist des Umsturzes, der revolutionäre Impetus das Institut der Ehe keineswegs zerstörte, sondern ihm einen andern Sinn, eine neue Festigkeit gab. Die großen Unruhestifter der Zeit spürten, dass sie den desto festeren Halt im häuslichen Kreis, in der eigenen Familie, im Vertrauen der Frau brauchten.

Dabei galt ein plausibles Paradox, das Emma Herwegh in ihrer Reserve gegen ein gemeinsames Emigrantenquartier benannt hatte: sie glaube nicht, dass Ruges »nette, kleine, sächsische Frau mit der hochintelligenten und sehr ehrgeizigen Frau Marx zusammenleben könnte«. Je klüger, gebildeter, sprachkundiger und, schließlich auch: je wohlhabender diese Frauen waren, um so hilfreicher, nützlicher und wertvoller waren sie für die Ziele der gesellschaftlichen Umwälzung. Dafür, dass es auch gegen die Privilegien und Allüren des Adels ging, gab es erstaunlich viele Damen aus Adelskreisen in den Reihen der Revolutionäre. Ferdinand Lassalle duellierte sich wegen einer Gräfin von Hatzfeld (und starb an seinen Verletzungen), Carl Gutzkow (der vehemente Vorkämpfer einer bürgerlichen Revolution) lebte jahrelang, neben seiner Ehe, mit der Gräfin von Bacheracht zusammen, und Jenny, Frau Marx, war eben nicht nur als geborene von Westphalen ein Renommee, sondern konnte auch mit einem Halbbruder, Ferdinand, dienen, der es in Preußen zu einem hohen Rang im Innenministerium bringen sollte.

Aber Jenny Marx hat im Alter skeptisch bilanziert:

> Uns Frauen fällt in allen diesen Kämpfen der schwerere, weil kleinlichere Teil zu. Der Mann, er kräftigt sich im Kampf mit der Außenwelt, erstarkt im Angesicht der Feinde, und sei ihre Zahl Legion, wir sitzen daheim und stopfen Strümpfe. Das bannt die Sorge nicht, und die kleine tägliche Not nagt langsam, aber sicher den Lebensmut hinweg. Ich spreche aus mehr als 30jähriger Erfahrung, und ich kann wohl sagen, daß ich den Mut nicht leicht sinken ließ.

Nicht jeder konnte oder musste in jenen Jahren des »Vormärz« – in der Zeit, die auf die Märzrevolution des Jahres 1848 hinauslief – bis nach Paris ausweichen. Manche Schikane beschränkte sich darauf, missliebige Publizisten aus Berlin in die Provinz zu vertreiben. Zu den Leidtragenden gehörte gleich nach der Thronbesteigung Friedrich Wilhelms IV. der Berliner Journalist und Satiriker Adolf Glaßbrenner; mit seiner Frau, der aus Wien stammenden Schauspielerin Adele Peroni (die wegen seiner Spottverse ihr Engagement am Königstädtischen Theater verlor) zog er sich nach Neustrelitz zurück: nicht resigniert, sondern in der sicheren Erwartung, dass es zu einer Volkserhebung kommen werde. Und er schlug sich auf die erste Nachricht von den Berliner Barrikadenkämpfen des 18./19. März 1848 hin in die Hauptstadt durch. Er schrieb seiner Frau am 21. diesen Revolutions-Liebesbrief:

> Warum weintest Du, Geliebte, als ich hierher eilte? Du hättest jubeln sollen, daß ich das erlebte. Kaum vermag ich die Feder zu halten; meine Aufregung ist furchtbar ... Ist denn das alles aber auch zu ertragen, zu erfassen? ... Alles, alles jubelt im Morgenrot der Freiheit, alle Fremden sind voll Enthusiasmus über die Berliner. Die Barrikaden wuchsen aus der Erde; nicht nur die Männer, auch die Frauen riefen zu den Waffen, schrien Rache; feine Damen trugen in ihren Kleidern Steine von der Straße aufs Dach und eiferten an, wo es irgend nötig schien. Neben den Handwerkern, Studenten, Künstlern, Beamten usw. schanzte und fochten die Proletarier, die Straßenjungen – mit heiligem Ernste! ... Kaum kann man durch die tobenden Straßen; die ganze Bevölkerung wogt durcheinander. An die Arbeit, an das Geschäft denkt keine Seele. Wie man auch jauchzen möchte, niemand weiß noch, was daraus werden soll; die Stimmung, die Gesichter sind ernst. Der Besitz fürchtet sich, macht aber gute Miene zum bösen Spiel ...

Und einen Tag später:

> Kannst Du Dich in diese große Szene Berlin mit seinen tausend erschütternden einzelnen Szenen, in diese Herzlichkeit, Gleichheit, in dieses neue, wilde Brausen des souverän gewordenen Volkes, in diesen tiefernsten Jubel hineindenken, und dazu mich, der die Krönung seiner Wünsche und seines Strebens feiert, und mein weiches Herz ermessen, so brauche ich mich nicht zu scheuen, Dir zu sagen, daß ich die Tränen nicht länger halten konnte, daß ich auf offener Straße wie ein Kind weinte. Und warum scheuen? Wer weiß, was diese Tränen bedeuten werden!-- Bei alledem glaubt niemand, daß die Revolution schon zu Ende ... Gilt es, gehe es noch

wieder los, so kämpfe ich mit dem Volke, zu dem ich gehöre. Ich, der immer nur die Stahlfeder zog, werde zwar kein besonderer Held sein, was mir aber an Kraft gebricht, wird mein unwandelbarer, gestählter Zorn gegen die Tyrannei jeder Gattung ersetzen … kann man sich noch als Individuum hervortun wollen, wenn die Zustände, die Völker so groß sind?

Zurück in Paris, wo der Aufstand schon zwei Wochen davor begonnen hatte: Der Aufruhr der Gefühle, wie er aus den Zeilen Glaßbrenners spricht, hat auch Emma und Georg erfasst; die scharfsichtige Fanny Lewald sieht es mit Skepsis: »Herwegh und seine Frau sind in einer Ekstase, die Glück im Glauben in sich trägt. Sie sind jedem Zweifel unzugänglich, für jede Vorstellung taub aus Enthusiasmus. Daß er vollkommen uneigennützig sich opfern könnte für das Allgemeine und daß seine Frau den Mut und die Liebe hat, ihn sich opfern zu lassen für seine Idee, das glaube ich fest … Emma Herwegh besitzt eine solche Tiefe der Liebe, eine so unbedingte Hingebung, daß sie schon dadurch schön und bedeutend wird.« Emma bestätigt das durch ihre eigenen Worte: »Wir wollen zeigen, was zwei Leute können, die zu derselben Fahne schwören, es ist keines Menschen Kraft zu gering, um das gewaltige Rad in Bewegung zu setzen, und die Bewegung hat Riesenkräfte: auch in den Frauen.« Während Georg die neue Zeit mit alter Männerdominanz verknüpft: »Es geht mir mit der Republik wie mit den Frauen, ich liebe sie aus erster Hand, d.h. aus der Hand des Volkes, durch eine Revolution.«

Aber das Paar lässt es nicht bei Worten bewenden; es setzt sich an die Spitze einer in Paris sich zusammenfindenden Gruppe von deutschen Emigranten, meist Handwerkern, denen die neue französische Revolutionsregierung die Heimkehr nahegelegt und mit einem Handgeld möglich gemacht hat. »Die deutsche Legion« will den im Odenwald sich erhebenden Bauern zu Hilfe kommen und sich mit den Freischärlern um Friedrich Hecker verbünden, dann gemeinsam zuschlagen. Emma ist selbstverständlich mit dabei, reist mit der frühen rumpelnden Eisenbahn nach Basel, dort mit der Kutsche weiter nach Schaffhausen und trifft Hecker endlich im kleinen Ort Engen. Aber die Kampagne scheitert kläglich, an den Truppen, die ihnen entgegentreten, an den Einheimischen, die Tumult und Verwüstung befürchten, vor allem aber an den Unwegsamkeiten des Schwarzwaldes, durch den die Amateurkämpfer herumirren.

Noch ist der Tiefpunkt nicht erreicht. Am 27. März kommt es zum »Gefecht bei Dossenbach«, wo württembergische Truppen den Revolutionären entgegentreten; die Zahl der Todesopfer bei den Legionären schwankt zwischen zwölf und 40; viele mehr werden verletzt, einige Fliehende sollen im Rhein ertrunken sein. Emma und Georg Herwegh können sich in einem Wagen und durch Tarnung mit Bauernkleidern retten. Sie werden in den kommenden Wochen vom Hohn des guten, gesitteten, obrigkeitsfrommen Deutschland und seiner immer noch dienstfertigen Publizistik mit Hohn überschüttet. Emma weiß die Mission gescheitert; mundtot ist sie nicht. Sie greift den schärfsten Vorwurf auf, der ihnen gemacht wird: »von einer Hochverräterin« lässt sie als Verfassernamen unter ihren Bericht über die Kampagne der »Deutschen Legion« setzen. Und ihr tapferes Protokoll eines Scheiterns beendet sie mit einem Liebesbrief an eine Zukunft, die sich erst nach mehr als 100 Jahren zeitigen wird:

> Es gibt ein junges, demokratisches Deutschland! Ein Deutschland, das mit der alten Welt und ihren Sünden abgeschlossen hat, das nicht eher die Waffen niederlegen wird, bis Polen, bis Böhmen, bis Italien, bis ganz Europa frei, der letzte Kerker, die letzte Kette gesprengt ist. Diesem Deutschland allein übergebe ich diese Schrift … Soviel Kämpfe ihm auch noch bevorstehen mögen, soviel seiner besten Kinder auch noch als Opfer des Despotismus fallen werden, ehe es Sieger bleibt, – es weiß, daß es später oder früher siegen muß.

Mit einer späten Zuneigung ist Emma Herwegh noch im hohen Alter von 76 Jahren belohnt worden, einer verehrenden Liebe, die ihr der knapp 30-jährige Frank Wedekind entgegenbrachte. Als er 1893 bei seinen Aufenthalten in Paris ganze Abende in ihrem nurmehr kargen Quartier verbrachte, entspann sich zwischen der betagten und der jungen Verkörperung des Bürgerschrecks eine lebhafte Sympathie; zwischen der einstigen Revolutionärin, die immer noch nach Verlegern suchte für die späten Werke ihres verstorbenen Mannes, und dem ungebärdigen Dramatiker, der wenig später mit seinem »Frühlingserwachen« das deutschsprachige Theater skandalisierte und dessen dämonische Lulu als faszinierendste und verstörendste Frauengestalt durchs 20. Jahrhundert geistern sollte. »Das wilde schöne Tier« war Emma Herwegh freilich auch in ihren revolutionärsten Auftritten nicht; aber auch in ihren »schönen Augen blitzte Ekstase«, wie Heinrich Heine sich mehr mokiert als begeistert hatte.

19
Von Brieftauben und tauben Briefen
Satirisches von Carl Gutzkow und Gottfried Keller

> Treu und Glauben im Geschlechtsverkehr
> ist eine Börsenusance.
>
> Karl Kraus

Was aber bleibt von der Revolution? Es bleiben Resignation und verstärkte Repression, es bleiben Jahrzehnte der Emigration wie in den Familien Marx und Herwegh, Ruge und Glaßbrenner. Und was folgt auf die Liebesbriefe, die sich in eine neue Zeit vorgewagt hatten, in neue Geschlechterebenbürtigkeit, in kämpferische Ehebündnisse? Es folgt Schlimmeres als Ernüchterung, es folgt die Parodie.

Die hypertrophe Sprache des Liebesbriefs hat ihn schon früh in die heikle Nähe der Satire gebracht. Der Liebesseufzer hat für Unbeteiligte oft auch komische Wirkung, die Herzensergießungen gehören zu den Ausflüssen des Humors, der ja nach alter Lehre ein Körpersaft sein soll. So wie vom Erhabenen zum Lächerlichen nur ein Schritt ist, so von der Ekstase zur Blamage nur eine Nuance. Wer (auch heute noch) die eigenen Liebesbriefe aus verschollenen Tagen und vergessenen Nächten nachliest, kann sich meist eines Gefühls von Peinlichkeit nicht erwehren. Es ist, als sei das Papier alter Schwüre von einer besonderen Säure zerfressen, einer höhnischen Lauge, einer ätzenden Magie.

Wie sehr der »Liebesbrief« im Deutschland der zweiten Hälfte des 19. Jahrhunderts, nach der gescheiterten Revolution und der danach sich durchsetzenden Prussifizierung ganz Deutschlands, wie sehr also der Liebesbrief abgeschrieben und aufs neue bürgerliche Konvention geworden war, zeigte sich unter anderem an einem Buch wie den »Liebesbriefe(n) eines alten Kavaliers«, dem »Briefwechsel des Fürsten Pückler-Muskau mit Ada von Tresckow«, einer Korrespondenz zwischen dem alten Herrn der Gärten und der Liebeleien und einer jungen Modeschriftstellerin: Da ist von Liebe keine Rede, sondern nur von gesellschaftlichen Eitelkeiten, Klatschgeschichten, Gesundheitsthemen und Manuskriptsorgen. Eine Plauderei nicht nur ohne Herz, sondern leider auch ohne Witz. Kavalier genießt nicht, und schweigen tut er auch nicht.

Vor allem Carl Gutzkow versucht schon bald nach dem Scheitern der Revolution sich spottend auf die Höhe einer neuen Zeit zu erheben. So wie er 1848, in den Märztagen der Berliner Barrikadenkämpfe, sich mitten unter das Volk begeben hatte, wie er geglaubt hatte, sich in den Berliner Schlosshof zu stellen und auf eigene Hand Revolution machen zu können, so sucht er nun – mit sarkastischer Distanz – die Zeichen einer neuen Zeit zu deuten, die Restauration mit Rasanz koppelt, Mief mit Mobilität und Untertanen- mit Unternehmungsgeist. Er findet sich damit ab, dass nicht mehr die Republik, sondern die Börse *à jour* ist, nicht der Flug poetischer Phantasie, sondern Telegraphie, nicht mehr die Liebe, sondern das Geschäft. Der verhinderte Revolutionär ist zum eleganten Zyniker geworden. 1852 entsteht seine Novelle »Die Kurstauben«, ein böses Stück Zeitkritik, das einem alten sagenhaften Medium der Liebesbotschaft, den Brieftauben, den Garaus macht. Wie epochal der sarkastische Abschied ist, den er da zelebriert, soll ein kurzer Rückblick auf das geflügelte Medium, die »Vögel der Aphrodite«, erhellen.

Die Taube ist einer der berühmtesten Vögel der Antike und wurde schon früh im alten Ägypten und in Griechenland als militärische Meldegängerin eingesetzt. Um die Mitte des fünften Jahrhunderts v. Chr. rühmte Anakreon sie als Liebesbotin. So war die Taube nicht nur Friedenssymbol, sondern auch »Sehnsuchtstier«. Diesen zärtlichen Beinamen verdankte sie aber weniger den Liebesbriefen, die sie im Verlauf der Jahrhunderte transportiert haben soll, als vielmehr der eigentlichen Motivation ihrer rätselhaften und orientierungsgenauen Gewaltflüge. Wenn da ein Taubenmännchen (»Witwer« genannt) bis zu 1000 Kilometer weit und 100 Stundenkilometer schnell fliegt, so hat das nichts mit der Sehnsucht eines schönen Fräuleins oder eines bangenden Liebhabers zu tun, sondern mit dem ins Schmerzhafte gesteigerten Begehren des Täubers nach seinem Weibchen, von dem er knapp vor einem Paarungsakt getrennt und an einen weit entfernten »Auflassort« gebracht wurde. Alle diese unglaublichen Streckenflüge sind Heimflüge in den eigenen Schlag, alle Rekorde Extremfälle des Verlangens, und wer wissen will, ob man sich vor Liebe verzehren kann, muss sich so einen Taubenwitwer am Ende seines Fluges ansehen, wenn er alle Energie verbraucht und verbrannt hat, als kümmerliches Gerippe die Flügel kaum noch rühren kann und keine Kraft zum Liebesakt mehr hat. Man kann also eine Taube nicht beliebig hin und her schicken, sondern muss sie zunächst an die Absendeadresse bringen, dort mit der kleingefalteten Botschaft versehen (es ist kein »Zettel im Schnabel«) und dann der Natur des Tieres ihren geflügelten Lauf lassen.

Im Frankreich des 18. Jahrhunderts gab es unter den Adeligen den Sport eines raschen, fast regulären Briefverkehrs zwischen den Schlössern. Man gönnte sich den Luxus von Taubentürmen, die dann zu kleinen Kommunikationszentren und bequemen Landeplätzen wurden. Weil man mit solchen Nachrichten auch den Widerstand gegen die Revolution hätte organisieren können, wurden diese Türme von den Truppen der Volksarmee als erste zerstört, so wie heute die Einnahme eines Rundfunk- oder Fernsehsenders das wichtigste Mittel eines Machtwechsels ist.

Aber wichtiger noch als im Krieg waren die Tauben fürs Geschäft; nicht das Militär, sondern die Börse profitierte am meisten davon: sie waren die Telegrammboten des frühen 19. Jahrhunderts. Der Londoner Bankier Rothschild verdankte sein Millionenvermögen einer Brieftaube, die ihn, entgegen den ersten Nachrichten von einem Sieg Napoleons bei Waterloo,

Brieftransport per Taube, 1451

früher als die Bank von England von der glücklichen Wendung der Schlacht durchs Eingreifen der preußischen Truppen unterrichtet hatte. So kaufte er scheinbar wertlos gewordene Papiere in Mengen auf, und Napoleons Waterloo wurde sein Dorado. Von da an waren Brieftauben ganz groß im Geschäft als geflügelte Datenträger.

Und aus allen diesen Elementen der Taubenhistorie baut Gutzkow seine groteske Geschichte, aus Taubentürmen, Sehnsüchten, Börsenkursen, Dichterliebe und zuletzt noch: dem schmackhaften Fleisch. Da ist die junge Schönheit Leontine Simonis, Tochter eines reichen jüdischen Geschäftsmannes, umgeben von einer Verwandtschaft, die nur an »Eisenbahnaktien,

Kurszetteln, Bankausweisen« interessiert ist, und mit ihren Träumen von einer Welt der Poesie allein gelassen wird. Doch sie findet einen Seelenverwandten in Moritz Sancho, einem Doktor der Philosophie, insgeheim Dichter, aber arm und daher nicht familientauglich. Einen Sommer lang schmachtet das Paar aneinander vorbei; Sancho findet nicht einmal Gelegenheit, der Angebeteten seine Liebe zu gestehen, da »Leontine kaum gewagt hätte, eine Zeile anzunehmen, die ihr von Sancho auf postalischem Wege zugekommen wäre«. So findet sie sich ziemlich plötzlich als Ehefrau eines ebenfalls reichen Kaufmanns.

Aber Sancho kann sie nicht vergessen und kommt, nach langer Trennung, auf einen verwegenen Plan. Er hat beobachtet, dass Leontine »tagtäglich einen kleinen an ihrer Villa angebrachten allerliebsten Turm besteigt, wo sie eine Anzahl Tauben hielt und diese regelmäßig fütterte. Diese Taubenzucht war ihm das Symbol einer dauernd und unzerstörbar in Leontinens Seele verbliebenen Poesie.« Wie, wenn er die Tauben seinen Liebesbotschaften nutzbar machte? Wie, wenn er endlich Leontinens Herz erreichen könnte? Und er wagt sich an ein Gedicht, mit dem er den Plan seiner neuen Werbung diskret zu eröffnen sucht:

> Von meinem Auge will es nimmer schwinden
> Das Bild: Gefangner Troubadour,
> Dem ach! die Hoffnung einer Taube nur!
> Sie kommt! Ein Blatt! Es flattert in den Winden –
> Was würd ich wohl auf ihm geschrieben finden?

Immerhin kann er sich die Einladung zu einem Diner im Haus des Kaufmanns erwirken und sitzt da nun nahe bei seiner alten frischen Liebe und genießt ein Mahl, bei dem zum Gemüse auch köstlich zartes Fleisch gereicht wird. Nach dessen Herkunft befragt, wird die Hausherrin verlegen, gibt merkwürdig undeutliche, ausweichende Antwort, bis der Ehemann geschäftsmäßigen Klartext redet und den Poeten aus allen Wolken fallenlässt:

Was er da verzehrt, so erfährt er, sind eben die Tauben, denen er seine Botschaften anzuvertrauen hoffte, sogenannte Kurstauben, die »mit Eröffnung des elektrischen Paragraphen« in drei Tagen ausgedient hätten. Und was dem Dichter als poetisches Verweilen Leontines im Taubenturm erschienen war, erklärt der Gastgeber nun zu einem Geschäftsgang: »Haben Sie nie meine Frau gesehen, wenn sie mittags um zwölf Uhr auf unsern kleinen Turm stieg und die Kurse abwartete, die mir meine Tauben von Brüssel brachten? Von Paris nach Brüssel signalisiert sie der Telegraph, von dort nach hierher ist jetzt erst der elektrische Draht fertig geworden.«

Im Kaufmannsgewerbe ist auch Kellers Novelle »Die missbrauchten Liebesbriefe« angesiedelt. Obwohl etliche Jahre nach Gutzkows Satire geschrieben, spielt sie zu einer früheren Zeit, im Schweizer Biedermeier des fiktiven Seldwyla, und in einem völlig anderen Milieu, in dem Geschäftssinn noch nicht von Börsen und Kursen bestimmt war, sondern von einem literarischen Ehrgeiz, der zur Rendite auch noch Ruhm sich erwerben wollte. Es scheint, als habe sich in der provinziellen Welt des »Helden« Viktor Störteler, genannt Viggi, der sich als Autor den Namen »Kurt vom Walde« erschreiben möchte, der Gutzkowsche Handelsmann und der Poet noch einmal zu vereinigen gesucht, als könnten Kommerz und Phantasie sich in dem Wunsch nach Größe bestärken. Aber deutlicher noch als Gutzkow zielt Kellers Satire auf die Schinduderei, die mit Liebesbriefen getrieben wird, auf die Konventionalisierung der Gefühle, auf den Missbrauch der Leidenschaften ab.

Da ist also Viggi, wohlhabender Kaufmann, viel auf Reisen, aber eben auch kunstbeflissen und in Zeitschriften gedruckt; und da ist seine Frau, das Gritli, von der man nur erfährt, dass sie »zutulich und still bei ihrem Manne« lebt. Bis ihm die Idee kommt, seine Geschäftsfahrten zugleich literarisch fruchtbar zu machen, Abwesenheit zu Trennungsschmerz zu sublimieren und mit seiner Frau Liebesbriefe zu wechseln, die vielleicht als Buch

Furore machen könnten. Und so verstört er denn Gritli mit diesen bombastischen Zeilen:

> Teuerste Freundin meiner Seele!
> Wenn sich zwei Sterne küssen, so gehen zwei Welten unter! Vier rosige Lippen erstarren, zwischen deren Kuß ein Gifttropfen fällt! Aber dieses Erstarren und jener Untergang sind Seligkeit und ihr Augenblick wiegt Ewigkeiten auf! Wohl hab ich's bedacht und habe es bedacht und finde meines Denkens kein Ende: – Warum ist Trennung?-?- Nur eines weiß ich dieser furchtbaren Frage entgegenzusetzen und schleudere das Wort in die Waagschale: Die Glut meines Liebeswillens ist stärker als Trennung, und wäre diese die Urverneinung selbst -- solange dies Herz schlägt, ist das Universum noch nicht um die Urbejahung gekommen!! Geliebte! fern von Dir umfängt mich Dunkelheit – ich bin herzlich müde! Einsam such ich mein Lager--schlaf wohl!--

Viggi lässt dann noch ein längeres Postskriptum in Gelddingen folgen, die Gritli rasch erledigt; aber zu antworten weiß sie nichts: so fremd war ihr der Mann noch nie. Zum Glück wohnt jenseits des Gartens, hinter einer Hecke im Nachbarhaus, ein junger Schulmann, ein Unterlehrer, der so arm ist, dass er an keine Heirat denken kann, »doch in seinem Herz wie ein Pascha« fühlt. Klar, dass auch das Gritli in seinen Träumen vorkam. Sie steckt ihm nun die (von ihr abgeschriebenen) Schmachtzeilen ihres Mannes zu und bittet ihn – aber alles sei nur ein Scherz! – um eine passende Antwort.

Doch für den guten Wilhelm ist das Wort Scherz alsbald außer Kraft gesetzt durch einen Blick, den die Frau ihm dabei zugeworfen hat; er schreibt sogleich »mit aller herzlichen Glut«, die dann auch Gritli beim Lesen und Abschreiben durchwärmt. Das Lob ihres Mannes lässt nicht auf sich warten: »Ich bin ordentlich stolz darauf, daß ich nun endlich das richtige Verfahren eingeschlagen habe; denn, ohne Schmeichelei, Du hast Dich vortrefflich gehalten! Aber nun, nicht locker gelassen!« So muss sie, trotz heftiger Bedenken. Wilhelm weiter einspannen, und macht ihren Mann immer publikationsversessener:

> Die Sache geht gut, liebes Gritli! Wir können nun keck ausschreiben und wollen uns täglich schreiben, hörst Du, täglich. Vielleicht in einiger Zeit zweimal des Tages, um die Dauer meiner Abwesenheit gut zu benutzen und eine ansehnliche Sammlung zustande zu bringen. Ich denke auch schon auf einen idealen Namen für Dich; denn Deinen prosaischen Hausnamen können wir hier nicht brauchen. Wie gefällt Dir Isidora oder Alwine?

Es erhöhte sich also die Brieffrequenz: »Gritli hatte nun alle Tage vier lange Briefe abzuschreiben« – denn auch Wilhelm händigte sie ja die Post ihres Mannes in ihrer eigenen Handschrift aus – »weshalb ihre feinen rosigen Finger fast immer mit Tinte befleckt waren. Sie seufzte reichlich bei diesem ungewohnten Tun, mußte bald lachen, bald weinen über die Einfälle der beiden Briefsteller, die durch ihre Hand gingen, und sie unterschrieb die Briefe an Viggi mit Alwine, diejenigen an Wilhelm mit Gritli, wobei sie dachte: »der ist wenigstens zufrieden mit meinem armen Namen!« So häufte sich rasch an drei Orten ein Stoß gewaltiger Liebesbriefe an.

Kellers Parodie wäre nicht perfekt, wenn nicht endlich auch die berühmten Tränen flössen, die Tränen Pamelas und Clarissas, die Tränen Werthers, Lottes und Julies, Tränen, die das Papier imprägnieren als Zeugnis der Liebe über die Distanz. Viggi darf beeindruckt sein:

> Ich habe mit Vergnügen gesehen, daß Spuren von vergossenen Tränen zwischen Deinen Zeilen zu sehen sind (wenn Du nicht etwa den Schnupfen hattest!) Aber gleichviel, ich trage mich jetzt mit dem Gedanken, ob solche Tränen zwischen den Zeilen bei einer allfälligen Herausgabe im Druck nicht

durch einen zarten Tondruck könnten angedeutet werden? Freilich, fällt mir ein, müßte dann wohl die ganze Sammlung faksimiliert werden, was sich indessen überlegen lässt.

Wilhelm, der so tumb nicht ist, wie er scheint, greift das Stichwort behend auf:

> O liebes Herz, es ist doch traurig, so unerbittlich getrennt zu sein und immer mit der schwarzen Tinte zu sprechen, wo man das rote Blut möchte reden lassen! Ich habe mir heute schon zweimal einen frischen Bogen nehmen müssen, weil mir Tränen darauf gefallen sind, und soeben konnte ich einen dritten nur dadurch retten, daß ich schnell die Hand darauf legte. Wenn Du mich nur ein wenig liebst, so verachtest Du mich nicht wegen dieser Schwachheit.

Solche Stellen, die sie auf sich selbst beziehen muss, schreibt Gritli freilich nicht mit ab. Denn während die künftige Briefsammlung zu dicken Packen wächst, steigert sich daheim die Verwirrung der Gefühle. Gritli und Wilhelm tauschen nur noch Blätter, wagen keine Blicke mehr. Wilhelm trägt ihre (das heißt eigentlich: Viggis) Briefe wie einen Schatz mit sich herum. Aber die Ledertasche, in der er sie verwahrt, lässt er eines Abends just unter einem Baum liegen, wo ihn der als Wanderer heimkehrende Viggi aufgestört hat. Und kaum hat die Neugier gesiegt und der Kaufmann einen Blick in die Tasche getan und das Konvolut aufgeschlagen, grinst ihm auch schon ein vertrauter Satz entgegen: »Wenn sich zwei Sterne küssen ...« Er weiß sein großes romantisches Projekt verraten, glaubt seine Frau untreu, fühlt den Boden unter sich wanken und wütet über den »himmelschreiendsten Betrug, den die Sonne je gesehen!«.

Im Zornesausbruch des geprellten Viggi gönnt sich zugleich der Autor Gottfried Keller einen kleinen Jubel über das Ausmaß des dramaturgischen Verwirrspiels, das er da inszeniert hat, über ein komödienreifes *Qui pro quo*:

Sie nimmt die treuen, ehrlichen Ergüsse, die Briefe des Gatten, verrenkt das Geschlecht und verdreht die Namen und traktiert damit, prunkend mit gestohlenen Federn, den betörten Genossen ihrer Sünde! So entlockt sie ihm ähnliche Ergüsse, die in sündiger Glut brennen, schwelgt darin, ihre Armut zehrt wie ein Vampyr am fremden Reichtum; doch nicht genug! Sie dreht dem Geschlechte abermals das Genick um, verwechselt abermals die Namen und betrügt mit tückischer Seele den arglosen Gemahl mit den neuen erschlichenen Liebesbriefen, das hohle und doch so verschmitzte Haupt abermal mit fremden Federn schmückend! So äffen sich zwei unbekannte Männer, der echte Gatte und der verführte Buhle, in der Luft fechtend, mit ihrem niedergeschriebenen Herzblut; einer übertrifft den andern und wird wiederum überboten an Kraft und Leidenschaft; jeder wähnt, sich an ein holdes Weib zu richten, während die unwissende, aber lüsterne Teufelin unsichtbar in der Mitte sitzt und ihr höllisches Spiel treibt! O ich begreife es ganz, aber ich fasse es nicht! – Wer jetzt als ein Fremder, Unbeteiligter diese schöne Geschichte betrachten könnte, wahrhaftig, ich glaube, er könnte sagen, er habe einen guten Stoff gefunden für –

Die bizarre Konstruiertheit der Geschichte (die damit noch nicht zu Ende erzählt ist) ist aber zugleich ein Abgesang, eine Elegie auf die Kontaminierung der Zärtlichkeit durchs tausendfache, zehntausendfache Zitat, auf den Leerlauf der Gefühle bei der Berührung mit dem Papier.

Gottfried Keller weiß, wovon er da erzählt. Er handelt keine unglückliche Romanze ab, sondern ein schmerzliches Jugenderlebnis. Mit 18 Jahren hatte er einen gleichaltrigen Freund, Johann Müller, der, nachdem er Zürich verlassen musste, ihn mit Briefen von Wertherschem Feuer, von romantischem Überschwang anschwärmte: »Bruderherz«, schrieb ihm 1837 der andere, »wär' ich in Zürich, so würden unsere Herzen zu einer jugendlichen

Flamme, die alles Kleinliche verbrennen, aber zu allem Großen, Wahren und Edlen emporlodern würde.«

Keller zeigte sich empfänglich, aber nicht überwältigt: »Dein Brief ist schön, und wenn es nicht etwa bloß sonntägliche affektierte Gefühle sind, die Du äußerst ... so sage ich Dir ganz kurz, daß sie mir zum Teil rein aus der Seele gegriffen sind.« Aber es bleibe ihm noch erst »auszukundschaften«, ob man durch eine solche Flamme »ineinander schmelzen, prasseln, aufglühen ... und miteinander in Asche zusammenfallen« müsse. Deutlicher berührt fühlt sich Keller durch eine Wendung von der Einsamkeit des Gemüts, mit dem der einzelne trotz Trennung dem andern verbunden bleibe, und er bekennt: »Wer nicht die erste und beste Unterhaltung ... in der Tiefe seines eigenen Ichs findet«, der sei kein wahrer Mensch und habe keinen Anspruch auf Geist und Seelengröße: »Stolz habe ich nur zuviel, mehr als ich verantworten kann, und aus Welt und Menschen machte ich (mir) schon nichts mehr, als ich noch so ein achtjähriges Teufelchen war.« Keller beschloss seinen Brief mit den Worten: »Verzeih, daß ich Dir ein wenig mein Herz geleert habe, ich paßte schon lange auf eine Gelegenheit.« Die Abschrift des Briefes in seinem »Studienbuch« verzierte er mit einem großgemalten Herzen.

Aber genauso zufällig wie der Viggi seiner Novelle findet Keller heraus, dass sein Freund Müller die flammendsten Tiraden seiner Briefe aus verschiedenen Ratgebern der Biedermeierzeit, aus »hundert erbaulichen Büchern«, abgeschrieben hatte. So dass die Flamme der Freundschaft danach in der Tat in Asche zusammenfiel.

So wie der junge Gottfried Keller damals den Freund aus seinem (Gefühls-)Leben strich, so tilgt er nun als Erzähler den phrasenhaften, eitlen und dünkelhaften Viggi Störteler (nachdem der von Gritli geschieden, neu verheiratet, von den Seldwylern gemieden und von der Kaufmannsfortune verlassen ist) aus seiner Novelle. Der armen jungen Frau aber und dem scheuen Schulmann beschert er, nachdem er sie zu einigen Jahren in getrennten Einsamkeiten gezwungen hat, ein Wieder-

Liebesbrief Gottfried Kellers an Luise Rieter, Hottingen 1847

sehen, das in seiner spröden, aber innigen Zwangsläufigkeit alles Gerede von »Flammen« und »Sternen« und »Urbejahung« vergessen macht und in eine »fröhliche Hochzeit« mündet.

Als Gottfried Keller diese in den 1860er Jahren geschriebene Novelle in der zweiten Folge der »Leute von Seldwyla« 1874 herausgab, fiel er ihr mit einem etwas nostalgischen Vorwort in den Rücken, indem er sie als »eine kleine Nachernte« aus einer beschaulicheren Zeit bezeichnete, in der noch nicht »das Eröffnen oder Absenden von Depeschen und hundert ähnliche Dinge ... den Tag ausfüllen«. Damit verleitete er die moderne Medientheorie zu dem Schluss, er habe mit diesen Worten »das Postskriptum jener für immer vergangenen Epoche« geschrieben. Bernhard Siegert folgerte daraus die kommunikationsapokalyptische These: »In dem Jahr, in dem nicht nur ein internationaler Telegraphenverein in Paris gegründet wurde, sondern auch die Anglo-American Telegraph Corporation das erste auf die Dauer funktionierende transatlantische Kabel zwischen Irland und Neufundland legte, hatte Keller in den ›Missbrauchten Liebesbriefen‹ bereits die Geschichte der Literatur als Epoche der Unzustellbarkeit selbiger Liebesbriefe definiert.«

Was so kategorisch klingt, ist aber anfechtbar. Nicht nur, dass der Medientheoretiker etliche Seiten später, am Beispiel Franz Kafkas, die immer rascher getaktete Zustellung von Liebesbriefen zu Beginn des 20. Jahrhunderts detailliert dokumentieren wird; auch Keller liefert mit seiner überdrehten Erzählung nicht so sehr ein idyllisches Es-war-einmal als eine gewitzte Zukunftsvision für die – trotz Telegramm und Telefon – bis weit ins 20. Jahrhundert reichende Versorgung mit Briefpost im Rhythmus des klopfenden Herzens: »Nun ging also die seltsame Briefpost tagtäglich und nach einiger Zeit in der Tat zweimal des Tages. So ging denn der Verkehr wie besessen, und an drei Orten häufte sich ein Stoß gewaltiger Liebesbriefe an.« Ein Keller ist also nicht der geeignete Bunker für sperrige Theoriemodelle.

20
Des Meeres und der Liebe Wellen
Bismarck auf der Klippe

> Ich bin ganz Seesalz und Sonne
>
> Otto von Bismarck,
> August 1862

Wir schreiben den 10. September 1862. Wir erinnern an ein historisches Datum und an ein makabres Zusammentreffen eines Liebeszeichens mit einer politischen Drohung, die ein halbes Jahrhundert deutscher Geschichte anschwärzen wird. In einer Sitzung des Budgetausschusses des preußischen Abgeordnetenhauses öffnet Otto von Bismarck, seit wenigen Tagen erst preußischer Ministerpräsident, sein Zigarrenetui, holt etwas Blumiges hervor, präsentiert es einem neben ihm sitzenden Abgeordneten und sagt in die Runde: »Diesen in Avignon gepflückten Olivenzweig habe ich mitgebracht, um ihn der Volkspartei als Friedenspfand anzubieten; aber ich sehe, daß die Zeit dazu noch nicht gekommen ist!«

Aber er selbst ist es, der die Zeit einer Verständigung zwischen König und Parlament mit ebendieser Sitzung weit hinaus schiebt und konflikträchtige Jahrzehnte eröffnet. Er ist es, der über den Olivenzweig hinweg die martialischen Worte spricht: »Nicht auf Preußens Liberalismus sieht Deutschland, sondern auf seine Macht ... Preußen muß seine Kraft zusammenfassen und zusammenhalten auf den günstigen Augenblick, der schon einige Male verpaßt ist ... nicht durch Reden und Majoritätsbeschlüsse werden die großen Fragen der Zeit entschieden ... sondern durch Eisen und Blut.« Den Satz werden sich die Deutschen merken müssen, er wird Europa das Fürchten lehren. In seinen Memoiren, Jahrzehnte später, verschärft ihn Bismarck noch, indem er die letzten Wörter umkehrt und von »Blut und Eisen« spricht.

Der Olivenzweig ist auch kein Friedenssymbol. Er erzählt die Geschichte einer Sommerliebe, eines erotischen Capriccios. Er ist Überbleibsel einer Urlaubsleidenschaft, die dem 50-Jährigen, in seinen letzten Tagen als preußischer Gesandter in Paris, bei einer Reise an die See widerfahren ist. Otto von Bismarck hat sich in Biarritz aufs gründlichste verliebt, und der Zweig, von der Angebeteten beim Abschied gepflückt, ist Andenken und Unterpfand, Präsent als bleibende Präsenz, aufgeladen mit Zärtlichkeit. Ihn im politischen Kampf, ja als taktischen Bluff zu benutzen heißt, ihn eigentlich entweihen. Doch auch der eisern werdende Kanzler wird ihn noch jahrzehntelang in seinem Etui aufbewahren. Er war die Gabe einer russischen Adligen namens Katharina, einer geborenen Principessa von Trubezkoi, verheiratet mit Fürst von Orloff, dem russischen Gesandten in Brüssel. Diese hatte zusammen mit ihrem Mann und zeitgleich mit Bismarck den August in dem mondänen französischen Seebad verbracht und war dabei dem deutschen Diplomaten nähergekommen. Gleich nach der Heimreise deutete sie in einem Brief an, welche Freiheiten ihr diese Ferien beschert hatten:

> Wir sind hier in strömendem Regen angekommen ... auch war ich wieder ganz die Fürstin Orloff, und die tolly Catty ist so schnell wie möglich nach Biarritz zurückgekehrt! Wissen Sie, daß ich immer Heimweh nach Biarritz habe? Gestern abend war der (Genfer) See ein wenig wild, ich war ganz glücklich darüber, weil mich sein Rauschen an das Meer erinnerte und ich habe gesummt: »Ach, wer bringt die schönen Tage ...« Die andern Lieder »La petite navire«, »La Citronella«, »Sonne, Sonne« und »Schlaf, Kindchen« sind auch an der Reihe, seitdem ein kleiner Sonnenstrahl erschienen ist ... Die Tante und die schwarze Nichte schlafen, und nur ich kritzle noch wie in Luchon, wo Sie das so zur Verzweiflung brachte – diesmal werden Sie wohl nachsichtiger

sein, da es für Sie ist. Schlafen Sie wohl und träumen Sie von Biarritz! Nikolai läßt Sie grüßen, und ich drücke Ihnen beide Hände von ganzem Herzen. Catty.

Nach dem Abschied in Avignon hatte Bismarck seine Empfindungen wohl nicht bei sich behalten können und, zurück in Paris, der Mutter Katharinas, der Fürstin Trubezkoi, einen Besuch abgestattet und drauflosgeplaudert. So dass die Tochter, in einem zweiten Brief an den Verehrer, ihre Verstimmung über die Bloßstellung kaum zurückhalten kann:

> Ich habe Sie oft gebeten, Mama nichts von unseren Streichen zu erzählen. Sie haben es trotzdem getan, und sie hat mir einen vorwurfsvollen Brief geschrieben. Sie werden zwar entgegnen, daß Sie fast nichts gesagt haben, sie ist aber jedenfalls sehr böse geworden und hat mir geschrieben: Ich weiß von allen Deinen Streichen. Ich ärgere mich ein bißchen über Sie, lieber Onkel, und ich verhehle es Ihnen nicht, diesmal sind Sie nicht mein Schutzengel gewesen, und wenn wir uns jemals in Biarritz wiedersehen, werden Sie mich so gesetzt wie ein Standbild wiederfinden und so verdrießlich wie das schlechte Wetter.

Was aber ist mit diesen »Streichen« gemeint? Ein Urlaubsflirt, eine sachte Liebäugelei? Oder nicht doch ein von Konvention zwar umgitterter, aber von der Meereslandschaft entgrenzter *amour fou*, eine nur knapp nicht ausgelebte Leidenschaft, deren Relikt und Reliquie jahrzehntelang in der Tabatiere Bismarcks der Olivenzweig bleiben wird? Vier stürmische Wochen am Atlantik, ehe sich Bismarck auf die Geschichtswoge einlässt, die ihn zum preußischen Ministerpräsidenten, zum Reichseiniger, zum Kanzler machen wird? Darauf wartet er nämlich, als er Ende Juli 1862 nach einer Fahrt durch die Pyrenäen in Biarritz ankommt: auf den Ruf nach Berlin, auf den Ruf seines Königs, auf die Berufung zum höchsten Amt in Preußen. Er hat die Reise vor allem als Warteschleife angesehen, um auf seinem Posten in Paris der Unentschlossenheit Wilhelms nicht täglich ausgesetzt zu sein. Aber auf einmal geschieht das Wunder: er wartet nicht mehr, er genießt, er wird glücklich, denn da ist diese 22-jährige Katharina, zwar gebunden, dennoch unbändig.

Und Bismarck schreibt Liebesbriefe, die seltsamsten, die man sich denken kann: Er gesteht seiner Frau die wachsende Bezauberung, die eigene Verwandlung:

> Ich bin noch hier, weil mir die salzige warme See so gut bekommt, daß ich ganz jung wieder werde ... Des Vormittags wandre ich in den Klippen, Haiden und Feldern umher, sehe Baumgärten mit Aloe, Feigen, Mandeln und Einfassung von Tamarinden, schieße nach der Scheibe, nehme mein Bad, sitze auf Felsen rauchend, die See betrachtend und an Euch denkend ... Die Politik habe ich ganz vergessen, lese keine Zeitungen. Seit vorgestern habe ich an Orloffs eine angenehme Gesellschaft. Du kennst die Frau ja wohl aus St. Petersburg? lustig, frisch und natürlich.

Und wieder ein paar Tage später meldet er nach Hause:

> Nach jedem Bade fühle ich ein Jahr weniger auf dem alternden Haupte, und wenn ich es auf dreißig bringen wollte, so siehst Du mich als Göttinger Studenten wieder. Leider sind die Häscher hinter mir. Ein Brief von Bernstorff verfolgt mich, er ist mir telegraphisch gemeldet, durch ein glückliches Mißverständnis aber nach Bagnères de Luchon geraten, von wo ich ihn erst in 4 Tagen haben kann ... Wenn er nur keinen direkten Ruf nach Berlin bringt! ich bin ganz Seesalz und Sonne. Seit Orloffs hier sind, fehlt es mir auch nicht an Umgang. Ihn kennst Du, und sie würde Dir ebenso gefallen, ganz Deine Abneigung gegen Hof und Salon, wie ein pommersches Fräulein mit gerade genug Anflug der Großen Welt. Heut sind wir von 7 bis 10 früh spazie-

ren gegangen, über Felsen und Haiden. Um 3 Uhr ins Wasser. Nach dem Essen ritten wir spazieren, im Mondschein bei der Ebbe den festen Strand entlang, und dann ging ich noch wieder allein … alles à trois mit den Orloffs, seit deren Ankunft die Vereinsamung von mir genommen ist. Du erinnerst Dich Deiner Vorliebe für ihn, und ich räche mich jetzt ein wenig mit ihr, indem ich sie recht niedlich und liebenswürdig finde.

Das »alles à trois« ist zweifelhaft, denn der Fürst ist stark behindert, hat im Krimkrieg schwere Verletzungen erlitten und ein Auge verloren und ist wohl für längere Ausflüge nicht zu haben. Und vor allem: die beiden baden gemeinsam, zweimal am Tag. Katharina, keine geübte Schwimmerin, will immer wieder über das Sicherheitsseil hinaus, dorthin, wo Bismarck seinen Kampf mit den Wellen wagt. Aber nicht nur der wacht über ihre Sicherheit, sondern auch der hünenhafte Schwimmlehrer Jean Baptiste, den sie Neptun nennen. Ein zweites Bad am Nachmittag findet dann in einer geschützten Bucht, dem »port vieux«, statt.

Bismarck nennt sie weder Fürstin noch Principessa, sondern Catty oder Catsch, und einmal schreibt er einen Amtsbrief an seinen Vorgesetzten Graf Bernstorff in Berlin sogar auf ihrem Briefpapier mit dem Monogramm C.O., das er – so seine Erklärung – sich »von einem russischen Freund« habe borgen müssen. Und sie macht sich einen Spaß daraus, seinen offiziellen Rang eines »ambassadeur plénipotentiaire« zu verballhornen und ihn »Plenipo« zu rufen. Ihr Spiel aber betreiben sie als Onkel und Nichte.

Von einem Picknick am 19. August gibt Bismarck seiner Frau einen entzückten Bericht; da haben sich die Orloffs und er an der idyllischen Möwenklippe zu einem Tagesausflug vereinigt. Der russische Fürst liegt auf dem Rasen ausgestreckt und döst; Katharina und Bismarck sitzen nebeneinander und schreiben, die Bücher als Pulte nutzend; er lässt seine Frau tief blicken:

> 1/4 Meile nördlich von Biarritz ist eine enge Schlucht im Felsenufer, rasig, buschig und schattig, unsichtbar für alle Menschen, durch zwei Felsen mit Haidekraut in Blüte sehe ich das Meer grün und weiß als Schaum und Sonne; neben mir die reizendste aller Frauen, die Du sehr lieben wirst, wenn Du sie näher kennst, ein Stückchen Marie Thadden …, aber originell für sich, lustig, klug und liebenswürdig, hübsch und jung …; wenn ihr zusammenkommt, wirst Du mir vergeben, daß ich etwas für sie schwärme …

Seiner Schwester gesteht er in einem Brief vom nächsten Tag:

> Seit die Orloffs gekommen sind, lebe ich mit ihnen, als ob wir allein auf dem Lande wären, und habe mich etwas in die niedliche Principesse verliebt. Sie würde auch Dir gefallen … sehr originell, gescheut und lustig, etwas exzentrisch, wie ihre Landsmänninnen zu sein pflegen, aber civilisiert durch französisch-deutsche Erziehung. … Du weißt, wir mir das gelegentlich zustößt, ohne daß es Johanna Schaden tut.

Denn seine Frau, eine geborene Johanna von Puttkamer, war nur zweite Wahl gewesen. Die erste große Liebe, ebenjene im Brief genannte Marie von Thadden, war, als er sie kennenlernte, schon mit seinem fromm-fanatischen Freund Moritz von Blankenburg verlobt und bald darauf verheiratet. Beide gehörten zu einem Kreis pietistisch-romantischer Landedelleute, denen sich der 30-jährige Bismarck in einem Stadium existentieller und beruflicher Orientierungslosigkeit angeschlossen hatte. Aber statt Halt und gar Glauben zu finden, geriet der »wilde Bismarck«, wie man ihn schon nannte, in den Bann der ebenso klugen wie schönen Marie, die trotz ihrer Bindung an Blankenburg die Nähe des interessanten Mannes suchte. Es war also, von Anfang an, eine aussichtslose, verzweifelte Zuneigung, die sich in vielen Gesprächen, Wanderungen, Besuchen, gemeinsamen

Ausfahrten erschöpfen musste. Wenn Bismarck also beim Zusammensein mit Katharina an Marie dachte, so nicht nur wegen der Ähnlichkeit oder Wesensgleichheit, sondern auch angesichts der Analogie der Situation: eine vergebene Frau, eine vergebliche Liebe. Bedeutete es aber, damals wie jetzt in Biarritz, nicht dennoch eher Befeuerung als Dämpfung der Gefühle? Marie war für ihn auch nie in einen Ehealltag mit Kindern und Konventionspflichten entrückt worden; sie starb, schon ein Jahr nach der Hochzeit, bei der Pflege ihrer kranken Mutter, mit 25 Jahren.

Aber sie war es gewesen, die Bismarck Johanna von Puttkamer zugeführt, für die Ehe empfohlen hatte: ein Liebesdienst, der ihn erst einmal befremden, nicht beglücken musste. Johanna war eine eher schlichte, robuste Natur mit einer gewaltigen Nase und einem natürlichen Schmollmund. Und so mag es verständlich sein, dass der Eingangssatz dieses Buches im Gedanken an diesen Mund geschrieben worden ist, die fragwürdige Behauptung nämlich: »Küsse lassen sich nicht schreiben.« Er steht in einem Brief an Johanna, damals noch seine Verlobte, vom 29. Januar 1847. Da hatte Bismarck die Stelle eines Deichwarts in Jerichow an der Elbe inne und die Aufgabe, das Frühjahrshochwasser zu überwachen:

> Sobald das Wasser (was übrigens noch gar nicht gekommen ist), verlaufen sein wird, fliege ich wieder nach Norden, die Blume der Wildniß, wie mein Vater sagt, aufzusuchen. Sobald ich in Schönhausen zur Ruhe bin, schreibe ich Dir ausführlicher, für jetzt nur dieses Lebens- und Liebeszeichen, die Rosse stampfen wiehern und bäumen sich vor der Thür und ich habe heute noch viel vor. Die herzlichsten Grüße an Deine oder j'ose dire unsre Eltern. Sans phrase der *Deinige* von Kopf bis zur Zehe. Küsse lassen sich nicht schreiben. Leb wohl.
>
> Bismarck.

Vom Kopf bis zu den Zehen – einmal kommt Bismarck auch der russischen Katharina so nahe; sie hat die Umarmung herbeigeführt, indem sie geradezu mutwillig aus der Balance geriet. Bei einem der Ausflüge wagte sie sich auf eine Mauer über dem Maquis, tänzelnd über die locker geschichteten Steinen, den Fall erst nur antäuschend, aber so, dass der Onkel Anlass genug hatte, ihr nachzusteigen, Halt zu geben, und doch erst in jenem Moment bei ihr anlangte, als sie nun wirklich das Gleichgewicht verlor und ins Gebüsch stürzte, zusammen mit ihrem Retter, der sie noch mit einer Umarmung zu schützen versuchte und mit ihr im Gesträuch versank. Unvergesslicher Moment: noch ein Jahrzehnt später, bei der Belagerung von Paris im Deutsch-Französischen Krieg, hat Bismarck von diesem »recht gewagten Abenteuer« erzählt. Hautnah ging es wohl am Skandal vorbei.

Gesitteter nach außen hin die Abende am Klavier; Kathy spielt die Salonmusik jener Tage (die sie in ihrem Brief erwähnte); sie hatte sie im Repertoire oder fand sie in den Hausnoten des Hotels. Einmal wünscht er sich den »Leiermann«, dieses todesnaheste aller Schubert-Lieder. Erkennt er sich in der Zeile wieder: »und er lässt es gehen, alles wie es will«? Oder sieht er seine ferne Zukunft voraus, den Kanzler, der von allen Seiten angefeindet wird? »Und die Hunde knurren um den alten Mann …«? Da mündet die Sommerfrische unversehens in die »Winterreise«.

Aber trennen mag er sich partout nicht. Lässt Tage verstreichen, Zeit sich dehnen, Berlin warten, reist erst ab, als auch die Orloffs aufbrechen, und begleitet sie noch eine gute Woche lang auf der Heimfahrt. Erst als er den Olivenzweig aus Avignon in Händen hält, findet er ein Ende.

Ein halbes Jahr später, am 16. Februar 1863, ruft sie ihm ihren Sommer schwärmerisch in Erinnerung; man darf es wohl einen Liebesbrief nennen:

Mein lieber Onkel! Es ist mir aus Zufall noch ein Blatt Papier von dem Vorrat übriggeblieben, den wir auf der Möwenklippe benutzten, und ich will es für Sie verwenden! … Ich war glücklich, von Ihnen Nachricht zu bekommen, denn ich glaubte schon, Sie hätten Ihre Kameraden vom Pic du Midi völlig vergessen. Ich denke aber oft mit Sehnsucht an das wundervolle Leben, das wir in Biarritz und in den Pyrenäen geführt haben. Während im Ballsaal die Fürstin Orloff vor lauter Gähnen fast erstickt, entfliegt Catty unaufhaltsam auf den Flügeln der Phantasie zu den seligen Gefilden der Möwenklippe.- Dort sieht sie den Onkel wieder, und unterhält sich mit Edmond und Gustav, die törichte Person, und jeder, der die Fürstin unterdessen anredet, fragt sie, warum sie so starr blicke; Catty aber fährt aus ihren Träumen auf, ärgert und verwirrt die Fürstin, die dem Fragenden dann gewöhnlich eine ganz verkehrte Antwort gibt. Ach, unser schönes Leben von Biarritz wird nie wiederkehren! … Nichts kommt diesem Leben in der frischen Luft gleich, dem freien, unabhängigen Dasein, das so voller Träume war! Ich sage Ihnen: ich lebe in diesem Winter nur halb. –

Aber der badende Plenipo hat sich in einen uniformierten, zugeknöpften preußischen Ministerpräsidenten verwandelt, und was sie in den Zeitungen über ihn und von ihm liest, erscheint ihr fast als Akt der Untreue. Am 19. Juni desselben Jahres schreibt sie ihm:

> Was doch die Entfernung ausmacht! Schämen Sie sich denn nicht, Ihre Nichte so zu vergessen? Habe ich keinen Onkel mehr, ist unser guter Kamerad von der Pyrenäenreise nicht mehr vorhanden? Schämen Sie sich, schämen Sie sich, Sie haben uns weder besucht noch geschrieben. Sind Sie denn den Freunden von Biarritz und der Möwenklippe ganz treulos geworden? Ich bekomme oft Nachricht von Ihnen – durch die Zeitung nämlich, Und oft, daß ich's nur gestehe, wage

ich es, die Taten meines Onkels zu mißbilligen, ich will's ihm nicht verbergen! Ich erkenne in Ihnen gar nicht mehr den Onkel Bismarck wieder, der so liberal zu sein schien! Verzeihen Sie einem kleinen Gänschen, wie ich's bin, daß es sich ein Urteil über Sie erlaubt. Das ist sehr anmaßend von mir, aber Sie wissen, daß Nichten, besonders wenn sie verwöhnt werden, zu allem fähig sind. Darum erlaube ich mir zu sagen, daß ich schon manchmal Lust bekommen habe, den Namen meines lieben Onkels aus der Zeitung auszukratzen ... Beiliegend ein neues Porträt Ihrer Nichte, die jetzt die Haare kurz trägt und viel magerer geworden ist, weswegen manche Leute behaupten, daß sie häßlicher, und andere, daß sie schöner geworden sei. Was soll man da glauben? ...

Politische Unruhen erschüttern private Pläne. Der polnische Aufstand vom Januar 1863 (einer von vielen im 19. Jahrhundert) verlangt von Bismarcks Balancekünsten ständige Dienstbereitschaft, und auch der russische Diplomat Orloff ist in Brüssel nicht mehr auf einer *sinecure*. Aber Bismarck und Katharina hoffen dennoch auf ein Wiedersehen, im Spätsommer oder Herbst, an alter Stelle. Sie schreibt ihm am 3. Juli:

> Die politischen Vorgänge beschäftigen uns, selbst mich, das Mädchen Catty, sehr! ... Mein armer Vater ist durch die Sorge wegen des Krieges schrecklich aufgeregt; welch großes, unschätzbares Glück für Rußland, wenn er vermieden werden könnte! Ihr Brief hat mich sehr interessiert, Ihr Leben dort wird wohl nicht von der Farbe dieses Papieres (= rosa) sein, und ich halte meinen Spruch aufrecht, daß Sie besser getan hätten, Ihren Posten in Paris zu behalten. Ich glaube ohne weiteres, daß Sie Ihre in Biarritz, am Narrenstrande, erworbene Gesundheit verloren haben! Ach, wenn wir dieses Jahr dorthin zurückkehren könnten? ... Ach, wenn es auch nur annähernd möglich ist, lassen Sie uns nach Biarritz gehen, geben wir uns das Wort darauf! Dort müßten wir wie

im vergangenen Jahr auf den Klippen und im Wasser leben, in der Sonne braten, das Leben genießen und die Politik vergessen.

Aber kein Wiedersehen im Jahr 1863, und Katharina schreibt Ihrem »Onkelchen, Kurmacher etc!!!!« ihr lebhaftes Bedauern:

> Ich aber bin ganz verzweifelt, daß Sommer und Herbst vorübergegangen sind, ohne daß Sie Ihr Versprechen, uns aufzusuchen, gehalten haben – es hätte uns soviel Freude gemacht, Ihnen einmal wieder die Hand drücken zu können.

Erst ein Jahr später, im Oktober 1864, gibt es eine Reunion in Biarritz, und Bismarck zögert nicht, seiner Frau zu bekennen:

> Es scheint mir fast wie ein Traum, daß ich wieder hier bin … vor mir das Meer, und über mir arbeitet Kathsch in Beethoven … Ich esse mit Orloffs … wir schlendern am Strand umher, sitzen lesend und schreibend auf den Klippen über dem Wasser … wir leben ganz unter uns … Kathsch ist lustig wie ein Student … Wir haben hier gefrühstückt, 3 Meilen östlich von Biarritz, im Gebirge, sitzen im reizenden Sommerwetter am Rande eines rauschenden Stroms … hohe enge Felsen vor und hinter uns.

Aber Bismarck hat auch, anders als beim ersten Mal, zu arbeiten und zieht sich kleine Billets seiner Freundin zu wie dieses:

> Onkel Bismarck, Monsieur le Grand, großer Minister, höchst illustrer Plenipo, Onkelsti! Nach meinem Bade gehe ich pitsch-patsch, trott-trott nach Bayonne mit Thilda und der Schwarzen. Ich werde also jetzt nicht spazierengehen. Catty.

Brief Otto von Bismarcks an seine Frau Johanna,
3. September 1870

Mag Bismarck noch so sorgfältig von »den Orloffs« sprechen: die Leute am Ort haben auch Augen; Johanna empfängt anonyme Briefe. Einige Wochen nach dem Treffen schreibt Katharina an Bismarck:

> Ich habe den beiliegenden Brief empfangen, er hat uns alle amüsiert, und Sie werden auch darüber lachen. Es scheint entschieden, daß man mich oft für *Ihre* Frau gehalten hat – zeigen Sie das Frau Bismarck, es wird ihr Spaß machen.

Aber etwas mehr als Spaß macht es ihr selbst wohl auch, und wie eine getreue Gefährtin redet sie ihm ins politische Gewissen:

> Sie sind nun wieder der große und berühmte Plenipo geworden, und die Politik hat sie ganz verschluckt. Erfüllen Sie sich zuweilen mit dem liberalen Geist Ihrer Nichte. Preußen wird dabei nicht schlechter fahren.

Den Rat hat Bismarck, wie die Geschichte beweist, nicht beherzigt; aber das Andenken an die Frau, die mit 35 Jahren starb, hat er lebenslang bewahrt, an »eine kleine gelbe Blume, an eine frohe Zeit, von der ich träume wie vom paradise lost«.

IX
Im Schatten der Katastrophe

21
Eifersucht in Zeiten des Klassenkampfes
Rosa Luxemburgs verzweifelte Liebe

»Bin glücklich. Hurra! Niunia«

Rosa Luxemburg an Kostja Zetkin

Die 23-Jährige schreibt am 24. März 1894 von Paris aus an ihren Freund, der wie sie aus dem von den Russen unterdrückten Polen gekommen war und sich, obwohl Sohn eines Bankiers, mit Rasanz in die Karriere eines Berufsrevolutionärs gestürzt hatte:

> Mein teuerstes Geliebtes! Du wirst mir doch verzeihen, nicht wahr, daß ich Dir jetzt nur über unsere Sache schreiben werde? Ich bin so erschöpft, nervös, habe von früh bis in die Nacht alle Hände so voll zu tun, daß ich nicht dazu komme, einen Brief zu schreiben. Übrigens Du schreibst doch, daß Du mich liebst. Ist das nicht genug für mich? Was kümmert mich alles andere? Ich bin ganz die Deine, ich träume in jedem freien Augenblick von Dir, in Gedanken lächle ich Dir zu. Wann, wann werde ich Dich endlich umarmen? Aber ich will *nichts überstürzen*, ich will mir diesen Augenblick durch meine Arbeit verdienen.

Aber weil dieser Freund, Leo Jogiches, ihr von sich selbst nichts berichtet und nur Süßholz raspelt, eifert sie sich einen Tag später wie nur je eine verliebte Frau:

> Wenn Du empört sagst, daß Du mir doch so viele liebe Worte in jedem Brief schickst, so antworte ich Dir, daß mir zärtliche *Wörtchen* nicht genügen, und ich würde sie Dir gern

schenken für die geringste Mitteilung aus Deinem persönlichen Leben. Kein Wörtchen! Uns verbindet nur die Sache und die Tradition früherer Gefühle. Das ist sehr schmerzhaft.

Die Sache: Das ist die Politik, ist die Arbeit an Plänen für die Befreiung Polens von russischer Unterdrückung (von der auch Emma Herwegh schon gesprochen hatte), ist die Organisation der kurz zuvor gegründeten Sozialdemokratie des Königreichs Polen, einer kleinen Emigrantenpartei. Aber die Frau empört sich nicht nur über den Revolutionär, sondern auch über sich selbst und schreibt, fünf Jahre später: »Das Bedürfnis nach einem Kind empfinde ich unausgesetzt, manchmal auf unerträgliche Weise. Du kannst Dir das gar nicht vorstellen.« Und wiederum fünf Jahre danach rebelliert sie: »Du hast mich für immer an diese verfluchte Politik geschmiedet.«

Die da schreibt, ist als Rozalia Luksenburg 1871 in einem kleinen Ort bei Warschau geboren, in der Hauptstadt in einer gebildeten jüdischen Kaufmannsfamilie aufgewachsen und als hochbegabtes Kind gut ausgebildet worden. Sie spricht neben Polnisch, Russisch, Deutsch auch Italienisch und Französisch, lernt später noch Englisch dazu, gerät schon bald an die polnische Oppositionsjugend und sympathisiert mit deren Zielen. Als sie mit knapp 20 Jahren in den »Westen« geht, nach Zürich, ist es noch keine Flucht, sondern nur der Versuch, dem Klima der Unterdrückung zu entkommen; dort radikalisiert sie sich unter dem Einfluss des Freundes. Aber auch die Schweiz wird rigoroser: sie droht mit der Ausweisung polnischer Staatsbürger nach Russland. 1898 verwandelt sich Rozalia, dank einer Scheinehe mit einem jungen Mann aus einer deutschen Emigrantenfamilie, in eine Deutsche, in eine Frau Rosalia Lübeck, die sie, aufgrund ihrer Studien, gelegentlich auch zur Frau Dr. Gustav Lübeck promoviert. In die Geschichte eingegangen ist sie als Rosa Luxemburg.

Eine jüngst erschienene Ausgabe »Rosa Luxemburg/Die Liebesbriefe« hat den Rang einer behutsamen Sensation, einer

Rosa Luxemburg mit ihrem Ehemann Gustav Lübeck.
Foto, Zürich 1898

wichtigen Revision. Die Briefe aus dem frühen 20. Jahrhundert korrigieren das Bild einer Persönlichkeit, der man heute allenfalls Besessenheit für die Revolution, für scharfzüngige Rhetorik und für die Weiterentwicklung der marxistischen Ökonomie nachgesagt oder vorgeworfen hat, und zeigen sie als eine liebende, begehrende, zärtliche Frau von großer erotischer Ausstrahlung, die die Kraft für ihre politische Arbeit und Agitation aus ihrer Leidenschaft bezog. Die große Zahl dieser Briefe – denn Briefe sind Trennungszeichen – macht aber deutlich, wie wenig sich für Rosa Luxemburg unter dem Druck ihrer Parteiarbeit und wegen der damit verbundenen Reisen, zuletzt wegen einer mehrjährigen Gefängnishaft, ein eigentliches Liebesleben erfüllen konnte. Nicht klassenkämpferische Parolen bestimmen diese Post, sondern Sehnsucht nach Häuslichkeit, Ruhe, Geborgenheit, Umarmung und Lust.

Und nicht Gegner, nicht der Hass oder das Desinteresse einer prinzipiell bleiern konservativen Gesellschaft haben die Publikation dieser Schreiben bisher verhindert, sondern die eigenen Parteifreunde, die kommunistischen Zensoren und Bedenkenträger, die um den Ruf der ohnehin schwierigen Revolutionsikone besorgt waren und ihr eilig und immer wieder die Rolle einer eher puritanischen Jeanne d'Arc zu verpassen suchten. Da gab es wenig Platz für Romantisches, und selbst Krankheiten wurden nach Möglichkeit ausgeblendet. So wurden nicht nur in sowjetischen Editionen, sondern auch noch in späteren Briefausgaben der DDR fast alle Hinweise auf ihre häufig auftretenden Schwächezustände getilgt, die sie selbst meist ihre »Hysterie« nannte und erst später mit periodisch auftretenden Migräneanfällen entschuldigte.

Aber mit solcher editorischen Praxis setzte sich auch ein verschworener Comment fort, der unter den Sozialisten um 1900 in der französischen, schweizerischen und deutschen Emigration geradezu spießbürgerlich gehütet wurde. Obwohl also Leo Jogiches in den Jahren zwischen 1894 und 1905 so etwas wie der Lebenspartner für Rosa Luxemburg war, wurde das Verhältnis selbst gegenüber den engen Genossen und Kampfgefährten diskret gehandhabt, um nicht zu sagen: geheimgehalten. Als »Frau Dr. Lübeck« 1898 nach Berlin kam, eine Wohnung in Friedenau nahm und durch rege Publizistik, Vortragstätigkeit und Arbeiterkurse Geld verdiente, folgte Leo ihr zwar und wohnte bei ihr, war aber nach außen hin nur polnischer Landsmann und Untermieter.

Aus dieser Wohnungssituation sollte sich 1906 eine neue Lebenskonstellation und ein über Jahre andauerndes Eifersuchtsdrama ergeben, und sozialistische Solidarität spielte Schicksal. Zuerst einmal schien es, als bekomme das Duo Leo und Rosa eine neue Aufgabe und neuen Zusammenhalt. Als im Januar 1905 die erste russische Revolution in Petersburg ausbrach, hielt es beide nicht mehr in Berlin. Sie gingen nach Warschau, um sich an den dortigen Aufständen zu beteiligen. Das ging eine Weile gut, aber im Frühjahr 1906 wurden sie verhaftet, sie in Warschau festgesetzt, er nach Sibirien verbannt. Rosa Luxemburg kam nach wenigen Monaten frei, kehrte über Finnland nach Berlin zurück und fand in ihrer Wohnung einen neuen Mieter vor. Die Parteioberen der Sozialdemokraten hatten für den jüngsten Sohn von Clara Zetkin, den 21-jährigen Kostja, eine Unterkunft in Berlin gesucht, und da war ihnen die leerstehende Friedenauer Behausung gerade recht gewesen. Aus Befremden wurde Fürsorge, aus Fürsorge Liebe. Die 35-jährige Rosa und der 14 Jahre jüngere Kostja wurden ein Paar. Ein ungestörtes Glück wurde es nicht; aber die Briefe, die Rosa Luxemburg nun fast zehn Jahre lang mit ihrem jungen Geliebten wechselt, lesen sich wie eine Tragikomödie der Leidenschaft. Heimlichkeit und Begehren putschen einander hoch, verwischen für einige kurze Jahre den Altersunterschied und machen die engagierte Radikale zur Liebesbriefschreiberin. Denn der Racheengel Leo lässt nicht auf sich warten.

Ein kleiner Nachsatz in einem Brief vom 20. März 1907 kündigt an, was sich in den folgenden Jahren zu einem Strindbergschen Drama auswachsen wird. Zunächst berichtet sie ihrem Kostja, dass sie wohl eine Gefängnisstrafe (wegen »Aufreizung zu Gewalttätigkeiten«) zu erwarten habe: »Am 12. April habe ich Reichsgericht, ich befürchte, dass ich bereits im Mai ins Loch muß.« Aber dann: »Am letzten Sonnabend ist Lew Grigorowitsch (= Jogiches) glücklich aus dem Gefängnis entwichen – zusammen mit seinem Wächter. Er wird wohl bald in Berlin auftauchen.« Als er kommt, ist Kostja bei der Mutter in Sillenbuch bei Stuttgart, und Leo ahnt nichts; aber als Rosa und er dann zu einem Kongress nach London reisen, fängt er, eifersüchtig, einen Brief Kostjas ab. Von Kilburn aus gibt Rosa Luxemburg einen Bericht über äußeren und inneren Wirbel:

Geliebter,

ich schrieb Dir schon, daß Dein Brief von Leo (Jogiches) abgefangen worden ist. Gestern kam es zu einer kurzen und leisen, aber furchtbaren Auseinandersetzung – während einer Omnibusfahrt. Ohne vom Brief zu sprechen, redeten wir von meiner Absicht, morgen abzureisen. L. läßt mich nicht fort und erklärt, eher schlägt er mich tot: Ich bleibe hier; und sei es im Spital ... Wir traten gerade in ein elegantes Restaurant, wo mein Bruder mich zum Diner erwartete. Auf dem Chor spielte ein feines Orchester, und es waren die Klänge der letzten Szene aus der Carmen, bei der L. mir leise zuraunte: Eher schlage ich Dich tot ...

Bubi, ich weiß nicht, was in den nächsten Tagen mit mir wird, mit meiner Abreise, was überhaupt aus mir wird. Ich fühle eine merkwürdige Ruhe, und dieser stille Kampf, der mich vielleicht sehr bald zur Strecke bringen wird, regt meine Pulse lebhaft, fast freudig an. Wie gesagt, ich weiß nichts. Nur eins weiß ich: Mir wird es furchtbar bange um Dich. Kleiner geliebter Bubi, nimm Dich in acht, ich bitte Dich, ich flehe Dich an, nimm Dich in acht, Du hast noch ein ganzes Leben vor Dir. Ich möchte Dich am liebsten jetzt in Sillenbuch wissen, in dem großen schattigen Wald, der Dich schützend und liebkosend umfangen würde. Heute abend will L. hierher zum Bruder ziehen, um mich besser zu kontrollieren, es ist möglich deshalb, daß es mir nicht gelingt, Dir noch vor der Abreise eine Zeile zu schreiben. Sei also ruhig, sei ruhig, Geliebter, hörst Du, kleiner Bub? Du sollst ruhig und heiter sein. ... Komm aber nicht zur Bahn, falls ich Dir nicht direkt telegrafiere, denn sonst komme ich nicht allein.

Ich küsse Dich vieltausendmal.

Die zweimonatige Haft, die sie am 12. Juni antreten muss, setzt vorläufig eine Fermate im Eifersuchtsdrama. Aus dem Gefängnis in Zwickau schreibt sie an den jugendlichen Liebhaber:

Zwickau, 24. Juni 1907

Kleiner Bub,
ich habe heute eine so große doppelte Freude erlebt. Gleich in der Frühe erhielt ich den Brief, und dann habe ich auch Hoffnung, gleich per Gelegenheit zu antworten. Was macht mein kleiner Liebling, an den ich so unausgesetzt denken muß? Beim Essen denke ich in Sorgen daran, daß er vernachlässigt wird, daß ihn niemand pflegt und der arme Liebling halb hungernd die Tage verbringt. Am meisten quält mich der Gedanke, daß er am Morgen, wo er so schönen Appetit hat, so knapp gehalten wird. Du wirst Dich sehr ärgern, daß ich über so nichtige Dinge wie das Essen denke. Aber für mich ist in diesem Fall nichts nichtig, und dann läßt sich dieses besser sagen und schreiben als das andere. Meine Heiterkeit hält nicht immer stand der Sehnsucht, manchmal muß ich mich aufs Bett legen, nichts tun und träumen von … Ruhe, nichts als Ruhe, wie damals auf dem Sofa vor meinem Abschied. Ich kann mir keine größere Seligkeit vorstellen als diese Ungestörtheit und diese süße, gesättigte Ruhe. Manchmal wollen die rebellischen Gedanken in der nächsten Zukunft einen festen Punkt suchen, wo ich wieder einen solchen Moment der holden Ruhe finden würde, und sie können vorläufig keinen finden, ärgern sich deshalb, verwirren sich … Aber ich rufe mich dann schnell »zur Ordnung« – es wird schon werden, sage ich mir, nur nicht diese unwürdige Verzagtheit und Feigheit vor der Zukunft! – Und dann winkt mir doch das Automobil … Wieviel schöne Bilder habe ich mir schon ausgemalt um diese Autofahrten! Abends in schattiger und duftender Kühle des Waldes sausen wir pfeilschnell in die Höhe, zu – dritt zusammengepreßt, Baby in der Mitte, nichts wird gesprochen, den Atem benimmt einem die rasche Fahrt, aber wie herrlich dieses Schweigen! Und morgens in goldenem Sonnenlicht, wenn die Gräser noch von Tau feucht blinken, in fri-

scher Luft wieder so herunter ... Luise (Kautsky) sagte mir, daß Du jeden Tag zu ihnen kommst; ich war erst einen Augenblick eifersüchtig, dann strafte ich mich dafür und freute mich herzlich, daß Du ein wenig Menschen siehst. Die beiden älteren Buben haben mir von jenem Abend und der wichtigen Geheimnistuerei einen sehr lieben Eindruck zurückgelassen. Ich möchte, daß Du mit ihnen verkehrst; die Kinder sind doch immer besser als die Erwachsenen.

Kleiner Bub, sei heiter und arbeite viel. Ich umarme und küsse meinen Liebling, mein Baby, viele, viele Mal.

Deine

Man darf hier nicht oft Briefe empfangen, schreibe also erst in ein bis eineinhalb Wochen wieder.

Nach der Freilassung planen sie ein baldiges Wiedersehen in Berlin; aber vorerst teilen sie die Ungeduld aller getrennten Liebenden, das verzweifelte Warten auf Post:

Friedenau, 4. Oktober 1907
Freitag, Nachmittag

Du mein Liebling, süßer, herziger!
Heute kam Dein klagender Brief, und ich habe Dir doch schon zweimal hintereinander diese Woche geschrieben: am 1., Dienstag, und dann Mittwoch wieder. Und nun willst Du, böser Bub, erst am Samstag abholen gehen! Ich schreibe noch schnell und laufe damit auf die Post Niedstraße, damit Du morgen wenigstens drei Briefe auf einmal kriegst. Ich weiß freilich nicht mit Deinem Degerloch, ob das so pünktlich geht, fürchte auch etwas, ob es nicht auffallen wird, daß für Dich so viele Briefe kommen. Schreibe mir deshalb sofort, wenn Du diesen Brief bekommst, ob er richtig bis morgen eintrifft. Ich würde mich so freuen, wenn ich schon Sonntag von Dir einige Zeilen kriege, aber es wird wohl nichts daraus, und ich muß schon bis Montag warten.

Kleines Lieb, wir haben beide die gleiche Kunst, uns selbst und gegenseitig mit Angst zu plagen; wenn ich einige Tage von Dir keinen Brief habe, so beginne ich auch gleich zu zweifeln, wie Du zu mir stehst, und male mir allerlei peinliche Bilder von Dir aus ... Liebling, Du willst also bald kommen! Denke Dir, ich wagte gar nicht daran zu denken! Ich glaubte halb und halb, Du wirst vielleicht doch gar nicht mehr herkommen, und ich fürchtete, Dich durch das leiseste Wort zu drängen oder zu bestimmen. Herz geliebtes, welches Glück, wenn ich Dich wieder hier habe, Du mein kleines süßes Lieb!

Wenn Du kommst, wirst Du die ersten Tage, bis Du Dich einrichtest, bei mir wohnen. Ich bin ganz allein, und es ist hier ganz still, auch habe ich den Käutzen abgewöhnt, immerzu zu mir zu laufen, da ich regelmäßig arbeite. Bloß geht es leider nicht oder noch nicht, daß Du wieder ganz bei mir bleibst; Du wirst schon verstehen, warum das nicht geht jetzt.

Denn nach wie vor liegt der Schatten Leo Jogiches' über der Beziehung; es ist aber ein sehr konkreter Schatten, eine reale Gefährdung. Und für einige Frühlingstage im Jahr 1908 wecken die Datumszeilen die Erinnerung an ein anderes Liebesdrama, an den peinigenden Mythos Dreierbeziehung, an Rousseaus großen Verzweiflungsroman »Die neue Heloïse«, der ja auch in Clarens am Genfer See spielt. In Clarens besucht Rosa einen Sozialistenkongress, und von Clarens aus versucht sie, sich ihrem Verfolger Leo zu entziehen, für Kostja erreichbar zu bleiben und seine Post nicht zu entbehren. Romanhafter kann es nicht zugehen:

NICHT CLARENS SCHREIBEN. BRIEF FOLGT. GRUSS.

Das ist ein Telegramm, noch aus Basel. Der folgende Brief erklärt die verängstigte Anweisung:

Geliebter Niuniu!
Ich schreibe Dir in Basel auf dem Telegrafenbüro. Ich schrieb Dir gestern in Frankfurt, Du sollst nach Clarens poste restante auf meinen Namen schreiben. Nachts (es war eine furchtbare Nacht) kam mir ganz klar in den Sinn, daß Leo (Jogiches) mir sofort nach Clarens nachreist (er weiß durch Parvus), dann wird er so schlau sein und auch auf der Post nach mir fragen. Schreibe mir also für Gina Stendhal und verstelle auch möglichst Deine Schrift. Eine nähere Adresse schicke ich Dir von dort. Auch schreibe ich ausführlich, aber wohl erst morgen abend, denn heute kommen wir spät in Lausanne an und morgen früh geht's weiter. Ich küsse Dich tausendmal. Süßer Niuniu
Deine R.

Von Clarens aus berichtet sie dann in einem langen Brief von der Dramatik ihrer Abreise aus Berlin und von der Spannung, in der sie in der idyllischen Gegend leben muss:

Clarens, 14. April 1098
2 Uhr Nachmittag

Geliebter Diudiu, hier soeben angekommen, ergreife ich die erste Gelegenheit, um Dir ausführlich zu schreiben. Du hast wohl meinen Brief aus Frankfurt, einen aus Basel und ein Telegramm aus Basel erhalten. Ich bin in diesem Augenblick ruhiger, dort schrieb ich in furchtbarer Aufregung. Die Sache ist die. Ich schwankte noch in Berlin stark, ob ich mit K.K. (Karl Kautsky) und wann fahren sollte, als Leo plötzlich in die Wohnung und in mein Zimmer stürzte und rief, er hätte erfahren, daß ich mit K.K. fahren wolle, daraus werde aber nichts, oder ich bleibe auf der Stelle tot. Ich wurde, wie immer, eisig ruhig dabei, blieb auf meinem Platz und antwortete kein Wort. Das machte ihn noch rabiater, und er stürzte zu Dir, wobei er von mir die Adresse verlangte (ich antwortete natürlich nichts) und sich von Gertrud (der Haushälterin) beide Schlüssel geben ließ. Wie ich das sah, ging ich zu K.K. und blieb dort über Nacht ... Am andern Morgen ging ich mit den Buben (den Kindern Kautskys) in die Wohnung, um nach Briefen zu sehen, traf ihn auf der Straße, schaute mich natürlich nicht um und ging rauf. Oben lagen meine Briefe geöffnet, und wie ich runter ging, war er wieder vor dem Hause und ging neben mir her. Er war bei Dir ..., »der Vogel sei herausgeflogen«, aber er werde ihn schon erreichen; ferner dürfe ich keinen Schritt aus Berlin tun, ich solle es versprechen, sonst schlägt er mich sofort tot. Und er griff schon in die Tasche. Ich blieb ruhig und eisig, wandte nicht einmal den Kopf um, darauf ging er ... Ich fühlte mich so einsam, ratlos, auswegslos wie noch nie. Vor allem konnte ich keinen Entschluss fassen: Soll ich fahren oder nicht. Ich dachte mir, *Du* würdest dafür sein, daß ich fahre, und ich raffte noch schnell mit Hannes Hilfe meine paar Sachen, kam um elf Uhr wieder zu K.s und am andern Morgen fuhr ich ... Aber Du darfst jedenfalls nicht daran denken, hierher zu kommen, denn L. kommt – das ist mir eben in jener Nacht in Frankfurt klargeworden –, (er wird) bald hier sein. Er wird ja einen Ausbruch der Raserei haben, wenn er erfährt, ich sei doch fortgefahren, und dann schmeißt er alles hin und kommt her, um sich zu rächen ...

Einen Tag später hat sich die Situation entspannt; der rasende Othello ist nicht gekommen. Aber die Angst vor einem Drama des Tages wird abgelöst von nächtlichen Albträumen, in denen nicht mehr Jogiches, sondern Kostja eine Rolle spielt:

Baugy sur Clarens, 15. April 1908

Herz, geliebtes! Soeben habe ich endlich einen Brief von Dir in Clarens ausgehändigt bekommen, nach jenem anderen werde ich fragen und lasse mir ihn hier her schicken. Ich schrieb Dir gestern von hier und erwarte sehnlich ein paar ruhigere Zeilen von Dir, vor allem etwas Liebes und Gutes, ich bin selbst so sehr gedrückt! Äußerlich freilich sieht man mir gar nichts an, ich gehe mit K.K. spazieren, liege in der Sonne usw. Aber ich habe in mir eine solche Unruhe, daß ich am liebsten gleich wieder fortziehen möchte oder wenigstens viel wandern, steigen, Touren unternehmen. O Niuniu, wenn Du hier wärest! Was würden wir zusammen sehen und wandern! Es ist hier herrlich und auch das Wetter großartig. Aber ich fühle mich wie ein abgerissenes Blatt, das vom Winde getrieben wird. Ich möchte Dir so viel schreiben, alles, was ich denke und empfinde, aber ich bin nicht imstande. Nur sprechen möchte ich mit Dir. Nachts träume ich immer schrecklich, und zwar immer nur von Dir: Bald schimpfst Du mich, bald wirst Du mir untreu. Das zeigt Dir, mit welcher Nervenerregung ich einschlafe und erwache. Aber das wird sich legen, sei nur ruhig. Obwohl ich keine Ahnung habe, welche Lösung der jetzige Knoten in der Situation findet, aber irgendwie muß die Sache schon enden. Und wenn keine Katastrophe dazwischenkommt, so bin ich ja in zwei Wochen bei Dir.

Die Tagung in Clarens war glimpflich verlaufen, aber die bedrohliche Eifersucht des früheren Gefährten nahm auch in den folgenden Wochen zu. An eine gemeinsame Zeit in Berlin mit Kostja war nicht zu denken, und er musste sein möbliertes Zimmer aufgeben und seine Habseligkeiten zu ihr schaffen lassen. Der Vorgang trifft sie als Vorahnung des Verlustes:

Geliebter, ich schreibe Dir in einem Schmerz, der mich überwältigt. Soeben war Hannes (Diefenbach) hier, er hat Deine Sachen ... gebracht, und wie er aus dem Köfferchen Deine Bücher und Kasserollen und das Stück Schokolade und ein Päckchen Bonbon und ein Glas Senf und das alles herausnahm, so erfasste mich ein so scharfes Weh, daß ich mich kaum beherrschen konnte. ... Diudiu, mir ist so weh beim Anblick Deiner Sachen, die mich an Dich so lebhaft erinnern, an unsere Stunden dort im Zimmer, an den Tee, den Du für mich kochtest, an das Sofa, daß ich vor Tränen ersticke ... Ich sage mir: Ich sei ja wahnsinnig, Du lebst ja, und ich würde Dich doch bald wieder sehen, und das sei doch alles vorübergehende Trennung. Aber gegen den Schmerz, den ich empfinde, hilft das wenig.

Doch aus dem ersehnten Wiedersehen sollte, als hätte sie es geahnt, nichts werden; sie hätte sich und Kostja in Gefahr gebracht. Mitte Juli 1908 und vor der geplanten Reise nach Stuttgart (wo der junge Mann bei seiner Mutter wohnte) schickte sie dem Freund die verstörten Zeilen:

Gestern war L (hier), und soviel ist klar, daß er mich auf dieser Reise begleiten will, um, falls ich mit Dir zusammentreffe, Dich und mich zu erschießen. Kann ich unter solchen Umständen fahren? Ihm entweichen hier kann ich nicht, auch bäumt sich alles in mir auf, mich wie ein Sklave fortzuschleichen. Mit ihm ist kein Spaß mehr, der Mensch ist innerlich fertig, er ist abnorm, und er lebt nur noch mit dieser Idee fixe vor den Augen. Ich bin also schon wieder außer Rand und Band.

Die Ängste, die erzwungenen Trennungen, die erniedrigenden Heimlichkeiten zermürbten die beiden; der Altersunterschied trat mit der Dauer schärfer zutage. Ahnungen von der Untreue Kostjas tauchen in den Briefen Rosa Luxemburgs auf. Endlich, im August 1909, findet sie den Mut, Klarheit zu fordern:

Süßer Geliebter, einziger Schatz, Du schreibst mir seit einiger Zeit – fast seit Deiner Rückkehr aus dem Schwarzwald – so kalt und so mechanisch nur alle zwei Tage, daß ich mir das nicht erklären kann ... Aber ich halte das nicht mehr aus. Ich erwarte jeden Tag sehnlich Deine Briefe, und jeder Brief gibt mir einen tödlichen Stich ins Herz; ich bin ganz krank seit der letzten Zeit. deshalb bitte ich Dich nur um eins: Wenn Du mich nicht mehr liebst, so sag es mir offen mit drei Worten. Ich werde Dir ja nicht den leisesten Vorwurf machen, Du kannst doch nichts dafür, und einmal muß es ja doch kommen.

Wie schwer der Abschied ihr fällt, zeigt ein Brief, den sie wenige Tage später an Kostja schreibt; sie spricht ihn mit großer Beherrschung frei und versucht sich ihm doch, in neuer mütterlicher Rolle zu erhalten.

Quarten, 17. August 1909
Donnerstag

Mein lieber Costia, es kostet mich eine Überwindung, Dir noch zu schreiben, aber ich will doch, daß Du beim Abschied ebenso klar in mir siehst wie ich in Dir.

Also ich habe es überwunden und bin ganz ruhig. Mir ist, wie wenn seit Sonntag ein Jahr vergangen wäre; das Schwerste hatte ich schon überstanden, als Deine falschen Briefe kamen, und als ich den letzten offenen las, da trat eine große Kälte und ein Weh in mein Herz, aber doch auch eine große Ruhe. Es kam so, wie ich Dir am Anfang sagte: Du hast mich durch Deine Liebe gezwungen, Dich zu lieben, und als Deine Liebe in nichts zerrann, da war es auch um meine geschehen. Mich schmerzte, daß ich Dich nicht früher von der Last befreite, mich schmerzt die Erinnerung an die bösen und gequälten Blicke eines gefangenen Vögelchens, aber ich wagte nie das erlösende Wort zu sprechen, weil ich innerlich unser Verhältnis als eine heilige und ernste Sache hielt. Armer Junge, Du hieltest Dich für gefangen, während Dich ein kleines leises Wörtlein jeden Augenblick frei machen konnte, wie Du ja jetzt siehst, während in Wirklichkeit ich die Gefangene war, weil mich die Erinnerung an ein leises Stammeln im kleinen Zimmer: »Bleib mir doch treu, bleib mir treu«, und ein Flehen im Briefe: »Verlaß mich nicht, verlaß mich nicht!« wie mit eisernen Ketten hielt. Das Stammeln eines kleinen holden Knaben hielt mein Herz fest, auch als mich Dein unglückliches Aussehen unsäglich marterte, als mich in Genua in schlaflosen Nächten die Unklarheit Deines Verhältnisses zu mir würgte. Aber ich habe doch einen süßen Trost darin, daß ich des Knaben Wunsch erfüllt habe: Ich war ihm treu bis zu Ende, und niemals, niemals hat ihn von mir ein Blick oder auch der verborgenste Gedanke lauernd oder spitz getroffen. ...

Nun bist Du frei wie ein Vögelchen, sei doch auch glücklich. Die Principuccia steht Dir nicht mehr im Wege. Leb wohl, die Nachtigallen des Apennin singen Dir, und die breithörnigen Ochsen des Kaukasus grüßen Dich.

R.

Es ist kein endgültiger Abschied. Immer wieder werden sich Rosa und Kostja begegnen, für eine Zeitlang sogar wieder um den Hals fallen. Aber dem sich zum umtriebigen Junggesellen entwickelnden Mann steht Rosa zunehmend distanziert gegenüber, rügt einmal das »Unaufrichtige und Unklare« in seinem Verhältnis zu ihr und redet ihm ins Gewissen:

> Ich wollte noch sagen, daß ich den Niuniu, der mein kleiner Junge war, der so glühend und so außerordentlich feinfühlend und zart war, sehr geliebt habe. Wenn Du ihn noch mal treffen solltest in dem Land, wohin man mir ihn entführt hat, so sag ihm das.

Kostja ist nicht ihre letzte Liebe; viele Jahre steht ihr der Anwalt Paul Levi in Berlin nicht nur in den vielen Prozessen bei, die der glühenden Pazifistin vor 1914 gemacht werden, sondern auch als intimer Freund zur Seite. Und als sie während der letzten beiden Kriegsjahre ins Gefängnis geworfen wird, wird ihr ein langjähriger Verehrer, Hannes Diefenbach, zum treuen Briefpartner. Ihm schreibt sie im Januar 1917 aus der Festung Wronke in Posen:

> Hänschen, heute ist Sonntag, also ein für mich seit jeher fataler Tag, und ich fühle mich zum ersten Mal seit meinem Aufenthalt hier »so arm und verlassen, wie jener Gott aus Nazareth«. Dafür kam mir heut grad das Gefühl: Ich muß an Hänschen schreiben … Hänschen, wann werden wir wieder unsere schönen Abende in Südende erleben, wenn Sie mir zwischen zahllosen Tassen Tee Goethe vorlesen und ich mit Mimi auf dem Schoß mich glücklich der Faulheit ergebe oder wenn wir über Gott und die Welt disputieren, bis Hänschen im wahnsinnigen Galopp zur Bahn rennt, … Ich fürchte, nach dem Krieg gibt es überhaupt keine Ruhe und Gemütlichkeit mehr.

Sie sollte auf die grausigste Weise recht behalten. Nach dem Sturz der Monarchie am 9. November 1918 nahmen schon in den ersten Wochen des Jahres 1919 reaktionäre Offizierscliquen mit Gangstermethoden Rache. Am 15. Januar wurden Rosa Luxemburg und Karl Liebknecht (der vom Berliner Schloss aus die »sozialistische Republik« ausgerufen hatte) von einer »Bürgerwehr« verhaftet und ins »Eden«-Hotel verschleppt, wo sich ein Lynchkommando, genannt Stabsquartier, der Gardeschützenkavalleriedivision eingerichtet hatte. Zuerst wurde Liebknecht hinausgeführt, misshandelt, im Tiergarten erschossen und als »unbekannter Todesfall« ins Leichenschauhaus eingeliefert. Dann rechnete die Meute mit der fast 50-jährigen Frau ab, man schlug sie, trat sie, zerrte sie in ein Auto, erschoss sie und warf die Leiche in den nahen Landwehrkanal.

Nicht die Liebe, sondern der mörderische Hass des deutschen Konservativismus synchronisierte noch einmal das Schicksal von

Rosa Luxemburg und Leo Jogiches. Am 12. Februar prangerte der alte Gefährte in der »Roten Fahne« den »Mord an Rosa Luxemburg und Karl Liebknecht« an. Am 10. März wurde auch er in einer Zelle des Landgerichts Moabit ermordet.

22
Unantastbar mit der Schreibmaschine
Franz Kafkas Liebesbriefe als Entzugserscheinungen

Sie gefällt mir zum Seufzen.
Kafka nach der ersten Begegnung
mit Felice Bauer

100 Jahre nach dem rätselhaften Rendezvous, das Beethoven am 6. Juli 1812 in Prag mit einer bis heute unbekannt gebliebenen Frau hatte, kommt es in der gleichen Stadt zu einer Begegnung, die so etwas wie ein Verzweiflungsmythos des 20. Jahrhunderts geworden ist: Franz Kafka trifft am 20. August 1912 bei seinem Freund Max Brod eine junge Frau aus Berlin, Felice Bauer. Es ist kein *coup de foudre*, sondern eher das Wetterleuchten eines Lebensaufruhrs. Nach Monaten ruft er sich den Abend in Erinnerung:

> Du sahst an jenem Abend so frisch, rotbäckig gar und unzerstörbar aus. Ob ich Dich gleich lieb hatte, damals? Schrieb ich es Dir nicht schon? Du warst mir im ersten Augenblick ganz unauffällig und unbegreiflich gleichgültig und wohl deshalb vertraut. Ich nahm es wie etwas selbstverständliches auf. Erst als wir uns vom Tisch im Speisezimmer erhoben, merkte ich mit Schrecken, wie die Zeit verging, wie traurig das war und wie man sich beeilen müsse, aber ich wusste nicht auf welche Weise und zu welchem Zweck. Aber schon im Klavierzimmer – Du liefst gerade Deine Schuhe holen – machte ich – am Ende gar zur Allgemeinheit, die blödsinnige Bemerkung: ›Sie(damals hießest Du noch ›sie‹) gefällt mir zum Seufzen‹ und dabei hielt ich mich am Tisch fest.

Zwei Monate zuvor, bei einer Reise nach Weimar, hatte Kafka schon die Bekanntschaft eines Mädchens namens Margarete gemacht, der er, nach eigenem Eindruck, »so gleichgültig wie ein Topf« gewesen war, die sich aber mit ihm hatte fotografieren lassen und ihm, auf seinen Wunsch hin, in den folgenden Wochen noch mehrere Postkarten schickte. Das Erlebnis hatte ihn immerhin so beschäftigt, dass er sich die Frage stellte, »ob es wahr wäre, daß man Mädchen mit der Schrift binden kann?«. Die Frage sollte sich nun, nach dem ersten Abend mit Felice, im Briefwechsel mit ihr über fünf Jahre hinweg als ein unlösbares Rätsel erweisen.

Mit der Schrift binden war nur scheinbar ein Urwunsch des Liebesbriefschreibers Franz Kafka; es war auch in Wahrheit keine Frage, sondern die höchst verklausulierte Forderung nach einem existentiellen Rühr-mich-nicht-an. Mit der Schrift binden sollte für diesen 30-Jährigen auch heißen: mit der Schrift bannen. Auf jene Distanz gehen, die überhaupt erst die Schrift, das heißt: den Briefverkehr, nötig macht. Die Schrift aber bedeutete für den Autor, der sich wohl selbst noch ein Geheimnis war, das *work in progress* und Einsamkeit, das Sich-Einschreiben in die Unantastbarkeit eines Metiers, das dem Leben selbst entrückt war. Der »unaufhörliche Briefstrom«, der sich zwischen Kafka und Felice mit Hunderten von Sendungen allein im ersten Jahr ergießen wird, trägt nach dem Wort von Bernhard Siegert von Anfang an das Merkmal an sich, »daß das Versprechen einer Nähe, das Briefe geben, nie eingelöst werden muß. Die Rechnung wird dadurch erfüllt, daß sie offenbleibt.«

Schon das Schriftbild der ersten Korrespondenz verrät: Da schreiben sich zwei Berufstätige neuen Typs, zwei Angestellte. Felice als gehobene Stenotypistin im Direktorium der Grammophonfirma Carl Lindström AG und Franz Kafka als beamteter Gutachter der Prager Arbeiterunfallversicherung. Beide sitzen zunächst im Büro vor der Schreibmaschine. Und da Kafka es von seinen Geschäften so gewöhnt ist, schreibt er mit Durchschlägen und präpariert damit seine Post zwar auch schon für die Nachwelt, aber vor allem für die eigene gelegentliche und höchst begierige Nachlese. Sein erster Brief eröffnet sogleich den äußeren wie den inneren Horizont:

> Ich bin ein unpünktlicher Briefschreiber. Ja, es wäre noch ärger, als es ist, wenn ich nicht die Schreibmaschine hätte; denn wenn auch einmal meine Launen zu einem Brief nicht hinreichen sollten, so sind schließlich die Fingerspitzen zum Schreiben immer noch da.
> Zum Lohn dafür erwarte ich aber auch niemals, daß Briefe pünktlich kommen, selbst wenn ich einen Brief mit täglich neuer Spannung erwarte, bin ich niemals enttäuscht, wenn er nicht kommt. (Jeder weitere Brief von ihm wird diese Versicherung widerrufen.)
> Ich merke beim Einlegen des neuen Papiers, daß ich mich vielleicht schwieriger gemacht habe, als ich bin. Es würde mir ganz recht geschehn, wenn ich diesen Fehler gemacht haben sollte, denn warum schreibe ich auch diesen Brief nach der sechsten Bürostunde und auf einer Schreibmaschine, an die ich nicht sehr gewöhnt bin.
> Aber trotzdem, trotzdem – es ist der einzige Nachteil des Schreibmaschinenschreibens, daß man sich so verläuft – wenn es auch dagegen Bedenken geben sollte, praktische Bedenken meine ich, mich auf eine Reise als Reisebegleiter, -führer, -Ballast, -Tyrann, und was sich noch aus mir entwickeln könnte, mitzunehmen, gegen mich als Korrespondenten – und darauf käme es ja vorläufig nur an – dürfte nichts Entscheidendes von vornherein einzuwenden sein und Sie könnten es wohl mit mir versuchen.

Die vordergründige Offenheit lässt noch nicht Abgründe, aber irritierende Hintergründe erkennen. Die Scheu vor Weiterungen ist nicht zu übersehen: die Metapher der »Reise« und die Abwehr der Funktionen zwischen Begleiter und Tyrann spricht eine deutliche Sprache, die in einer der folgenden Nächte ihren literarischen Ausdruck finden wird. In einem Zug schreibt Kafka zwischen dem 22. und 23. September die knappe Erzählung »Das Urteil«, die wie ein Kondensat seiner Romane ist und vorführt, dass der eigentliche Raum seiner Erzählwelt eine Häuslichkeit ist, in der es keine Zimmer gibt, sondern nur Zellen, keine Gemächer, sondern Ungemach. Man spürt die Katastrophe schon, wenn Kafka mit dem idyllischen Satz beginnt: »Es war an einem Sonntagvormittag im schönsten Frühjahr.«

In dieser Geschichte geht es um eine Verlobung. Das Wort Verlobung selbst gerät zum Menetekel, das ein Familiendrama ankündigt. Dass sich der junge Kaufmann Georg Bendemann mit Frieda Brandenfeld aus sehr gutem Hause verlobt hat, wird vom glücklichen Ereignis zum Unheil und führt ihn zum selbstmörderischen Sprung in einen Fluss. Dabei ist die Verlobung längst gefeiert und die ersehnte Hochzeit steht bevor, und der Bräutigam in spe möchte nur einem nach Russland ausgewanderten Freund mitteilen, dass der nun »statt eines ganz gewöhnlichen Freundes einen glücklichen Freund« haben werde, und lädt ihn zur Hochzeit ein. Aber bis er sich dazu durchgerungen hat, bis er von Verlobung und Hochzeit zu schreiben wagt, hat er (seitenlange) Skrupel ausgestanden, ob er dem in Not geratenen Freund so frohe Botschaft überhaupt zumuten könne; hat damit den Unmut seiner Verlobten auf sich gezogen: »Wenn du solche Freunde hast, Georg, hättest du dich überhaupt nicht verloben sollen.« Es bleibt nur noch der Vater, krank und zurückgezogen vom Familiengeschäft, von der Mitteilung an den fernen Freund zu informieren. Doch da erhebt sich der eben noch gestürzte und vom Sohn ins Bett gebrachte Alte wie ein Racheengel, kippt alle Selbstwahrnehmungen des Briefschreibers in ihr Gegenteil, gibt sich als Mitverschworenen des Ausgewanderten aus und erteilt den festlichen Plänen die grausigste Verdammnis. Als Georg sich in den Fluss fallenlässt, »ging über die Brücke ein geradezu unendlicher Verkehr«.

Die Geschichte hat prophetischen Charakter. Sie beschwört nicht nur die Ängste Kafkas vor der Bindung, das Leiden unter dem erstickenden Dickicht der Familie, besonders des tyrannischen Vaters, die Unmöglichkeit, sich aus den eigenen Zwängen zu befreien, sie sieht auch das kommende Verhältnis zu Felice voraus, schreibt die Ereignisse geradezu vor: die Verlobung, über alle Ambivalenzen hinweg, mit Felice, aber auch die Entlobung und das Strafgericht, das am 12. Juni 1915 im »Askanischen Hof« in Berlin über ihn gehalten wird, zwar nicht von den eigenen Angehörigen, aber von den Verwandten Felices, die mit wüstem Schimpf über Kafka herfallen. Und wie um alle seine dunklen Vorahnungen zu besiegeln, gibt der Autor seiner beklemmenden Erzählung die Widmung: »Für Fräulein Felice B.«

Zunächst aber, im Herbst 1912, entfesselt Kafka einen wahren Sturm von Briefen oder, wie Bernhard Siegert formuliert, »das maximale Dispatching aller Modalitäten der Post«, einer Kommunikationsmoderne, die in Berlin bis zu acht Briefzustellungen am Tag gewährleistet (in Prag drei) und einen Brief, der in Prag bis 16 Uhr eingeworfen wird, schon am nächsten Tag in Berlin auszuliefern verspricht. Franz Kafka ist in der Handhabung dieser Möglichkeiten nicht im geringsten weltfremd, sondern einer der modernsten Autoren überhaupt. Nur dass er mit seinem Überbietungseifer die Kommunikation nicht eigentlich verstärkt, sondern verstört. Weil Briefe sich nicht nur kreuzen, sondern durchkreuzen.

Da schreibt er am 18. November 1912 irritiert:

Liebste, was habe ich Dir denn getan, daß Du mich so quälst? Heute wieder kein Brief, nicht mit der ersten, nicht mit der zweiten Post. Wie Du mich leiden läßt! … Du hast mich satt. … es ist schließlich kein Wunder, unverständlich ist nur, daß Du es mir nicht schreibst. Wenn ich weiterleben will, darf ich nicht wie diese endlosen letzten Tage nutzlos auf Nachrichten von Dir warten. Aber Hoffnung, Nachrichten von Dir zu bekommen, habe ich nicht mehr. Ich muß also den Abschied, den Du mir stillschweigend gibst, ausdrücklich wiederholen … Ich warte also auf keine Briefe mehr.

Aber es ist gar kein Abschied, sondern nur ein Feiertag, der das Warten verursacht, und die Abbitte folgt auf dem Fuß: »Habe ich Dich mit meinem Vormittagsbrief gekränkt? ... Bitte, Liebste, verzeihe mir ... Ich kann nur sagen, bleib bei mir und verlaß mich nicht.« Das ist nicht nur ein Stimmungswechsel, das zeugt von Ich-Spaltung: »Und wenn irgendeiner meiner Feinde aus mir heraus Dir solche Briefe schreibt, wie es der heutige vom Vormittag war, dann glaube ihm nicht.«

Was soll sie fortan glauben? Ist es der Feind oder der Geliebte Kafka, der in jenen Tagen auch schreibt:

> Es ist ganz recht, daß wir den Irrsinn der vielen Briefe lassen, ich habe darüber gestern selbst einen Brief angefangen und schicke ihn Dir morgen. (Und noch deutlicher:) Wir peitschen einander mit diesen häufigen Briefen. Gegenwart wird ja dadurch nicht erzeugt, aber ein Zwitter zwischen Gegenwart und Entfernung, der unerträglich ist ... lassen wir von diesen häufigen Briefen, die nichts anderes bewirken als eine Täuschung, die den Kopf zittern macht. Sie sind mir unentbehrlich und doch bitte ich darum.

Davon lassen? Noch im Dezember des Jahres schreibt er ihr 51 Briefe, im Januar 1913 34, 30 im Februar und 35 im März. Mit der Zeit, mit der Vertrautheit, wächst auch Kafkas Abwehrhaltung. Wie dem Beethovenschen Brief an die »Unsterbliche« ist auch den Sendungen Kafkas eine bebende Widersprüchlichkeit eingeschrieben. Die Wendung vom »Schaukel-Diskurs«, die Detlev Kremer aufgebracht hat, trifft die selbstzerstörerische Wirkung, dieses Umherirren in den eigenen Paradoxien nicht, beschreibt allenfalls den Wechsel der Stimmungen: »denn warum sitze ich, Narr, dann noch in meinem Bureau oder hier zu hause, statt mit geschlossenen Augen mich in den Zug zu werfen und sie erst zu öffnen, wenn ich bei Dir bin? Oh es gibt einen schlimmen, schlimmen Grund dafür, warum ich das nicht tue und kurz und gut: Ich bin noch knapp gesund für mich, aber nicht mehr zur

Ehe und schon gar nicht zur Vaterschaft.« Und die Abwehrhaltung hat sich im folgenden Frühjahr verstärkt; sie solle nicht glauben, »daß ich einmal doch noch ein brauchbarer Mensch werden kann, mit dem ein gleichmäßiger, ruhiger, lebendiger Verkehr möglich ist. Wenn Du das glaubst, so täuschst Du Dich schrecklich, ich sagte Dir schon, mein gegenwärtiger Zustand (und heute ist er noch vergleichsweise paradiesisch) ist kein Ausnahmezustand. Ergib Dich, Felice, nicht solchen Täuschungen!«

Friederike Fellner hat in einem subtilen Aufsatz dargelegt, wie die Metapher der »Hand« in jenen ersten Monaten mehr und mehr degradiert, entzaubert wird, wie sie von der Hochzeitskonnotation (»wenn Du mir dann einmal die Hand gereicht hast«) über den Ruf »Deine Hand, Felice!« zu einer Verzichtsvokabel wird: »Deine schöne liebe Hand, nach der ich ja doch nicht zu greifen wage« und einen Konflikt ankündigt, der die umworbene Hand selbst beteiligt sieht an all den Sprüngen zwischen Nähe und Ferne, Sehnsucht und Ekel, Jetzt und Nie.

Und mit welcher Hand, in welchem Traum hast Du das niedergeschrieben, daß ich Dich ganz erworben habe? Liebste, das glaubst Du, in einem Augenblick, in der Ferne. Aber zum Erwerben in der Nähe, für die Dauer, dazu gehören andere Kräfte, als das Muskelspiel, das meine Feder vorwärts treibt. Glaubst Du es nicht selbst, wenn Du es überlegst? Scheint mir noch manchmal, daß dieser Verkehr in Briefen, über den hinaus ich mich fast immerfort zur Wirklichkeit sehne, der einzige meinem Elend entsprechende Verkehr ist (meinem Elend, das ich natürlich nicht immer als Elend fühle) und daß die Überschreitung dieser mir gesetzten Grenze in ein uns gemeinsames Unglück führt. Liebste ich habe genug Einbildungskraft, um mir zu sagen, daß ebenso, wie ich wenn ich an mich denke, bei Dir bleiben muß, an Dich gedrückt und niemals Dich loslassend, – ich wiederum, wenn ich an Dich denke … mich mit allen meinen Kräften von Dir fernhalten müßte. Ach Gott, was wird das für ein Ende nehmen.

Und immer weiter, immer noch treibt er die Paradoxie der trennenden Nähe, der verführerischen Ferne in Dimensionen, die die Leserin schwindeln machen müssen, und das »Hand in Hand« in die Bedeutung der äußersten Fremdheit:

> Meine eigentliche Furcht – es kann wohl nichts schlimmeres gesagt und angehört werden – ist die, daß ich Dich niemals werde besitzen können. Daß ich im günstigsten Fall darauf beschränkt bleiben werde, wie ein besinnungslos treuer Hund Deine zerstreut mir überlassene Hand zu küssen, was kein Liebeszeichen sein wird, sondern nur ein Zeichen der Verzweiflung des zur Stummheit und ewigen Entfernung verurteilten Tieres. Daß ich neben Dir sitzen werde und wie es schon geschehen ist das Atmen und das Leben Deines Leibes an meiner Seite fühlen werde und im Grunde entfernter von Dir sein werde, als jetzt in meinem Zimmer. … Daß ich mit Dir Hand in Hand scheinbar verbunden an der ganzen Welt vorüberfahre und daß nichts davon wahr ist. Kurz, daß ich für immer von Dir ausgeschlossen bleibe, ob Du Dich auch so tief zu mir herunterbeugst, daß es Dich in Gefahr bringt.

Dass hinter all diesen Verklausulierungen der »Liebesparadoxie« (Fellner) nicht nur Bindungs-, sondern auch Potenzängste gestanden haben könnten, scheint der Kafka-Forschung längst gewiss. Neuerdings kommt noch die Mutmaßung hinzu, von Saul Friedländer mit der Insistenz einer *idée fixe* vorgetragen, dass Kafka zeitlebens von homosexuellen Neigungen getrieben worden sei, die er mit großer Energie unterdrückt, aber an vielen Stellen seiner Werke habe durchscheinen lassen. Als besonders deutliche Belegstelle führt der neueste Biograph das Bekenntnis in einem Brief an die spätere Geliebte (wenn man sie unter seiner Prämisse denn so nennen dürfte) Milena an, der er am 20. August 1920 schrieb: »Schmutzig bin ich, Milena, endlos schmutzig, darum mache ich ein solches Geschrei mit der Reinheit. Niemand singt so rein, als die welche in der tiefsten Hölle sind; was wir für den Gesang der Engel halten, ist ihr Gesang.« Aber die Hölle, von der Kafka spricht, ist wohl eine existentiellere als die einer verdrängten Sexualität; der Feind, den er auch in seinen Briefen gegen sich selbst wüten sieht, ist nicht erotischer, sondern panischer Natur, und die einzige Zuflucht ist, in langen Nächten, das Schreiben. Denn, so notiert er am 25. September 1917 in sein Tagebuch, er empfinde »Glück aber nur, falls ich die Welt ins Reine, Wahre, Unveränderliche heben kann«.

Die Welt ins Reine heben aber kann er nur allein; sein Schreiben, die Arbeit am Werk, das er sich schuldig ist, um sich nicht schuldig zu fühlen, ist ein verzweifelter Umgang mit Höllenängsten, Begegnung des Kafkaesken mit dem Dantesken. Da kann es nur das tiefste Allein geben:

> Liebste, es ist beim Schreiben wieder sehr spät geworden, immer wieder fällt mir gegen 2 Uhr der chinesische Gelehrte ein. Leider, leider weckt mich nicht die Freundin, nur der Brief, den ich ihr schreiben will. Einmal schriebst Du, Du wolltest nur bei mir sitzen, während ich schreibe; denke nur, da könnte ich nicht schreiben (ich kann auch sonst nicht viel, aber da könnte ich gar nicht schreiben).

Und als hätte Felice immer noch nicht begriffen, wie ernst es ihm mit dieser Klausur ist, wie tief er der Welt abhandenkommen muss um sie zu durchschauen, verschärft er den Vergleich:

> Ich brauche zu meinem Schreiben Abgeschiedenheit, nicht »wie ein Einsiedler«, das wäre nicht genug, sondern wie ein Toter. Schreiben in diesem Sinne ist wie ein tieferer Schlaf, also Tod, und so wie man einen Toten nicht aus seinem Grabe ziehen wird und kann, so auch mich nicht vom Schreibtisch in der Nacht.

Dies am 26. Juni 1913, und wenige Tage später:

Nur die Nächte mit Schreiben durchrasen, das will ich. Und daran zugrundegehn oder irrsinnig werden, das will ich auch, weil es die notwendige, längst vorausgefühlte Folge dessen ist.

Ein Jahr später – die Verlobung mit Felice (1. Juni 1914) und die Entlobung (12. Juli) sind im Verlauf von nur sechs Wochen erfolgt – fühlt sich Kafka frei, geradezu erlöst und seit langer Zeit wieder bei sich selbst. Er beginnt im August mit der Niederschrift des »Prozeß«, und ins Tagebuch schreibt er: »Ich schreibe seit ein paar Tagen, möchte es sich halten. So ganz geschützt und in die Arbeit eingekrochen, wie ich es vor zwei Jahren war, bin ich heute nicht, immerhin habe ich doch einen Sinn bekommen, mein regelmäßiges, leeres, irrsinniges junggesellenmäßiges Leben hat eine Rechtfertigung. Ich kann wieder ein Zwiegespräch mit mir führen und starre nicht so in vollständige Leere. Nur auf diesem Wege gibt es für mich eine Besserung.«

Aber solche Notizen sind wiederum nur Momentaufnahmen, die Wahrheiten gelten nur für die Dauer der Schreibekstase, und selbst da erfährt er, dass er so allein nicht ist, wie er geglaubt hat: »Und mein stärkster Halt ist (merkwürd)iger Weise der Gedanke an F. ... Und jetzt vollständiges Versagen bei der Arbeit. Und es ist nicht einmal Versagen, ich sehe die Aufgabe und den Weg zu ihr, ich müßte nur irgendwelche Hindernisse durchstoßen und kann es nicht ...«

Er versucht es zu können, trifft sich im Januar 1916 mit Felice in Bodenbach, findet sie versessen auf »das Mittelmaß, die behagliche Wohnung, Interesse für die Fabrik, reichliches Essen, Schlaf von elf Uhr abends an, geheiztes Zimmer«. Sie vergeht sich, buchstäblich, an seiner Zeit, »stellt meine Uhr, die seit einem Vierteljahr um eineinhalb Stunden vorausgeht, auf die wirkliche Minute ein«. Trotz tiefstem Befremden treffen sich Kafka und Felice im Juli des Jahres in Marienbad, und das Tagebuch hält wiederum Ambivalenzen fest: »Unerträglichkeit des Zusammenlebens mit irgendjemandem.« Aber dann: »Mit F. war ich nur in Briefen vertraut, menschlich erst seit zwei Tagen. So klar ist es ja nicht, Zweifel bleiben. Aber schön der Blick ihrer besänftigten Augen, das Sichöffnen frauenhafter Tiefe.«

Das Paar versteht die Marienbader Tage als eine Art zweiter Verlobung und nimmt sich Realität vor: »Jetzt ist es anders und gut. Unser Vertrag ist in Kürze: Kurz nach Kriegsende heiraten, in einem Berliner Vorort zwei, drei Zimmer nehmen, jedem nur die wirtschaftliche Sorge für sich lassen. F. wird weiter arbeiten wie bisher und ich, nun ich, das kann ich noch nicht sagen.« Ein Jahr später, im August 1917, wird in Budapest diese zweite Verlobung besiegelt und gefeiert, die einzige Fotografie gemacht, die es von den beiden gibt. Und wiederum, wie schon nach der ersten, folgt die Entlobung nach kurzer Zeit: Ende 1917, bei einem Wiedersehen in Prag, trennen sich Franz Kafka und Felice Bauer endgültig, *for good*.

Über diesen Abschied schreibt Kafka seiner Schwester Ottla einen Brief, der Verstörtheit aus Notwendigkeit erkennen lässt: »Die Tage mit F. waren schlimm (abgesehen vom ersten Tag, an dem wir von der Hauptsache noch nicht gesprochen hatten), und am letzten Vormittag habe ich mehr geweint als in allen Nach-Kinderjahren. Natürlich wäre es aber viel schlimmer oder unmöglich gewesen, wenn ich irgendeinen Rest irgendeines Zweifels an der Richtigkeit dessen gehabt hätte, was ich tat. Derartiges gab es nicht, nur widerspricht es leider der Richtigkeit eines Handelns nicht, daß dieses Handeln ein Unrecht ist und es umsomehr wurde durch die Ruhe und besonders durch die Güte, mit der sie es aufnahm. … Als Auflösungsgrund der Verlobung gilt nach außen hin die Krankheit, so habe ich es auch dem Vater gesagt.«

Die Krankheit von der Kafka spricht, ist eine im Herbst 1917 festgestellte Tuberkulose, an der er, trotz vieler Kuraufenthalte in den folgenden Jahren, 1924 sterben wird. Eine »Blutwunde« wird er sie im »Landarzt« nennen, aber auch eine »angelockte Krankheit« und »fast eine Erleichterung«. Es ist müßig, hier die Diskussion der Kafka-Biographik auszubreiten, ob die Diagnose nur Vorwand oder doch Ursache für den Bruch mit Felice war; in jedem Fall scheint sie ihm die Entscheidung gegen Felice und für die Werk-Einsamkeit erleichtert oder sogar abgenommen zu haben. Er weiß jetzt, dass, während er arbeitet, etwas in ihm, in seinem Körper gegen ihn arbeitet, aber immer da ist.

Felice wird im März 1919 den Kaufmann Moritz Marasse heiraten, vor den Judenverfolgungen der Nazis erst in die Schweiz, dann weiter nach Amerika fliehen und so auch die Briefe Kafkas vor Vernichtung retten, vor dem terroristischen Hass, dem die in den Dreißigern noch lebenden Familienangehörigen und die späteren Geliebten Kafkas zum Opfer fielen. Reiner Stach hat es apodiktisch zusammengefasst: »Alle drei Schwestern Kafkas starben in Gaskammern, Elli und Valli in Chełmno, Ottla in Auschwitz. Kafkas Onkel Siegfried Löwy, der Landarzt, entzog sich der drohenden Deportation durch Suizid. Ellis Sohn Felix starb wahrscheinlich in einem französischen Konzentrationslager. Marie Wernerová, die den Kafkas jahrzehntelang als Haushälterin gedient hatte, wurde ebenfalls deportiert und kam nicht mehr zurück. Von den vier Frauen, mit denen Kafka die intensivsten Beziehungen einging, starben zwei in Konzentrationslagern: Julie Wohryzek wurde in Auschwitz getötet, Milena Jesenská starb als politischer Häftling in Ravensbrück.«

23
Minnesänger vor einem alten Schloss
Karl Kraus und seine »Liebestodesangst«

> Duft und Dolch – beides zusammen gibt
> Ihre Erscheinung – haben Wunder gewirkt.
>
> Karl Kraus an
> Sidonie Nádherný

Fast 1000 Jahre liegen zwischen dem Minnesang und unserer Gegenwart, aber liegen auch 1000 Jahre zwischen einer Leidenschaft um 1100 und einer Leidenschaft im 20. Jahrhundert? Hat das Verlangen eine Geschichte, die Sehnsucht Entwicklungsstufen? Gibt es ein Mittelalter der Liebe und eine Liebe der Neuzeit? Kann man, wie die Philosophen und Soziologen unserer Tage es wahrhaben wollen, wirklich behaupten, dass wahre Passion erst mit der Erfindung der Individualität im 18. Jahrhundert möglich geworden sei? Muss man ein Gedicht Walthers von der Vogelweide so lesen, als sei es längst aus unserer Welt gefallen? Und andererseits: Kann man nicht manche Briefe des 20. Jahrhunderts viel besser lesen, klarer begreifen, tiefer erspüren, wenn man in ihnen die Handschrift eines mediävalen Künstlers erkennt, der von dem *amour lointain* gesungen hat, der fernen, der unerreichbaren Geliebten, der ewig unerfüllten Liebe. Gibt es nicht moderne Korrespondenzen, die eher von alten Mustern und Mauern zeugen als von psychoanalytischen Avantgardismen? Gilt nicht Heines zynischer Vers in einem ganz hermeneutischen, ja pathetischen Sinn auch für einen Brückenschlag zwischen den Zeiten:

> Es ist eine alte Geschichte,
> Doch bleibt sie immer neu;

Und wem sie just passieret,
Dem bricht das Herz entzwei.

»Die folgenden Gesänge sind das Werk eines unbekannten Minnesängers aus der ersten Hälfte des zwanzigsten Jahrhunderts.« Mit diesem Satz hat Erich Heller vor 50 Jahren seine Edition der Briefe Franz Kafkas an Felice Bauer eingeleitet und gleich, gewissermaßen zweifelnd, hinzugesetzt: »Dürfte man doch mit diesen Worten beginnen!« Was für Kafka eine merkwürdige Fehlspur zu legen scheint, denn weder mit »Minne« noch mit »Sang« haben seine skrupulösen Ich-Odysseen in der Korrespondenz mit Felice zu tun, trifft aber auf seinen Zeitgenossen und Sprachverschworenen Karl Kraus zu, der in der Tat und in Person das Schicksal eines mittelalterlichen Sängers teilte und in lebenslanger leidenschaftlicher Hingabe einer letztlich unerreichbaren Dame verfallen war. Der Mann, der als der größte deutsche Satiriker des 20. Jahrhunderts, als Frühwarner vor Medienrummel und Werbewahnsinn, als apokalyptischer Prophet der »letzten Tage der Menschheit« in die neueste Geschichte eingegangen ist, dieser schneidende Prosaist bekam eine zweite Stimme, mit der er zwei Jahrzehnte lang, bis zu seinem Tod, eine Frau besang, die ihn wie ein entrücktes Burgfräulein oder eine *Hohe Frouwe* durch ein Wechselspiel aus Nähe und Distanz in eine uralte Rolle zwang. Nicht, dass sie ihn nicht erhört hätte – die innige Grausamkeit dieser Beziehung bestand in ihrem bizarren Schock-Wechsel aus Leidenschaft und Unerreichbarkeit, aus brennendem Verlangen und kältestem Comment.

Die Assoziation Minnesang liegt umso näher, als das »Burgfräulein« keine Metapher ist: Die Dame war adlig und bewohnte ein Renaissance-Schloss mit weitem Park, das von ihrem Bruder Karl standesbewusst beschirmt wurde. Die Rede ist von Sidonie Nádherný von Borutin und ihrem weitläufigen Besitz Janowitz in Tschechien, einer Frau und einer landschaftlichen Aura, die durch diesen Liebenden zu einem fast mythischen Bild von Entrücktheit geworden sind.

Es ist eine Liebe, die jäh beginnt. Die 29-jährige Sidonie trifft bei einem Besuch in Wien den zehn Jahre älteren Kraus am 8. September 1913 und notiert in ihrem Tagebuch: »K.K. steckt in meinem Blut; er macht mich leiden. Er gieng meinem Wesen nach, wie keiner noch, er begriff, wie keiner noch. – Ich kann nichts tun, wenn ich ihn nicht vergesse.« Und wenige Tage später: »K.K. hat mir ein neues Reich eröffnet, neue Möglichkeiten. Wie wunderbar hat er das getan ...« Und als er ihr in seinem ersten Brief rät, sie solle sich nicht ganz mitnehmen lassen, schreibt sie zurück: »Ganz mitnehmen, das ist das Schönste ...« Aber in diesem Brief hatte Kraus auch schon die Zukunft dieser Liebe benannt: »Duft und Dolch«.

Der *coup de foudre*, den die Baronin nicht verbergen kann, erregt die Eifersucht eines anderen Sängers, der die europäischen Burgen und Schlösser mit seinen Briefen bestürmt und seinen Liedern beglückt, der aber nicht eigentlich Herzen, sondern Quartiere zu gewinnen sucht, denn seine Dichtung gedeiht am besten in noblen, entrückten Umgebungen: Rainer Maria Rilke. Der war auch in Janowitz schon ein-, zweimal zu Gast gewesen und ähnlich überwältigt gewesen wie Karl Kraus vom Zauber des Parks.

Damals, 1907, hatte die »schöne Baroneß« einen zeitfernen Eindruck gemacht; sie sehe aus wie eine Miniatur, »welche ein Jahr vor der großen Revolution gemacht worden ist, im letzten Augenblick«. Jetzt, im Februar 1914, scheint er sie *à jour* bringen zu wollen und vor allzu engem Umgang mit Kraus zu warnen: »Dieser ausgezeichnete Schriftsteller« könne gewiss ein gelegentlicher guter Ratgeber sein, aber eigentlich müsse er ihr doch »fremd« sein. Es seien doch zwei verschiedene Welten, in denen sie lebten, und es bleibe vor allem der »letzte, unaustilgbare Unterschied«. Das Wort »Jude« fällt nicht, aber es wird immer deutlicher beschworen. Und es scheint für einige Monate seine Wirkung nicht zu verfehlen. Die Intervention Rilkes wird bestärkt von Sidonies Bruder Karl, der den Wiener Besucher

Karl Kraus im Park von Schloss Janowitz, dem Wohnsitz
von Sidonie Nádherný. Foto 1933. Handschriftensammlung
der Wienbibliothek im Rathaus

seine Distanz spüren lässt, so dass er ihr schreibt: »Ich brauche keinen Schutz, wenn ich für J.(anowitz) nicht in Frage komme.« Lange schweigt Sidonies englisch geführtes Tagebuch von Kraus, bis sie im August 1914 notiert: Er sei »the dearest, greatest, kindest, best, most noble & most worthful man that exists … He has given me all happiness that was possible to give. He is the only man living. I never knew so strong a heart, so true a character … K. K. shall always remain the glory & crown of my life!«

Die Liebe macht den Prosakünstler zum Lyriker. Ist es Rilke, mit dessen poetischem Rang er sich messen will? Ist es die Einsicht, dass Polemik und Satire schlechte Werbebotschaften sind? Gedichte allerdings will Karl Kraus nicht schreiben, sondern »Worte in Versen«; die erste Sammlung widmet er »Sidonie Nádherný zu eigen«.

Und leidenschaftlich dichtet er sich in den Zauber des Parks hinein:

Wiese im Park

Wie wird mir zeitlos. Rückwärts hingebannt
weil' ich und stehe fest im Wiesenplan,
wie in dem grünen Spiegel hier der Schwan.
Und dieses war mein Land.

Die vielen Glockenblumen! Horch und schau!
Wie lange steht er schon auf diesem Stein,
der Admiral. Es muß ein Sonntag sein
und alles läutet blau.

Nicht weiter will ich. Eitler Fuß, mach Halt!
Vor diesem Wunder ende deinen Lauf.
Ein toter Tag schlägt seine Augen auf.
Und alles bleibt so alt.

Als aber seine Vergötterung der Baronin den Wiener Schmäh hervorruft, als der unerbittliche Zeitkritiker der »Sehnsucht nach aristokratischem Umgang« geziehen wird, gerät er in restaurativen Zorn und verteidigt den verwunschenen Park, der für ihn Inbegriff des Glücks, einer langersehnten Besänftigung, einer rückgerichteten Utopie ist: »Ich weiß und bekenne …, daß die Erhaltung der Mauer eines Schloßparks, der zwischen einer fünfhundertjährigen Pappel und einer heute erblühenden Glockenblume alle Wunder der Schöpfung aus einer zerstörten Welt hebt, im Namen des Geistes wichtiger ist als der Betrieb aller intellektuellen Schändlichkeit, die Gott den Atem verlegt.«

Das Wort von der »zerstörten Welt« steht in seiner eigenen Zeitschrift »Die Fackel«, die er 15 Jahre vorher, als 25-Jähriger, gegründet hatte und in der er, fast alles allein schreibend, einen geradezu apokalyptischen Kampf gegen Pressekorruption, Plakatkult und Reklamehysterie, bürgerliche Heuchelei und die Unterdrückung der Frau kämpft. Dieses Heft erscheint drei Wochen bevor am 31. Juli 1914 der Krieg beginnt, ehe die »zerstörte Welt« aufhört, Metapher zu sein, und sich Europa zuschanden schießt und vergiftet und acht Millionen Menschen einen sinnlosen Tod sterben. Und mitten hinein in das Entsetzen des Schriftstellers über Hurrageschrei und Kriegslüsternheit widerfährt ihm der private Schock: Das Burgfräulein gedenkt zu heiraten. Aber nicht, wie er ersehnt hat und zu hoffen wagte, ihn, sondern einen Adligen mit großem alten Namen: Carl Guicciardini aus Usella bei Florenz. Es soll, als Zugeständnis an das Milieu des Adels und auf Wunsch von Sidonies Bruder Karl, eine Konventionsehe sein. Zwar wird die Hochzeit, die für den 6. Mai 1915 angesetzt war, in letzter Minute abgesagt, aber für Karl Kraus hat sich der Minnesang zur »Liebestodesangst« verfinstert.

In Rom, wo er sie im März 1915 noch einmal getroffen hat, schreibt er ihr in einer Nacht zwei lange Briefe, in denen er sich zum Abschied zu ermannen sucht; zwei Auszüge müssen genügen:

Liebe, süße mir und Dir Verlorene!
Ich muß heute Abschied von Deiner Müdigkeit nehmen. Denn Du mußt wissen: eine geliebte Frau soll müde werden *durch* die Liebe – und dann ist es noch Wohlthat, noch von der Natur gewollt, daß sie ihre Müdigkeit besiegen lasse. Wie anders, wenn sie müde *vor* der Liebe ist (und bald dann müde der Liebe)! … Ich habe Dich gestern wie noch nie geliebt und als Du giengst war ich nicht besser geworden durch Dich, sondern der letzte Schuft, der je den Tag gescheut hat. Dieses zu erleben, haben uns die Sterne jener Praterfahrt *nicht* aufgetragen. Denn damals warst Du müde und werdest erst lebendig durch die Liebe. … Du hast Dich an die Hindernisse vergeben. Ich kann Dir nicht helfen und wenn ich hundertmal mein Leben Dir zum Opfer bringen wollte. Du nimmst es nicht. Du hast keine Zeit. Nie darfst Du glauben, ich wollte hier etwas. Ich will Deine Zeit nicht.

Aber wie sollte ich, wenn sie Dich müde und hinfällig gemacht hat, mit gutem Gewissen Dich noch in meine Arme nehmen können?

Und während der erste Brief mit einem »laß mich ziehen« schließt, sucht der zweite noch einmal, solchen Abschied als Zeichen einer höheren Treue zu erweisen. Er möchte die Frau auf das Idealbild verpflichten, das er sich von ihr gemacht hat; er bekennt, dass er »es *nicht ertragen* kann, Dich nicht in allem großartig zu sehen«. Und weiter:

> Es *muß* aber alles was Du thust auf Deiner Höhe sein, hörst Du, es *muß*! Sei gerecht gegen mich. Ich verlasse Dich nicht, ich muß mich nur entfernen, bis die Zeit für uns da ist und es nicht mehr nothwendig ist, das Schöne dem Häßlichen zu opfern. Ich bin nicht, wie Du klagst, jeden Tag ein anderer, nein *in Wahrheit* semper idem. Nur schwankt meine Seele zwischen dem maßlosen Glück, Dich in Übereinstimmung mit einer himmlischen Landschaft zu wissen, und dem maßlosen Unglück, Dich von Dir selbst entfernt zu sehen. ... Meine Leidenschaft ist kein Hochzeitsgeschenk. Und sie muß eines Tages die Hülle sprengen, die ihr aufgehalst ist. ... *Wie* schade, daß die Leidenschaft nicht um ein geringes kleiner ist; sie ließe sich an die Kette legen und würde der angebeteten Herrin gehorsam *überallhin* folgen.

So und nicht anders spricht ein Minnesänger. Kommt ihm der Gedanke, dass der Hochzeitsplan nur eine Flucht vor dem eigenen Anspruch, vor dem zärtlich zermürbenden Psychoterror seiner Analyse sein könnte? Wie, wenn er in ihrem Tagebuch hätte lesen können, was uns Nachgeborenen offen zutage liegt: »I want freedom, solitude or *new* people«, trägt sie in jenem Sommer 1915 ein. Aber es gibt noch immer keine Trennung, und nach neuen gemeinsamen Reisen – mitten im Weltkrieg! – durch die Schweiz, schreibt sie sich selbst ins Stammbuch: »I wish he'd love mc less, for in my heart are other dreams & faithful I cannot be & no man should want that of a woman, for it must make her fade.« Anfang Juli 1918 – Kraus arbeitet bis zur Erschöpfung an seinen »Letzten Tagen der Menschheit« – wird erneut eine Trennung verabredet; sie notiert: »We concluded, that a separation must be, I can stand him always less & less; the greater his love grows, the less I can return.« Am 11. November 1919 zieht sie Bilanz: »With K.K. I am finished, it is soon a year that I have not seen him. I feel as if all that fever of love – all those men I loved & that loved me – gone for ever.«

So gestimmt ist auch der Tenor eines Briefes, den Kraus in jenen Tagen von ihr erhält und dessen Schlüsselsatz er aufnimmt:

> »Es gibt keine Vergangenheit«: wäre ich so glücklichen Vorsatzes fähig, den zu haben auch schon das Gelingen bedeutet, ich hätte längst, vor Dir, das Wort gefunden. Aber träte mich nicht die Vergangenheit als Anspruch an, sie fortzusetzen, so läßt sie sich doch nie von mir abweisen als Erlebtes und behauptet Tag und Nacht ihr Recht, dagewesen zu sein. … Daraus, daß es »mit der Liebe vorbei« ist, wird nicht mehr … Freundschaft: das kann nur *vor* der Liebe kommen, nicht *nach* ihr. Wenigstens nicht als Element, das Licht und Wärme gibt. Wie könnte ich zur Grundlage machen, daß etwas vorbei sei, dem ich mein Höchstes verdanke? Ohne Liebe würde es nicht; und wie würde es aus der *Bedingung*, dass Liebe nicht sei? Jenes Einverständnis war ein Abschied anderer Art. Und wenn er ein Leben währte, er erhielte die Hoffnung, daß die innere Macht, unverlierbar, sich einmal wieder beweisen würde; und wäre es nur eine Illusion, so wär's doch Sünde, sich noch diese durch ein Beisammenbleiben zu zerstören.

Die Entschiedenheit ihres Briefes besiegelt Sidonie Nádherný kurz darauf auch biographisch: Sie geht Anfang 1920 die Ehe mit einem Jugendfreund, Graf Max von Thun, ein: das Burgfräulein heiratet endlich standesgemäß. Aber wenn der Schritt als Verabschiedung von Vergangenheit gedacht war, so bewirkt er das Gegenteil: Nach kurzer Zeit schon wird die Ehe beendet (wenn auch erst 1933 geschieden), und Sidonie fühlt sich erneut bezwungen von der Intensität einer Treue, von der sie sich eigentlich hatte befreien wollen. Und sofort, Hals über Herz und Kopf, ist Kraus wieder der ihr Gehörige, der Hörige. Und schreibt, mit seinem Brief vom 13./14. Februar 1922, zugleich eine Episode im Kapitel »Ungeduldige Erwartung«, das zum Wesen des Liebesbriefs gehört:

> Hast Du nicht gehört, wie mein Herz klopfte? Und jetzt vor Glück! Also mußt Du die Passionsmusik, wenn Du sie nicht gehört hast, hören: am 22.1. habe ich Dir jenen großen Brief geschrieben. Mir war nachher zumuthe, wie einem Derwisch sein muß oder nach einem epileptischen Anfall. »Wie neugeboren«: aber in einer Welt, in der ich mich nicht mehr zurechtfand. Obdachlos nach einem Luftschloß. Ich hatte ein banges Gefühl, daß ich Dich erschreckt hätte. Wie befestigt wurde das, als ich in den nächsten Tagen keinen Laut empfieng. ... Nun fand ich einfach den Muth nicht, Dir zu schreiben, und hofft immer, Du würdest mir ihn durch ein Wort geben. ... Es vergieng nun eine Zeit, so lang wie noch nie eine Zeit war, und ich zählte immer vom 25. an. Ich war jede Nacht am Schreibtisch bis vor 9 Uhr, horchte dann vom Bett hinaus, ob der Briefkasten durch ein Geräusch verrate, daß etwas da sei und von Dir – denn da klingt es besonders – und wenns der Fall zu sein schien, lief ich ins eiskalte Vorzimmer, aber es war nichts gewesen, nur ein Morgengeräusch aus anderen Wohnungen. Vor elf bin ich nie eingeschlafen – und all dies, mit allem, was mich da überwältigt, nach und während solcher Arbeit. Nachmittags kam die Bedienerin, mich zu wecken und hatte *nie* was von Dir in der Hand. Ich zermarterte mich, worin eigentlich mein Verschulden gelegen sei, denn ein solches konnte nur der Grund sein, daß ich nicht einmal erfuhr, wo Du bist. Ich sah ein finsteres Gesicht,

ohne mich vertheidigen zu können, dann wieder sah ich Dich mit Grippe liegen, dann in Verwirrung durch irgendeinen ärgeren Zufall: M.Th. (= Max Thun) ... Aber wie sollte ich die Spannung anders füllen als mit Wahngebilden.

Aber er kann das so, bis zur Komik entnervt, nur schreiben, weil ja eben der erlösende Brief von Sidonie doch endlich gekommen ist; und er spürt, in der Euphorisierung, zugleich die Zerbrechlichkeit auch der neuen Situation:

Und das ganze war: Porzellan. An dem ich doch einmal zerbrechen werde. Du nicht, Du bist stärker als Porzellan, und kannst neben den Gestalten, die Du bist, und selbst neben jenen, die ich in jenem Briefe angerufen habe, auch das. Ich aber werde einmal unter der Mühsal, mit der Du Dich belädst, zusammen brechen, nicht weil ich nicht die Kraft hätte, das Abwaschwasser, in dem Du hantierst, in einen kastalischen Quell zu verwandeln und Dich in *jeder* Deiner Gestalten unvergleichlich zu finden ... aber Deine Abhaltung von Dir selbst und von aller stofflichen Schönheit und Buntheit, in die ich Dein Leben eingefaßt wünsche ..., die Qual, Dich gerade dann und da nicht zu haben, wo ich Dich brauche, für Dich brauche, mich für Dich brauche, die Angst, daß zwei sich aufheben, anstatt eins zu bilden und daraus alles, die Wahnidee, Dich in keiner der Gestalten mehr zu sehen – es wird mich einmal in einen solchen Wirbel reißen, aus dem kein Herauskommen mehr ist!

Aber der so sich Opfernde will zugleich Schöpfergott sein:

Ich habe zu viel Glauben in Dich getan, um mich mit gesunder Besinnung ins Nichts zu fügen.

Kraus stellt sich und ihr ein konkretes Zusammenleben vor (»ein Tisch für Dich am Fenster«) bis hin zum rasch zuzubereitenden

Tee (»dem ich wegen des elekt. Kochers auf den Geschmack gekommen bin«) und versichert von seinem Zuhause, »daß es nicht mehr so unwirtlich ist wie früher«.

Nie war Karl Kraus eine größere Figur als in diesen frühen 1920er Jahren; vom polemischen Störenfried war er zum Friedensprediger aufgestiegen, vom Satiriker zum verehrten Moralisten, der einem nach dem verlorenen Krieg erschütterten und orientierungslosen Österreich demokratische Haltung beizubringen versuchte. Seine Vorlesungen, schon vor dem Krieg gut besucht und heftig diskutiert, wurden Kult. Der Mann, der erneut um Sidonie warb, war zur Instanz geworden. Und er träumte sie sich nun als Mitarbeiterin, als Korrekturleserin und als guten Geist unter den Zuhörern bei seinen öffentlichen Auftritten. Noch immer schreibt er an seinem großen Brief, dem der Zugewinn an Nimbus, an gesellschaftlichem Einfluss, an »Position« anzumerken ist; mit neuem Selbstbewusstsein dringt er in sie (und wird ihr Distanzbedürfnis zugleich schüren):

> Ich kann es mir ja nicht erklären, aber seit einiger Zeit ist, wohl durch Träume, eine große Veränderung von mir zu Dir eingetreten. Ich stehe Dir viel freier als ehedem gegenüber und bin darum noch mehr an Dich gebunden. Ich kann mir auch gar nicht vorstellen, daß sich das ändern könnte. Es ist mir als ob nicht mehr Nöthigung sein könnte, Dir durch die Retouchen an Dir Leid zu verursachen ... Wie frei wärst Du, wenn Du Dich ganz zu mir entschließen könntest; frei zu dem Entschluß, frei durch ihn! Wenn ich Deine (und meine) Qualitäten bedenke, verstehe ich gar nicht, warum Du nicht immer da bist oder wir nicht immer zusammen. An Dir, dem Ausnahmefall meines Lebens, verehre ich Züge und Fähigkeiten als natürlich, die mir an und für sich fremd und unvereinbar mit Geliebtwerden erschienen wären. Ich glaube, Du könntest eine Künstlerin sein. Oft denke ich, daß Du einmal ein Buch schreiben wirst. Und doch bliebest Du fähig, mich zu einem zu begeistern.

Sie wird, mit großer Regelmäßigkeit und auf einem für sie reservierten Platz, in seinen Lesungen und Rezitationsabenden sitzen, fast anderthalb Jahrzehnte lang, bis zu seinem Tod im Jahr 1936. Aber sie wird nicht neben ihm am Schreibtisch sein und den elektrischen Kocher nicht in Betrieb nehmen. Sie wird dem unbeirrt Liebenden gegenüber ihre genialische oder diabolische Caprice unbeirrt fortführen und sich weigern, sein Geschöpf oder seine Muse oder einfach nur seine Frau zu sein. Aber sie bewahrt ihm, treuer als ihr Herz, den Park von Janowitz bis in seine letzten Tage. Und von dort ruft sie dem Toten ihre Erschütterung nach, einen tiefbewegten und tiefbewegenden Liebesabschiedsgruß, der fast 25 Jahre eines Nicht-Zueinanderkommens zu begreifen sucht:

> Mit Stolz und Glück, mit Scham u. Trauer habe ich seine Worte – tiefer empfundene wurden wohl nie geschrieben – hier wiederholt. Oft war es, als schriebe ich mein Todesurteil. Oft schrieb ich mit Thränen bitterster Reue, mit grenzenlosem Abscheu vor mir selbst, die ich solch liebereiches, edles Herz verwunden und kränken konnte. Trost suchend in jedem seligen, huldigenden Wort frage ich mich dennoch tausend- u. tausendmal: war *ich* es, ich, die, trotz Allem mein ganzes Herz ihm gab, wahrlich so »grenzenlos im Ungefühl« sein konnte? Wie war das nur möglich? Wohl kannten die letzten neun Jahre keinen Schatten, keine Entfremdung mehr, denn »Nie gab es tiefere Verwandtschaft zweier Seelen in dem All«, warum aber gab es Zeiten, in denen die Tragik es wollte, daß er erfahren mußte, wofür er das Weib heiligte: willenlose Sclavin ihrer räthselhaften Natur, die hemmungslos hinwegschreitet über das edelste Herz, treu- und reulos? Wie kann Natur so unmenschlich grausam sein? In solchen Zeiten unverständlicher Verlorenheit, wie elend war mein Leben, von dem seinen getrennt, wie schmerzlich das Aufwachen zur Erkenntnis schmachvollen Irrens. Ich büßte mehr als er litt. Welch eine Leere, wenn ich zur Besinnung

kam. Welch eine Fülle, wenn ich wieder bei ihm war, mir selbst zurückgegeben, u. nicht mehr mein besseres Selbst, das er, was immer geschehen mochte, stets erkannte u. das ihm unverloren blieb, zu verleugnen getrieben war. Welch tiefe Freude diesem edlen, starken, gütigen, immer bereiten, immer verzeihenden, mir nichts versagenden Herzen wieder Glück geben zu dürfen u. Zuflucht u. Geborgenheit dort zu finden. Denn nie gab ein Herz mehr Liebe und Glückseligkeit als der Reichtum des seinen, nie empfing ein Mensch mehr Liebe als ich, nie wurde einem Weibe glühender gehuldigt. Trotz meiner Irrtümer standen sich zwei Seelen niemals näher, gab es nie wahreres Verständnis, nie heiligere Freundschaft, nie höhere Liebe, unermeßlicher von Jahr zu Jahr, durch Leid vertieft, getrennt nur durch den Tod – aber nahe in alle Ewigkeit. – Grenzenlos wie sein Verzeihen ist meine Reue; und nie mehr wird wieder sein liebevolles Wort in mein gepeinigtes, zerrissenes Herz dringen, meine bittern Thränen bleiben ungelöscht in Augen, die sein geliebtes, gütiges Lächeln nie mehr sehen werden. Es sagte mir, bis zum letzten Atemzug, daß er nicht umsonst gekämpft habe für meine Seele, für seine Illusion, für unsere Liebe u. Verbundenheit, und daß

»Nicht Ziel, nur Rast ist's, die das Glück sich gab hält einmal dieser Schlitten vor dem Grab.«

Janovice, am 11. Sept. 1936

Coda mit Kultbrief
Die Liebe höret nimmer auf

> In der Liebe ist alles wahr, ist alles falsch.
> Sie ist das einzige Ding, über das man nichts
> Absurdes sagen kann.
>
> Nicolas Chamfort

Nachzutragen wäre noch Vieles, Schockierendes, Elementares: Zum Beispiel zwei große Liebesdramen aus dem späteren 20. Jahrhundert, von dem es irrigerweise immer wieder heißt, es seien keine Liebesbriefe mehr geschrieben worden, ja überhaupt nicht mehr zu schreiben: Die »Herzzeit«-Korrespondenz zwischen Ingeborg Bachmann und Paul Celan und die »Zelle 92« mit den »Brautbriefen«, die der inhaftierte Dietrich Bonhoeffer mit Maria von Wedemeyer gewechselt hat. Es sind Dokumente des Begehrens und des Trennenden, die trotz aller Katastrophen nicht verbrannt, vernichtet, verschollen sind, sondern sich unserer Darstellung entziehen mit Editionen, die ihre Einzigartigkeit nicht durch Zitate fragmentiert zu sehen wünschen.

So schließt dieses Buch mit einem der berühmtesten Briefe aller Zeiten, dem sogenannten *Hohelied der Liebe* des Apostels Paulus, mit seiner Botschaft an die Menschen in Korinth, von denen er, Jahre zuvor, einige zum Christentum bekehrt hatte und die ihm nun Kummer, Ärger, Zorn bereiteten. Der Brief hat, als »Korinther 13«, nicht nur bei den Theologen Interpretationsgeschichte gemacht, sondern mit seinem Schlusssatz über Jahrhunderte hinweg so etwas wie eine volkstümliche Liebeserklärung, eine Grundtröstung aller Liebenden gesetzt:

> Nun aber bleibt Glaube, Hoffnung, Liebe, diese drei;
> aber die Liebe ist die größte unter ihnen.

Die Paulus-Botschaft steht hier am Ende von Liebesbriefen aus vielen Epochen, obwohl sie nicht eigentlich ein Liebesbrief, sondern ein Traktat über liebevollen Umgang ist und obwohl der Einwand berechtigt ist, dass Paulus von Liebe nicht in unserem heutigen Sinn, sondern von der Agape spricht. Dieses Wort leitet sich aus dem hebräischen *ahaba* und dem griechischen *agapao* ab und meint eher die Zuneigung als den Eros, eher die Freundschaft als die Leidenschaft. Im frühen Christentum war die Bedeutung noch weiter verengt und hatte eine soziale Konnotation, bezeichnete eine Art Armenspeisung auf Kosten und unter Beteiligung der Reichen – Frühform der Eucharistie, des Abendmahls. Die gelehrte Theologie entwindet sie unserem sinnlicheren Gebrauch mit Auslegungen wie: »Die Agape aber, wie Paulus sie 1. Kor. 13 beschrieben hat, ist nie gefährlich; sie kann in die größten Gefahren bringen, nie aber ist sie selbst eine Gefährdung unseres Lebens. Darum kann auf sie als auf das eindeutig undialektisch Göttlich-Gute ein Loblied gesungen werden, wie es der Eros wegen seiner Dialektik nie erhalten kann.« (Helmut Gollwitzer)

Wir aber lassen uns, spätestens seit Luther, an dieser Stelle die Liebe gesagt sein und deuten, als Resümee unseres Buches, den Text eben nicht als eine fromme Predigt, sondern als analytisches Psychogramm der Liebesleidenschaft.

Wir lesen dieses Bibelwort nicht als ein Hohes Lied, sondern als eine Tiefenerkundung, erspüren sein Verstörungspotential, erkennen den dauernden Widerruf der Beschwörung, die es an der Oberfläche betreibt. Dieses Wunder eines Briefs hat seine Wirkung ja nicht entfalten können, weil da ein paar tröstliche Floskeln aneinandergereiht wären, die am Ende in einen Jubelruf münden, sondern weil in ihm der Herzschlag einer Besessenheit pulst, die von der dunklen Materie unserer Existenz zeugt.

Paulus hat in seinem abenteuerlichen, stets gefährdeten Leben (»Kerkerstrafen die Menge, Misshandlungen im Übermaß, und wie oft in Todesnot!«) alles an Schicksalsschlägen und Nachstellungen erfahren, durch Verfolger und Anhänger, durch Feinde und falsche Freunde, selbst in seinen neugegründeten Gemeinden, und die ideale Liebe, die er da wahrhaben möchte, hat er sich nicht zuletzt selbst gepredigt. Denn er hat sich schwer getan mit der Liebe zu den Menschen, weil ihn der Fanatismus seiner Mission, die rasende Treue zu seinem neuerkannten Christus, so rasch außer sich geraten ließ. Und deshalb hat er alles vorauswissen können, hat die Nöte und Ängste und Hoffnungen späterer Liebender vorwegnehmen, voraussagen und kommentieren können. Wenn es eine kurzgefasste Kulturgeschichte des Liebesbriefs als negative Dialektik geben könnte, hier wäre sie, auf einer knappen Seite zusammengefasst:

Das 13. Kapitel

1. Wenn ich mit Menschen- und mit Engelszungen redete, und hätte der Liebe nicht, so wäre ich ein tönend Erz oder eine klingende Schelle.
2. Und wenn ich weissagen könnte und wüßte alle Geheimnisse und alle Erkenntnis und hätte allen Glauben, also daß ich Berge versetzte, und hätte der Liebe nicht, so wäre ich nichts.
3. Und wenn ich alle meine Habe den Armen gäbe und ließe meinen Leib brennen und hätte der Liebe nicht, so wäre mir's nichts nütze.
4. Die·Liebe ist langmütig und freundlich, die Liebe eifert nicht, die Liebe treibt nicht Mutwillen, sie blähet sich nicht.
5. Sie stellet sich nicht ungebärdig, sie suchet nicht das Ihre, sie läßt sich nicht erbittern, sie rechnet das Böse nicht zu.
6. Sie freuet sich nicht der Ungerechtigkeit, sie freuet sich aber der Wahrheit.
7. Sie verträgt alles, sie glaubet alles, sie duldet alles.
8. Die Liebe höret nimmer auf, so doch die Weissagungen aufhören werden und die Erkenntnis aufhören wird.
9. Denn unser Wissen ist Stückwerk, und unser Weissagen ist Stückwerk.

10. Wenn aber kommen wird das Vollkommene, so wird das Stückwerk aufhören.

11. Da ich ein Kind war, da redete ich wie ein Kind und war klug wie ein Kind und hatte kindische Anschläge; da ich aber ein Mann ward, tat ich ab, was kindisch war.

12. Wir sehen jetzt durch einen Spiegel in einem dunklen Wort; dann aber von Angesicht zu Angesicht. Jetzt erkenne ich's stückweise; dann aber werde ich erkennen, gleichwie ich erkannt bin.

13. Nun aber bleibt Glaube, Hoffnung, Liebe, diese drei; aber die Liebe ist die größte unter ihnen.

Lassen wir Engelszungen und Weissagungen einmal beiseite und sehen nur auf den Satzbau: schon diese vielen Wenn und Aber! Schon diese Konditionalschlingen! Schon die Bedingungen, unter denen die Unbedingtheit der Liebe proklamiert wird! Die Exegeten werden ja nicht müde, von göttlicher, gottgleicher Liebe zu reden, die der Liebe Gottes zum Menschen gleich sei. Aber eigentlich steht Paulus, Muster »eines tief empfindenden Menschen« (Walther Rathenau) mitten im Leben, mitten in einem Kampf, den er mit seiner korinthischen Gemeinde, aber auch fortwährend mit sich selbst austrägt. Er spricht von der Liebe als der größten Utopie, indem er sie freispricht von allen Verletzungen, Irritationen, Verirrungen.

Paulus wirkt wie ein Bildhauer bei der Arbeit an einer idealen Gestalt. Wie ein besessener Künstler setzt er den Meißel am Marmor an, befreit ihn von seiner Materialität, von den Ecken und Kanten, vom widerständigen Stein. Aber je heftiger er mit seinem Hammer zuschlägt, je mehr er vom Block absplittern lässt, umso mehr verkehrt sich ihm die Arbeit: Das Wesen der Liebe, das er zum Vorschein bringen will, ist am Ende nicht erkennbar in der Idealfigur, die er freisetzt, sondern in den Bruchstücken, die er abspaltet und verwirft. Aus den Trümmern erst spricht uns »der Dichter Gottes« (de Pascoaes) an, die Brocken summieren sich zum Mosaik wahrer Liebe. Das Stückwerk, von dem so viel die Rede ist, offenbart uns das Geheimnis dieses genialen Briefs. Der große Prediger und Einpeitscher Paulus, der Mann, der einst Saulus war und mehr als jede andere Gestalt der Weltgeschichte von der Wandelbarkeit des Menschenherzens, vom Kopfverdrehen weiß, beschwört die Liebe in panischer Erkenntnis ihrer Verletzlichkeit und ihrer Verletzungen, ihres Furors und ihrer Fragilität.

Das sogenannte Hohelied gewinnt seine zeitenüberwölbende Kraft aus der Absurdität: Es preist die Liebe, indem sie deren Abgründe tief auslotet und ihre Ideale fast polemisch umreißt:

Die Liebe ist langmütig und freundlich – das mag der Wunsch aller Liebenden sein; aber im wahren Leben ist die Liebe wankelmütig und umso reizbarer, je größer sie sich deucht.

Die Liebe treibt nicht Mutwillen – wie käme der Apostel auf das Wort, wenn sie nicht vor seinen Augen unentwegt Mutwillen triebe?

Sie blähet sich nicht auf – aber ist es nicht geradezu ihr Wesen, sich aufzublähen, einen Menschen ganz in Besitz zu nehmen, seine Seele auszufüllen?

Sie stellet sich nicht ungebärdig – aber ist nicht Liebe, vom paradiesischen Anfang an, das Ungebärdigste überhaupt, Verletzung von Norm, Anstand, Geboten, Etikette, Wohlverhalten?

Sie suchet nicht das Ihre – als wäre die Steigerung des Selbstgefühls, die Berauschung des Ichs, nicht das erste Zeichen einer Zuneigung.

Sie lässt sich nicht erbittern – aber wie viel Bitterkeit steckt – zum Beispiel – in enttäuschten, nicht abgesandten, vernichteten Liebesbriefen?

Sie trägt das Böse nicht nach – aber hieß es nicht selbst vom alttestamentarischen HERRN: Ich bin ein eifersüchtiger Gott?

Sie erträgt alles, sie glaubt alles, sie hofft alles, sie duldet alles – die große Liebe mag manches nachsehen, aber sie wird, je leidenschaftlicher, je inniger sie ist, weder alles glauben noch alles dulden und im besten Fall erhoffen, dass sie nicht alles wird ertragen müssen.

Und selbst der tröstlichste Satz dieser Litanei hat eine verstörende Doppelbödigkeit, in der wir es uns keineswegs gemütlich einrichten können. Es ist der volkstümlich gewordene Zuspruch des achten Verses: *Die Liebe höret nimmer auf.* Der geht auf die Lutherbibel von 1546 zurück, wo es heißt: *Die Liebe höret nimmermehr auf.*

Heutige Bibelausgaben – protestantische wie katholische – predigen meist das ebenso kategorische wie unrhythmische Basta: *Die Liebe hört niemals auf.*

Aber noch in der Luther-Übersetzung von 1545, aus dem Todesjahr des Reformators, gab es eine andere Lesart: *Die Liebe wird nicht müde.* Klafft da nicht ein Spalt zwischen dem Unaufhörlichen und der Nimmermüdigkeit? Zwischen Zeitenthobenheit und steter Wachheit? Zwischen unangefochtener Dauer und dauernder Aufmunterung? Die Fragen katapultieren uns zu einer ebenso verblüffenden wie tiefsinnigen Unterscheidung, die Søren Kierkegaard gemacht hat: er definiert die Geschlechterrollen nach dem Umgang mit der Zeit:

> Überhaupt hat das Weib ein angeborenes Talent, eine ursprüngliche Begabung, eine absolute Virtuosität, der Endlichkeit einen Sinn abzugewinnen. Als der Mann geschaffen war, da stand er da als der Herr und Fürst der ganzen Natur; Pracht und Glanz der Erde, der ganze Reichtum der Endlichkeit wartete bloß auf seinen Wind – aber er verstand nicht, was er aus dem Ganzen machen sollte. ... Da wurde das Weib geschaffen; sie war nicht in Verlegenheit, sie wußte sofort, wie die Sache anzufangen sei; ohne Umstände, ohne Vorbereitung war sie sofort mitten darinnen; sie wollte ihm bloß die Zeit vertreiben. Und sieh, ihr demütiger Trost wurde des Lebens reichste Freude, ihr unschuldiger Zeitvertreib wurde des Lebens schönste Schönheit, ihr kindliches Spiel wurde des Lebens tiefste Bedeutung. Das Weib faßt die Endlichkeit, versteht sie von Grund aus ... Man kann darum sagen, daß ihr Leben glücklicher ist als das des Mannes: die

Endlichkeit kann den Menschen glücklich machen; die Unendlichkeit als solche tut das nie. Sie ist vollkommener als der Mann: wer etwas erklärt, ist doch wohl vollkommener, als wer die Erklärung erst sucht. Das Weib erklärt die Endlichkeit, der Mann strebt nach der Unendlichkeit.

Die Übersetzungsgeschichte des Satzes führt uns aber noch tiefer ins Dilemma der Liebe. Eine moderne Version scheint sich noch an die Vorstellung der Müdigkeit zu halten, wenn sie formuliert:

Die Liebe wird niemals hinfällig.

Das smarte Wort »hinfällig« führt zugleich näher an das griechische Original, wo nämlich von einem »Fallen« (piptein) die Rede ist. So kann der Exeget Werner de Boer schreiben:

Die Liebe fällt niemals.

und Rudolf Pesch in einer Agape-treuen Version formulieren:

Die Agape kommt niemals zu Fall.

Je näher wir dem Original kommen, umso fremder, entfernter spricht uns der Satz an, ja er hat sich fast, wie einst Saulus in den Paulus, völlig verwandelt. Denn er evoziert auf einmal eine Welt der Gefährdung, der Fallen und Fallensteller, des Stolperns und Strauchelns, der Abirrung und des Fehltritts.

Die Behauptung, dass die Liebe niemals zu Fall komme, ist also keine Sänfte der Zuversicht mehr, sondern eine stete Irritation, subversive Warnung vor der Fallhöhe. Das Wort Fall hat einen schicksalhaften Horizont, den uns die Brüder Grimm in ihrem Wörterbuch mit düsterem Eifer ausgeleuchtet haben: »Aus Fall, Sturz wird Untergang, Verderb, Tod, Unfall« und, in einer anderen Bedeutungsschicht, »Lapsus, Vergehen, Missethat,

Sündenfall, Glücksfall, Wechselfall«. Das Wort allein beschwört schon die Nachtseite der Liebe.

Und damit wird der Paulus-Brief zum Vorgriff auf die Zeiten, von denen unser Buch gehandelt hat; er nimmt alle die Nöte und Ängste, die Räusche und Schocks vorweg, die Symptome der Liebe sind: Die schwärmerische Todesleidenschaft einer Karoline Günderrode, die rauschhaften Zustände der antiken Hero wie des verführerischen Egomanen Richard Wagner, die zwiespältigen Abwehrtraumata bei Kleist, bei Beethoven, bei Kafka, die Liebestodesangst eines Karl Kraus, die kühlen Befunde von Niklas Luhmann und Ulrich Beck, die Lockrufe der Minnesänger und die Seufzer auf Hunderten von Briefzetteln, die genialen lyrischen Durchtriebenheiten Petrarcas, Shakespeares und Goethes und die elektronischen Verzückungs- und Verzweiflungs-Chiffren unserer Tage: Die Liebe ist alles, was der Fall ist.

Alle wahren Liebesbriefe sind Dokumente dieser Spannung. Sie sind nicht nur Handreichungen über Fernen und Entfernungen hinweg, sondern Brücken zwischen der Liebe, die ängstlich, gefährdet und fallsüchtig ist, und jener Liebe, die jeden Augenblick neu erwacht und, von Ewigkeitslust erfüllt, uns die Kunst lehrt, Küsse zu schreiben.

Anhang

Nachweise

Häufig benutzte und durchgängig mit Siglen gekennzeichnete Literatur:

Brief Der Brief: eine Kulturgeschichte der schriftlichen Kommunikation, hg. von Klaus Beyrer und Hans-Christian Täubrich; eine Publikation der Museumsstiftung Post und Telekommunikation [anlässlich der Ausstellung »Der Brief – eine Kulturgeschichte der Schriftlichen Kommunikation« im Museum für Post und Kommunikation Frankfurt am Main (27.9.1996–19.1.1997), Museum für Post und Kommunikation Nürnberg (25.4.1997–27.7.1997)], mit Beiträgen von Norbert Abels, Heidelberg: Ed. Braus 1996

Grimm Deutsches Wörterbuch, von Jacob Grimm und Wilhelm Grimm, 1854, Nachdruck, München: Deutscher Taschenbuch-Verlag 1999 (Lizenz des Verlages Hirzel, Stuttgart)

dtv-Lyrik (u. Band) Deutsche Lyrik von den Anfängen bis zur Gegenwart, in 10 Bänden, hg. von Walther Killy, München: Deutscher Taschenbuch-Verlag 1970

Bibel Die Bibel oder die ganze Heilige Schrift des Alten und Neuen Testaments, nach der deutschen Übersetzung Martin Luthers, neu durchgesehen nach dem vom Deutschen Evangelischen Kirchenausschuß genehmigten Text, Berlin: Preußische Haupt-Bibelgesellschaft 1929

Liebesbrief Der Liebesbrief. Schriftkultur und Medienwechsel vom 18. Jahrhundert bis zur Gegenwart, hg. von Renate Stauf, Annette Simonis und Jörg Paulus, Berlin: de Gruyter 2008

Liebeskunst	Liebeskunst: Untersuchungen zum Liebesbrief im 18. Jahrhundert, von Elke Clauss, Stuttgart, Weimar: Metzler 1993
Briefkultur	Briefkultur im 19. Jahrhundert, hg. von von Rainer Baasner, Tübingen: Max Niemeyer Verlag 1999
Siegert	Relais: Geschicke der Literatur als Epoche der Post, 1751–1913, von Bernhard Siegert, Berlin: Brinkmann und Bose 1993

In weiter Ferne, so nah!

9 Titel *In weiter Ferne …* (Titel eines Films von Wim Wenders, 1993. Nach dem dort verwendeten Songtitel »Faraway, so close!, von Nick Cave)

9 Motto *Darf ich Sie also* (Kafka, Brief an Felice vom 22.11.1912, in: Franz Kafka, Briefe an Felice und andere Korrespondenz aus der Verlobungszeit, hg. von Erich Heller und Jürgen Born, Frankfurt/M.: S. Fischer Verlag 1967, S. 148)

9 *Küsse lassen sich nicht* (zitiert nach: LIEBESBRIEF, S. 136)

10 *Ausweitungen unseres Körpers* (Marshall McLuhan, Understanding Media, zitiert nach: SIEGERT, S. 82)

10 *Telepräsenz* (Vilém Flusser, zitiert nach: SIEGERT, ebd.)

10 *Gute Nacht* (Clemens von Brentano, in: Briefe deutscher Romantiker, hg. von Willi A. Koch, Wiesbaden: Dieterich o.J., S. 307 f.)

11 *Briefe hebt man auf* (Johann Wolfgang Goethe, »Die Wahlverwandtschaften« II, 9, in: ders., Sämtliche Werke nach Epochen seines Schaffens, Münchner Ausgabe, Bd. 9, München: Carl Hanser Verlag 1987, S. 466)

11 *Du bist so nahe* (Paul Celan, zitiert nach: Byung Chul-Han in einem Interview mit Tobias Haberl, SZ-Magazin vom 14.12.2012)

11 f. *Der Nähe ist immer* (ebd.)

13 *Liebesbriefe strotzen* (Eva Lia Wyss, »Fragmente einer Sprachgeschichte des Liebesbriefs. Liebesbriefe des 20. Jahrhunderts im Spannungsfeld von Sprachgeschichte, Geschichte der Kommunikation und Mediengeschichte«, in: Ulrich Schmitz/Eva Lia Wyss: »Briefkommunikation im 20. Jahrhundert«, in: Osnabrücker Beiträge zur Sprachtheorie (OBST) 64, S. 57–92 (zit. als: Wyss I)

13 *die neuen* (Wyss I, a.a.O.)

13 f. *Die Spezifik des Zeitpunkts* (Wyss I, a.a.O.)

14   *Der Liebesbrief gibt* (in: LIEBESBRIEF, S. 2 ff.)
14   *Dabei wäre stets* (in: LIEBESBRIEF, ebd.)
14 f.   *Bis in die Mitte des 18. Jahrhunderts* (Gert Mattenklott, in: Deutsche Briefe, 1750–1950, hg. von Gert Mattenklott, Hannelore Schlaffer und Heinz Schlaffer, Frankfurt/M.: S. Fischer Verlag 1988, S. 275)
15   *Ich übertreibe kaum* (Hans Magnus Enzensberger, Requiem für eine romantische Frau. Die Geschichte von Auguste Bußmann und Clemens Brentano. Nach gedruckten und ungedruckten Quellen überliefert von H.M. Enzensberger, Berlin: Friedenauer Presse 1988, S. 228)
15   *Die Sucht nach Liebe* (Ulrich Beck und Elisabeth Beck-Gernsheim, Das ganz normale Chaos der Liebe, Frankfurt/M.: Suhrkamp 1990/2005, S. 233 f.)
15 f.   *Gefragt wird* (ebd.)
16   *Zeitungsmeldung* (Süddeutsche Zeitung vom 2.1.2012, Das Streiflicht)
18   *Ungeschichtlichkeit der Liebe* (zum Beispiel bei Beck/Beck-Gernsheim, a.a.O., S. 224)

1. Sündenfall Liebe

23   Motto *Ich glaube, dass die Liebe* (Ingeborg Bachmann, »Der gute Gott von Manhattan«, in: I.B., Werke, Bd. 1. Gedichte, © 1978 Piper Verlag GmbH, München, S. 233)
23 ff.   Genesis-Zitate (BIBEL, S. 1 ff.)
25 f.   *Adam hatte* (Martin Luther, Die gantze Heillige Schrifft. Deutsch 1545/Auffs neu zugericht. Unter Mitarbeit von Heinz Blanke herausgegeben von Hans Volz, München: Rogner & Bernhard 1972)
26   *Ich glaube aber nicht* (René Pollesch, zitiert nach dem Interview »Toleranz ist keine Lösung für Rassismus« von Tobias Haberl im SZ-Magazin vom 27.4.2012)
26   *dass Liebe nicht nur eine Anomalie* (Niklas Luhmann, Liebe als Passion. Zur Codierung von Intimität, Frankfurt/M.: Suhrkamp 1982, S. 30 f.)
27   *Wer die Schönheit angeschaut* (August von Platen, Tristan und Isolde, zitiert nach: DTV-LYRIK, Bd. 7, S. 295)
27   *Wie ein Apfelbaum* (Das Hohe Lied Salomonis, in: BIBEL, S. 634 ff.)
28   *Stehe auf* (ebd.)
28 f.   *Während der Körper der Frau* (Eva Lia Wyss, in: Wyss I, a.a.O.)
29   *Johannes Colerus* (dargestellt nach Johannes Roth, Gartenlust, Frankfurt/M.: Insel Verlag 1992, S. 161 f.)

2. Feuer und Flamme

30. *Ihr Liebestod* (Christopher Marlowe, »Hero u. Leander«, in: Chr. Marlowe, Marlowe's Plays, London/New York: Penguin Books 1909 u.ö., S. 433, zitiert als: Marlowe; hier übersetzt von Dieter Hildebrandt, im folgenden: D.H.)
31 f. *Ich verkünde* (Publius Ovidius Naso, Liebesbriefe, lat.-dt, hg. und übersetzt von Bruno W. Häuptli, Zürich: Artemis & Winkler 1995, S. 250; zitiert als: Ovid)
32 *Weder Helice* (Ovid, a.a.O., S. 201)
32 *Doch was hab ich* (ebd.)
33 *So wie du* (Ovid, a.a.O., S. 202)
33 *Er kann weder lesen noch schwimmen* (zitiert nach: Der Kleine Pauly, Lexikon der Antike in 5 Bänden, München: Deutscher Taschenbuch Verlag 1970, Bd. 5, S. 48)
34 *You are deceiv'd* (Marlowe, a.a.O., S. 391)
34 *Was in der Nacht* (Ovid, a.a.O., S. 202)
34 f. *Als dann, nach Heros Wunsch* (Marlowe, a.a.O., S. 427, übersetzt von D.H.)
35 *O teure Fackel* (ebd.)
35 f. *Ganz außer sich* (Marlowe, a.a.O., S. 432, übersetzt von D.H.)
36 *Auch riet ich dir* (Franz Grillparzer, »Des Meeres und der Liebe Wellen«, in: Hamburger Lesehefte Verlag, 90. Heft, 1965, S. 48)
37 *Als Luise* (Wolfgang Amadeus Mozart, Text von Gabriele von Baumberg, zitiert nach: BRIEF, S. 222)

3. Minnesang – das Hohelied der Entbehrung

41 Motto *Kann mir jemand sagen* (Walther von der Vogelweide, »Kann mir jemand sagen, was Minne ist?«, in: ders., Gedichte. Ausgewählt und übersetzt von Peter Wapnewski, © Fischer Taschenbuch Verlag GmbH, Frankfurt/M. 1962, S. 47.)
42 *Die Burg, als Gebäude* (Werner Faulstich, Medien und Öffentlichkeit im Mittelalter, Göttingen: Vandenhoeck & Ruprecht 1996, S. 21, zitiert als: Faulstich)
42 *Es war demnach* (Faulstich, a.a.O., S. 45)
43 *Bei den festlichen* (Joachim Bumke, nach Faulstich, a.a.O., S. 46)
43 *Die auf das Rittertum* (Faulstich, a.a.O., S. 304)
44 *Ringen um die Güter* und die folgenden Zitate der Seite (Peter Wapnewski, Tristan, der Held Richard Wagners, Berlin: Severin und Siedler 1981, S. 77, zitiert als: Wapnewski)

46 *Mit meinem Lied* (Kaiser Heinrich, in: DTV-LYRIK, Bd. 1: Von den Anfängen bis 1300, hg. von Werner Hörer und Eva Lohns, S. 66f., hier in der Übersetzung der Herausgeber)

47f. *Denn von dem Tage* (zitiert nach: Julius Zeitler (Hg.), Deutsche Liebesbriefe aus neun Jahrhunderten, Leipzig: Verlag von Julius Zeitler 1905, S. 2, zitiert als: Zeitler)

48f. *Diese Geschichten* (Wapnewski, a.a.O., S. 65)

49 *Manchmal gehörte es auch* (Faulstich, a.a.O., S. 75)

49 *Bei Hof ist kein Volk* (GRIMM, Stichwort »Merker«)

50 *Vor jedem bösen Gast* (GRIMM, ebd.)

50 *Wächter, du singst* (Wolfram von Eschenbach, in: DTV-LYRIK, Bd. 1, übersetzt von den Herausgebern, S. 139)

51 *Mancher grüßt mich* (Hartmann von Aue, in: DTV-LYRIK, Bd. l, S. 80, übersetzt von D.H.; im folgenden: D.H.)

52 *Ferner, wenn du mir* (Zeitler, a.a.O., S. 3)

52f. *Hier bekennen sich* (Wapnewski, a.a.O., S. 67)

53 *Liebe meint Tod* (Wapnewski, ebd.)

53f. *Hochbeglückt* (Richard Wagner »an Silvester« 1857, zitiert nach: Wapnewski, a.a.O., S. 197)

54f. *Die ungeheuren Kämpfe* (Richard Wagner an Mathilde Wesendonk, 6. Juli 1858, zitiert nach: Kurt Pahlen, Mein Engel, mein Alles, mein Ich. Liebesbriefe berühmter Musiker aus drei Jahrhunderten und ihre Geschichte, Zürich: Orell Füssli Verlag 1959, S. 294f.)

4. »Krach Herz, brich nicht!«

56 Motto *Das kann niemand* (Johannes von Freiberg, »Das kann niemand je lesen …«, in: Jürgen Schulz-Grobert: Deutsche Liebesbriefe in spätmittelalterlichen Handschriften. Untersuchungen zur Überlieferung einer anonymen Kleinform der Reimpaardichtung, Tübingen: Niemeyer 1993, S. 158. © 1993 De Gruyter, Abdruck mit freundlicher Genehmigung des Walter de Gruyter Verlags; im folgenden zitiert als: Schulz-Grobert. Hier übersetzt von D.H.)

57 *Ich schrieb ihr meine* (Johannes Hadlaub, in: DTV-LYRIK, Bd. l, S. 476, übersetzt von D.H.)

57 *Da dachte wohl* (ebd., übersetzt von D.H.)

57f. *Sie fürchtete sich* (zitiert nach: Deutsche Dichtung des Mittelalters, Bd. II: Hochmittelalter, hg. von Michael Curschmann, München: Carl Hanser Verlag, S. 757, übersetzt von Ingeborg Glier)

59 *Ich habe es nie gewagt* (Deutsche Dichtung des Mittelalters, Bd. II, S. 759, übersetzt von Ingeborg Glier)

59 *Zu den ersten selbständig* (Schulz-Grobert, a.a.O., S. 33 f.)
60 *Dass diejenigen Sammlungen* (Schulz-Grobert, a.a.O., S. 8 f.)
60 f. Die Zitate dieser und der folgenden Seite (Schulz-Grobert, a.a.O., S. 211 ff.)
61 *Um die Jahrtausendwende* (Ferdinand Seibt, zitiert nach: Schulz-Grobert, a.a.O., S. 237)
62 *Spätmittelalterliche Liebesbriefgedichte* (Schulz-Grobert, a.a.O., S. 159)
63 *eine fast flächenbrandartige* (ebd., S. 154)
63 *Mittelpunkt der abendländischen* (Eckard Conrad Lutz, Heinrich Wittenwiler in Konstanz, zitiert nach: Schulz-Grobert, a.a.O., S. 155)
63 f. *vnd sag ir/wz sol ich/Recht sprachlos* (Schulz-Grobert, a.a.O., 157 f.)
64 *Sehnsuchtsklage* etc. (Friedrich Ranke, zitiert nach: Schulz-Grobert, a.a.O., S. 74)
65 f. *Dich grüsset, lieb* und die folgenden Verse der Seite (Schulz-Grobert, a.a.O., S. 75 f.)
66 *auf einen Bereich* (ebd., S. 89)
66 Stichwort »Recken« (GRIMM, unter »Recken«)
66 f. *ich hab mir* und die folgenden Zweizeiler (Schulz-Grobert, a.a.O., S. 90 f.)
67 *lieber Bote* (GRIMM, Stichwort »Bote«)
68 *far hin brieff* und die folgenden Eingangsfloskeln (Schulz-Grobert, a.a.O., Initienregister SS. 229–239)
69 *Der tugentsamen* (Schulz-Grobert, a.a.O., S. 184)
69 *Got groet dich* (Schulz-Grobert, S. 90)
69 *Mein feines lieb* (ebd.)
70 *Der Schönen und Guten* (ebd.)
71 *Ein Kräutlein* (Schulz-Grobert, S. 240)
71 *Kein lieber auf erden* (ebd.)
72 *Mein heissgeliebter* (in: Eva Lia Wyss, Leidenschaftlich eingeschrieben. Schweizer Liebesbriefe, Zürich: Nagel & Kimche 2006, S. 48, zitiert als: Wyss II)
72 *habe was vergessen* (Wyss II, a.a.O., S. 127)
73 *habe das Gedicht* (Wyss II, ebd.)
73 *Du bist: meine zufluch t* (Wyss II, S. 135)
73 f. *Gleich bei unserer ersten* (Wyss II, S. 55)

5. Eros im Bann des Sonetts

77 Motto *Sonette find ich* (Robert Gernhardt, »Materialien zu einer Kritik der bekanntesten Gedichtform italienischen Ursprungs«. Aus: R.G., Wörtersee, Frankfurt/M.: Zweitausendeins 1981, S. 164,

© Nachlass Robert Gernhardt, durch Agentur Schlück. Alle Rechte vorbehalten)
77 *Laura erschien meinen Augen* (nach: http://de.wikipedia.org/wiki/Francesco_Petrarca; zuletzt aufgerufen 12.11.2013. Dort auch die folgenden Zitate der Seite)
78 *Diese Worte* (ebd.)
79 *Gesegnet sind mir* (Francesco Petrarca, Sonett 61, in: Karl August Förster, Franceso Petrarca's sämmtliche Canzonen, Sonette, Ballaten und Triumphe, übersetzt und mit erläuternden Anmerkungen begleitet von Karl Förster, 2. verbesserte Auflage, Leipzig: F.A. Brockhaus 1833, S. 140, im folgenden zitiert als: Förster. Hier bearbeitet von D.H.)
79 f. *So müd bin ich* (Petrarca, in: Förster, a.a.O., S. 143)
80 f. *Nicht Etsch, Tessin* (Petrarca, in: Förster, a.a.O., S. 130)
81 f. *Und es gehen die Menschen hin* (Petrarca, in: Förster, ebd.)
82 f. *Nicht Frieden findend* (Petrarca, in: Förster, S. 169)
83 *Ein neues Denken* (John Donne, Anatomy of the World, 1601, übersetzt von D.H.)
87 *Höre denn* (Platon, Das Gastmahl, in: Platon/Sokrates im Gespräch, vier Dialoge, hg. von Bruno Snell, Frankfurt/M.: Fischer 1953 u.ö., S. 186, zitiert als: Gastmahl)
87 *Eros ist an Jahren* (Gastmahl, a.a.O., S. 150)
87 *Darum wendet sich* (Gastmahl, S. 151)
87 *Auf ein urverwandtes* (Platon, Lysis, in: Platon mit den Augen des Geistes, hg. von Bruno Snell, Frankfurt/M.: Fischer 1955, S. 128)
87 f. *Nur einen Weg* (Gastmahl, a.a.O., S. 154)
88 *man mache keinen würdigen* (Marsilio Ficino, zitiert nach: Horst Breuer, »Platonische Liebe in Shakespeare's Sonett 116«, in: Anglia 129, 3–4, 2011, S. 390; zitiert als: Breuer)
89 *mit der Flamme* (Die Gespräche des göttlichen Aretino, hg. von Hansjürgen Blinn, übersetzt von Heinrich Conrad, Berlin: Aufbau 2008, S. 11, zitiert als: Aretino)
89 *Damit alle ihre Bekannten* (Aretino, a.a.O., S. 483 ff.)
90 *Doch sag ich gern* (Aretino, a.a.O., S. 485)
91 *Seine Schrift* (zu Il Cortegiano, Breuer, a.a.O., S. 393)
92 f. *Ein Frauenantlitz* (William Shakespeare, Sonnet 20, übersetzt von D.H.)
93 *Queering the Renaissance* (Manuela Rossini, »Queering the Renaissance«, in: Freiburger FrauenStudien 17, S. 265–269. Darin auch die folgenden Kurzzitate der Seite, ebd., S. 266)
94 *Vergleich ich Dich* (Shakespeare, Sonnet 18, übersetzt von D.H.)
95 *Was eure Rückkehr* (Shakespeare, »Hamlet«, in: Shakespeare, Drama-

tische Werke/Tragödien I, 3. Bd., Berlin: Volksbühnen Verlags- und Vertriebs-GmbH 1924, übersetzt von A.W. Schlegel und Ludwig Tieck, 1,2, S. 108 f.)

6. Women's Lib in Wittenberg

- 96 Motto *Das ist wunderlicher* (Martin Luther, Brief an Spalatin, zitiert nach: Alfred Beutel (Hg): Martin Luther, Briefe an Freunde und an die Familie, © 1987 C.H. Beck, München, S. 12, im folgenden zitiert als: Beutel)
- 96 *Gnad und Friede* (Luther, Brief vom 5.6.1530, in: Beutel, a.a.O., S. 48)
- 97 f. Briefanreden aus fast 20 Jahrzehnten (zitiert nach: Beutel, a.a.O., nicht im einzelnen nachgewiesen)
- 100 *Zwar kann gewiss* (Bulle des Papstes Leo X. im Jahr 1515. Hier zitiert nach: Dieter Hildebrandt, »Der andere Strom«, in: Der Rhein von Mainz bis Köln, Merian, Hamburg: Hoffmann und Campe 1982)
- 101 *daß Unerfahrene* (Pius X., zitiert nach: Dieter Hildebrandt, Saulus Paulus, München: Carl Hanser Verlag 1989, S. 295, Anm.)
- 101 *Wachset und mehret euch* (Martin Luther, »Von ehelicher Liebe«, zitiert nach: Monika Buschey, »Die Rosen deines Mundes«. Berühmte Ehepaare und wie sie sich kennenlernten, Zürich: Artemis & Winkler 1999, S. 13, im folgenden zitiert als: Buschey)
- 101 f. *Mich jammerte ihrer sehr* (Luther, Brief an Spalatin, 10.4.1523, in: Beutel, a.a.O., S. 8)
- 102 *die allenthalben* (Martin Luther, Brief an Spalatin, zitiert nach Luther-Chronik, zusammengestellt von Andrea Dülmen, München: Deutscher Taschenbuch Verlag 1983, S. 101)
- 102 *Wir sind Hurentreiber* (Martin Luther, zitiert nach: Kurt Aland, Lutherlexikon, Stuttgart: Ehrenfried Klotz Verlag 1957, S. 224)
- 103 *ein Werk der Liebe* (Beutel, a.a.O., S. 8 f.)
- 103 f. *Ganz plötzlich* (Luther an seine Freunde, zitiert nach: Luther-Chronik, a.a.O., S. 125 f.)
- 104 *Das Gerücht ist wahr* (ebd.)
- 104 *Ich wollte meine Käthe* (Martin Luther, zitiert nach: Buschey, a.a.O., S. 18)
- 105 *Liebe Kätha!* (Luther an seine Frau, 25.1.1546, zitiert nach: Beutel, a.a.O., S. 113)
- 105 *Lieber Doktor Jonas* (in: Beutel, a.a.O., S. 114, Anm. 5)
- 106 f. *Mein allerliebstes Herz* (Graf Ludwig von Nassau-Hadamar, zitiert

nach: Helma und Alois Weimar (Hg.), Hessische Liebesbriefe, Potsdam: Ch. Goetz Verlag 2008, S. 18 f.)
107 f. *Wohlgeborener* (Antwortbrief der Gräfin, ebd., S. 20)

7. Als der »Posttag« dämmerte

111 Motto *Wundern Sie sich nicht* (Christian Dietrich Grabbe, »Scherz, Satire, Ironie und tiefere Bedeutung«, in: Chr.D. Grabbe, Werke, 1. Bd.: Dramen I, hg. von Roy C. Cowen, München: Carl Hanser Verlag 1975, S. 238)
112 *Welcher Brieff* (zitiert nach Faksimile in: Klaus Beyrer, Der alte Weg eines Briefs. Von der Botenpost zum Postboten, in: BRIEF, S. 15)
112 *nur unwesentlich* (Beyrer, in: BRIEF, S. 18)
114 *Es lag allweg* (Beyrer, in: BRIEF, S. 19)
115 Die Darstellung folgt den Angaben bei Beyrer, in: BRIEF, S. 11-26.
116 *bis weit ins 18. Jahrhundert* (Beyrer, in: BRIEF, S. 19)
117 *das Privileg* (zitiert nach: SIEGERT, S. 45)
117 *Adieu, ich schäme mich* (SIEGERT, ebd.)
118 *formulari etc.* (zitiert nach: Inka Kording, »Wovon wir reden können, davon können wir auch schreiben. Briefsteller und Briefknigge«, in: BRIEF, S. 28)
118 *Wje nun?* (ebd.)
118 f. *Vnser freundlich dienst* (Kording, in: BRIEF, S. 29)
120 *daß sie von so vielen* (Benjamin Neukirch, zitiert bei Kording, in: BRIEF, S. 30)

8. »Wie unser Herz schlägt …«

121 Motto *Und wenn die Liebe* (Chr. F. Gellert, Die zärtlichen Schwestern, hg. von Horst Steinmetz, Stuttgart: Reclam 1965 u.ö., S. 21, zitiert als: Steinmetz)
121 *Das erste, was uns* (Chr.F. Gellert, Briefe, nebst einer praktischen Abhandlung von dem guten Geschmack in Briefen, 1751, Neuausgabe Berlin: Euphorion 1921, S. 8, zitiert als: Gellert II)
121 f. *Le plus raisonable* (Friedrich II., zitiert nach: Steinmetz, S. 146)
122 *An Gellert … glauben* (zitiert nach: Wilhelm Scherer, Geschichte der Deutschen Litteratur, Berlin 1885, S. 401)
122 *Die Verehrung* (Johann Wolfgang Goethe, Dichtung und Wahrheit, zitiert nach: Insel-Goethe, Frankfurt/M.: Insel Verlag 1970, Bd. 5, S. 224, im folgenden zitiert als: Goethe DuW)

122 *Gedanken von einem* (Chr. F. Gellert, Gedanken von einem guten deutschen Briefe, Reprint Stuttgart: Metzler Verlag 1971, Werktitel. Im folgenden zitiert als: Gellert I)
122 ff. *Das Denken lehren* und das folgende Zitat (Gellert I, a.a.O., S. 184)
124 *Ich thue also viel vernünftiger* (Gellert II, a.a.O., S. 18)
124 *Es ist beinahe unmöglich* (Gellert II, S. 27)
124 *Der erste Begriff* (Gellert II, S. 16)
125 *Ob gleich alle Briefe* (Gellert II, S. 22 f.)
125 f. *Aus diesem Grunde* (Gellert II, S. 20 ff.)
126 *Man kann bis zur Orthographie* (Gellert II, S. 21)
126 *Es ist ganz gewiss* (Gellert II, S. 146)
126 *Diesen Morgen* (Chr. F. Gellert, zitiert nach: F. Brüggemann (Hg.), Der Anbruch der Gefühlskultur in den fünfziger Jahren (= des 18. Jh.s), Leipzig: Reclam 1935, S. 6)
126 f. *Ich würde sagen* (Chr. F. Gellert, in: Steinmetz, a.a.O., S. 152)
127 *dass die Gattung* (Pierre Matthieu de Chassiron, in: Steinmetz, a.a.O., S. 116)
127 *denn warum?* (Gotthold Ephraim Lessing, Des Herrn Jakob Thomson sämtliche Trauerspiele, in: G.E.L., Werke, Bd. IV: Dramaturgische Schriften, München: Carl Hanser Verlag 1973, S. 144)
127 *Diejenigen wenigstens* (Gellert, in: Steinmetz, a.a.O., S. 136)
128 *Zärtlichkeit bei Menschen* (Alexander Kluge, Interview zu seinem Erzählband »Das Labyrinth der zärtlichen Kraft«, in: Süddeutsche Zeitung vom 14./15. Januar 2012)
128 f. *Mademoisell* (Gellert II, a.a.O., S. 166)
129 f. *Madam* (Gellert II, S. 162 f.)
130 *Auf dem Spiel steht* (SIEGERT, S. 41)
130 f. *Hochzuehrender* (C. Ch. Lucius an Gellert, zitiert nach: Regina Nörtemann, »Die Begeisterung eines Poeten in den Briefen eines Frauenzimmers«, in: Die Frau im Dialog. Studien zur Geschichte des Briefs, hg. von Anita Runge und Lieselotte Steinbrügge, Stuttgart: Metzler Verlag 1991, S. 13–32; im folgenden zitiert als: Nörtemann. Daraus auch die folgenden Zitate dieser Korrespondenz)
132 *den Gedanken von der* (Nörtemann, a.a.O.)
132 *Der Lyriker wird nie* (O.E. Hartleben, zitiert nach: Egon Friedell, Abschaffung des Genies. Essays 1905–1908, S. 137)
133 *Ich fing schon an* (Nörtemann, a.a.O.)
133 Biographische Angabe zu Lucius (bei Nörtemann, S. 30, Anm. 1)

9. Die Liebe – ein europäischer Roman

- 135 Motto *Er sann auf* (zitiert nach: GRIMM, Stichwort »Liebesbrief«)
- 136 *Briefgestöber* (Lothar Müller, Weiße Magie. Die Epoche des Papiers, München: Carl Hanser Verlag 2012, S. 162)
- 136 *Sie wissen* (Samuel Richardson, Clarissa oder die Geschichte einer jungen Dame, Frankfurt/M., Berlin: Ullstein 1994, S. 244f.)
- 137 *Ich habe nie* (ebd.)
- 137 *Clarissa oder …* (Der ältere Titel zitiert nach der Ausgabe Mannheim 1790/91).
- 139 *Ich habe gesagt* (Samuel Richardson, Pamela, zitiert nach: Franz Meier, Die Verschriftlichung des Gefühls im englischen Briefroman des 18. Jh.s: Richardsons Pamela, in: LIEBESBRIEF, S. 273–291. Meier bezieht sich auf die Neuausgabe von Pamela, or: Virtue Rewarded (1740) London 1985, S. 401. Die englischen Zitate von D.H. übersetzt)
- 139 *Es ist unmöglich* (Meier, Pamela, a.a.O., S. 252)
- 139 *Ich kann nicht mehr* (Meier, Pamela, S. 107)
- 139 *Ich muß weiterschreiben* (Meier, Pamela, S. 108)
- 139f. *Das Paradox* (Meier, Pamela, S. 284)
- 140 *die geradezu klischeehafte* (Meier, Pamela, S. 287)
- 140 *sich letztlich als* (Meier, Pamela, S. 291)
- 140 *Julie oder Die neue Heloïse* (Jean-Jacques Rousseau, Julie oder Die neue Heloïse. Briefe zweier Liebenden, zitiert nach der Neuausgabe im Winkler Verlag, München 1978, Übersetzung von Johann Gottfried Gellius (1761), Nachwort von Reinhold Wolff. Im folgenden zitiert als: Julie)
- 143 *die ständige Ambivalenz* (Reinhold Wolff, zitiert nach: Julie, a.a.O., S. 816)
- 143f. *Mir schien* (Julie, ebd.)
- 144 *Ich begriff* (Julie, S. 544)
- 144 *Die Tugend* (Julie, S. 780)
- 144f. *Kommen Sie, meine liebe* (Jean-Jacques Rousseau, Briefe in Auswahl, hg. von Friedrich M. Kircheisen, Stuttgart: Greiner und Pfeiffer 1907, Brief vom Winter 1757/58, S. 79)
- 145 *Lesen Sie einen Liebesbrief* (Vorrede: Julie, S. 12)
- 145 *Ein Brief hingegen* (ebd.)
- 146 *Du hast gesiegt* (Julie, a.a.O., S. 347)
- 146f. *Wimmeln…* und die übrigen Zitate der Seite (Johann Wolfgang Goethe, Die Leiden des jungen Werthers, Faksimile-Ausgabe des Erstdrucks, Dortmund: Die bibliophilen Taschenbücher 1979, S. 9f.)

148 *Wie froh bin ich* ((Johann Wolfgang Goethe, Die Leiden des jungen Werthers, ebd., S. 5 – ohne Paginierung)
148 *Immer allein* (Napoleon Buonaparte, in: Insel Almanach auf das Jahr 1973: Die Leiden des jungen Werthers, Goethes Werther als Schule der Leidenschaften, Frankfurt/M.: Insel Verlag 1972, S. 51)
149 *Ich ehre auch solche That* (Goethe an Kestner, 10.10.1772, Insel Almanach, a.a.O., S. 49)

10. Lessings Passion

153 Motto *Wer über gewisse Dinge* (Lessing, »Emilia Galotti«, in: Herbert G. Göpfert u.a. (Hg.), Gotthold Ephraim Lessing, Werke in 8 B.den, Bd. 2: Trauerspiele, München: Carl Hanser Verlag 1971, S. 187)
154 *wie man den Kitt* (Gotthold Ephraim Lessing, Sämtliche Schriften, hg. von Karl Lachmann, 3. Auflage, besorgt durch Franz Muncker, Bd. XVII-XXI: Briefe, Leipzig 1904–1907. Zitiert als: Briefe (mit Bandzahl), hier: Briefe, Bd. XX, S. 386)
154 *Interesse mit Vergnügen* (G.F.W. Hegel, zitiert nach: Horst Steinmetz (Hg.), Lessing – ein unpoetischer Dichter, Frankfurt/Bonn: Athenäum Verlag 1969, S. 258)
156 *Ich habe Lessings* (Charlotte von Lengefeld, zitiert nach: Erich Schmidt, Lessing, Geschichte seines Lebens und seiner Schriften, Berlin: Olms Verlag 1923, Bd. II, S. 112)
156 *Mit humorvollem Scharfsinn* (Irmela von der Lühe, Mein lieber Herr Lessing – Eva König und G.E. Lessing, in: LIEBESKUNST, S. 25)
156 *in diesem Briefwechsel* (Lühe, in: LIEBESKUNST, S. 26)
156 *die stille Neigung* (Reinhard Wittmann, Die Post will fort …, Briefe aus dem 18. Jahrhundert, München: C.H. Beck 1985, S. 32)
157 *Wollte nur der Himmel* (Lessing an Eva König, Briefe, a.a.O., Bd. XVII, S. 314)
157 *Nicht wahr?* (Eva König an Lessing, Briefe, Bd. XX, S. 415)
158 *Wie glücklich* (ebd.)
158 *Herr Lessing war so gütig* (Eva König, zitiert nach: Richard Daunicht, Lessing im Gespräch. Berichte und Urteile von Freunden und Zeitgenossen, München: Wilhelm Fink Verlag 1971, Nr. 503, im folgenden zitiert als: Daunicht)
158 *Ohne ihn wäre ich* (Eva König an Lessing, Briefe, Bd. XIX, S. 427)
159 *die Hamburger Lotterie* (Lessing an Eva König, Briefe, Bd. XVII, S. 344)
159 *wenn ich mein langes* (Eva König, zitiert nach: Daunicht, a.a.O., Nr. 503)

159 f. *wir haben sehr viel* (Lessing an Eva König, Briefe, Bd. XVII, S. 356)
160 *Gott sei Dank* (Lessing an Eva König, Briefe, Bd. XVIII, S. 425)
161 *Entziehen Sie mir* (ebd.)
161 *Wie sehr ich mich* (Lessing an Eva König, Briefe, Bd. XVIII, S. 430)
162 *Ich habe Ursache* (Johann Jacob Reiske an Lessing, Briefe, Bd. XX, S. 507)
162 *Recht unerwartet* (Ernestine Reiske an Johann Arnold Ebert, zitiert nach: Heinrich Schneider, »Lessing und das Ehepaar Reiske«, in: Jahrbuch des Braunschweigischen Geschichtsvereins, Wolfenbüttel: Georg Kallmeyer Verlag 1929, S. 46–98)
163 *Lessing ist seit* (zitiert nach: Daunicht, a.a.O., Nr. 581)
163 *In Parenthese* (Eva König an Lessing, Briefe, Bd. XXI, S. 614)
163 *Als Lessing* (Daunicht, a.a.O., Nr. 622)
164 *Was konnte ich* (Lessing an Eva König, Briefe, Bd. XVIII, S. 445)
165 *Ich kann mir nicht* (Eva König an Lessing, Briefe, Bd. XXI, S. 671)
165 *nicht einmal einen* (Lessing an Eva König, Briefe, Bd. XVIII, S. 505)
165 *Es ist doch wohl* (Eva König an Lessing, Briefe, Bd. XXI, S. 668)
165 *Lieber Eschenburg* (Briefe, Bd. XVIII, S. 584)

11. »Liebe, Liebe, laß mich los!«

166 Motto *Sich in ein Mädchen* (Sören Kierkegaard, »Tagebuch des Verführers«, in: S.K., Entweder-Oder, übersetzt von Christoph Schrempf, Leipzig: Dieterich 1939, S. 227)
166 *Emilia Galotti lag* (Johann Wolfgang Goethe, Die Leiden des jungen Werthers, Faksimile-Ausgabe des Erstdrucks, Dortmund: Die bibliophilen Taschenbücher 1979, S. 223)
166 f. *Wagen Sie, empfindsam* (Lessing an Johann Joachim Christoph Bode, in: Gotthold Ephraim Lessing, Sämtliche Schriften, hg. von Karl Lachmann, 3. Auflage, besorgt durch Franz Muncker, Bd. XVII–XXI: Briefe, Leipzig 1904–1907, hier: Briefe, Bd. XVII, S. 201)
167 *nächtlich geworfenen Bombe* (Johann Wolfgang Goethe, Dichtung und Wahrheit, zitiert nach: Insel-Goethe, Frankfurt/M. 1970, Bd. 5, S. 450, im folgenden zitiert als: Goethe DuW)
167 *jener bösen Sucht* (ebd.)
168 *daß ich sie wirklich* (Goethe DuW, a.a.O., S. 257)
168 *Nicht wahr Madame* (Johann Wolfgang Goethe, Briefe, Historisch-krit. Ausgabe, hg. von Elke Richter und Georg Kurscheidt, Weimar, hier Bd. II, Brief 46, S. 136; im folgenden zitiert als: Weimarer Ausgabe)

168   *Was ich für eine Figur* (Goethe, Weimarer Ausgabe, Bd. II., Brief 47, S. 136 f.)
169 f.   *Meine liebe, meine theure* (Goethe an Käthe Schönkopf, Weimarer Ausgabe, Bd. I, Brieftexte I, Brief 64, S. 181 ff.)
170   *Ich war so grenzenlos* (Goethe DuW, a.a.O., S. 416)
170 f.   *Es waren peinliche* (Goethe DuW, S. 452)
171 f.   *Meine liebe Freundin* (Goethe an Friederike Brion, Weimarer Ausgabe, Bd. I, l, S. 205)
172   *Gestern ... hab ich* (Rahel Varnhagen, zitiert nach: Astrid Seele, Frauen um Goethe, Rowohlt-Monographien, Reinbek bei Hamburg 1997, S. 27 f.)
174   *Er ist fort* (Goethe, Weimarer Ausgabe, Bd. I, l, Brief 102, S. 234)
174   *Wohl hoff ich* (Goethe, Weimarer Ausgabe, Bd. I, l, Brief 101, ebd.)
174   *Gepackt ist* (Goethe, Weimarer Ausgabe, Bd. I, l, Brief 103, S. ebd.)
175   *Lotte hat nicht* (Goethe, Weimarer Ausgabe, Bd. I, l, Brief 108, S. 192)
175 f.   *O liebe Lotte* (ebd.)
176 f.   *Neue Liebe, neues Leben* (Goethe, in: Insel-Goethe, Bd. l, S. 53)
177   *Ich bin meinem eigentlichen* (Goethe, in: J.P. Eckermann, Gespräche mit Goethe, Frankfurt/M.: Insel Verlag 1955, S. 646)
178 f.   *Gustgen! Gustgen!* (Goethe an Auguste zu Stolberg, Weimarer Ausgabe, Bd. I, 2, S. 203 ff.)
180   *Dann war er plötzlich* (Wilhelm Bode, Goethes Liebesleben, Dichtung und Wahrheit, Berlin 1913, Leipzig 1996, S. 202, im folgenden zitiert als: Bode)
180   *Eine Erscheinung aus der Unterwelt* (Catharina Elisabeth Goethe, zitiert nach: Ernst Beutler, Briefe aus dem Elternhaus, Frankfurt/M.: Insel Verlag 1997)
180   *Das war also Alles* (Goethe an Frau von Stein, zitiert nach: Bode, a.a.O., S. 205)
180   *Die Karten auf dem Archive* (ebd.)
181   *Heute früh erhielt ich* (Goethe an Frau von Stein, zitiert nach: Ulrike Scholvin: »Zur Poetologie von Goethes italienischer Reise«, in: Die Frau im Dialog. Studien zur Geschichte des Briefs, hg. von Anita Runge und Lieselotte Steinbrügge, Stuttgart: Metzler Verlag 1991, S. 175, im folgenden zitiert als: Scholvin)
181   *Das Löwgen zu sehen* (zitiert nach: Scholvin, ebd.)
181   *weniger die Fortsetzung* (Scholvin, a.a.O., S. 175)
181 f.   *Meine Liebe* (Scholvin, S. 173)
182   *Ob's Unrecht ist* (Goethe, zitiert nach: Bode, a.a.O., S. 191)
183   *Alle meine Schwächen* (ebd.)
183   *Es ist mir in deiner Liebe* (Bode, S. 177)
183   *Meine Seele ist* (Bode, S. 192)

183 *Sie hat meine Mutter* (Goethe an Lavater, zitiert nach: Bode, S. 185)
183 *Den Einzigen* (Bode, S. 192)
184 *Mon amour* (Bode, S. 198)
184 f. *Warum gabst du uns* (Goethe, zitiert nach: Insel-Goethe, a.a.O., Bd. l: Gedichte, S. 658)
185 *Ich habe mich* (Goethe an Herzog Carl August, 17.3.1788, zitiert nach: Franz Götting (Hg.), Chronik von Goethes Leben, Frankfurt/M.: Insel Verlag 1949, S. 50)
185 *Jedermann lebt in einer Art* (Goethe, Brief vom 16.3.1787, zitiert nach: Insel-Goethe, Bd. 6: Biographisches, S. 98 f.)
185 f. *Wie sehr ich Dich liebe* (Goethe an Frau von Stein, zitiert nach: Bode, S. 228)
186 *das bisher beengte* (Goethe, Nachtrag zur Italienischen Reise, in: Insel-Goethe, Bd. 6, S. 525)

12. Spiel mit zwei Herzen

187 Motto *Hast Du ihn nie* (Wilhelm von Humboldt an Karoline von Dacheröden, zitiert nach: Kirsten Jüngling und Brigitte Roßbeck, Schillers Doppelliebe. Die Lengefeldschwestern Caroline und Charlotte, © 2005 List Verlag, Berlin, S. 125. Im folgenden zitiert als: Doppelliebe)
188 *Wer mit Eifersucht* (Charlotte von Stein an Charlotte Schiller, 25.4.1797, in: Doppelliebe, a.a.O., S. 182)
188 *Beide Geschöpfe* (Schiller an Christian Gottfried Körner vom 8.12.1787, in: Schillers Werke. Nationalausgabe. Begründet von Julius Petersen, fortgeführt von Lieselotte Blumenthal und Benno von Wiese, 23–40. Bd.: Briefe, hg. von Norbert Oellers und Siegfried Seidel, Weimar: Verlag Hermann Böhlaus Nachfolger 1956 ff., hier Bd. 24, S. 181. Im folgenden zitiert als Schiller, NA mit Bd.angabe.)
188 *Mein Herz ist ganz frei* (Schiller an Körner, zitiert nach Friedrich Burschell, Schiller, Reinbek bei Hamburg: Rowohlt 1958 u.ö., S. 90)
190 *Es wird uns* (Schillers, NA 25, S. 268)
190 *Wie sehr danke ich* (Schiller, NA 25, S. 269 f.)
190 f. *Dieser heutige Tag* (Schiller, NA 25, S. 273 f.)
191 *Wir haben* (Schiller an die Schwestern Charlotte und Karoline, in: Doppelliebe, S. 100)
191 *Auch bei Deinen* (Charlotte von Lengefeld an Schiller, NA 33 I, S. 396)

191 *Ich bin sehr traurig* (Karoline von Dacheröden an Wilhelm von Humboldt, zitiert nach: Doppelliebe, a.a.O., S. 125)
192 f. *Nur in euch zu leben* (Schiller, NA 25, S. 329)
193 *Ach, wenn Du* (Schiller, NA 25, S. 397)
194 *ist in der Nachbarschaft* (zitiert nach: Doppelliebe, a.a.O., S. 123)
194 *Wir haben noch* (Die Schwestern Lengefeld an Schiller, NA 33, S. 461)
194 f. *Aber die Art* (Wilhelm von Humboldt, zitiert nach: Doppelliebe, a.a.O., S. 125)
195 f. *Morgen, meine Theuerste* (Schiller, NA 25, S. 306 – im Vergleich mit Caroline Wolzogen, Schiller's Leben II, S. 38. Die typographische Gegenüberstellung in: Doppelliebe, S. 266)
196 *Schiller, in dem ich* (Caroline von Wolzogen, zitiert nach: Doppelliebe, S. 199)
196 f. *Plan und Ausführung* (Schiller, NA 25, S. 457)
197 *Gestern kam B. zu mir* (zitiert nach: Doppelliebe, S. 199)
197 *hochgradig ästhetisch* (Karl Heinz Bohrer, Der romantische Brief. Die Entstehung ästhetischer Subjektivität, München: Carl Hanser Verlag 1987, S. 13)
198 *Ich begreife ser gut* (Karoline von Dacheröden, zitiert nach: Doppelliebe, S. 102 f.)

13. Proteus Caroline

201 Motto *Die Törin!* (Zitiert nach: Katja Behrens: Alles aus Liebe, sonst geh die Welt unter. Sechs Romantikerinnen und ihre Liebesbriefe, © 2006 Beltz & Gelberg, Weinheim und Basel, S. 104)
201 f. *Nun hören Sie!* (Dorothea Veith, Brief vom 15.11.1799, zitiert nach: Katja Behrens, Frauenbriefe der Romantik, Frankfurt/M.: Insel Verlag, S. 341, zitiert als: Frauenbriefe)
203 *Die Welt muß romantisiert* (Novalis, zitiert nach: Herbert Uerling, Theorie der Romantik, Stuttgart: Reclam 2000, S. 51 f.)
203 *Wundererscheinung* (F.W. Schelling, zitiert nach: Hiltrud Wagner, Das Problem des Ursprungs des Übels im Spätwerk Schellings, Diss. München 1977, S. 24)
204 *Spotte nur nicht* (Caroline Schlegel, 6. März 1801, in: Frauenbriefe, a.a.O., S. 370)
204 *Erfindung der Scheidung* (Hans Magnus Enzensberger, Requiem für eine romantische Frau. Die Geschichte von Auguste Bußmann und Clemens Brentano, Berlin: Friedenauer Presse 1988, S. 229)
204 *meine Zärtlichkeit für ihn* (Frauenbriefe, a.a.O., S. 258)

205 *Kind der Glut* (Frauenbriefe, S. 251)
205 f. *Mir kann nicht* (Frauenbriefe, S. 279 f.)
206 *Schlegel und ich!* (Frauenbriefe, S. 280)
206 f. *erste(n) Anblick einer Frau* (Friedrich Schlegel, Lucinde, Studienausgabe, Stuttgart: Reclam 1999, S. 70)
207 *Sie konnte* (ebd.)
207 *Über ein Gedicht* (Caroline Schlegel an ihre Tochter Auguste, in: Briefe aus der Frühromantik, Leipzig: Insel Verlag 1913, S. 570)
207 f. *Was Sie von Ihrer* (Caroline an Novalis, Frauenbriefe, a.a.O., S. 298);
208 *Wir sind sehr fleißig* (Caroline an Schelling, Frauenbriefe, ebd.)
208 f. *Es ist vielleicht* (Frauenbriefe, S. 300)
209 *Mein lieber Freund* (Frauenbriefe, S. 306)
210 *Ich sage nicht heut* (Frauenbriefe, S. 310)
210 *Ich bin die Deinige* (Frauenbriefe, ebd.)
210 f. *Wenn Du mich* (Frauenbriefe, S. 311)
211 *Du wolltest ein ungetrübtes* (ebd.)
211 *Wäre sie mir nicht* (Schelling an Philipp Michaelis, in: Frauenbriefe, S. 253)

14. Auf Lieben und Tod

212 Motto *Wer das Leben anders* (Novalis, zitiert nach: Herbert Uerling, a.a.O., S 51 f.)
212 f. *Sie war sanft* (Bettina von Arnim, zitiert nach: Katja Behrens, in: Frauenbriefe, a.a.O., S. 16)
213 f. *Warum ward ich* (Karoline von Günderrode, in: Frauenbriefe, S. 119)
214 *Ungern verließ ich Sie* (Karoline von Günderrode, zitiert nach: Hessische Liebesbriefe, a.a.O., S. 108 f.)
215 *Es hat ein Kuß* (Günderrode, in: Gerhard Söhn, Frauen der Aufklärung und der Romantik. Von der Karschin bis zur Droste. Düsseldorf: Grupello 1998, S. 239, im folgenden zitiert als: Söhn)
215 *O reiche Armuth!* (Günderrode, »Gedicht Liebe«, in: DTV-LYRIK, Bd. 7, S. 99)
216 *Es hat vielleicht* (Clemens von Brentano, 1.5.1804, zitiert nach: Max Pretz, »Karoline von Günderrode in ihrer Umwelt«, in: Jahrbuch des Freien Deutschen Hochstifts, 1962, S. 22, im folgenden zitiert als: Pretz)
216 *Aber natürlich* (Bettina von Brentano an ihren Bruder Clemens, zitiert nach: Söhn, a.a.O., S. 207)
216 *Deine Erzählungen* (Lisette Nees an Karoline, zitiert nach: Pretz, a.a.O., S. 232)

217 *Auch die wahrsten Briefe* (Günderrode, in: Frauenbriefe, a.a.O., S. 36)
217 *Es ist ein sonderbares* (Sophie Mereau an Clemens von Brentano, in: Hessische Liebesbriefe, a.a.O., S. 135)
218 *das Labyrinth* (Fr. Maximilian Klinger an Ernst Schleiermacher, August 1777, zitiert nach: Jörg-Ulrich Fechner (Hg): F.M.K., Sturm und Drang, Stuttgart: Reclam 1970, S. 76)
219 *Ich kann mich nicht recht* (Susanne von Heyden an Karoline, zitiert nach: Pretz, a.a.O., S. 273)
219 f. *Den vorigen Sonntag* (Karoline Günderrode an Friedrich Creuzer, 22.3.1805, in: Frauenbriefe, a.a.O., S. 46 f.)
220 *Diese Zeilen* (Friedrich Creuzer an Karoline Günderrode, 23.3.1805, in: Hessische Liebesbriefe, a.a.O., S. 122 f.)
221 *Ich fasse die Änderung* (Karoline Günderrode an Creuzer, vor dem 26.6.1805, in: Frauenbriefe, a.a.O., S. 49 f.)
222 *Wenn man einmal* (Karoline Günderrode an Carl von Savigny, 10.10.1805, in: Frauenbriefe, S. 55)
222 *Denken Sie doch* (Karoline Günderrode an Creuzer, 6.10.1805, in: Frauenbriefe, S. 52 f.)
222 *Vergessen Sie nicht* (ebd.)
223 *Wenn mich etwas* (Karoline Günderrode an Creuzer, April 1806, in: Frauenbriefe, S. 58 f.)
223 f. *Ich sende dir* (Karoline Günderrode an Creuzer, zitiert nach: Hessische Liebesbriefe, a.a.O., S. 127)

15. Zwischen Ehrgeiz und Eros

225 Motto *Küsse, Bisse* (Heinrich von Kleist, »Penthesilea«, in: Heinrich von Kleist, Werke in drei Bänden, hg. von Erich Schmidt, Meyer's Klassiker, Leipzig/Wien o.J., Bd. II, S. 164)
225 *Mein Jettchen, mein Herzchen* (Heinrich von Kleist an Henriette Vogel im November 1811, in: Heinrich von Kleist, Sämtliche Werke und Briefe in vier Bänden, hg. von Klaus Möller Salget und Stefan Ormanns, Frankfurt/M.: Deutscher Klassiker Verlag 1997, Bd. 4: Briefe, S. 519–520, im folgenden zitiert als: Kleist 4)
226 *Mein Heinrich* (Henriette Vogel an Heinrich von Kleist, ebd.)
227 *als dem größten Glück* (Helmut Sembdner (Hg.), Heinrich von Kleists Lebensspuren, Neuaufl., München: Carl Hanser Verlag 1996, S. 525)
227 *die Wahrheit ist* (Heinrich von Kleist, in: Kleist 4, S. 508 f.)
227 *aber der Gedancke* (ebd.)
228 *Liebe und Erkenntnis* (Peter Szondi, »Die Familie Schroffenstein«, in:

Peter Szondi, Versuch über das Tragische, Frankfurt/M.: Insel Verlag 1964, S. 102)

228 f. *Ja mein Geburtstag* (Heinrich von Kleist, Brief vom 10./11.10.1800, in: Kleist 4, S. 138 ff.)

229 *Gut also!* (Friedrich Schlegel, zitiert nach: SIEGERT, S. 89)

229 *Verzeih mir* (Clemens von Brentano, zitiert nach: SIEGERT, ebd., S. 90)

229 *Hineinlegen kann ich* (Heinrich von Kleist, zitiert nach: SIEGERT, ebd.)

229 *Bei jedem … Gedanken* (Heinrich von Kleist, 18.11.1800, in: Kleist 4, S. 163)

230 *Wie? Du wolltest nie* (Heinrich von Kleist, 8.5.1799, in: Kleist 4, S. 42);

230 f. *Geradeaus strömt der Main* (Heinrich von Kleist, in: Kleist 4, S. 143)

231 *Pfeilschnell strömt* (Heinrich von Kleist, 18.7.1901, in: Kleist 4, S. 234)

232 *Aber still und majestätisch* (ebd.)

232 *eine heroische Idylle* (Karl Heinz Bohrer, a.a.O., S. 96 u. 101)

232 *pädagogische Impertinenz* (Elke Clauss, »Sprache der Ursprünglichkeit«, in: LIEBESKUNST, S. 203, 205)

233 *Vor Ihnen* (Heinrich von Kleist, April/Mai 1800, in: Kleist 4, S. 51 f.)

234 *Zwar – was soll ich* (ebd.)

234 *Und doch wünschte ich mehr* (ebd.)

235 *dieser Satz noch* (Michael Lenz im Gespräch mit Sibylle Lewitscharoff, in: Marbach Magazin 136, »Ich liebe Dich!« Mit einem Gespräch zwischen Michael Lenz und Sibylle Lewitscharoff, Marbach a.N.: Deutsche Schillergesellschaft 2011, S. 7)

235 *Der Satz ist ja eine Kippfigur* (Sibylle Lewitscharoff, ebd.)

236 *Recht so* (Botho Strauss, SIE/ER, Erzählungen, ausgewählt von Thomas Hürlimann, München: Carl Hanser Verlag 2012, S. 305)

236 *Denn nicht durch Worte* (Heinrich von Kleist, Brief vom 31.1.1801, in: Kleist 4, S. 187 f.)

236 *Wir lieben uns* (ebd.)

237 *nur zwei Dinge* (Heinrich von Kleist, 5.9.1800, in: Kleist 4, S. 110)

237 *Ach, Wilhelmine* (Heinrich von Kleist, 15.9.1800, in: Kleist 4, S. 123)

237 *Ich will im eigentlichen* (Heinrich von Kleist, Okt. 1801, in: Kleist 4, S. 275)

238 *Ihr Weiber versteht* (Heinrich von Kleist, 20.5.1802, in: Kleist 4, S. 208)

238 f. *Der Himmel weiß* (Heinrich von Kleist, 20/21.11.1811, zitiert nach: Hans Dieter Zimmermann, Kleist, die Liebe und der Tod, Frankfurt/M.: Athenäum 1989, S. 11)

16. Ein Liebesbrief als Welträtsel

243 Motto 1: *die einzigen Tage* (Ludwig van Beethoven, 6. Juli 1812, zitiert nach: Maynard Solomon, Ludwig van Beethoven, Frankfurt/M.: Fischer Taschenbuch Verlag 1987, S. 188 ff. Im folgenden zitiert als: Solomon)

243 Motto 2: *Die leichte Möglichkeit* (Franz Kafka, Briefe an Milena, © 1986 S. Fischer Verlag, Frankfurt/M., S. 302)

245 *Es war mir leid* (zitiert nach: Solomon, a.a.O., S. 193; hier insbesondere das Kapitel »Die unsterbliche Geliebte«, S. 186—218)

246 ff. *Mein Engel* und die weiteren Briefe (bei Solomon, a.a.O., S. 188 ff.)

249 ff. *Ach — Es gibt Momente* (Die folgenden Einzelzitate aus den drei Briefteilen Beethovens werden nicht gesondert nachgewiesen.)

250 *Beethovens ambivalente* (Solomon, a.a.O., S. 214)

250 *einem Allegro di Confusione* (Stephan Ley, Beethovens Leben in authentischen Bildern und Texten, Berlin: Bruno Cassirer 1925, S. 79)

250 *Er ist ein kleiner* (ebd., S. 79 f.)

250 f. *Er war klein* (ebd., S. 137)

251 *als die M. vorbeifuhr* (Solomon, a.a.O., S. 197)

251 *Beethoven sah Frauenzimmer* (Dr. F.G. Wegeler und Ferdinand Ries, Biographische Notizen über Ludwig Beethoven, Coblenz 1838, S. 117)

251 *In Wien war* (ebd., S. 43)

253 *Die Toni ist wie* (Clemens von Brentano, zitiert nach: Solomon, a.a.O., S. 207)

253 *die Kinder Brentano* (Solomon, S. 208)

253 *Ich will das Original* (Solomon, S. 210)

254 *pflegte regelmäßig* (Solomon, S. 211)

254 *Jedoch gegen T so gut* (Solomon, S. 202)

254 *Ich wünsche Ihnen* (Solomon, S. 203)

254 f. *leben kann ich* (aus den drei Briefteilen Beethovens, s. Nachweis zu S. 249 ff.)

255 *ohnehin ist es* (Beethoven an das Ehepaar Bigot, zitiert nach: Martin Geck, Ludwig van Beethoven, rororo, Reinbek bei Hamburg: Rowohlt 1996, S. 58 f.)

256 *Es ist ebenso möglich* (Solomon, a.a.O., S. 216)

17. Liebestraum als Lebenstrauma

258 Motto 1: *Sie zog früh* (Robert Schumann über Clara Wieck, in: R. Schumann, Gesammelte Schriften über Musik und Musiker, Erster Band, Leipzig: Georg Wigand's Verlag 1871, S. 18)

258 Motto 2: *Willst du den Schleier* (Robert Schumann, Brief vom 15.9.1856, in: Eva Weissweiler: Clara Schumann. Biographie, Hamburg: Hoffmann & Campe 1990, S. 317)

259 *Meine liebe und verehrte* (Robert Schumann, zitiert nach: Dietrich Fischer-Dieskau, Geschichte einer Liebe, Königstein: Athenäum 1982, S. 24; im folgenden zitiert als: Clara)

260 *Kampfparole* (Harald Eggebrecht, »Töne sind höhere Worte«, in: Musik-Konzepte, Sonderbände Schumann I und II, edition text und kritik, hier Bd. I, S. 391; im folgenden zitiert als: Schumann I/II)

261 *Mitten unter all den* (Robert Schumann an Clara Wieck, 28.8.18, in: Clara, a.a.O., S. 25 f.)

261 *Eben wand ich mich* (Clara Wieck an Robert Schumann, 1.9.1835, in: Clara, S. 26)

262 *Wie Du vor mir stehst* (Robert Schumann an Clara Wieck, 13.2.1836, in: Clara, S. 27 f.)

262 *Auch darf ich Dir* (ebd.)

263 *Die Unterhaltung* (Robert Schumann an Clara Wieck, 18.9.1837, in: Clara, S. 31 ff.)

263 *Zweifeln Sie noch* (Clara Wieck an Robert Schumann, Ende Sept. 1837, in: Clara, S. 34)

264 *Ich bin gefaßt* (Clara Wieck an Robert Schumann, 4.10.1837, in: Clara, S. 36)

264 *Dein Vater hat mir* (Robert Schumann an Clara Wieck, 8.11.1837, in: Clara, S. 41 f.)

264 f. *Aber was schreibst Du* (Clara Wieck an Robert Schumann, 12.11.1837, in: Clara, S. 44 f.)

265 *Hast du nicht* (Robert Schumann an Clara Wieck, 8.11.1837, in: Clara, S. 41)

265 *Nun noch, was wollte ich* (Clara Wieck an Robert Schumann, 12.11.1837, in: Clara, S. 44)

266 *In diesen Tagen* (Clara Wieck an Robert Schumann, 24.11.1837, in: Clara, S. 47)

266 *Der Geist Deines Vaters* (Robert Schumann an Clara Wieck, 28,11.1837, in: Clara, S. 48)

267 *Du kennst die Art* (ebd.)

268 *Ausarbeitungen eines* (Roland Barthes, Rasch, in: Schumann I, a.a.O., S. 264–274; auch Dieter Hildebrandt, Pianoforte, S. 161)

268 *Hierauf schloß Florestan* und die weiteren Zitate (Davidsbündlertänze, Erste Ausgabe, in: Clara-Schumann-Ausgabe, Wiesbaden: Breitkopf & Härtel o.J., S. 105 ff.)

268 *keinen einzigen Takt* (Eva Weissweiler, Clara Schumann. Biographie, Hamburg: Hoffmann & Campe 1990, S. 96)

269 *Du hast wohl gethan* (ebd.)
269 *Rückungen – Verrückungen* (Dieter Schnebel, Titel des Essays, in: Schumann I, S. 4–89)
269 *doppelt gefährlicher Hang* (Friedrich Nietzsche, in: André Boucourechliev, Robert Schumann, rororo, Reinbek bei Hamburg: Rowohlt 1958 u. ö., S. 159)
269 *der edelste* (Wilhelm Furtwängler, in: André Boucourechliev, ebd.)
269 f. *eines der großartigsten* (Slavoj Žižek, in: DIE ZEIT, 6.12.2007)
270 *Heute im Wagen* (Clara Wieck an Robert Schumann, 3.4.1838, in: Clara, S. 56)
270 *Melodielinie* (Slavoj Žižek, in: DIE ZEIT, 6.12.2007)
271 *Wir Endesunterzeichneten* (zitiert nach: Eva Weissweiler, a. a. O., S. 134 f.)

18. Liebesbriefe voller Hass

275 Motto *Die Liebe kann* (Georg Herwegh, zitiert nach: Michael Krausnick: Die eiserne Lerche. Die Lebensgeschichte des Georg Herwegh, © 1993 Beltz & Gelberg, Weinheim und Basel, S. 47; im folgenden zitiert als: Krausnick)
275 *Das Modell der Gefährtin* (Barbara Potthast, zum Briefwechsel zwischen Therese von Bacheracht und Karl Gutzkow, in: BRIEFKULTUR, S. 110)
275 f. *Sie (die Frau)* (zitiert nach: Potthast, in: BRIEFKULTUR, ebd.)
276 *Nicht nur der Männer* (Ludwig Walesrode, zitiert nach: Krausnick, a. a. O., S. 71)
277 f. *Voll von Fehlern* (Georg Herwegh, in: Krausnick, S. 40)
278 *Das Mädchen ist noch* (zitiert nach: Michael Krausnick, »Amazone der Freiheit. Das Leben der Emma Herwegh«, in: DIE ZEIT, Zeitläufte, 18.3.2004)
278 *Wenn Du Dich ganz vergißt* (Emma Siegmund an Georg Herwegh, in: Krausnick, Die eiserne Lerche, a. a. O., S. 66)
279 *Ich fürchte* (Georg Herwegh an Emma Siegmund, in: Krausnick, a. a. O., S. 67)
279 *Wir wollen leben* (Emma Siegmund an Georg Herwegh, in: Krausnick, ebd.)
279 *Dem (David Friedrich) Strauß … Jacoby gestand mir offen* (Georg Herwegh an Emma Siegmund, in: Krausnick, S. 69)
279 f. *Unfrei kannst Du nicht* (Emma Siegmund an Georg Herwegh, in: Krausnick, S. 70)

280 *Der Besuch Herweghs beim König* (Karl Varnhagen von Ense, zitiert nach: Krausnick, S. 61)
280 *Ich weiß, wir sind Feinde* (Friedrich Wilhelm IV., zitiert nach: Krausnick, S. 63)
280 *Ich wünsche Ihnen* (Friedrich Wilhelm IV., ebd.)
280 *Sire, ich kann nicht* (Georg Herwegh, zitiert nach: Krausnick, ebd.)
281 *Wüßt ich, wo das Zauberkraut* (Emma Siegmund an Georg Herwegh, in: Krausnick, S. 7)
281 *Mädchen, mach!* (Georg Herwegh an Emma Siegmund, in: Krausnick, S. 83)
281 *Du liebst Deutschland* (Emma Siegmund an Georg Herwegh, in: Krausnick, S. 81)
281 *Das sind die echten* (Emma Siegmund an Georg Herwegh, in: Krausnick, S. 82)
282 *Mädchen, verlaß mich nicht! / In Baselland* (Georg Herwegh an Emma Siegmund, in: Krausnick, S. 84 f.)
282 *Hinten auf dem (Hochzeits-)Wagen* (Georg Herwegh, zitiert nach: Krausnick, S. 87)
283 *Ach Karl* (Jenny von Westphalen, zitiert nach: Hans Frederick Peters, Die rote Jenny. Ein Leben mit Karl Marx, München: Kindler 1984, S. 36; im folgenden zitiert als: Peters)
284 *Sieh! ich könnte* (Karl-Marx-Verse, zitiert nach: Peters, ebd.)
284 *nette, kleine, sächsische Frau* (Emma Herwegh, zitiert nach: Peters, a.a.O., S. 55, auch bei Krausnick, S. 91)
285 *Uns Frauen* (Jenny Marx, zitiert nach: Peters, S. 172)
286 f. *Warum weintest Du* (Adolf Glaßbrenner in: Unsterblicher Volkswitz, hg. von Klaus Gysi und Kurt Böttcher, Berlin: Verlag Das Neue Berlin 1954, Bd. II, S. 261 ff.)
287 *Herwegh und seine Frau* (Fanny Lewald, Erinnerungen aus dem Jahr 1848, in Auswahl hg. von Dietrich Schaefer, Sammlung Insel, Frankfurt/M.: Insel Verlag 1969, S. 46)
287 *Wir wollen zeigen* (Emma Herwegh, zitiert nach: Krausnick, a.a.O., S. 118)
287 *Es geht mir mit der Republik* (Georg Herwegh an Johan Jacobi, in: Krausnick, S. 125)
288 f. *Es gibt ein junges* (Emma Herwegh, in: Krausnick, S. 164)
289 Zum Besuch Wedekinds bei Emma Herwegh (Krausnick, »Amazone der Freiheit. Das Leben der Emma Herwegh«, in: DIE ZEIT, Zeitläufte, 18.3.2004)

19. Von Brieftauben und tauben Briefen

290 Motto *Treu und Glauben* (Karl Kraus, »Sprüche und Widersprüche«, in: K. Kraus: Ich bin der Vogel, der sein Nest beschmutzt, Wiesbaden: Marix Verlag 2007, S. 35)
290 ff. Taubengeschichte (nach Ansgar Hüfner, Das Sehnsuchtstier, in: BRIEF, S. 101 ff.)
294 *tagtäglich einen kleinen* (Carl Gutzkow, Die Kurstauben, hier zitiert nach: SIEGERT, S. 198 f.)
295 *Haben Sie nie* (Gutzkow, in: SIEGERT, S. 199)
295 *zutulich und still* (Gottfried Keller, »Die mißbrauchten Liebesbriefe«, in: G. Keller, Die Leute von Seldwyla, vollständige Ausgabe der Novellensammlung. Mit einem Nachwort von Gerhard Kaiser, Frankfurt/M.: Insel Verlag 1987, Bd. II, S. 379; im folgenden zitiert als: Keller)
296 *Teuerste Freundin* (Keller, a.a.O., S. 394 f.)
296 *doch in seinem Herzen* (Keller, S. 396)
296 *mit aller herzlichen* (Keller, S. 399)
296 f. *Ich bin ordentlich* (Keller, S. 401)
297 *Die Sache geht gut* (Keller, S. 403)
297 *Gritli hatte nun* (Keller, S. 404)
297 f. *Ich habe mit Vergnügen* (Keller, S. 405)
298 *O liebes Herz* (ebd.)
298 *Wenn sich zwei Sterne* (Keller, S. 407 f.)
298 *himmelschreiendsten Betrug* (Keller, S. 409)
299 *Sie nimmt die treuen* (ebd.)
299 f. *Bruderherz* (zitiert nach: Monika Ritzer, »Es liegt mein Stil in meinem persönlichen Wesen. Individualitätsbegriff und Kommunikationstheorie im Briefwechsel des Realismus am Beispiel Gottfried Kellers«, in: BRIEFKULTUR, S. 183)
300 *Dein Brief ist schön* und die folgenden Zitate der Seite (Ritzer, in: BRIEFKULTUR, S. 184 f.)
300 *hundert erbaulichen Briefen* (Ritzer, in: BRIEFKULTUR, S. 186)
301 f. *das Eröffnen* (in: SIEGERT, S. 197)
302 *Nun ging also* (Keller, a.a.O., S. 404)

20. Des Meeres und der Liebe Wellen

303 Motto *Ich bin ganz* (Bismarck an seine Frau Johanna, zitiert nach: Fürst Nikolai Orloff, Bismarck und die Fürstin Orloff. Ein Idyll in der hohen Politik, München: C.H. Beck 1936, S. 52 ff.; im folgenden zitiert als: Orloff)

303 *Diesen in Avignon* (Otto von Bismarck, zitiert nach: Orloff, a.a.O., S. 69)
303 *Nicht auf Preußens Liberalismus* (Bismarck, zitiert nach: Ernst Engelberg, Bismarck – Urpreuße und Reichsgründer, Berlin: Akademie Verlag 1985, hier dtv-Geschichte, München 1991, S. 448)
304 f. *Wir sind hier in strömendem* (Katharina Orloff, zitiert nach: Orloff, a.a.O., S. 66)
305 *Ich habe Sie oft* (Katharina Orloff, zitiert nach: Orloff, S. 67)
306 *Ich bin noch hier* (Bismarck an seine Frau Johanna, zitiert nach: Orloff, S. 52 ff.)
306 f. *Nach jedem Bade* (ebd.)
308 *1/4 Meile* (Bismarck an seine Frau, zitiert nach: Orloff, S. 57)
308 *Seit die Orloffs* (Bismarck an seine Schwester, ebd.)
309 *Sobald das Wasser* (Bismarck an Johanna von Puttkamer, zitiert nach: Roman Lach, »Die todeselenden englischen Gedichte. Romantische Krisen in Otto von Bismarcks und Johanna Puttkamers Briefwechsel der Brautzeit«, in: LIEBESBRIEF, S. 136. Hier auch der Eingangssatz des Buches: »Küsse lassen sich nicht schreiben.«)
311 *Mein lieber Onkel* (Katharina Orloff an Bismarck, in: Orloff, S. 74)
311 f. *Was doch die Entfernung* (Katharina Orloff an Bismarck, in: Orloff, S. 76)
312 *Die politischen Vorgänge* (Katharina Orloff an Bismarck, in: Orloff, S. 77 f.)
313 *Onkelchen, Kurmacher* (Katharina Orloff an Bismarck, in: Orloff, S. 79 f.)
313 *Es scheint mir fast* (Katharina Orloff an Bismarck, in: Orloff, S. 81)
313 f. *Onkel Bismarck* (Katharina Orloff an Bismarck, in: Orloff, S. 82)
314 *Ich habe den* (Katharina Orloff an Bismarck, in: Orloff, S. 84)
315 *Sie sind nun wieder* (Katharina Orloff an Bismarck, ebd.)

21. Eifersucht in Zeiten des Klassenkampfes

319 Motto *Bin glücklich* (Rosa Luxemburg, Brief an Kostja Zetkin, in: Jörn Schütrumpf (Hg,), Rosa Luxemburg: Die Liebesbriefe, © 2012 Karl Dietz Verlag GmbH, Berlin, S. 171. Mit freundlicher Genehmigung. Im folgenden zitiert als: Luxemburg)
319 *Mein teuerstes Geliebtes!* (Rosa Luxemburg an Leo Jogiches, 24.3.1894, in: Luxemburg, a.a.O., S. 292)
319 f. *Wenn Du empört* (Rosa Luxemburg an Leo Jogiches, 25.3.1894, in: Luxemburg, S. 293)
320 *Das Bedürfnis nach* (ebd., S. 300)

320 *Du hast mich für immer* (Rosa Luxemburg an Leo Jogiches, 20.10.1905, in: Luxemburg, S. 144)

323 *Aufreizung zu Gewalttätigkeiten* (Rosa Luxemburg an Kostja Zetkin, 20.3.1907, S. 150)

324 *Geliebter* (Rosa Luxemburg an Kostja Zetkin, 23.5.1907, in: Luxemburg, S. 158)

325 f. *Kleiner Bub* (Rosa Luxemburg an Kostja Zetkin, 24.6.1907, in: Luxemburg, S. 161)

326 f. *Du mein Liebling* (Rosa Luxemburg an Kostja Zetkin, 4.10.1907, in: Luxemburg, S. 166)

327 *Telegramm* (Rosa Luxemburg an Kostja Zetkin, 1.10.1908, in: Luxemburg, S. 171)

328 *Geliebter Niuniu* (Rosa Luxemburg an Kostja Zetkin, 13.4, 1908, ebd.)

328 f. *Geliebter Diudiu* (Rosa Luxemburg an Kostja Zetkin, 14.4.1908, in: Luxemburg, S. 171 f.)

329 f. *Herz, geliebtes!* (Rosa Luxemburg. an Kostja Zetkin, 15.4.1908, in: Luxemburg, S. 173)

330 f. *Geliebter* (Rosa Luxemburg an Kostja Zetkin, 3.5.1908, in: Luxemburg, S. 179)

331 *Gestern war* (Rosa Luxemburg an Kostja Zetkin, Mitte Juli 1908, in: Luxemburg, S. 198)

331 f. *Süßer Geliebter* (Rosa Luxemburg an Kostja Zetkin, August 1909, in: Luxemburg, S. 198)

332 f. *Mein lieber Costia* (Rosa Luxemburg an Kostja Zetkin, 17.8.1909, in: Luxemburg, S. 208)

333 *Ich wollte noch sagen* (Rosa Luxemburg an Kostja Zetkin, Mitte 1913, in: Luxemburg, S. 228)

334 *Hänschen, heute ist* (Rosa Luxemburg an Hannes Diefenbach, Januar 1917, in: Luxemburg, S. 30)

22. Unantastbar mit der Schreibmaschine

336 Motto *Sie gefällt mir* (In: Franz Kafka, Briefe an Felice und andere Korrespondenz aus der Verlobungszeit, hg. von Erich Heller und Jürgen Born, © 1967 S. Fischer Verlag GmbH, Frankfurt/M., S. 148; im folgenden zitiert als: Felice)

336 *Du sahst an jenem Abend* (ebd.)

337 *so gleichgültig* (Kafka an Max Brod, 13.7.1912, in: Franz Kafka. Briefe 1902–1923, hg. von Max Brod, Frankfurt/M.: S. Fischer Verlag 1975, S. 97)

337 *ob es wahr wäre* (ebd.)
337 *unaufhörliche Briefstrom* (SIEGERT, a.a.O., S. 272)
337 *daß das Versprechen* (SIEGERT, S. 238)
338 *Ich bin ein unpünktlicher* (Kafka an Felice, in: Felice, a.a.O., S. 43)
339 *Es war an einem* (Franz Kafka, Das Urteil/Für Fräulein Felice B., in: F. Kafka, Erzählungen, hg. von Paul Raabe, Frankfurt/M.: Fischer Taschenbuch Verlag 1970, S. 23–32)
339 *Wenn du solche Freunde* (Franz Kafka, Das Urteil, ebd.)
339 *ging über die Brücke* (Franz Kafka, Das Urteil, ebd.)
340 *Liebste, was habe ich* (Kafka an Felice, 20.11.1912, in: Felice, a.a.O., S. 106)
341 *Habe ich Dich* (Kafka an Felice, 20.11.1912, in: Felice, S. 107)
341 *Und wenn* (Kafka an Felice, ebd.)
341 *Es ist ganz recht* (Kafka an Felice, 18.11.1912, in: Felice, S. 138)
341 f. *denn warum sitze ich* (Kafka an Felice, 8.11.1912, in: Felice, S. 88)
342 *daß ich einmal doch noch* (Kafka an Felice, 6.3.1913, in: Felice, S. 328)
342 Die Handmetaphorik und die zugehörigen Zitate (nach: Friederike Fellner: »(Nicht)Eingehängtsein – Franz Kafkas Zeichnung seine Verbindung zu Felice Bauer«, in: LIEBESBRIEF, S. 353–377)
342 f. Handzitate (nach Fellner, in: LIEBESBRIEF, im besonderen S. 373–376)
343 *Liebesparadoxie* (Fellner, in: LIEBESBRIEF, S. 375)
343 f. *Schmutzig bin ich* (Kafka an Milena Jesenská, 26.8.1920, in: Franz Kafka, Briefe an Milena, hg. von Jürgen Born u. Michael Müller, Frankfurt/M.: Fischer Taschenbuch Verlag 2011 u.ö., S. 242)
344 *Liebste, es ist* (Kafka an Felice, 14./15.1.1913, in: Felice, a.a.O., S. 249)
344 *Ich brauche zu meinem* (Kafka an Felice, 26.6.1913, in: Felice, S. 412)
345 *Nur die Nächte* (Kafka an Felice, 13.7.1913, in: Felice, S. 427)
345 *Ich schreibe seit ein paar Tagen* (Franz Kafka, »Tagebücher«, in: F. Kafka, Taschenbuchausgabe, hg. von Hans-Gerd Koch, Frankfurt/M.: Fischer Taschenbuch Verlag 1994, hier Bd. II, S. 169; im folgenden zitiert als: Kafka, TB mit Bandangabe)
345 *Und mein stärkster* (Kafka, TB III, S. 41 f.)
345 *das Mittelmaß* (ebd.)
345 *Unerträglichkeit* (Kafka, TB III, S. 128)
345 f. *Mit F. war ich* (Kafka, TB III, S. 131)
346 *Jetzt ist es anders* (Kafka an Max Brod, zitiert nach: Klaus Wagenbach, Franz Kafka, Reinbek bei Hamburg: Rowohlt 1964 u.ö., hier 2002, S. 117; im folgenden zitiert als: Wagenbach)
346 *Die Tage mit F.* (Kafka an die Schwester Ottla, in: F. Kafka. Briefe an Ottla und die Familie, Frankfurt/M.: S. Fischer Verlag 1974, S. 44)
347 *Alle drei Schwestern* (Reiner Stach, Kafka. Die Jahre der Erkenntnis, Frankfurt/M.: S. Fischer Verlag, S. 619)

23. Minnesänger vor einem alten Schloss

348 Titel *Liebestodesangst* (Zitat aus dem Gedicht »Offenbarung«, in: Karl Kraus, Worte in Versen, München: Kösel Verlag 1959, S. 55)
348 Motto *Duft und Dolch* (Karl Kraus, Briefe an Sidonie Nádherný von Borutin 1913–1936, © 1974 Kösel Verlag, München, Bd. I, S. 9; im folgenden zitiert als: Kraus I)
349 *Die folgenden Gesänge* (Erich Heller, Einleitung zu Franz Kafka, Briefe an Felice, hg. von E. Heller und Franz Born, Frankfurt/M.: S. Fischer Verlag 1967, S. 9; im folgenden zitiert als: Felice)
350 *K.K. steckt in meinem Blut* (Sidonie Nádherný von Borutin, Tagebuch-Notizen, in: Kraus I, a.a.O., S. 49)
350 *K.K. hat mir ein* (Sidonie Nádherný, in: Kraus I, S. 50)
350 *Duft und Dolch* (in: Kraus I, S. 9)
350 *Dieser ausgezeichnete* (Rainer Maria Rilke an Sidonie Nádherný, 21.11.1914, zitiert nach: Kraus I, S. 50f.)
351 *the dearest, greatest* (Sidonie Nádherný, Tagebuch, 28.8.1914, in: Kraus I, S. 51)
352 *Wie wird mir zeitlos* (Karl Kraus, Worte in Versen, München: Kösel Verlag 1959, S. 51)
352 *Ich weiß und bekenne* (Karl Kraus, Sehnsucht nach aristokratischem Umgang, in: Karl Kraus, Untergang der Welt durch schwarze Magie, München: Ködel Verlag 1960, S. 344)
353 *Liebestodesangst* (in: Karl Kraus, Worte in Versen, a.a.O., S. 55)
353 f. *Liebe, süße mir* (Karl Kraus an Sidonie Nádherný, 15.3.1915, in: Kraus I, S. 146)
354 *es nicht ertragen* (ebd., S. 147)
354 *Es muß aber alles* (ebd.)
354 f. *I want freedom* (Sidonie Nádherný, Tagebuch, in: Kraus I, S. 54)
355 *We concluded* (Sidonie Nádherný, in: Kraus I, S. 54)
355 *With K.K. I am finished* (Sidonie Nádherný, 11.9.1919, in: Kraus I, S. 54)
355 *Es gibt keine* (Karl Kraus, Brief an Sidonie Nádherný, 15./16.11.1919, in: Kraus I, S. 477)
356 f. *Hast Du nicht gehört* (Karl Kraus an Sidonie Nádherný, 13./14.2.1922, in: Kraus I, S. 532 f.)
357 *Und das ganze war* (ebd.)
357 *Ich habe zu viel* (ebd.)
358 *Ich kann es mir* (in: Kraus I, S. 535 f.)
359 f. *Mit Stolz und Glück* (Sidonie Nádherný, Nachruf auf Karl Kraus, in: Kraus I, S. 689 f.)

Coda mit Kultbrief

361 Motto *In der Liebe ist* (Nicolas Chamfort, Ein Wald voller Diebe, Maximen, Charaktere, Anekdoten, übersetzt von Fritz Schalk, hg. von Hans Magnus Enzensberger, Die Andere Bibliothek, © 1987 Franz Greno, Nördlingen, S. 106)

361 *Nun aber bleibt* (Paulus, 1. Korintherbrief, Kapitel 13, in: BIBEL, S. 206; im folgenden zitiert: Paulus)

362 *Die Agape aber* (Helmut Gollwitzer, Das Hohelied der Liebe, München: Deutscher Taschenbuch Verlag 1978, S. 48)

363 f. *Wenn ich mit Menschen- und mit Engelszungen* (Paulus, a.a.O, S. 437)

364 *eines tief empfindenden* (Walther Rathenau, zitiert nach: Dieter Hildebrandt, Saulus–Paulus, München: Carl Hanser Verlag 1989, S. 18)

365 *der Dichter Gottes* (Texeira de Pascoaes, Buchtitel 1934, deutsch 1938)

366 *Die Liebe höret nimmermehr auf* (Martin Luther, Das Neue Testament Deutsch, Ausgabe letzter Hand 1545/46, unveränderter Text in modernisierter Orthografie, Stuttgart: Deutsche Bibelgesellschaft 1982, S. 306, Fußn. 8)

366 *Die Liebe wird nicht müde* (ebd.)

366 f. *Überhaupt hat das Weib* (Sören Kierkegaard, Entweder–Oder, übersetzt von Christoph Schrempf, zusammengefasst und neu hg. von Fritz Droop. Mit einer Einführung von Max Bense, Leipzig: Dieterichsche Verlagsbuchhandlung 1939, S. 422 f.)

367 *Die Liebe wird niemals hinfällig* (Gerhard Iber, Hg., in Verbindung mit Hermann Timm, Neues Testament, Einführungen, Texte, Kommentare. Mit einer Einführung von Günther Bornkamm, München/Zürich: Piper 1984, S. 255)

367 *Die Liebe fällt niemals* (Werner de Boor, »Der erste Brief des Paulus an die Korinther«, in: W. de Boor, Wuppertaler Studienbibel, Wuppertal: Brock Verlag 1983, S. 223)

367 *Die Agape kommt niemals zu Fall* (Rudolf Pesch, Paulus ringt um die Lebensform der Kirche. Vier Briefe an die Gemeinde Gottes in Korinth, Freiburg/Basel/Wien: Herder Verlag 1986, S. 205)

Bildnachweis

© akg-images: S. 18, 44, 45, 58, 97, 114, 141, 143, 147, 171, 192, 245, 277, 301, 314, 321
© akg-images/album: S. 31
© akg-images/Ehrt: S. 173
© akg-images/Erich Lessing: S. 25
© akg/Imagno: S. 351

Quellen:
Der Brief. Eine Kulturgeschichte der schriftlichen Kommunikation, hg. von Klaus Beyrer und Hans-Christian Täubrich, Heidelberg: Edition Braus 1996: S. 85, 113, 116, 123
Maurice Faber, Geschichte der Übermittlungswege, o.O. 1963 (Schweiz): S. 293

Namenregister

Abaelard, Peter 142 f., 147
Adam 23–25, 78
Adamberger, Antonie 252
Adorno, Theodor W. 235
Albert (Figur aus Goethe, »Die Leiden des jungen Werthers«) 147
Alkibiades 87
Alkmene (Figur der griech. Mythologie) 233
Allen, Woody 12
Amor 31, 79 f.
Anakreon 291
Anna Amalia, Herzogin von Sachsen-Weimar-Eisenach 179
Anson, Admiral (Figur aus Rousseau, »Julie oder Die neue Heloïse«) 142
Aretino, Pietro 88–90
Ariost 90
Aristoteles 86
Arnim, Bettina von, geb. Brentano 117, 212, 216, 223, 229, 252 f., 283
Arnim, Henriette von 188
Artus, König 48
Augustus, Kaiser 31

Bachmann, Ingeborg 23, 361
Bacheracht, Therese Gräfin von, geb. von Struve 285
Bakunin, Michail Aleksandrowitsch 282
Baptiste, Jean 307
Barkhaus, Karoline von 214
Barthes, Roland 235, 268

Bauer, Felice 9, 336 f., 340–347, 349
Baumberg, Gabriele von 37
Beck, Ulrich 15, 368
Beck-Gernsheim, Elisabeth 15
Beethoven, Ludwig van 215, 243–246, 248–257, 268 f., 313, 336, 368
Bendemann, Georg (Figur aus Kafka, »Das Urteil«) 339
Benvieni, Girolamo 88
Bernstorff, Albrecht Graf von 306 f.
Beulwitz, Adolf von 196
Beulwitz, Caroline von, geb. von Lengefeld 187–198
Beulwitz, Friedrich Wilhelm Ludwig von 189, 196 f.
Beyrer, Klaus 116
Bigot, Marie 252, 255
Birkenstock, Johann Melchior von 253
Bismarck, Johanna von, geb. von Puttkamer 307 f., 313 f.
Bismarck, Otto von 303–311
Blankenburg, Moritz von 308
Bode, Johann Joachim 166
Bode, Wilhelm 180
Boer, Werner de 367
Böhme, Jakob 203
Böhmer, Auguste 204, 206, 208
Böhmer, Caroline *siehe* Schlegel, Caroline
Böhmer, Franz Wilhelm 204
Bohrer, Karl Heinz 197, 232
Bollinger, Friedrich Wilhelm 143
Bonhoeffer, Dietrich 361

Bora, Katharina von (Käthe) 96–98, 102–105
Brandenfeld, Frieda (Figur aus Kafka, »Das Urteil«) 339
Brentano, Antonie von, geb. von Birkenstock 253 f., 256
Brentano, Bettina von *siehe* Arnim, Bettina von
Brentano, Clemens von 11, 215, 217 f., 229, 253
Brentano, Franz von 253, 255
Brentano, Kunigunde (Gunda) von 214
Breuer, Horst 91
Brion, Friederike 167 f., 170 f.
Brod, Max 336
Brühl, Hans Moritz von 126
Brunsvik, Josephine, verh. Deym 252
Brunsvik, Therese von 252
Buff, Charlotte 147, 167 f., 173–176
Bumke, Joachim 42 f.
Burkart von Hohenfels 58
Bußmann-Brentano, Auguste 15
Byung-Chul Han 11

Caesar 31
Carl August, Herzog von Sachsen-Weimar-Eisenach 185, 192
Castiglione, Baldassare 90 f.
Celan, Paul 11, 361
Chamfort, Nicolas 361
Chapman, George 34
Chassiron, Pierre Matthieu Martin de 127
Cherubini, Luigi 250
Colerus, Johannes 29
Cook, Thomas 205
Creuzer, Georg Friedrich 218–224

Dacheröden, Karoline von 191, 198
Daub, Carl 221
Derrida, Jacques 138, 146
Diabelli, Anton 254
Dido (Figur der griech. Mythologie) 31
Diefenbach, Hannes 330, 334
Donne, John 83
Douglas, Lord Alfred 93
Dreyer, Ernst-Jürgen 78
Dubois-Crancé, Jean Baptist 205
Dürer, Albrecht 25

Ebert, Johann Arnold 162
Eckermann, Johann Peter 177
Eggebrecht, Harald 260
Elisabeth I., Königin von England 92, 94, 188
Enzensberger, Hans Magnus 15, 204
Erasmus von Rotterdam 100
Erdödy, Anna Maria Gräfin 252
Erec 48
Eros 87
Ertmann, Dorothea von 252
Eschenburg, Johann Joachim 165
Ettmüller, Ludwig 60
Eusebius (Phantasiefigur aus Schumanns Musikkritiken) 260, 265, 268
Eva 23–25

Faulstich, Werner 42, 49
Fellner, Friederike 342 f.
Ficino, Marsilio 88
Fidelio (Leonore) (Figur aus Beethoven, »Fidelio«, Florestans Frau) 268
Figaro (Figur aus Mozart,

»Die Hochzeit des Figaro«)
193
Florestan (Figur aus Beethoven,
»Fidelio«) 268
Florestan (Phantasie-
figur aus Schumanns
Musikkritiken) 260, 265
Flusser, Vilém 10
Forster, Johann Georg 205
Franck, Fabian 118
Fricken, Ernestine von 260
Friedländer, Saul 343
Friedrich Barbarossa, Kaiser 47
Friedrich der Große, König
von Preußen 122
Friedrich Wilhelm IV., König
von Preußen 278, 280, 285
Friedrich Wilhelm, Kurfürst
von Preußen (der Große
Kurfürst) 115
Frisch, Max 71
Furtwängler, Wilhelm 269

Gabor, Geraldine 78
Gaisser, Jakob Emanuel 18
Galathée 132
Gedeck, Martina 258
Gelinek, Abbé Joseph 250
Gellert, Christian Fürchtegott
121–135, 138, 217
Gernhardt, Robert 77
Glaßbrenner, Adolf 285, 287, 290
Goethe, Johann Wolfgang von
11, 117, 122, 146–148, 153,
166–187, 196, 201 f., 204, 208,
217 f., 260, 334, 368
Goldsmith, Oliver 170
Gollwitzer, Helmut 362
Gonzaga, Herzogin Elisabetta 90
Gottfried von Straßburg 52
Gottsched, Johann Christoph 127
Grabbe, Christian Dietrich 111

Grillparzer, Franz 36
Grimm, Jacob 280, 367
Grimm, Wilhelm 280, 367
Guicciardi, Gräfin Julie
(»Giulietta«) 252
Guicciardini, Carl 353
Günderrode, Hektor Wilhelm
von 213
Günderrode, Karoline von 212,
214–221, 368
Gutenberg, Johannes 85, 99
Gutzkow, Carl 285, 291, 293,
295

Hadlaub, Johannes 44, 57, 71
Hamlet (Figur aus Shakespeare,
»Hamlet«) 92, 95
Hardenberg, Friedrich Freiherr
von siehe Novalis
Hardenberg, Georg 201
Harlowe, Clarissa (Figur aus
Richardson, »Clarissa«)
136 f., 297
Hartleben, Otto Erich 132
Hartmann von Aue 51
Hatzfeld, Gräfin von 285
Hecker, Friedrich 288
Hegel, Georg Wilhelm
Friedrich 154, 161
Heine, Heinrich 277, 283, 289, 348
Heinrich VI., Kaiser 46
Heller, Erich 349
Heloïse 142 f.
Hepburn, Katherine 258
Herder, Johann Gottfried 170
Hero (Figur der griech.
Mythologie) 31 f., 34–36,
368
Herwegh, Emma, geb. Siegmund
276–284, 287–289, 320
Herwegh, Georg 275–283, 287 f.,
290

Heyne, Therese 205
Hölderlin, Friedrich 232
Horaz 31
Humboldt, Wilhelm von 187, 191, 194, 198

Isolde (Figur aus Gottfried v. Straßburg, »Tristan und Isolde«, u. Wagners Oper) 52–54
Iwein (Figur aus Hartmann von Aue, »Iwein«) 48

Jerusalem, Karl Wilhelm 147
Jesenská, Milena 343, 347
Jogiches, Leo 319, 322–324, 327–329, 335
Johann Georg, Kurfürst von Brandenburg 112
Johannes von Freiberg 56, 84
Julchen = Julie (Figur aus Rousseau, »Julie oder Die neue Heloïse«) 121, 126, 128, 140–142, 144 f.
Jüngling, Kirsten 196

K., Josef (Figur aus Kafka, »Der Prozeß«) 243
Kafka, Franz 9, 243, 256 f., 302, 336–347, 349, 368
Kafka, Gabriele (Elli) 347
Kafka, Ottilie (Ottla) 346 f.
Kafka, Valerie (Valli) 347
Kalb, Charlotte von 188
Kant, Immanuel 228
Karl V., Kaiser 115
Kautsky, Karl 328, 330
Kautsky, Luise 326, 328 f.
Keller, Gottfried 71, 290, 295, 297–302
Kestner, Johann Christian 147, 173–175

Kierkegaard, Søren 166, 399
Kinski, Nastassja 258
Kinsky, Fürst Ferdinand 245
Kleist, Heinrich von 29, 225–239, 368
Kleist, Marie von 227
Kleist, Ulrike von 227 f., 230
Klinger, Friedrich Maximilian 218
Kluge, Alexander 128
König, Engelbert 154
König, Eva *siehe* Lessing, Eva
Konstanze, Kaiserin 46
Kopernikus, Nikolaus 82, 86, 99
Koppe, Leonhard 101
Körner, Christian Gottfried 188
Krahl, Hilde 258
Kraus, Karl 290, 348–358, 368
Kremer, Detlev 341
Kühn, Dieter 270

Lalive de Bellegarde d'Houdetot, Gräfin Elisabeth-Sophie Françoise 144
Lassalle, Ferdinand 285
Laßberg, Christel von 148
Laura (Figur aus Petrarca, »Canzoniere«) 77 f., 81
Lavater, Johann Caspar 18
Leander (Figur der griech. Mythologie) 31–36
Lengefeld, Caroline von *siehe* Beulwitz, Caroline von
Lengefeld, Charlotte von *siehe* Schiller, Charlotte
Lengefeld, Louise von 189, 191, 197
Lenz, Michael 235
Leo X., Papst 100
Leopold, Erbprinz von Braunschweig 155, 163
Lessing, Eva, geb. König 153–165

Lessing, Gotthold Ephraim 127, 153–166
Lessing, Johann Gottfried 104
Lessing, Karl Gotthelf 153
Leuthold von Seven 45
Levi, Paul 333
Lewald, Fanny 287
Lewitscharoff, Sibylle 235
Liebknecht, Karl 334f.
Liechtenstein, Fürstin Josephine von 252
Lillo, George 127
Logau, Friedrich Freiherr von 49
Lotte (Figur aus Goethe, »Die Leiden des jungen Werthers«) 147, 297
Louise, Erbprinzessin von Sachsen-Weimar-Eisenach 189
Lovelace, Robert (Figur aus Richardson, »Clarissa«) 136f.
Lovell, William (Figur aus Tieck, »Die Geschichte des Herrn William Lovell«) 10
Löwy, Siegfried 347
Lübeck, Dr. Gustav 320f.
Lübeck, Rosalia *siehe* Luxemburg, Rosa
Lucius, Caroline Christiane *siehe* Schlegel, C.C.
Ludwig XVI., König von Frankreich 170
Lühe, Irmela von der 156
Luhmann, Niklas 26, 235, 368
Lulu (Figur aus Wedekind, »Lulu«) 289
Luther, Lene, Tochter von Martin Luther 96
Luther, Martin 25, 96–106, 362, 366
Luxemburg, Rosa (eigtl. Rozalia Luksenburg, verh. Lübeck) 319–335

Machholth, Alexander 118
Malfatti, Therese 252
Mansfeld, Grafen von 105
Marasse, Moritz 347
Margarete (Bekannte Franz Kafkas) 337
Maria Stuart, Königin 188
Marie Antoinette, Königin von Frankreich 170
Marke, König (Figur aus Gottfried v. Straßburg, »Tristan und Isolde«, u. Wagners Oper) 52
Marlowe, Christopher 30, 33f.
Marx, Jenny, geb. von Westphalen 283–285, 290
Marx, Karl 283f., 290
Mattenklott, Gert 14
Maximilian I., Kaiser 113
McLuhan, Marshall 10
Medici, Cosimo de' 88
Meier, Franz 139
Melanchthon 103f.
Mendelssohn, Moses 201
Merck, Johann Heinrich 173
Mereau, Sophie 215, 217, 229
Meyer (Verehrer Caroline Schlegels) 205f.
Michaelis, Caroline *siehe* Schelling, Caroline
Michaelis, Fritz 205f.
Michaelis, Johann David 204
Michaelis, Philipp 206, 211
Moreau le Jeune, Jean-Michel 141
Moritz, Karl Philipp 127
Mozart, Wolfgang Amadeus 37, 193
Müller, Adam 238f.
Müller, Johann 299f.
Müller, Lothar 136
Müller, Sophie 238f.
Muschg, Adolf 71

Nádherný von Borutin,
	Baron Karl von 350, 353
Nádherný von Borutin, Baronin
	Sidonie von 348–360
Nanna (Figur aus Aretino,
	»Die Gespräche des göttlichen
	Aretino«) 89
Napoleon Bonaparte 148, 222,
	292f.
Nassau-Hadamar, Graf Johann
	Ludwig von 106
Nassau-Hadamar, Gräfin Ursula
	von 106–108
Nees, Lisette 216
Neptun 33f.
Neukirch, Benjamin 119f., 124
Nietzsche, Friedrich 269
Novalis 201f., 207f., 212

Odysseus (Figur der griech.
	Mythologie) 31
Orloff, Fürst Nikolai 306–308,
	312, 314
Orloff, Katharina (Catty)
	von, geb. Principessa von
	Trubezkoi 304–308, 310–
	315
Ottilie (Figur aus Goethe,
	»Wahlverwandschaften«)
	11
Ovid 31f., 34, 120

Pamela (Figur aus Richardson,
	»Pamela«) 135, 138–140, 297
Parzival 48
Pascoaes, Teixeira de 364
Paul III., Papst 106
Paulus, Apostel 361f., 364f.,
	367f.
Paulus, Jörg 14
Penelope (Figur der griech.
	Mythologie) 31

Penthesilea (Figur der griech.
	Mythologie) 233
Peroni, Adele 285
Pesch, Rudolf 367
Petrarca, Francesco 77f., 80–82, 89,
	92f., 368
Phyllis (Figur der griech.
	Mythologie) 31
Pico della Mirandola, Giovanni
	88
Pippa (Figur aus Aretino,
	»Die Gespräche des göttlichen
	Aretino«) 88
Pius X., Papst 101
Placius, Johann Günther
	August 123
Platen, August von 26f.
Platon 86–88, 91
Pollesch, René 26
Potthast, Eva 275
Pousseur, Henri 269
Prinz von Homburg (Figur
	aus Kleist, »Prinz Friedrich
	von Homburg«) 238
Pückler-Muskau, Hermann
	Fürst von 291
Puttkamer, Johanna von *siehe*
	Bismarck, Johanna von
Pygmalion 132

Ranke, Friedrich 64
Rathenau, Walther 364
Rauchfleisch, Uwe 270
Rauter, Herr von (Figur aus
	Neukirch, »Anweisung zu
	teutschen Briefen«) 124
Recke, Elise von der 252
Reiske, Ernestine Christine
	162, 164
Reiske, Johann Jacob 161f.
Richardson, Samuel 135–140,
	148, 153, 217

Ries, Ferdinand 251
Rieter, Luise 301
Rilke, Rainer Maria 350f.
Roßbeck, Brigitte 196
Rossini, Manuela 93
Rothschild, Mayer Amschel 292
Rousseau, Jean-Jacques 140–142, 144–148, 153, 170, 327
Ruerenzumpf, Mätzli (Figur aus Wittenwiler, »Ring«) 65
Ruge, Agnes 284, 290
Ruge, Arnold 284, 290

Sade, Laura de 78
Saint-Preux (Figur aus Rousseau, «Julie oder Die neue Heloïse») 141–144
Salomon 28f.
Sancho, Moritz 294
Sappho 31f.
Savigny, Friedrich Carl von 214, 218–221
Schelling, Caroline *siehe* Schlegel, Caroline
Schelling, Friedrich Wilhelm 201, 203f., 208–212
Schertle, Valentin 213
Schiendorfer, Max 59
Schiller, Charlotte, geb. von Lengefeld 156, 187–198
Schiller, Friedrich 156, 187–198, 207, 232
Schindler, Anton 202, 204, 206f., 256
Schlegel, August Wilhelm 196, 201–204, 206–208
Schlegel, C.C., (Caroline Christiane), geb. Lucius 130–134
Schlegel, Caroline, Frau von A.W. Schlegel (geb. Michaelis, in 1. Ehe Böhmer, in 3. Ehe Schelling) 201, 203–212
Schlegel, Dorothea, Frau von F. Schlegel (geb. Mendelssohn, in 1. Ehe Veit) 201
Schlegel, Friedrich 196, 201–203, 206, 229
Schleiermacher, Ernst 218
Schleiermacher, Friedrich 86
Schlieben, Karoline von 231f.
Schnebel, Dieter 269
Scholvin, Ulrike 181
Schönemann, Anna Elisabeth (Lili) 167f., 176–178
Schönfeld, Ave von 103
Schönkopf, Anna Katharina (Käthchen, Annette) 167–169
Schönkopf, Christian Gottlieb 168
Schönkopf, Katharina Sibylla 168
Schubert, Franz 310
Schulz-Grobert, Jürgen 63, 66
Schumann, Clara, geb. Wieck 258, 263, 265, 271
Schumann, Robert 258–270
Schwerdgeburth, Carl August 192
Sebald, Amalie 252
Seibt, Ferdinand 61
Shakespeare, William 33, 77, 79, 92–94, 202, 208, 368
Sidney, Sir Philip 92
Siegert, Bernhard 130, 231, 301, 337, 340
Siegmund, Emma *siehe* Herwegh, Emma
Simonis, Annette 14
Simonis, Leontine 293
Sloterdijk, Peter 62
Sokrates 87
Solomon, Maynard 250, 252, 255f.
Solon 29
Sorg, August 118

Spalatin, Georg, Hofkaplan 101
Spencer, Edmund 92
Spiel, Hilde 386
Spitzweg, Carl 277
Stach, Reiner 347
Stauf, Renate 14
Stein, Charlotte von 179–189
Stein, Ernst von 179
Stein, Fritz von 180
Sterne, Lawrence 166
Stolberg, Auguste zu 177–179
Stolberg, Christian zu 177
Stolberg, Leopold zu 177
Störteler, Gritli (Alwine) (Figur aus Keller, »Die Leute von Seldwyla«) 295–301
Störteler, Viktor (Viggi) (Figur aus Keller, »Die Leute von Seldwyla«) 295, 300
Strauß, Botho 10, 236
Strauß, David Friedrich 279
Strindberg, August 270, 323
Stromeier (Stromer), Ulman 84
Swar, Abraham 118
Szondi, Peter 228

Tasso, Janetto de 113, 226
Taurella, Hippolyta 91
Taxis, Johann Baptist von 115–117
Thadden, Marie von 308 f.
Thun, Max Graf von 355
Tieck, Ludwig 10
Treskow, Ada von 291
Triefnas, Bertschi (Figur aus Wittenwiler, »Ring«) 65
Tristan (Figur aus Gottfried v. Straßburg, »Tristan und Isolde«, u. Wagners Oper) 52–54
Trubezkoi, Fürstin von 304 f.
Türckheim, Bernhard Friedrich von 177

Varnhagen von Ense, Carl 245
Varnhagen, Rahel, geb. Levin 172 f., 252
Veit, Dorothea *siehe* Schlegel, Dorothea
Vering, Juli von 252
Vernon, Elizabeth 94
Vogel, Henriette 225–227
Vulpius, Christiane 185

Wagner, Minna 54
Wagner, Richard 53–55, 368
Walesrode, Ludwig 276
Walther von der Vogelweide 41, 348
Wapnewski, Peter 44, 48, 52
Watson, Thomas 92
Wedemeyer, Maria von 361
Wegeler, E. G. 251
Weise, Christian 119
Weissweiler, Eva 268, 270
Werdeck, Adolphine von 231
Wernerová, Marie 347
Werther (Figur aus Goethe, »Die Leiden des jungen Werthers«) 146–148, 177, 218, 297
Wesendonk, Mathilde 53
Wesendonk, Otto 54
Westphalen, Ferdinand von 285
Westphalen, Jenny von *siehe* Marx, Jenny
Wieck, Clara *siehe* Schumann, Clara
Wieck, Friedrich 260, 262–264, 267, 271
Wieland, Christoph Martin 188
Wilde, Oscar 93
Wilhelm, König von Preußen 305 f.

Wilhelm (Figur aus Keller, »Die Leute von Seldwyla«) 296–301
Wittenwiler, Heinrich 65
Wohryzek, Julie 347
Wolff, Reinhold 143
Wolfram von Eschenbach 50
Wolzogen, Wilhelm von 196
Wriothesley, Henry, Earl of Southampton 94

Wyss, Eva Lia 13, 29

Zenge, Wilhelmine von 228, 233
Zetkin, Clara 323
Zetkin, Kostja (Konstantin) 319, 323, 327, 329–333
Žižek, Slavoj 269 f.

Dieter Hildebrandt
im Carl Hanser Verlag

Das Berliner Schloss
Preußens leere Mitte
2011. 296 Seiten mit Abbildungen

Fünf Jahrhunderte konnte niemand das Berliner Schloss leiden: Dieter Hildebrandt erzählt eine etwas andere Geschichte der Hohenzollern-Residenz, deren Nachbau unsere nationale Mitte werden soll.

»Warum bin ich in diesem Schloss?« fragte sich Voltaire verzweifelt im Winter 1750, nachdem ihn Friedrich der Große nach Berlin gelotst hatte. Mit seiner Klage sprach er vielen anderen Schlossbewohnern aus der Seele, nicht zuletzt dem König selbst, der zwanzig Jahre vorher als Kronprinz seinem prügelnden Vater durch Desertion hatte entkommen wollen. Hildebrandt nimmt diese und andere Fluchten zum Leitmotiv für eine so fundierte wie eigensinnige Geschichte des Schlosses und verbindet sie mit einer Frage an uns Zeitgenossen: Warum wollen wir partout zurück in ein Schloss, dem fast alle seiner Bewohner immer nur entkommen wollten? Das tausend Zimmer, aber keine Seele hatte, dafür aber ein Hausgespenst als wandelndes schlechtes Gewissen der Herrschenden? Hatten nicht die Berliner schon 1448 ein besseres Gespür, als sie den ersten Burgbau durch eine Wasserflut zu verhindern suchten? Und war nicht Wilhelm II., ehe er abdankte, bereit, sein Schloss selbst kaputtzuschießen, dreißig Jahre vor Ulbricht? Dem Hype um die Rekonstruktion setzt Dieter Hildebrandt einen verblüffenden Rückbau entgegen – auch als Hommage zum 300. Geburtstag des Alten Fritz, der nach seinen Jugendjahren zeitlebens auf Distanz zum Schloss blieb.

Dieter Hildebrandt
im Carl Hanser Verlag

Schillers erste Heldin
Das Leben der Christophine Reinwald, geborene Schiller
2009. 192 Seiten mit Abbildungen

Als Schwester war sie Friedrich Schiller so nahe wie nur wenige Menschen. Heute imponiert uns Christophine Reinwald als eine Frau, die ihr Leben selbst in die Hand genommen hat. Dieter Hildebrandt holt eine ungewöhnliche Frau in die Gegenwart zurück: Christophine Reinwald, geborene Schiller (1757–1847).

Friedrich Schiller nannte die ältere Schwester seine früheste Heldin, denn nur bei ihr empfand er in seiner strengen Familie Geborgenheit. Ihr langes Leben, beinahe wäre sie 90 Jahre alt geworden, gliederte sich in drei Phasen: zuerst die Sorge um die jüngeren Geschwister, dann, mit 28 Jahren, die leidenschaftslose Vernunftehe mit dem Meininger Bibliothekar Reinwald. 30 Jahre später ist sie Witwe und lernt nun, was ihrem Bruder über Nacht gelungen war: in Freiheit ein eigenes Leben zu führen. Sie reist, malt, pflegt Freundschaften und empfängt Schiller-Verehrer. Dieter Hildebrandt macht uns mit einer Frau bekannt, wie wir sie viel eher in der Gegenwart als im 18. und 19. Jahrhundert vermuten würden: allein, aber nicht einsam, dabei unkonventionell und ausgesprochen phantasievoll, wenn es darum geht, das Leben nach den eigenen Vorstellungen zu führen.